"十四五"普通高等教育本科精品系列教材

市场调查与预测实训教程

▶ 主　编◎高文香
▶ 副主编◎邓　健　任文举

中国·成都

图书在版编目(CIP)数据

市场调查与预测实训教程/高文香主编;
邓健,任文举副主编.--成都:西南财经大学出版社,2024.10
ISBN 978-7-5504-6129-1

Ⅰ.①市… Ⅱ.①高…②邓…③任… Ⅲ.①市场调查—教材
②市场预测—教材 Ⅳ.①F713.5

中国国家版本馆 CIP 数据核字(2024)第 047705 号

市场调查与预测实训教程
SHICHANG DIAOCHA YU YUCE SHIXUN JIAOCHENG

主　编　高文香
副主编　邓　健　任文举

策划编辑:李邓超
责任编辑:周晓琬
责任校对:肖　翀
封面设计:墨创文化　张姗姗
责任印制:朱曼丽

出版发行	西南财经大学出版社(四川省成都市光华村街 55 号)
网　址	http://cbs.swufe.edu.cn
电子邮件	bookcj@swufe.edu.cn
邮政编码	610074
电　话	028-87353785
照　排	四川胜翔数码印务设计有限公司
印　刷	郫县犀浦印刷厂
成品尺寸	185 mm×260 mm
印　张	21.125
字　数	505 千字
版　次	2024 年 10 月第 1 版
印　次	2024 年 10 月第 1 次印刷
印　数	1— 2000 册
书　号	ISBN 978-7-5504-6129-1
定　价	49.80 元

▶▶ 前言

毛泽东同志指出："没有调查，就没有发言权。"邓小平同志强调："要把调查研究作为永远的、根本的工作方法。"习近平总书记指出："调查研究是谋事之基、成事之道。没有调查就没有发言权，没有调查就没有决策权。"纵观中国革命、建设和改革开放的历程，调查研究都凸显了其重要意义。习近平总书记在二十大报告中指出："坚持和发展马克思主义，必须同中国具体实际相结合。我们必须坚持解放思想、实事求是、与时俱进、求真务实，一切从实际出发，着眼解决新时代改革开放和社会主义现代化建设的实际问题，不断回答中国之问、世界之问、人民之问、时代之问，作出符合中国实际和时代要求的正确回答，得出符合客观规律的科学认识，形成与时俱进的理论成果，更好指导中国实践。"2023 年 3 月，中共中央办公厅印发了《关于在全党大兴调查研究的工作方案》，全国兴起了调查研究之风。

中国特色社会主义进入新时代，我国社会主要矛盾已经转化为人民日益增长的美好生活需要和不平衡不充分的发展之间的矛盾。当前，中国各行各业应深入学习和全面贯彻党的二十大精神，确保国家发展牢牢锚定高质量目标，坚定不移地推进全面建设社会主义现代化国家的宏伟蓝图。在这一开局之年，大力弘扬调查研究之风，不仅是对科学决策、民主决策的重要践行，更是推动经济社会持续健康发展的现实之需与关键之举，其意义尤为深远。在百年未有之大变局下，世界的经济形势风云变幻，国内外市场的发展更加难以捉摸，这给我国企业在国内、国际市场发展带来很多新课题，也给市场调查与预测带来了许多新挑战。编写组正是考虑到国内外多变的宏观环境，结合互联网、信息技术、大数据等新兴技术手段，立足于地方本科院校的实际情况，编写了这本适应学生需求、市场需求、企业需求的系统的市场调查实训教材。

"市场调查与预测实训教程"作为市场营销、工商管理、物业管理各专业的基础课，重点培养学生五大基本能力：市场预测能力、调查资料收集能力、整理与分析能力、调查报告撰写能力和创造性运用资料能力。本教材以"必需、够用、适用”为原则整合教学内容，以真实的工作过程为设计主线，以调查工作领域中的主要任务为中心，将思政元素融入其中，提高学生专业素养和职业道德水平。相较于其他市场调查与预测的教材，本教材有以下特点：

1. 思政引领与专业学习相结合

本教材在习近平新时代中国特色社会主义思想的指导下，坚持辩证唯物主义，尝试把中华优秀传统文化融入其中。在本教材编写过程中，编者对市场调查与预测中各个模块的思政元素都进行了挖掘，每个模块的开头部分都以习近平总书记与市场调查相关的讲话和中国古代相关的经典名言来凸显思想的引领性；充分利用现代化技术将思政元素巧妙融合到教学内容中，并选取了中国本土的市场调查预测实践案例，有利于形成课程的专业性和德育协同育人机制。

2. 理论联系实际

市场调查与预测实训是经济管理专业必修的一门课程，也是一门实践性与应用性很强的科学，要求理论与实践相结合。在本教材编写中，编者克服同类教材中“重理论轻实践”“重讲授轻应用”的不足，强化对学生分析问题和解决问题能力的培养。教材采用实训形式，要求学生坚持从实际出发，以调查项目为任务，每个实训模块中设计了多个调查任务，从专题训练到综合训练，为学生创设多个解决问题的情景。调查研究要注重实效，防止为调研而调研，教材中强化数据分析训练，有效解决调查多研究少、情况多分析少的问题，切实把调查成果转化为解决问题、改进工作的实际举措。

3. 三维一体的实训模式

教材内容按照“案例导入、知识准备、任务实施、模块检测”的流程为设计主线；在每个实训模块中，按照“知识准备、训练实施、结果展示、任务总结”的流程安排教学内容。在调查过程各环节的设计中融入不同的移动互联网技术，从基础性、示范性、参与性、典型性、创造性等诸多原则设计实训内容，实现从认识到设计再到实施运用的一体化训练，鼓励学生自主学习、独立思考，自由表达，勇于创新，实现“我学了、我做了、我会了”的学习效果。

本书由高文香任主编，邓健、任文举任副主编。高文香编写第一章、第四章、第五章、第六章、第七章、第八章，邓健编写第二章、第十章，任文举编写第三章、第九章。高文香负责书稿的组织和全书最后的总纂。

本书在编写过程中，为了尽可能融入市场调查与预测方面的最新成果，吸收现代市场调查与预测的先进经验，参考了多位学者的著述；本书的出版也得到西南财经大学出版社的大力支持，在此一并表示感谢。尽管做了很大的努力和尝试，希望呈现给读者一本比较满意的教材，但由于编者的水平和经验有限，难免会有一些疏漏或错误之处，恳请读者和同行批评指正。

编者

2024 年 8 月

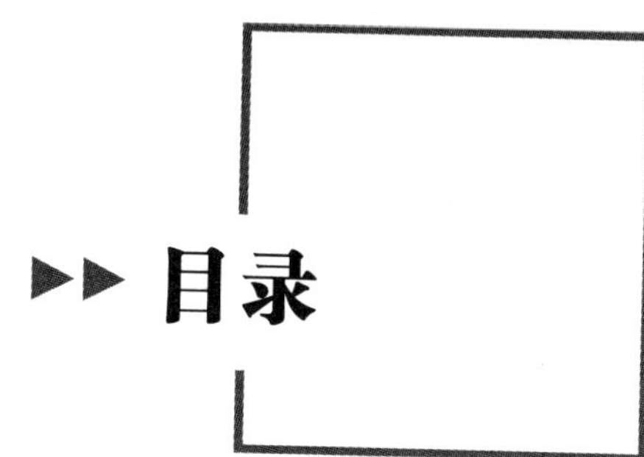

目录

实训项目一 市场调查认知实训

调查研究是谋事之基、成事之道。没有调查，就没有发言权，更没有决策权。

——2013 年 7 月 23 日，习近平在湖北省武汉市主持召开部分省市负责人座谈会上的重要讲话

■实训目的与要求

1. 理解市场调查的概念；
2. 掌握市场调查的步骤；
3. 熟悉市场调查的内容；
4. 培养市场调查意识；
5. 培养良好的爱国情怀；
6. 树立正确的调查职业道德观。

■实训学时

本项目实训建议时长：4 学时

■导入案例

圣农集团发展与市场调查

圣农集团于 1983 年在福建成立，目前已建成集自主育种、孵化、饲料加工、种肉鸡养殖、肉鸡加工、食品深加工、余料转化、产品销售和冷链物流于一体，横跨农牧产业、食品、冷链物流、投资、能源环保、配套产业和兽药疫苗七大产业的全封闭白羽肉鸡全产业链集团。圣农集团是肯德基、麦当劳的长期战略合作伙伴。在中国南方城市，肯德基每卖的 4 块鸡块中，就有一块是圣农提供的。圣农集团是 2015 年首届青运会、2016 年 G20 峰会、2017 年金砖国家峰会的鸡肉供应商。到 2017 年年底，圣农集团已发展成为拥有 500 多个生产基地、年饲养白羽鸡 5 亿羽的食品王国，成为福建省

肉鸡饲养加工行业唯一一家上市公司。2017 年，圣农集团总裁傅光明以 15 亿美元（103 亿人民币）财富跻身 2017 福布斯全球富豪榜；2020 年，傅光明家族以 148.8 亿元财富位列“2020 福布斯中国 400 富豪榜”第 254 位。现在圣农集团已做到同行业中中国最大、世界第三，傅光明也被外界称为“中国鸡王”。

圣农集团为什么要选择养鸡行业？这要追溯到 1983 年。当时 30 岁的傅光明在报纸上看到一则消息，说美国能在 50 多天用 1.5 公斤饲料养出 500 克重的肉鸡，如此低耗高产的实例让他久久不能平静，他开始尝试养鸡。1983 年除夕，傅光明带着 2 万元贷款，去湖南购买了 600 粒种鸡蛋。

肯德基 1987 年来到中国，餐饮业界都在喊“狼来了”，傅光明却嗅到了商机，他认为肯德基到中国市场后必然需要大量的肉鸡。于是他开始打听肯德基对肉鸡质量的要求，了解到肯德基对肉鸡质量要求严苛，为了敲开成为其供货商的大门，傅光明奔赴丹麦学艺，3 个月后从丹麦引进两条屠宰生产线以及国外的质量循环管理体系。1992 年，肯德基在福州市开分店，需要寻找合适的肉鸡供应商，他们所谈的 10 余家供应商都不理想，此时肯德基区域总监无意听说在武夷山偏僻山沟里的圣农规模较大，于是带着团队前往。令肯德基团队惊奇的是，小山沟里还有全自动化生产线、包装流水线，经鉴定技术标准合格后，肯德基福建分公司与圣农签订了 10 年供销合同。有了肯德基的背书，麦当劳、德克士等餐饮品牌，达晨创投等风投机构纷纷找来与傅光明合作。

2004 年禽流感肆虐东南亚各国，人人“谈禽色变”，许多养鸡经营户退出养鸡业，傅光明却扩大养殖规模，养殖存储量从 300 万只增至 500 万只。他认为东南亚和中国都爆发了禽流感，不少小型鸡场倒闭，鸡的饲养周期短期内难以恢复，必然腾出巨大的市场空间。而傅光明的预测也得到验证，2004 年圣农公司产量比 2003 年 12 月增加了 26%，销售量增加了 24.5%，这为 2009 年傅光明带领圣农登陆深圳中小板奠定了基础。

数据来源：创业家.“中国鸡王”傅光明，贷款 2 万元创业，如今身家过亿［EB/OL］. https://baijiahao.baidu.com/s? Id,2018-11-12/2023-09-19.

思考问题：

1. 什么是市场调查？
2. 圣农集团在发展中使用了哪些调查方法？
3. 市场调查在圣农集团发展中发挥了什么作用？

■项目内容

在教师的指导下，根据设定，依次对市场调查概念与特征、市场调查作用、市场调查分类、市场调查内容、市场调查流程等项目进行实训，从而完成教学目标和要求。

【实训模块 1】市场调查概念与特征认知

■知识准备

一、市场调查概念

市场调查也称市场调研，指用系统和科学的方法对商品交换过程中的资料进行收集、整理和分析，为企业决策提供依据的活动。市场调查与狭义与广义之分。狭义的市场调查是以科学的手段和方法收集消费者相关的信息。广义的市场调查指收集生产环节、流通环节和消费环节的信息，包括市场分析、销售分析、消费者研究和广告研究等。

二、市场调查的特征

（一）全过程性

在激烈的市场竞争中，企业在不同阶段都面临不同决策问题，因此在不同阶段都需要开展市场调查。同时，市场调查本身也有一个完整的过程，包括了市场调查立项、市场调查方案制定、调查实施、调查数据整理分析和市场调查报告撰写等一系列过程。

（二）社会性

企业处于社会中，面临的问题与机会来源于社会，这决定了市场调查是社会性活动，被调查对象也是社会人，因此在市场调查中需要运用社会学、人口学和心理学等相关学科知识。充分理解市场调查的社会性，将会大大提高调查的准确性。

（三）目的性

市场调查本身不是目的，而是为正确决策提供依据。企业面临的决策问题不同，市场调查内容与方式就不同。市场调查成功的关键是能为解决问题提供信息，因此市场调查要以始为终，根据决策问题确定调查目的、调查内容、调查对象、调查方式和调查方法。

（四）不确定性

市场调查既是科学也是艺术。科学意味着市场调查必须遵循一定规章制度、科学方法和调查流程，以保证调查结果的准确性和可靠性。艺术指为了收集相同信息可采用不同的调查方式和方法，没有绝对最佳的调查方案。同时受多种因素的影响，也不能保证每次市场调查结果都是完全准确的。

【小案例】　　尴尬的调查——2016 年美国总统大选

2016 年美国总统大选，在距投票日仅剩一周的 11 月 4 日，各大调查机构预测结果纷纷出台：ABC/Wash Post Tracking 称希拉里会领先特朗普 3 个百分点（47%vs44%），大名鼎鼎的 Reuters/Ipsos 更给出希拉里领先 7 个百分点（44%vs37%）的预测结果，IBD/TIPP Tracking 和 Rasmussen Reports 预测两人支持率持平（44%vs44%），美国 CNN 调查网站认为希拉里有 72%的概率赢得选举，路透社和益普索的民意调查显示希拉里的支持率为 44%、特朗普的支持率为 39%，预测特朗普支持率领先的只有 LA Times/

USC Tracking（43%vs47%）。最后实际竞选结果是特朗普战胜希拉里·克林顿赢得总统选举，成为美国第45任总统。

本次民意调查为什么大部分都不准呢？首先是样本缺乏代表性。美国民主党支持者和共和党支持者的占比分别为33%和29%，但路透社选前民调取样两者占比竟然分别为44%和33%，如果改用符合实际力量对比的取样标准，则民调结果大体符合实际选举结果。其次是调查方法不尽科学，尤其是在舆论上希拉里的"不对称优势"起到物极必反的作用，许多实际上支持特朗普或至少不支持希拉里的选民为显示自己"并非一群白痴之一"只得嘴上喊着"反对特朗普"，暗地里却投了特朗普的票，很显然，预测民调的取样主要针对受访者的"嘴"，而大选统计的却是他们在不记名情况下投出的选票。最后是先入为主的观念影响了调查结果。在选举期间，大多数美国乃至欧美主流媒体、智库和预测机构坚定地站在希拉里一边，并因此"心中早有定见，于是开始到处寻找能证明希拉里胜算92%、93%甚至99.999%的蛛丝马迹，并不厌其烦地刊登、播报出来"。

数据来源：陶短房. 美国大选"测不准"：民意调查真的难测么？［EB/OL］. https://www.toutiao.com/article/6360825554135941633,2016-12-06/2023-09-19.

三、市场调查的原则

市场调查受很多因素的影响，要保证调查结果的准确性需要遵循一定的调查原则。

（一）科学性原则

市场调查不是简单地收集市场信息的活动，要把解决问题的思路研究透彻，并在正确的观念下，采用科学的调查设计，严格遵照一定的工作流程，运用合适的方法才能获取准确、客观的信息。

（二）实事求是原则

市场调查是对客观市场信息的收集、整理和分析。在市场调查过程中，一方面要根据企业决策的实际情况制订调查方案、选择合适的调查方法；另一方面在市场调查中要尊重事实，严格按照调查流程和调查方法来获取市场信息，不能弄虚作假，不能用主观臆断代替科学分析。

（三）时效性原则

市场瞬息万变，一旦错过市场机会，再精确的调查结果都没有意义，因此在市场调查设计中应尽量选择花费时间少又能保证调查结果的市场调查设计。

（四）经济性原则

市场调查需要花费一定的人力、物力和财力，在市场调查启动之前需要权衡市场调查的成本和收益，只有调查收益大于调查成本时展开市场调查才有意义，因此在调查方案设计时，应尽量考虑投入少、效率高的市场调查设计。

■任务实施

Step1：按照每6个人一组的原则将全班分成几个小组。

Step2：每个小组成员谈谈自己接触到的市场调查，时间5分钟。

Step3：每个小组派代表谈谈对市场调查的认识，时间2分钟。

Step4：老师进行点评。

【实训模块 2】市场调查作用认知

■知识准备

《孙子兵法·谋攻篇》中说过："知己知彼，百战不殆。"企业只有通过市场调查才能知己知彼，才能保证企业日益壮大、基业长青。

一、发现营销机会和限制条件

企业对市场的正确理解是制定营销策略的基础，通过市场调查可以获取企业外部信息，掌握市场供求、市场动态、市场趋势和消费者需求变化等，有利于企业抓住市场机会，减少环境给企业带来的威胁。

【小案例】　　国潮兴起，国货美妆加速崛起

随着本土意识与文化自信的日益增强，中国消费者尤其是年轻消费者对包括美妆在内的国货和传统文化的接受度、喜爱度与日俱增。2023 年数据显示，过去 3 年，有超过 6 000 个美妆品牌开设天猫旗舰店，其中国货品牌占比达到八成，在"95 后"年轻人的化妆台上有超过四成的产品是国货，而"00 后"的国货消费增速最快。面对国货的崛起，完美日记、百雀羚、花西子等老牌国产品牌积极应对，推出了故宫联名彩妆、花西子雕花口红、毛戈平国风系列……国潮原创设计频频"出圈"，国风成了美妆产品的"流量密码"。

数据来源：海报新闻. 国潮消费持续升温 崛起的中国品牌正在走向全球［EB/OL］. https://www.toutiao.com/article/6360825554135941633,2022-10-14/2023-09-19.

二、制定和执行营销战略

公司制定有效的营销战略和营销策略才能获得市场竞争优势。通过市场调查获取消费者需求、竞争对手和技术等信息，企业可以制定更具针对性的营销战略和更有效的营销组合。许多新产品在开发之前都会进行深入的市场调查以帮助确定营销组合的一个或多个要素。

【小案例】　　脑白金广告与调查

脑白金的广告词"今年过节不收礼呀，收礼只收脑白金"让人印象深刻，脑白金因广告而火了一把。2000 年脑白金创造了 13 亿元的销售奇迹，成为保健品行业的状元。在广告制作之前，史玉柱首先做了一次"江阴调查"，他戴着墨镜走村串镇，挨家挨户寻访。在调查中，这些老人都会告诉史玉柱："你说的这种产品我想吃，但我舍不得买，我等着我儿子买呐！"史玉柱敏感地意识到其中大有名堂，他因势利导，推出了家喻户晓的广告词"今年过节不收礼，收礼只收脑白金"。

三、评估营销活动的有效性

当营销战略与策略付诸实施后，企业需要获得市场占有率、销售额、知名度、满意度、顾客忠诚度等数据，用以判断原有营销战略和营销策略是否效，从而及时调整优化营销决策。

【小案例】 从七组数据看数字中国发展“成绩单”

2022年第五届数字中国建设峰会上，时任国家互联网信息办公室副主任曹淑敏介绍2017—2021年数字中国建设取得了新的重大进展。技术创新上，上市互联网企业研发投入增长227%，人工智能、量子信息、区块链等前沿领域涌现出一大批独角兽企业；基础建设上，到2022年5月底，我国已经建成了170万个5G基站，我国的算力基础设施总规模位列全球第二；经济动能上，我国数字经济规模从2017年的27万亿元增长到2021年的超45万亿元，稳居世界第二，年复合增长率达到了13.6%；数字政府提升效能方面，近90%的省级行政许可事项实现网上受理，我国电子政务在线服务指数全球排名第9位；社会服务更普惠，互联网普及率上升到73%；发展环境更完善，《中华人民共和国网络安全法》《中华人民共和国数据安全法》《中华人民共和国个人信息保护法》等不断颁布实施；国际合作稳定拓展，我国倡导发起《携手构建网络空间命运共同体行动倡议》《“一带一路”数字经济国际合作倡议》《中国—东盟关于建立数字经济合作伙伴关系的倡议》《金砖国家数字经济伙伴关系框架》等一系列国际合作倡议，打造多层次全球数字合作伙伴关系，截至2021年年底，我国累计建设34条跨越陆缆和多条国际海缆。

数据来源：澎湃新闻. 从七组数据看中国发展“成绩单”[EB/OL]. https://www.toutiao.com/article/6360825554135941633,2022-07-16/2023-09-19.

■任务实施

Step1：全班每人收集一个与市场调查作用相关的案例。

Step2：随机抽取一部分学生在课堂上分享案例。

Step3：全班学生讨论市场调查的作用。

Step4：指导教师总结。

【实训模块3】市场调查分类认知

■知识准备

一、按调查方法分

按调查方法将市场调查分为文案调查和实地调查。文案调查是通过收集各种已经存在的资料，从中摘取与市场调查课题相关信息的调查方法。实地调查指根据调查目的专门到市场收集原始资料的方法。根据信息获取方法的不同，实地调查方法又可以分为访问法、观察法和实验法。

二、按调查方式分

按调查方式将市场调查分为全面调查、重点调查、典型调查和抽样调查。在四种调查方式中，选取调查对象的具体方式是不同的。

1. 全面调查

全面调查又称普查，指对研究对象全体进行调查以全面掌握研究对象总体的情况。全面调查时间长、费用高、工作量大，一般只有重大项目才采取普查，如人口普查、工业普查、农业普查和第三产业普查等。

2. 重点调查

重点调查指在研究对象中有意识地选取其中一部分重点单位进行调查，以掌握研究现象总体的基本情况。重点单位指在总体中处于十分重要的地位或某项指标中占绝大比重的单位。

3. 典型调查

典型调查指在调查对象中有意识地选取一些有典型意义或代表性的单位进行专门调查，以掌握现象发展变化的规律和成功经验。典型单位可以是有典型意义的少数单位或具有代表性的单位。

4. 抽样调查

抽样调查指从市场研究对象中按照随机的原则选取一部分单位作为样本，并根据样本的信息去推断总体的调查方式。抽样调查因调查时间短、花费少、工作量少但结果准确可控，在市场调查中使用广泛。

三、按调查范围分

按调查的空间范围，市场调查可分为国际市场调查、国内市场调查和区域性市场调查。国际市场调查是在全球多个国家或区域进行调查。国内市场调查的调查区域为全国多个城市或区域。区域性市场调查指调查区域仅限于某些城市和某些乡镇等。

四、按调查频率分

按调查频率，市场调查可分为一次性调查和经常性调查。一次性调查指一年内只进行一次调查；经常性调查指一年内进行多次调查，并根据间隔周期将经常性调查分为定期调查和不定期调查。定期调查指调查时间比较有规律，如人口普查每十年一次，逢“0”举行，不定期调查则每次调查时间不固定，没有规律可循。

五、按调查时间分

按调查时间，市场调查可分为横向调查和纵向调查。

1. 横向调查

横向调查也称为截面调查，指在某一个时间点上收集调查资料，用以描述调查对象在这一时间点上的状况，或者描述这一时间点上不同变量之间的关系。比如，调查2022年成都房价，2022年北京、上海、广州和成都的房价。

2. 纵向调查

纵向调查指在若干不同的时间点上收集资料，用以描述现象的发展变化，以及不同现象前后之间的联系。比如，通过不同年份的中国房价来分析中国房价的变化趋势和规律。纵向研究根据样本特征进一步分为趋势研究、同期组研究和同组研究。

（1）趋势研究

趋势研究指对一般总体随时间推移而发生的变化进行研究，通过对一般总体在不同时期的特征或状况进行比较，以揭示和发现总体的变化趋势和规律。在趋势研究中，在不同时间点所进行的若干次横向调查中必须采用相同的调查内容和测量方法。

【例】　　　　　　　　　中国综合社会调查

中国综合社会调查（Chinese General Social Survey，CGSS）始于2003年，是我国最早的全国性、综合性、连续性学术调查项目。该调查项目每年一次，对全国125个县（区），500个街道（乡、镇），1 000个居（村）委会，10 000户家庭中的个人进行调查。通过定期、系统地收集中国社会各个方面的数据，总结社会变迁的长期趋势，探讨具有重大理论和现实意义的社会议题，推动国内社会科学研究的开放性与共享性，为国际比较研究提供数据资料。截至2019年，CGSS共设计并执行过三套抽样方案，三套抽样方案均采用多阶分层PPS随机抽样方法，都是严格的概率抽样，不同之处在抽样框、分层变量、抽样阶段及家庭户的抽取方法不同，调查模块有核心模块、主题模块和扩展模块。

数据来源：CGSS的官方网站［EB/OL］. http://cgss.ruc.edu.cn，2024-08-26.

（2）同期组研究

同期组研究又称为人口特征组研究，指对某一特殊人群随时间推移而发生变化的研究。如为了研究中国20世纪70年代居民的购房态度，分别做了三次调查：1990年的调查对象为20~30岁的中国居民、2000年的调查对象为30~40岁的中国居民；2010年的调查对象为40~50岁的中国居民。在同期组研究者中每次调查的样本可以不一样，但他们必须同属于这一个特殊群体。

（3）同组研究

同组研究又称为定组研究，指对同一组人随时间推移而发生变化的研究，如居民收视率调查中调查对象为固定样本。同组研究中有些调查对象因为各种原因退出调查，会影响后期数据的获取与分析。

【小案例】　　　哈佛大学一个关于目标对人生影响的跟踪调查

哈佛大学对一群智力、学历、环境等各方面都差不多的人进行了25年的跟踪调查。跟踪调查结果显示，27%的人没有目标，60%的人有较模糊的目标，10%的人有清晰而短期的目标，只有3%的人有清晰而长期的目标。经过长期跟踪调查发现，3%的25年来都不曾更改过目标的人几乎都成了社会各界的顶尖人士；10%有清晰短期目标的人生活在社会的中上层；60%有较模糊目标的人几乎都生活在社会的中下层，他们能够安稳地生活与工作，但似乎都没什么特别的成就；27%没有目标的人几乎都生活在社会的最底层，25年来生活过得不如意，常常失业，靠社会救济，并常常抱怨他人和社会。

六、按调查目的与研究性质分

根据调查目的与研究性质将市场调查分为定性调查方法和定量调查方法。定量调查方法是从相对较大的样本中以一种系统化、标准化的方式收集数据的调查方法，支持描述性和因果关系研究。主要的定量调查方法问卷调查、结构化观察和实验法。定性调查方法是一种非结构化、以较小样本对研究对象做出性质方面的描述与分析的调查方法，主要用于支持探索性和部分描述性研究，内容集中在探索性、难量化的消费者分析。主要的定性调查方法有焦点小组访谈会、深度访谈法和非结构化观察。

■任务实施

Step1：根据6个人一组的原则将全班分成几个小组。

Step2：每个小组讨论下列调查情景中应选择哪种调查方法，时间5分钟。

情景1：某汽车品牌为了进入新的地级市，希望获取该市的人口总量、人口增长率、人口年龄构成、居民收入等信息。

情景2：某公司希望了解消费者对公司产品的满意度。

情景3：某连锁酒店希望了解酒店的服务质量。

情景4：某公司正为新产品定制定价格，希望了解哪种价格才能实现利润最大化。

step3：每个小组讨论下列情景中应选择哪种调查方式，讨论时间5分钟。

情景1：中国宝武钢铁集团、鞍钢集团、沙钢集团等大型钢铁企业已进入世界最大钢铁企业排名中，其产量对中国钢铁总产量的贡献至关重要，现希望大致了解中国钢铁的年总产量。

情景2：为了全面准确掌握中国全体公民的性别、年龄、受教育程度等关键人口信息。

情景3：为了了解颁布的产业政策对企业产生了哪些影响。

情景4：为了了解消费者对某品牌的满意度。

Step4：每个组派代表简要阐述讨论结果，时间5分钟。

Step5：老师进行点评和总结。

【实训模块4】市场调查内容认知

■知识准备

市场调查可获取多方面的信息，企业所面对的决策问题不同，调查的内容不同，企业可以根据市场调查的目的确定市场调查内容。一般来说，市场调查内容分类如表1-1所示。

表1-1　市场调查内容分类

（一）宏观环境	
政治法律环境	政策、法律、法规、制度
经济环境	经济总体发展水平、经济结构、居民收支状况、储蓄信贷状况
社会文化环境	宗教信仰、风俗习惯、文化结构、价值观念、思想意识、道德规范、思维方式、受教育程度等
科技环境	与企业相关的国内外科技领域的发展：新发明、新技术、新材料、新产品、新媒体等
自然环境	地理环境、气候条件、自然资源、自然资源变化、污染状况、季节因素等
人口环境	人口总量、人口增长速度、人口结构及变化趋势
行业环境	行业规模、市场潜力、商业趋势、市场份额、消费文化

表1-1（续）

（二）微观环境	
消费者	消费者需求量、消费者购买力、消费结构、消费者行为
竞争者	市场竞争者数量、市场竞争格局、竞争者的市场绩效、竞争者的市场战略、竞争者的品牌策略、竞争者的价格策略
企业	企业规模、企业绩效、企业优势、企业劣势
（三）市场营销	
产品/服务调查	产品/服务需求、竞品分析、新产品测试、产品生命周期、产品满意度、用户期望、用户满意度、品牌形象、品牌知名度、美誉度、忠诚度、产品包装测试、口味测试
价格调查	新产品价格、价格弹性
渠道调查	商圈、新店选址、渠道布局、渠道绩效测评、渠道诊断、中间商评价
促销调查	媒体接触习惯、文案测试、广告效果测评、促销效果测评、广告监测
广告调查	广告样片测试（记忆度、好感、产生购买兴趣）、广告送达率、广告受众、广告媒体、广告效果、广告与销售业绩的关系

■任务实施

Step1：全班同学随机分组，以组为单位进行讨论。

Step2：每个小组讨论下列情景应该调查的内容，时间10分钟。

情景1：某公司打算进入海外市场，需要收集哪些市场信息，并说出理由。

情景2：某公司推出新产品之前，需要收集哪些市场信息，并说出理由。

情景3：某公司希望更多了解竞争对手，需要收集哪些市场信息，并说出理由。

情景4：某公司为了测试上次促销效果，需要收集哪些市场信息，并说出理由。

Step3：讨论后每个小组派代表简要阐述讨论结果，时间3分钟。

Step4：老师进行点评和总结。

【实训模块5】市场调查流程认知

■知识准备

一、市场调查过程

市场调查是一项复杂、细致的工作，涉及面广。为了提高市场调查效率，必须加强组织工作，合理安排市场调查程序。市场调查分为调查立项、调查计划、调查执行、调查分析、撰写报告五个阶段，在不同调查阶段需要完成不同的工作，具体见表1-2。

表 1-2　市场调查程序

序号	阶段	工作重点	工作任务
1	调查立项阶段	确定调查主题	确定调查立项、选择调查组织、确定调查主题
2	调查计划阶段	制定调查方案	道路选择、工具准备
3	调查执行阶段	获取调查数据	文案调查、实地调查
4	调查分析阶段	整理分析数据	数据整理、数据分析
5	撰写报告阶段	解读调查数据	撰写书面调查报告、提交口头调查报告

（一）确定调查主题

确定调查主题是市场调查的第一步也是最重要的一步，需要准确定义调查问题，确定收集的信息内容以及数据获取方式。确定调查主题，需要详细了解调查问题的背景信息：决策企业的经营情况、企业要做的决策及要实现的目标、现有决策信息的满足程度、管理者对调查的态度、调查成本和调查收益等。

（二）制定调查方案

为了更好地实现调查目标，要对调查工作做好设计，形成书面的市场调查方案。在市场调查方案中要对调查目标、调查内容、调查方法、调查方式、调查工具、抽样方案、数据分析、调查队伍、调查费用和调查进度做出安排。市场调查方案是调查研究的指导方针和行动纲领，对市场调查质量影响较大。不同调查项目的调查思路、调查策略、调查方法和具体技术是不同的，需要调查研究者结合具体问题具体分析。

（三）获取调查数据

调查人员严格按照市场调查方案进入现场获取各方面的数据。调查数据的收集是市场调查成功的关键，因此要加强组织管理，不仅要做好调查队伍的挑选和培训工作、还要搞好外部协调工作，并重视调查队伍的内部指导和监督工作、加强调查队伍内部的工作经验总结和交流。

（四）整理分析数据

蜜蜂要勤采蜜，更要酿蜜。对于获取的数据要进行分析，才能发现数据中的规律，并在规律中找到对策。为了保证用于分析的数据是准确的、系统的和有条理的，先要对调查数据进行审核、编码、录入、净化和预处理等整理工作。整理后的数据可进行定性分析和定量分析，受数据收集方式类型的影响，不同性质的数据可采用不同的分析方法。

（五）撰写调查报告

调查分析结束后，要对整个调查活动过程进行回顾和总结，并撰写书面调查报告，必要时还要准备口头调查报告。书面调查报告指以文字或图表的形式将整个调查实施情况和调查发现系统、集中和规范地表现出来。口头调查报告指调查主持人以口头陈述的形式向决策者汇报调查过程和调查结果，现场解答质疑。

二、市场调查的标准流程

企业开展市场调查时，应按照标准化流程进行操作。

表 1-3 市场调查标准化流程

序号	名称	工作流程及内容	相关负责人
1	制定年度调查计划	提出调查申请（产品/品类/品牌需求）	各部门主管
		部门调查申请评估	部门经理
		输出调查需求列表	部门经理
		讨论调查目的、方向、可行性	部门经理/调查专员
		确定年度调查计划	总经理
2	制定调查任务	讨论并制定调查任务项目列表	调查专员
3	制定该次调查计划	立项/制定调查计划书	调查专员
		核准调查计划书	总经理/部门经理
4	内部试填工作	试填—总结—修改—二次试填—修改—定稿	市场专员/调查专员
		核准调查表	总经理/部门经理
5	正式执行工作	联系调查对象	调查专员
		人员安排及培训	
		执行调查计划	市场专员
		根据调查进度及时反馈	
6	数据整理分析	录入、整理、分析、总结	调查专员/分析专员
7	调查报告撰写	电子或纸质报告、PPT	调查专员
8	总结反馈	某某调查总结报告	调查专员

■任务实施

Step1：按 6 人一组的原则将全班分成几个小组。
Step2：某公司决定进行正式调查，请讨论该如何开展市场调查，时间 5 分钟。
Step3：讨论后每个小组派代表简要阐述讨论结果，时间 3 分钟。
Step4：老师进行点评和总结。

【实训模块 6】市场调查行业认知

■知识准备

一、市场调查行业规模

中国市场调查行业早期，只有少数大型外资企业和合资企业有市场调查需求，市场调查行业发展也较慢。随着中国经济的快速发展，大量本土企业相继崛起，为提升市场竞争力、抢占更多市场份额，市场调查需求增加，市场调查行业得以快速发展。

中国市场调查行业规模从 2015 年的 115 亿元增至 2019 年的 187.1 亿元，年复合增长率为 12.9%，2019 年后每年的增速保持在 13.5%左右，据预测 2024 年中国市场调查行业产值将有望增长至 351.9 亿元①。

二、市场调查行业的参与者

市场调查行业发展离不开市场调查行业的参与者，目前中国市场调查行业由上游供应者、中游参与者和下游需求者构成。上游供应者有官方统计机构、行业协会、第三方研究机构和新闻媒体网站等；中游参与者是以市场调查为主营业务的市场调查专业公司、广告公司和管理咨询公司等；下游需求者有企业客户、政府客户和个人客户等。

（一）上游供应者

市场调查行业上游供应者能够提供不同的调查数据，并且各具特色。研究机构、第三方研究机构和新闻媒体网站主要通过实地市场调查获取数据，信息的实证性、时效性强；行业协会和统计局等官方机构主要通过自下而上的数据报表获取信息，数据可信度高但时效性不强。

（二）中游参与者

中游参与者主要是以调查为主营业务的市场调查公司、咨询公司等，由于公司规模、人员和设备不同，其能承接的调查项目也不同。根据能提供的调查服务范围和深度，将中游参与者分为以下几种类型：

1. 全方位服务供应商

全方位服务供应商指有能力提供全部调查服务的供应商，能提供问题界定、调查研究设计、数据收集、数据分析与调查报告撰写等服务。全方位服务供应商一般规模大，拥有各类专家和专业设备，根据服务形式又可以进一步分为以下四类公司。

（1）辛迪加数据服务公司

辛迪加数据服务公司不特别针对某一家企业提供市场调查服务，而是定期把市场调查报告出售给感兴趣的众多用户来获取利润。这些公司所收集的信息或数据是标准化的，不会根据某家公司的需求加以定制。

（2）标准化服务公司

标准化服务公司会为不同客户提供不同的调查数据，但是数据收集的流程是标准化的。同时由于收集信息的流程标准化，标准化服务公司能以较低的成本向客户提供信息。

（3）定制化服务公司

定制化服务公司可为不同客户提供多种定制的调查服务，将每个客户的需求看作一个独特的调查项目，根据顾客的特殊需求设计调查。

（4）在线调查服务公司

在线调查服务公司专注于提供在线服务，用互联网来帮助完成问题识别、研究设计、数据收集和报告分发等。

---

① 数据来源：中国市场调研行业发展现状及趋势分析［EB/OL］. www.sohu.com/a/453975804_120113054, 2021-03-04/2024-08-26.

2. 有限服务供应商

有限服务供应商由于规模较小，主要根据公司的专长领域从事市场调查的部分工作，如实地访问、市场细分、抽样设计和数据分析、眼动测试或神秘顾客调查等。

（1）实地访问公司

实地访问公司专做数据收集，如在某个特定领域进行电话调查、焦点小组座谈、商场拦截调查或入户调查。

（2）市场细分公司

市场细分公司专门收集特殊细分市场的数据，如收集中国儿童、老年、专业客户的细分市场数据，或者收集中国某个地区的市场数据。

（3）调查抽样公司

调查抽样公司专门提供样本设计和样本分发服务，如专门的抽样设计，或根据样本设计问卷调查或电话调查。这些调查公司可提供互联网样本、企业样本、全球样本和具有一定特征的罕见样本。

（4）专项调查技术公司

专项调查技术公司能够熟练使用专业技术为客户提供服务，如专门做市场进入、投资决策、竞争对手、顾客满意度、渠道策略等方面的调查，或针对某个特定行业或特定对象进行调查。

（三）下游需求者

下游需求者有企业客户、政府机构和个人客户，其中企业客户占比最高，占 80% 左右。现阶段本土企业客户数量约为 80%，外资企业客户数量约为 10%。

三、市场调查行业竞争格局

根据企业营收将中国的市场调查公司分为三大梯队：第一梯队企业是以尼尔森、盖洛普、益普索为代表的世界知名外资企业，年营收数亿元，多为行业标杆企业，拥有领先的研究水平；第二梯队企业是以 CSM、零点研究和慧聪为代表的本土或合资企业，年营收超过 5 000 万元，成立较早，拥有丰富行业经验；第三梯队企业是以现代国际、中为咨询为代表的本土知名企业，年营收多低于 5 000 万元①。

■任务实施

Step1：将全班分成 6 个小组。

Step2：每组成员思考下列问题，时间 5 分钟。

问题 1：市场调查的需求方有哪些？

问题 2：市场调查的提供者有哪些？

问题 3：说出你知道的国内外知名的调查公司？

Step3：随机抽取两个组阐述讨论结果，时间 2 分钟。

Step4：老师进行点评和总结。

---

① 数据来源：中国市场调研行业发展现状及趋势分析［EB/OL］. www.sohu.com/a/453975804_120113054, 2021-03-04/2024-08-26.

【实训模块7】互联网大数据时代的市场调查认知

■知识准备

近年来迅猛发展的互联网、云计算、大数据对人们的生活、工作、娱乐和学习都产生了重要影响，调查人员必须重视互联网对市场调查的影响，将传统市场调查与互联网技术相结合。

一、策划阶段，重视互联网调查的优点

互联网不仅为市场研究提供了海量的二手数据，也为实地调查提供了新的调查技术和分析方法、新的调查平台。互联网大数据时代下，市场调查更加便捷、数据来源更加多样、调查范围更广、调查成本下降、数据可实时回收。在市场调查策划阶段，应充分重视互联网给市场调查带来的机遇，充分利用网络渠道快速获取海量二手信息，选择互联网新平台和新技术进行实地调查，多选择新的数据分析技术和数据分析软件进行数据分析，从而提升调查效率，确保调查结果的全面性、准确性和时效性。

【小案例】　　蚂蚁小贷

小微企业的贷款一直是一个难题。相较于每笔贷款金额，收集小微企业的信息，分析和审核它们的信用度、偿还能力都需要付出巨大的人力成本、时间和金钱成本。小银行因无法低成本解决这个问题，对小微企业贷款望而却步。小微企业获得贷款也异常困难，甚至影响到小微企业的发展。北京蚂蚁小贷投资管理有限公司利用网络和算法解决了这个难题，实现无人信贷，而且坏账率明显低于传统银行的平均水平。

北京蚂蚁小贷投资管理有限公司是这样收集、分析和审核小微企业信息的：首先是业务数据化，充分获取互联网上潜在客户的商品、销售、店铺上新频率、投诉诸多数据信息。其次是利用算法完成风险评估，在卖家提出贷款申请后，蚂蚁小贷的后台程序就会根据其在淘宝上的行为数据进行风险评估，并预先授信、实时审核、自动放款。最后运用算法不断更新客户信息频率，当客户数据越来越丰富、参数越来越清晰、算法模型越来越有效时，风险控制成本逐渐降低，形成“输出信贷需求—机器做出决策—资金自动汇入”的信任闭环。

二、实施阶段，充分利用互联网调查

在调查实施阶段，充分利用互联网和大数据技术，提升市场调查的运作效率。文案调查可利用科学研究机构、门户网站、社交网络、搜索引擎和电子商务等网络渠道。实地调查可用互联网提供的新渠道、新手段、新平台进行调查。

【小案例】　　搜索引擎调查

中国一家不知名的数码相机制造商，本来打算从用户的搜索日志中寻找线索研发新的相机产品，但在对搜索用户的地理位置和搜索时间进行分析时，发现相机搜索量

在夏季飞速上涨，同时海南、广州、北戴河的搜索者对水下相机最感兴趣，于是他们放弃生产数码相机转为生产相机的防水外壳。

三、分析阶段，深层次开发数据

在数据分析阶段，可运用大数据分析技术，挖掘更深层的信息。互联网大数据时代，市场信息丰富多样、数据体量大，在数据识别、整理、清洗、提炼和分析过程中，借助数据挖掘、机器学习等现代化信息技术和算法，能让数据产生更大的价值。

■任务实施

Step1：每个人思考以下问题，时间 10 钟。

问题 1：现有的网络调查平台和调查软件有哪些？

问题 2：大数据对市场调查的影响是什么？

问题 3：大数据背景下如何进行市场调查？

Step2：随机抽取 3 个组的代表简要阐述本组观点，时间 3 钟。

Step3：老师进行点评和总结。

模块检测

一、单项选择题

1. 市场调查目的是（　　）。

A. 了解消费者需求　　B. 分析市场趋势

C. 为企业决策提供依据　　D. 获取市场信息

2. 某公司向市场推出一款新的产品，可新产品的市场表现远远低于预期，该公司通过市场调查来了解原因。下列不属于市场信息的是（　　）。

A. 该产品在面试后仅仅获得 2.5%的市场份额，远远低于预期的 5%。

B. 超过一半的被访者说不知道该产品是某公司出品的。

C. 那些知道这个产品却没有购买的人说，这个产品不好吃。

D. 使用过后，超过一半的试用者觉得该产品不错。

3. 从市场调查流程来看，确定了研究目标和制定研究计划之后，接下来企业需要做的是（　　）。

A. 研究计划书　B. 执调查行方案　C. 撰写调查报告　D. 策划方案

4. 以下必须通过市场调查来监控市场绩效的是（　　）。

A. 顾客满意度　B. 销售利润　C. 成本投入　D. 销售量

5. 以下不属于宏观环境调查的是（　　）。

A. 经济环境调查　　B. 社会文化环境调查

C. 需求环境调查　　D. 政治环境调查

6. 社会文化调查包括（　　）。

A. 对生产和消费的调查

B. 对法律法规的调查

C. 对民族构成、宗教信仰、民风、社会道德与审美意识方面的调查

D. 对新技术、新产品、新材料、新能源情况的调查

7. 在对某地区进行市场调查时发现，该地区人口结构逐渐呈现老龄化趋势，这一调查是（　　）调查。

A. 科技环境　　B. 经济环境　　C. 人口环境　　D. 政治环境

8. 企业从纷繁复杂的市场环境中寻找市场机会，辨别市场威胁的研究属于（　　）。

A. 市场环境研究　　B. 媒体沟通研究

C. 竞争对手研究　　D. 消费者研究

9. 以下属于媒体沟通研究的是（　　）。

A. 竞争对手研究　　B. 广告文案测试

C. 媒体接触习惯　　D. 行业发展趋势研究

10. 大数据时代的市场调查要求企业提升（　　）。

A. 分析数据的能力　　B. 整理数据的能力

C. 甄别和筛选数据的能力　　D. 收集数据的能力

二、多项选择题

1. 市场调查包括对市场研究各方面信息的（　　）。

A. 收集　　B. 整理　　C. 解释　　D. 分析

2. 市场营销管理的三个阶段包括（　　）。

A. 营销战略与营销策略形成　　B. 市场调查

C. 营销方案实施与控制　　D. 市场环境分析

3. 市场环境调查的主要内容包括（　　）。

A. 供应市场调查　　B. 需求市场调查

C. 宏观环境调查　　D. 微观环境调查

4. 获取原始资料的方法有（　　）。

A. 观察法　　B. 定性研究法　　C. 访问法　　D. 实验法

5. 市场调查行业结构中，以下属于供应方的是（　　）。

A. 企业自身的市场调查部门　　B. 广告代理公司

C. 辛迪加服务公司　　D. 定制或专项调查公司

6. 市场调查的作用包括（　　）。

A. 诊断管理问题　　B. 监控营销绩效

C. 进行管理决策　　D. 发现市场机会

7. 市场调查具有（　　）。

A. 辅助性　　B. 系统性　　C. 科学性

D. 客观性　　E. 针对性

8. 互联网大数据时代对市场调查的影响主要体现在（　　）。

A. 调查思维　　B. 调查收集方法

C. 调查分析能力　　D. 调查主体

9. 消费者调查主要包括（　　）。

A. 消费者购买意愿调查　　B. 消费者购买行为调查

C. 消费者购买动机调查　　D. 消费者人口状况调查

10. 市场营销调查的内容包括（　　）。

A. 市场决策　　B. 市场环境调查

C. 营销要素调查　　D. 市场分析调查

三、判断题

1. 为了节省调查费用，X 公司将三个调查项目整合为一个大项目进行实施是可行的。

A. 对　　B. 错

2. 市场调查是搜集情报、信息的活动。

A. 对　　B. 错

3. 市场调查一般是围绕特定的决策问题展开的。

A. 对　　B. 错

4. 对于企业而言，大数据的价值在于提供丰富的市场信息。

A. 对　　B. 错

5. 市场调查的目的是认识和解释企业营销管理中出现的问题。

A. 对　　B. 错

6. 市场调查中为获得所需要的资料而采取的方法、程序、成本预测等详细的计划书称为调查方案。

A. 对　　B. 错

7. 市场调查可以帮助人们了解市场的过去和现在。

A. 对　　B. 错

8. 市场调查可以了解竞争对手以及竞争产品在消费者心目中的地位，也可以获取竞争对手的机密信息。

A. 对　　B. 错

9. 市场调查可以解释消费者的行为和态度为什么不一致。

A. 对　　B. 错

10. 市场调查可以预测市场可能出现的突发事件和异动。

A. 对　　B. 错

实训项目二 市场调查准备实训

要防止为调研而调研，防止搞“出发一车子、开会一屋子、发言念稿子”式的调研，防止扎堆调研、“作秀式”调研。

——2019 年 5 月 31 日，习近平在“不忘初心、牢记使命”主题教育工作会议上的重要讲话

■实训目的与要求

1. 了解调查前准备的重要性；
2. 掌握确定市场调查必要性的步骤；
3. 了解如何选择调查组织；
4. 掌握确定调查主题的方法；
5. 培养分析问题的意识；
6. 发扬工匠精神。

■实训学时

本项目实训建议时长：2 学时

■导入案例

一次意外改变了王老吉的命运

经过多年的努力，王老吉把中国的凉茶做成可以比肩可口可乐的品牌，以百亿销量成为民族饮料的代言人，王老吉防上火的案例更登上了《哈佛商业评论》，可谁会想得到王老吉成功的开始却源自一次意外。

2002 年年底，一直热衷于体育营销的加多宝公司，希望拍摄一条以“体育、健康”为主题的广告片来提升红罐王老吉的销售。按照常规做法，一般是通过邀请广告公司—比稿—签合同—拍片等流程来选择合作公司。广州云集了国内众多顶尖的影视

公司，但当时在影视方面并不十分专业的广州成美营销顾问公司的登场却改变了王老吉的命运。广州成美营销顾问公司初步研究后发现，红罐王老吉的销售问题不是简单通过拍广告可以解决的。目前中国很多企业一遇到销量受阻最常采取的措施就是对广告片动手术，要么将原有广告改得面目全非，要么赶快搞出一条具有“大创意”的新广告。

广州成美营销顾问公司认为红罐王老吉销售问题首要解决的是品牌定位。红罐王老吉虽然销售了 7 年，其品牌却从未经过系统、严谨的定位，企业自己都无法回答红罐王老吉究竟是什么，消费者就更不用说了，完全不清楚为什么要买它，这也导致王老吉多年来销售额在 1 亿多元徘徊。品牌定位不解决，拍什么样“有创意”的广告片都无济于事。经过一轮深入沟通后，加多宝公司最后接受了建议，决定暂停拍广告片，委托成美营销顾问公司先对红罐王老吉进行品牌定位。

成美营销顾问公司针对王老吉的品牌定位进行调查：一是进行品牌定位研究，通过消费者和竞争对手调查研究来确定方向；二是进行品牌定位推广调查，具体包括定位说辞调查研究与建议、广告语调查研究与建议、推广执行策划（区域为广东、浙江地区）调查研究。调查发现：消费者购买红罐王老吉的真实动机是用于“预防上火”；红罐王老吉的直接竞争对手是菊花茶、清凉茶等，而不是可乐、茶饮料、果汁饮料和矿泉水等，因为它们明显不具备“预防上火”的功能，仅仅是间接竞争；在消费者心智认知中，红罐王老吉的“凉茶始祖”身份、神秘中草药配方、175 年的历史等，有能力占据“预防上火的饮料”的定位。通过二手资料、专家访谈等发现中国几千年的中医概念“清热祛火”在全国广为普及，“上火”的概念也在各地深入人心，这为红罐王老吉突破凉茶概念的地域局限创造了条件。

经过成美营销顾问公司的努力，著名的“怕上火，喝王老吉”的广告终于诞生了。王老吉的销售区域从广东等地变成全国铺开，销售额也从 2002 年的 1.8 亿元增加到 2003 年的 6 亿元，2010 年含盒装的王老吉的销售额约为 190 亿元。

数据来源：知乎. 王老吉神奇崛起背后的策划内幕？［EB/OL］. https://zhuanlan.zhihu.com/p/441910379，2021-12-06/2024-08-26.

思考问题：

1. 成美营销顾问公司后续拍摄的广告语为什么不是先前的“体育、健康”？
2. 成美营销顾问公司是如何确定市场调查主题的？
3. 确定市场调查主题的作用有哪些？

■项目内容

在教师的指导下，根据设定，依次对确定市场调查的必要性、调查组织选择、界定市场调查主题等项目进行实训，从而完成教学目标和要求。

【实训模块 1】确定市场调查的必要性

■知识准备

一、不需要开展市场调查的情况

市场调查的作用是为了充分了解市场，为企业决策提供信息，规避决策风险。但不意味着所有企业决策都需要开展正式的市场调查，下列几种情况不需要开展正式的市场调查。

1. 有足够可用的信息

已经掌握大量信息或具有丰富的经验，决策者不需要额外的信息来做决策。或者开展市场调查。

2. 决策时间紧迫

尽管缺乏足够的资料或者对市场认识不足，但决策者需要立即做出决定，根本没有时间进行市场调查，也可以决定不开展市场调查。

3. 市场调查成本高于信息价值

市场调查需要投入一定的资金，在开展调查之前要综合权衡调查所获得的利益和成本，当调查收益远远大于调查成本时开展市场调查是有必要的，但调查收益小于调查成本时则没有必要开展市场调查。

4. 企业没有足够的调查资源

尽管知道开展市场调查是有价值的，但企业缺少专业调查人员，需要委托外部调查机构进行调查，并且存在泄露商业秘密的风险，这种情况下，除非市场调查价值极大，否则也没有必要开展市场调查。

二、确定市场调查必要性的步骤

市场调查能够为决策提供依据，但在实际的市场调查中，管理者的态度、调查问题性质、调查成本和执行调查结果的可能等都会影响开展正式市场调查的必要性。市场调查的起点通常是确定有没有必要开展一项提议的调查，要确定是否开展市场调查，可遵循下列步骤：

第一步，确认管理层对市场调查抱有的态度。

只有得到领导重视，市场调查工作才容易被推动，因此第一步要了解企业管理层对市场调查的态度，如果管理层不抱有积极态度就应放弃开展市场调查。

第二步，确定调查决策是否需要更多信息。

积极与调查决策者进行沟通，询问决策是否需要更多的信息，如果目前的信息能够满足决策需要，也可以放弃调查，只有决策者认为需要更多信息的情况下才考虑第三步。

第三步，考虑是否有足够的时间用于市场调查。

了解做出决策的最后时间，并估算调查所花费的时间，如果市场调查过程过长，无法在决策前提供信息就要放弃调查。

第四步，询问执行调查结果的可能。

询问决策者或具体部门决策者是否采纳调查结果，如果回答为否定或不确定时也要放弃调查，只有肯定回答才考虑第五步。

第五步，确认决策是战略性还是战术性的。

市场调查的价值与决策问题性质有关，市场调查问题越重要，市场调查越有意义。在市场调查前要确认该决策是战略性还是战术性的，战术性的决策就没有必花费太多精力开展市场调查，战略性决策对企业影响重大，开展市场调查更有意义。

第六步，衡量市场调查的价值。

初步确定开展市场调查后，还需要进一步估算调查成本与收益，最终决定是否开展市场调查。市场调查价值越大开展市场调查越有意义，衡量市场调查价值的方法有净价值法、投资回收率法和现实分析法。

（1）净价值法

净价值法指在一定信息价值和成本的假设下，信息获得的决策价值剔除市场调查成本后，得到市场调查净价值，然后根据净价值来确定是否开展市场调查活动。市场调查净价值越大，越有必要开展市场调查。

$$NV = (V_1 - V_2) - C$$

式中：NV 为市场调查净值；V_1 为在市场调查帮助下的决策价值；V_2 为在没有市场调查帮助下的决策价值；C 为完成市场调查的实际成本。

【小案例】　　市场调查净价值法

某企业去年市场调查费用为 80 万元，在市场调查所获信息的帮助下做出的决策方案对企业的贡献估计是 600 万元，如果不进行市场调查，这些决策由于正确性降低对企业的贡献会降低到原来的 80%。请帮助企业判断是否该开展市场调查。

$$\begin{aligned} NV &= (V_1 - V_2) - C = 600 \times (1 - 80\%) - 80 \\ &= 120 - 80 \\ &= 40(\text{万元}) > 0 \end{aligned}$$

开展市场调查是有价值的。

（2）投资回收率法

投资回收率法指先估算市场调查在一年内总的决策收益和调查成本，然后用调查收益除以调查成本得到调查收益率，然后根据收益率来确定是否开展市场调查活动。收益率大于 1 则有开展正式调查的必要，而且收益率越高市场调查的价值越大。

$$\text{市场调查收益 } R = \frac{\text{市场调查收益}}{\text{市场调查成本}} \times 100\%$$

【小案例】　　市场调查价值投资回收率法

某企业去年市场调查费用为 80 万元，在市场调查所获信息的帮助下做出的决策方案对企业的贡献估计是 600 万元。如果不进行市场调查，这些决策由于正确性降低对企业的贡献会降低到原来的 80%。请帮助企业判断是否该开展市场调查。

$$\begin{aligned} R &= (\text{市场调查的收益} / \text{市场调查成本}) \times 100\% \\ &= [600 \times (1 - 80\%)]/80 \times 100\% \\ &= 150\% > 1 \end{aligned}$$

开展市场调查是有价值的。

（3）现实分析法

现实分析法指综合考虑调查成本、不同决策方案的可能各种结果及每种结果发生的概率后来判断市场调查的价值，并帮助决策者选择最优的市场调查方案。现实分析法的分析步骤为：第一步，列出几种市场调查方案；第二步，列出每种调查方案下的决策结果及发生概率；第三步，计算每种调查方案所花费的成本；第四步，用每种方案的市场调查收益减去相应的调查成本后，得到每种方案最终的调查净价值；第五步，根据多种调查方案净价值判断市场调查的价值，并从中选择最佳的市场调查方案。

【小案例】　　市场调查价值现实分析法

某企业面临三种不同的决策情景，所需要的信息要求也会不同。方案一：市场调查费用为 100 万元，有 40% 的概率带来 1 000 万元的收益，有 60% 的概率带来 1 500 万元的收益；方案二：市场调查费用为 80 万元，有 60% 的概率带来 1 000 万元的收益，有 40% 的概率带来 1 500 万元的收益；方案三：市场调查费用为 120 万元，有 20% 的概率带来 1 000 万元的收益，有 40% 的概率带来 1 200 万元的收益，有 40% 的概率带来 1 500 万元的收益。请帮助企业判断是否有必要开展正式调查，并决定采用哪种调查方案。

方案一：市场调查净价值 = 市场调查收益 - 调查成本

= （40%×1 000+60%×1 500）-100

= 1 200（万元）

方案二：市场调查净价值 = 市场调查收益 - 调查成本

= （60%×1 000+40%×1 500）-80

= 1 120（万元）

方案三：市场调查净价值 = 市场调查收益 - 调查成本

= （20%×1 000+40%×1 200+40%×1 500）-120

= 1 160（万元）

企业开展市场调查是有价值的，并且采用第一种市场调查方案最佳。

第七步，做出是否开展市场调查的决定。

根据市场调查价值的计算结果决定是否开展市场调查。市场调查价值为零或很小没有必要做调查，调查价值较大则可以开展市场调查。

■任务实施

Step1：根据 6 个人一组的原则将全班分成几个小组。

Step2：每个小组分别讨论下列情景是否该开展市场调查，并说出其理由，时间 5 分钟。

情景 1：某公司打算买一台 3 000 元左右的打印机，采购人员正在决定到底购买哪个品牌和哪个型号比较好。问该采购人员有必要启动正式市场调查吗？

情景 2：某企业面临一个投资决策：如果有市场调查信息的帮助，做出的决策方案估计会为企业带来收益 1 000 万元；如果没有市场调查信息的帮助，则给企业带来的收益会下降到 700 万元。根据经验估算该市场调研费用约为 80 万元，问该企业是否有必要开展市场调查呢？

Step4：每个小组派代表简要阐述讨论结果，时间 2 分钟

Step5：老师进行点评和总结。

【实训模块 2】选择市场调查组织

■知识准备

一、选择企业内部完成市场调查

企业开展市场调查可选择由企业自己完成，或委托外部调查机构完成。在面对大型的、复杂的市场调查时，企业往往难以独立完成，可委托外部调查机构。

（一）企业内部市场调查部门的设置

是否设立市场调查部取决于公司规模和公司性质：通常小型企业不会设立专门的市场调查部门，中等企业会设置专门的市场调查部门，大型企业会根据品牌设置多个市场调查部门；从企业性质看，生产资料制造企业设置市场调查部门的较少，消费资料制造企业设置市场调查部门的较多，与生活密切相关的食品、服装、家电等制造和销售公司更重视市场调查，一般都设置市场调查部门。

不同企业的市场调查部的组织形式也不尽相同，有分权式结构、集权式结构和混合结构等三种。分权式结构指按产品线或市场分部设立市场调查部门或市场调查小组；集权式结构只设立一个市场调查部，但可以从事多个品牌的市场调查工作；混合结构融合了分权式结构和集权式结构，开展多种业务的企业采用混合结构的较多。

市场调查部的规模大小不一，小型的市场调查部只有两三个人，大型的市场调查部可以有十多人。市场调查部一般由调查经理、调查项目主管和实施主管、统计或资料处理专家、分析师、督导、访问员和复核员等组成，具体见表 2-1。其中调查经理可由市场营销副总兼任；调查经理下可设置项目主管或项目主管助理；调查主管下设有高级分析师、助理分析师和数据录入专家、制表专家、程序员。市场调查实施中一般有多个访问员，并且设置督导监督访问员工作，一般 1~2 名督导带领 6~8 位访问员。

表 2-1　市场调查团队的人员配置

主要岗位	工作职责
调查经理	接受调查项目委托、负责调查项目的实施、向客户报告调查成果
调查项目主管	负责整个调查项目的管理，协调各方关系
实施主管	负责督导队伍的组建和管理、调查员的挑选和培训，对实施过程进行评价
统计或资料处理专家	负责项目统计技术和实验设计、数据录入、数据整理、数据净化等
分析师	负责调查数据分析、调查报告撰写
督导	负责实施过程中的检查监督和实施结果的检查验收
调查员	负责数据采集
复核员	负责实时监听、录音审核、调查质量抽查

（二）企业内部完成市场调查的情景

公司自行完成市场调查的优点是沟通成本低、费用低、时间相对较短，缺点是管理费用高、主观性强和专业性差。一般调查对象为价值链上下游的合作伙伴、行业专家、政府官员、重要客户、竞争对手或行业，以及小范围的调查时，优先考虑企业自行调查。企业自行完成调查时要注意：使用专业调查人员，准确界定调查目标，科学界定调查对象，确定好调查地点和时间，掌握 SPSS、SAS、Excel 等专业软件，严格管理调查活动等。

二、选择外部调查机构完成市场调查

当企业没有市场调查人员或调查项目过于复杂时可委托外部专业的市场调查机构。

（一）外部调查机构的选择

目前外部市场调查机构种类多样、有市场调查公司、广告公司、管理咨询公司、信息中心和科研院所等，并且数量众多。要从众多的外部调查机构挑选合适的合作结构比较难，可从调查公司规模、调查公司类型、调查公司人员的正规性、专业性、服务经验、责任心和团队合作能力、市场调查操作流程、对调查项目重视程度和调查费用等方面进行考虑。

（二）外部调查机构完成调查的情景

委托外部调查机构完成调查的优点是专业性强、态度客观，但是沟通困难、调查成本高、容易泄漏公司机密。一些大型、复杂、敏感、长期的调查项目可以委托外部调查机构进行调查。在与外部调查公司合作时，要注意多与外部调查公司的负责人沟通、重视调查方案的审核、注意关键环节的把控、事先要制定评估调查质量的文件以及注意信息共享。

■任务实施

Step1：根据 6 个人一组的原则将全班分成几个小组。

Step2：每个小组讨论分别在什么情况下选择企业自行完成调查，在什么情况下委托外部调查机构完成调查，时间 5 分钟。

Step3：每个小组派代表简要阐述讨论结果，时间 2 分钟。

Step4：结合调查项目组建调查团队，时间 5 分钟。

Step5：老师进行点评和总结。

【实训模块 3】界定调查问题

■知识准备

一、界定调查主题的概念

调查主题指一项调查所聚焦的核心内容或中心议题。界定调查主题指定义调查研究的目的、范围、方向以及希望解答的具体问题。界定调查主题的目的是找出企业市场活动中存在的问题，从而研究和探讨解决问题的方法。

市场调查是为企业决策提供依据而进行的，因此需要将管理决策问题转化为调查问题，使两者在信息上实现对接。界定后的调查主题应满足以下三个核心要求：相关性，即调查主题应与企业决策问题紧密相关，能满足特定的信息需求；明确性，即调查主题应当明确无误，避免模糊不清或过于宽泛，确保数据收集和分析的针对性；具体性，即主题应当足够具体，能够清晰地界定调查范围、调查内容和调查方向。

【小案例】　　　　　新建亲子类农家乐的调查问题

某地产公司发现某地旅游业发展迅速，因此打算在当地投资新建一个亲子类的休闲农庄，为了慎重起见，决定在拿地之前进行市场调查。调查人员通过多次讨论，最终定下了本项目的调查主题：政府相关政策、消费者市场分析、竞争对手分析、自身条件分析。其中，政策方面要调查该城市对农家乐的开办政策、土地政策、管理政策和税收政策等；消费者需求方面要调查现实和潜在市场规模、消费能力；竞争对手方面要调查竞争对手的选址、特色；资源方面要调查投资规模、人力资源、社会营销网络关系等资源。

二、界定调查主题的作用

界定调查主题是市场调查的开始，也是市场调查过程中最重要的任务。调查主题一旦确定，调查方向、调查重点和调查思路也都随之明确了。错误的调查主题会导致市场调查走向歧途，给决策企业带来重大的损失；调查主题过于空泛，会收集到不必要的信息，浪费人力、物力和财力；调查主题过于狭窄，收集到的市场信息过少，无法满足决策需要；调查主题含糊不清，会令调查无从下手。

市场调查主题反映的是研究者的调查方向和问题的解决思路，对市场调查问题了解越透彻，调查主题界定也越准确，调查方案设计也越清晰，后期的市场调查活动会更加顺利，因此市场调查主题界定对市场调查活动具有重要意义。

（一）决定市场调查方向

市场调查主题一旦确定，市场调查方向也就确定了，调查任务、信息获取方法和方式等也随之确定。

（二）体现调查水平与质量

调查主题为决策提供有价值的信息，任何偏离正确主题的调查都不可能是有效的调查。调查主题的“差之毫厘”常会造成调查水平和质量的“失之千里”。调查主题的界定能反映研究者对问题的理解，体现研究者的专业素养、洞察力和调查经验。

（三）制定调查研究的过程

一般调查主题确定后，调查目标也被确立，调查对象、调查范围、调查内容和调查方法也被确定，整个调查研究活动也基本上已经确定下来了。调查主题越清晰明确，调查研究活动越顺利。

三、界定调查主题的步骤

界定调查主题要将管理问题转变成决策问题，再将决策问题转变为调查问题，涉及的内容比较多，确定主题的过程非常复杂。为了准确定义调查主题，调查需要遵循一定的程序。

（一）了解问题产生的背景

管理问题是调查研究的“准星”，因此界定调查主题前要详细了解问题产生背景，并准确描述问题。了解企业的销售情况、技术状况和行业情况，增加对管理问题的认识；了解市场环境信息，掌握市场环境变化及其影响；分析消费者的行为，发现消费者对管理问题的影响；分析企业决策目标、决策问题及其后果；了解企业的资源和制约因素，理解制约因素对决策与调查的影响。

（二）列出问题产生的原因

通过前期背景分析，列出引发当前问题的多种原因，不断排除无关和次要原因，最终找到问题产生的主要原因。在列出问题产生过程中多使用5Why分析法，从而识别出问题的本质，确定值得进一步调查的事宜。

（三）提出研究假设

通过原因分析，提出研究假设，即对研究问题做初步的解释或回答，探讨问题解决的途径与方法，从而确定要收集的核心信息。

（四）确定调查问题

在研究假设的基础上，仔细确认调查目的并转化为调查问题，进一步明确各种调查信息的获取方法和测量方法。

（五）确认调查主题

再一次核查现有的调查主题，看是否能满足决策的信息需求。如果现有的信息不能满足决策需求，需要重新确定调查主题，直到确定出具体、清晰、明确的调查问题为止。

【小案例】　　水果混合饮料调查问题

公司A是一家生产水果混合饮料业务的公司，由于竞争对手刚刚推出新口味的产品，为了保持市场占有率，该公司研发部也研发了一款新口味配方的饮料产品，为了慎重起见，决定在正式投产之前进行口味测试，并要求尽快完成调查。

市场调查经理接到任务后，第一步是通过网络调查，收集目前市场上果类饮品销售情况、竞争对手推出新品以来的市场变化、A公司混合果汁的市场占有率变化等。第二步重点调查了A公司的客户，了解客户家庭的购买行为、A和竞争对手两个品牌的家庭渗透率、购买率和忠诚度的变化。第三步直接询问市场营销经理，为什么要考虑新配方、竞品的新口味是否影响A品牌的市场份额、推出新配方产品的目标是吸引新客户还是保持市场占有率、速冻和冷冻两种形式的产品口味是否一致、未来如何宣传新口味产品等问题。第四步，与营销经理沟通后，调查经理将调查主题确定如下。

（1）调查目标：公司现有用户对新口味产品在味道和总体偏好方面的反应，以及竞争对手顾客对该新口味产品和竞争对手新品的反应。

（2）调查主题：对600名年龄在18~60岁的受试者进行访问；调查时间为两周：第一阶段选择本公司的300名忠诚用户，用以评估本公司的新产品与现有产品销量，以理解客户对配方改变会做出何种反应。第二阶段选择300名竞争对手的用户，令其比较本公司的新产品和竞争对手的新产品，以确定本公司的新产品是否能够吸引竞争对手的顾客。在每阶段，一半的受试者测试速冻产品，另一半受试者测试冷冻产品。

资料来源：小吉尔伯特·A. 丘吉尔，等. 营销调研方法论基础［M］. 9版. 王林佳，赵春艳，译. 北京：北京大学出版社.

四、界定调查主题的方法

对市场背景了解越透彻，把握问题越准确，调查主题才会界定得越清晰明确。为了更多获取问题有关的信息，更好抓住问题的本质，可采用下列研究方法。

（一）与决策者沟通

多与营销决策者沟通，了解问题的起因、决策者的目的、决策者的处境和决策者的个性、可供选择的行动方案及其后果、正确决策所需要的信息及其在成本、技术上的可行性。

（二）访问行业专家

条件允许可多访问专家，尤其是行业专家，从而获取更多的特定行业知识和信息，对决策问题了解更加透彻。

（三）收集二手资料

通过文案调查获取与调查项目有关的信息，可以较快熟悉情况，了解和分析问题发生的可能原因，找到真正的调查问题。

（四）定性研究

在小范围内开展定性调查，深入了解问题，找到问题发生的主要原因，为确定市场调查主题奠定基础。

■任务实施

Step1：按照每6个人一组的原则将全班分成几个小组。

Step2：为下列情景指定一个特定的调查主题，时间10分钟。

情景1：医院。

情景2：超市。

情景3：品牌。

Step3：每个小组派代表阐述讨论结果，时间5分钟。

Step4：每个小组讨论下列情景中的调查主题，时间15分钟。

情景1：某公司是生产伏特加酒的企业，以前主要出口俄罗斯等国家，现在准备开拓欧美市场，请问需要调查哪些核心问题，以及如何收集相关信息。

情景2：小王接手一个紧急调查任务，要初步分析中国电动汽车市场潜力并初步预测未来趋势，请问需要收集哪些调查问题。

Step5：每个小组派代表阐述讨论结果，时间5分钟。

Step6：老师进行点评。

模块检测

一、单项选择题

1. 市场调查过程中首要的工作是（　　）。

A. 调查方法的选择与设计　　B. 调查对象的确定

C. 调查主题的确定和目标陈述　　D. 数据收集

2. 某公司在市场调查信息的帮助下做出的决策对企业的贡献约为 800 万元，若不进行市场调查，所做决策对企业的贡献率减少了 20%，预估市场调查费用为 200 万元，该企业（　　）开展市场调查。

A. 以上皆错　　B. 不知道　　C. 应该　　D. 不应该

3. 听取客户意见，确定调查主题属于调查过程中（　　）的环节。

A. 准备阶段　　B. 设计阶段　　C. 实施阶段　　D. 分析阶段

4. 以下不是企业自行完成调查的缺点是（　　）。

A. 管理费用高　　B. 主观性强

C. 专业性差　　D. 沟通成本高

5. 为明确市场调研问题，需要收集背景信息，下列属于企业信息的是（　　）。

A. 决策者目标　　B. 顾客年龄

C. 法律环境　　D. 政治环境

6. 调查主题决定市场调查活动的（　　）问题。

A. 方向　　B. 过程　　C. 水平　　D. 质量

7. 确定决策问题与市场调查问题的先后顺序是（　　）。

A. 先界定营销决策问题，后确定调查问题

B. 先明确调查问题，再界定决策问题

C. 二者同时确定

D. 没有先后顺序

8. 如果有必要开展调查，但可能会泄露公司商业机密时，最好选择（　　）。

A. 内部调查部门　　B. 外部调查公司

C. 不调查　　D. 推迟调查

二、多项选择题

1. 确保市场调查成功的条件包括（　　）。

A. 市场调查的方向正确

B. 用管理层易于理解和接受的方式来展示成果

C. 使用合适的调查技术与控制手段

D. 尽量采用普查来获取数据

2. 以下哪些情形不需要进行市场调查就可以进行决策（　　）。

A. 可用的信息已经存在　　B. 没有足够的调查时间

C. 没有足够的调查资源　　D. 调查成本高于信息价值

3. 在下列哪些情况下可以考虑企业自行完成调查（　　）。

A. 重要客户　　B. 涉及商业秘密的调查

C. 小范围的简单调查　　D. 行业调查

4. 如果希望获得产品的渗透水平和渗透深度、产品使用者和购买者的人口统计特征、消费者的使用习惯和购买习惯，则需进行（　　）。

A. 消费者使用调查　　B. 产品概念测试

C. 品牌名称测试　　D. 消费者态度调查

5. 界定市场调查主题常用的方法有（　　）。

A. 开展定性调查　　B. 向专家咨询

C. 二手资料分析　　D. 与决策者沟通

6. “中国家庭教育”不能成为调查主题的原因是（　　）。

A. 调查研究不具有可行性　　B. 调查研究内容不具体

C. 研究内容过于抽象　　D. 调查研究缺少创新性

7. 界定调查问题对调查工作的意义或作用有（　　）。

A. 为工作指明方向　　B. 有助开展工作

C. 提高市场占有率　　D. 提高调查质量

8. 界定调查问题的三个层次有（　　）。

A. 充分理解专业术语　　B. 剖析问题本质

C. 完成问题陈述　　D. 找到解决问题的方法

9. 选择外部调查机构要考虑的因素有（　　）。

A. 可信度　　B. 竞争力　　C. 成本　　D. 能力

10. 一项市场调查应该明确的问题有（　　）。

A. 调查的重要性　　B. 调查的必要性

C. 调查目标　　D. 调查应提供的信息

三、判断题

1. 市场调查工作的第一步应该是明确向谁调查。

A. 对　　B. 错

2. 一般来说，市场调查的过程可分为制订调查计划阶段、调查实施阶段、调查总结阶段。

A. 对　　B. 错

3. 影响调查数据质量高低的因素是多方面的，但调查主题是否明确对最后的调查数据质量有间接的影响。

A. 对　　B. 错

4. 一般来说，管理决策问题是行动导向，而市场调查是信息导向。

A. 对　　B. 错

5. 企业只要面临决策困境就应该进行市场调查。

A. 对　　　　　　　　　　　　B. 错

6. 管理决策问题是信息导向，需要关注如何获得信息来帮助决策。

A. 对　　　　　　　　　　　　B. 错

7. 确定具体和合适的调查主题对于整个市场活动非常关键。

A. 对　　　　　　　　　　　　B. 错

8. 怎样才能准确界定调查主题是无章可循的。

A. 对　　　　　　　　　　　　B. 错

9. 不是所有信息对决策都是有价值的。

A. 对　　　　　　　　　　　　B. 错

实训项目三 市场调查方法选择实训

要抓调研，加强对重大改革问题的调研，尽可能多听一听基层和一线的声音，尽可能多接触第一手材料，做到重要情况心中有数。

——2014 年 1 月 22 日，习近平在中央全面深化改革领导小组第一次会议上的重要讲话

■实训目的与要求

1. 理解文案调查与实地调查的区别与联系；
2. 理解定性调查和定量调查的区别与联系；
3. 掌握每种市场调查方法的实施步骤；
4. 掌握每种市场调查方法的适用场景；
5. 学会根据场景选择调查方法；
6. 学会理论联系实际；
7. 培养团队合作意识。

■实训学时

本项目实训建议时长：6 学时

■导入案例

喜茶调查

过去茶饮还属于低廉的存在，而随着新茶饮的出现，它已然成为可以叫板咖啡的"高端"饮品，其中最具代表性的品牌便是喜茶。2018 年经过两轮融资后的喜茶估值直接从 90 亿元跳到了 160 亿元，到 2020 年，喜茶的估值成功超过 600 亿元，同时，喜茶也成为中国著名的独角兽企业之一[1]。

喜茶的火爆离不开认真细致的市场调研。2012 年，喜茶创始人聂云宸偶然间遇到

路上一家小店人声鼎沸，发现是一家奶茶店，他心想仅仅使用粉末冲剂勾兑的奶茶，生意都能如此兴隆，如果用真奶、真茶的茶饮会不会更受欢迎呢？经过竞争对手分析和消费者调查，他发现市场上没有一个茶饮品牌能够满足年轻人对生活品质和健康的追求。然后经过访问调查，了解了消费者的收入情况和消费习惯后，最终他选择了高端、年轻的消费群体作为目标市场。2012 年，聂云宸在广东江门市九中街租下一家 20 平方米的小店卖奶茶，取名“皇茶”，后改为“喜茶”。

针对高端年轻消费群体愿意花更多的钱享受高品质的消费心理，喜茶为其提供了高品质的产品和服务。产品是喜茶能够区别其他品牌，并稳坐新茶饮界“一哥”宝座的原因之一。喜茶坚持自主研发，不断推出新产品。开店前夕创始人聂云宸花费几个月时间专门研究奶茶调料的配比，每天喝下的奶茶不低于 20 杯，最终找到最合适的奶茶配比。同时，喜茶坚持使用鲜茶和鲜奶，茶叶也不是市面上常见的茶叶品种，而是几种茶叶的拼配，茶叶拼配不是简单混合使用几种茶叶，而是和茶叶供应商相互配合，不断磨合试验，确定最佳的茶叶烘焙程度、拼配比例。此外，喜茶不断推陈出新，每年约有 100 多款产品上市，以满足不同口味需求。

除了给茶客们提供优质的茶饮，喜茶还注重门店中的消费体验。喜茶会根据消费者的身高形体特征制做最佳尺寸的柜台、桌椅，吸管粗细也非常符合人体学。在门店空间设计中也融入“灵感”“酷”“禅意”的创意，从多方面为茶客们带来沉浸式的感官体验，修正现代茶饮消费的审美方式。

喜茶对店铺选址非常重视，对挑选的开业地点会进行反复比较、论证。喜茶的选址步骤有三步：第一步，先将全国城市分为三个等级，再根据城市等级制订不同的经营发展计划，然后将城市分为商业区、办公区、生活区和旅游区。第二步，收集计划开店城市的资料，并根据大型商场营业额，公交线、地铁线条数等计算商圈的分数，将商圈分为市级商业型、区级商业型、定点消费型、社区型和旅游型；再通过查阅政府规划判断每个商圈的成熟度和稳定度，综合人气、成熟度和稳定度来选择商圈。第三步，通过观察确定所选择商圈最主要的聚客点，在聚客点设置店铺保证主要人流线不会被竞争对手截住[2]。

［1］乐居财经. 喜茶完成新一轮融资，投资后估值高达 600 亿［EB/OL］. http://www.360doc.com/content/21/0316/22/189863_967341409.shtml. 2021-03-16.

［2］Xaipin. 喜茶奶茶店茶饮店店面选址技术与知识，开店参考学习［EB/OL］. http://www.360doc.com/content/21/0316/22/189863_967341409.shtml. 2021-03-16.

问题思考：

1. 本案例中喜茶决策者采用了哪些调查方法？
2. 为什么要选择不同的调查方法？
3. 选择调查方法时应该考虑哪些因素？

■项目内容

在教师指导下，根据设定的训练项目，对各种市场调查方法进行实训演练，以完成教学目标和要求。

【实训模块1】文案调查

■知识准备

一、市场调查方法的种类

市场信息可通过不同调查方法获取，每种调查方法有自己的特点。根据不同标准，市场调查方法有多种分类。

（一）根据获取方式分

根据调查资料来源的不同，将调查方法分为文案调查和实地调查。

1. 文案调查

文案调查指通过查阅他人收集过的资料来获取市场信息。

2. 实地调查

实地调查指为了研究目的到市场上收集一手调查资料的调查方法。根据调查方法的不同，可以进一步分为访问法、观察法和实验法。

（1）访问法

访问法指调查人员通过与被调查者口头交谈或调查问卷来获取市场信息。访问法有深度访谈法、焦点小组访谈法、投射技法等定性调查方法，以及入户调查、街头拦截调查、电话调查、邮寄调查和留置调查等定量调查方法。

（2）观察法

观察法指调查人员通过眼睛或仪器来获取信息的一种调查方法。

（3）实验法

实验法指通过操控一个或多个自变量，观察自变量对因变量影响的调查方法。

（二）根据调查性质分

根据调查性质可将调查方法分为定性调查和定量调查。

1. 定性调查

定性调查指采用非结构化技术，以较小样本量对研究对象做出性质方面的描述与分析的方法。定性调查的优点是能识别研究对象属性特征、获取的信息深入详细、能快速获取信息、调查方法灵活。定性调查主要有焦点小组访谈法、深层访谈法、投射技法和非结构化的观察法。定性调查适合的调查场景：定义研究主题；为定量调查提供方向和假设；提出新产品或新服务的构想，丰富问题的解决方案；了解被访者潜在的原因、观点和动机；测试新产品的初始反应；熟悉消费者的观点、语言等；为定量调查提供解释。

2. 定量调查

定量调查指采用结构化问卷，以较大规模样本量对研究对象进行数量特征的统计描述与推断的方法。一般来说，定量研究关注研究对象数量特征的测量和描述，需要通过抽样设计、问卷设计、数据分析等步骤来获取信息，其调查结果具有客观性和可推断性。定量调查方法有入户调查、拦截调查、电话调查、邮寄调查、网络调查、实验法和结构化观察法。

二、文案调查的概念

文案调查又称间接调查法、资料查阅法或室内研究法，它是通过查阅和收集他人先前收集过的有关资料来获取信息的一种调查方法。文案调查获取的资料叫二手资料、次级资料或现成资料。

三、文案调查的优缺点

相比实地调查，文案调查获取信息更快速、所需要的费用和时间也较少，获取更自由。

（一）文案调查的优点

文案调查的优点：一是渠道广，可以从公司内外部资料获取市场信息。二是速度快，与实地调查相比，文案调查不需要与被访者接触，能快速获取信息。三是获取自由，文案调查消除了时空限制，不需要被调查人员的配合，不仅可获得本地资料，还可以获取其他地区的资料；不仅可以获取当前资料，还可以获取历史资料。四是成本低，文案调查不需要调查人员前往调查地区进行实地调查，省去了差旅费、住宿费和人员工资费，因此调查成本较低。

【小案例】　　网络贷款的文案调查

相比银行线下贷款业务，网络贷款不需要抵押、办理速度快，因此获得消费者青睐。网络贷款公司能快速办理业务主要是充分利用了网络调查，能够快速审核贷款人的资格，快速验证客户的信誉和还款能力。网络贷款公司的调查步骤如下：

第一步，通过姓名、身份证号查验客户基本信息是否真实；

第二步，根据客户住址查验客户居住小区的档次，查验是否为自有住房，可掌握客户基本的资产抵押能力；

第三步，通过电话号码查验客户每个月电话消费金额、手机型号，了解顾客的消费水平；

第四步，通过客户任职公司和职位查验客户的收入水平；

第五步，通过工资卡号查询客户每月收支情况，验证客户的消费水平及还款能力；

第六步，交叉验证上述信息，审核是否存在虚假信息，验证客户诚实守信状况。

（二）文案调查的缺点

文案调查的缺点有：一是针对性不强，由于第二手资料大多是针对他人研究目的，与当前研究目的可能不一致，信息内容不一定能满足当前研究的需要。二是时效性差，市场瞬息万变，文案调查获取的都是历史资料，不一定能反映现在的情况。三是适用性差，现存资料中的统计单位、有关名词的界定、调查方法可能与现有研究不一致，难以适应当前研究要求。四是准确性差，有些资料的真实性、准确性都不好判断。

四、文案调查的步骤

要从浩瀚的信息海洋中找到有价值的信息也非易事，要遵循一定的步骤。

（一）明确信息需求

明确调查目的和信息收集的目标，确定文案调查需要获取的信息内容，做成调查信息清单。

（二）确定可能来源

二手数据的来源有内部资料和外部资料，具体见表 3-1。内部资料指企业所拥有的各种资料，如企业内部的文件、销量数据、客户评价、出货单和以前的调查报告等。外部资料指出版社、政府机构、辛迪加信息服务中心和大数据平台等提供的资料。内部资料获取更自由、时间短、费用低，文案调查可优先使用内部资料，当内部资料无法满足信息需求时才选择外部资料。面对海量的外部资料，要尽量选择专业的信息来源。比如，了解某城市的经济、人口信息可选择该地的统计局；了解价格信息可查询天猫、京东等；了解旅游信息则查询旅游局、旅游杂志或旅游相关网站；了解汽车信息可以到汽车网站、汽车论坛等。

表 3-1　文案调查信息来源

分类	信息来源	示例
内部资料	业务资料	订货单、进货单、发货单、合同文本、发票、销售记录、业务员访问报告、公司线上店铺销量数据、公司微信公众号评论
	统计资料	各类统计报表、生产表、销售表、库存统计表
	财务资料	成本核算表、存货核算表、现金流量报表、内部财务报表、销售成本表、各种商品价格及经营利润表等
	其他资料	企业内部文件、工作计划、调查报告、顾客意见建议
外部资料	政府机构	统计部门以及各级政府主管部门公布的数据，如主管部门发布的信息、统计年鉴、经济年鉴、统计资料汇编、人口普查数据、经济普查等
	行业/协会	行业协会、经济信息中心、专业信息咨询机构、产业研究、CNNIC 中国互联网络信息中心、行业情报和商业评论等
	出版物	书籍、杂志、调查报告
	会议资料	国内外各种博览会、展销会、交易会、订货会等发放的文件
	web 资料	百度、搜狗、谷歌等搜索引擎 微博、微信、QQ、抖音、小红书等在内的社交媒体 京东、天猫、拼多多等电子商务平台
	电子文献	爱思唯尔、知网、维普和万方等
	互联网公司	百度、阿里、腾讯、360、网易等
	第三方网站	艾瑞网、艾媒网、极光数据等
	咨询机构	麦肯锡、波士顿、罗兰贝格、贝恩咨询机构
	证券机构	会计事务所、上海证券交易所、深圳证券教育所等招股说明书、年度财务报告等
	天眼查	企查查、启信宝
	网络地图	百度地图、高德地图
	其他	论坛、公众号

【小案例】 母婴亲子有赞微商城的有趣发现

有赞微商城是一家帮助商家线上经营的服务公司，商城管理人员在进行数据分析时，发现婴儿食品和成人零食这两种商品总是出现在顾客的一张购物单上，令人难以理解。为了了解情况，商城管理人员对这部分消费者进行了访问调查。调查发现，在有婴儿的家庭中，大人除了照顾孩子外还负责家庭采购，而大人普遍认为带孩子已经很辛苦了，于是购买婴儿产品时会顺便买一些零食来犒劳一下自己。于是有赞微商城的管理者会建议母婴亲子店铺除了销售母婴产品外还可以增加大人零食来提高店铺的销售额。

（三）获取信息

确定信息渠道后，可通过索取、询问、订阅、接受赠阅等方式获取，也可通过交换、购买获得。随着互联网技术的发展，采用 RSS 阅读器和邮箱推送等形式可持续追踪感兴趣领域的研究进展。

（四）阅读信息

在获取资料后，可采用泛读方式对资料的公布时间、具体内容进行初步了解。信息阅读过程：先阅读发表时间，然后阅读题目、关键词、摘要，最后读结论、图表。对于感兴趣的部分进行精读，重点阅读文献资料中的研究背景和理论框架、研究方法、研究结果等。统计调查数据的阅读重点是调查目的、调查收集者、调查方法和调查结果等。

（五）筛选信息

在面对多个同一相关信息时尽量选择可靠优质的信息来源，不同类型文献的筛选标准不同。期刊论文应根据内容的相关度、发表时间、权威性和影响力等标准进行选择：相关度指文献与现有研究主题、使用的变量、调查样本类型相关程度；发表时间指文献发表或公布时间；权威性指作者的学术水平和刊物的权威性和影响力。尽量选择相关度高的、最近发表的、有权威和影响力的刊物和论文。调查报告则要从资料收集目的、收集者、信息内容、收集方式方法等几个方面进行评价，尽量选择相关度高、时间新、权威调查机构、收集方法科学、与其他资料较为一致的调查数据。

（六）分析写作

获取二手资料后可采用内容分析、二次分析和统计方法进行分析。内容分析指通过对文案调查获取到的文字、图像、音频、视频等数据内容进行分类、总结和归纳，然后进行系统和量化的描述，以揭示数据中的信息、意义、趋势和模式，帮助更好地了解市场趋势、消费者需求等。二次分析指对二手资料进行加工，使其能更好地满足当前的信息需求。统计分析指直接引用现存文案资料中的数据，但分析时要对统计资料的内容、对象、范围、特点有清晰明确认识，对各种统计指标、比例、数字的实际含义、分析单位要比较清楚。文案调查资料分析后，需要撰写文案调查报告，报告内容包括调查目的、调查内容、资料来源、分析方法和调查结论与建议等。

【小案例】 对大庆油田的文案调查

1959 年 9 月 26 日，我国在中国黑龙江松花平原发现了大庆油田，由于当时的国际环境比较复杂，对大庆油田的开发进行了信息封锁。然而日本三菱公司为了将采油设备出口到中国，想尽各种办法从各种途径获取大庆油田的信息。

第一步，根据《人民画报》王进喜照片中的满天飞雪和帽子等信息确定了大庆油田的大致位置——中国的北部。

第二步，根据报纸中关于《王进喜进了马家窑》的报道进一步缩小了大庆油田的位置范围。

第三步，根据电影《创业》中的铁路和道路泥泞等信息确定大庆油田的具体位置。

第四步，根据《人民日报》中关于大庆油田开发的报道确定了油田的大小。

第五步，根据中国当年的《政府报告》推断出大庆油田的大致产量。

第六步，从新闻报道中获取了毛泽东、周恩来和王进喜的合照，先从公开的数据中知道了毛泽东、周恩来的身高数据，再根据照片中三个人的身高比例推算王进喜的身高，再根据王进喜的身高推算出油田井架的高度和密度，进而得出油田对采油设备尺寸规格的要求。

1970 年当中国对全世界发出采购油田设备信息时，日本三菱公司由于事前获取了很多大庆油田的信息，能够提供更符合要求的设备，标书准备也更充分，因此在中国大庆油田设备招标中一举中标。

数据来源：网易新闻. 日本人如何得到大庆油田的情报——二手资料的重要性［EB/OL］. https://www.toutiao.com/article/6360825554135941633，2019-10-27/2024-08-26.

五、文案调查的应用场景

文案调查既可以作为一种独立的调查方法，也可作为辅助调查方法，为实地调查创造条件。文案调查的应用场景：快速了解企业信息、行业信息、有关概念和术语；准确界定调查问题；了解调查对象的性质、范围和内容；为实地调查提供调查思路和调查方法；深刻理解实地调查数据；检验与佐证实地调查获取的数据；获取实地调查无法获取的宏观数据或历史数据，以及无法接触到的被访者相关数据。

■任务实施

Step1：根据 6 个人一组的原则，将全班分成几个小组。

Step2：每个小组先讨论下列情景中如何进行文案调查，时间 10 分钟。

情景 1：获取某城市的发展政策、经济水平和人口信息。

情景 2：获取某城市农家乐的分布情况、价格和口碑信息。

情景 3：获取中国中档汽车市场的潜力和未来趋势信息。

情景 4：获取我国各手机品牌的市场表现及国产手机消费行为信息。

Step3：每个小组派代表简要阐述讨论结果，时间 5 分钟。

Step4：老师进行点评和总结。

【实训模块 2】访问法

■知识准备

一、访问法的概念

访问法指调查人员运用语言和文字与被访者进行沟通来获得市场信息的方法。访问法是最重要的一种调查方法，不仅可以收集信息，还可以给被访者留下良好印象。

二、访问法的分类

访问法根据不同标准有多种分类，最主要的分类有以下几种。

（一）按访问内容的标准化程度分

按访问内容的标准化程度分为结构化访问、半结构化访问和非结构化访问。结构化访问通常采用预先设计好的问卷或调查表，调查人员按照固定的顺序和问题向被访者提问，并记录他们的回答，调查结果能量化分析。非结构化访问与结构化访问相反，没有固定的问卷或调查表，调查人员与被访者可以进行自由对话。非结构化访问方式灵活，能捕捉被访者的深层次想法和感受，但调查结果难以量化分析。半结构化访问介于结构化访问和非结构化访问之间，通常有一个大致的访问提纲或主题，但调查人员可以根据实际情况灵活调整问题和对话内容，半结构化结合了结构化访问的规范性和非结构化访问的灵活性，适用于需要深入探讨的调查问题。

（二）按内容传递方式分

按内容传递方式将访问法分为面访调查、电话调查、邮寄调查、网络调查、留置调查和日记调查。面访调查指访问员与被访者面对面交流获取信息。电话调查指访问员通过电话与被访者进行沟通来获取信息。邮寄调查指将问卷寄送给被访者，由其填写完毕再寄回问卷来获取信息。网络调查指通过网络技术或网络平台与被访者沟通来获取信息。留置调查指将问卷送至被访者，被访者填写完毕后由访问员在约定时间收回问卷来获取市场信息。日记调查指抽样选出的被访者逐项记录特定活动或行为的情况，再由调查者定期收集这些记录。

（三）按调查性质分

根据调查性质将访问法分为定性调查和定量调查。定性调查包括焦点小组访谈法、深度访谈法和投射技法，可获得被调查者关于感觉、情感、动机和看法等深层次，而不对研究对象进行量的测定。定量调查包括入户、拦截、电话、邮寄和网络方式进行的问卷调查，从而获取客观、可量化、可比较的数据，得出具有代表性和普遍性的结论。

（四）按访问人数分

根据调查人数多少将访问法分为个人访问和集体访问。个人访问指访问员对一个访谈对象进行单独访谈。集体访问指一个访问员同时对多个访谈对象进行访谈。

三、各种访问法的实施

（一）深度访谈法（depth interview）

1. 深度访谈法的概念

深度访谈指专业的访问员与被访者在轻松的氛围中进行无结构的、一对一的深入沟通，以获得对研究问题的深入信息。深度访谈法中的被访者多是专业人士、政策制定者、企业高层和约见难度大、有隐私需求的特殊人群。深度访谈法中的调查问题多是不轻易暴露、专业和敏感、隐密的问题。深度访谈形式宽松，多采用自由式和半控制性交谈，被访者可自由充分地表达观点和看法，因此研究者往往可获得意想不到的信息。深度访谈法的优点是能深入挖掘被访者信息，但对调查主持人的亲和力、沟通能力和话题控制能力有很高的要求，要求调查主持人能快速获取被访者的信任、能深入询问和探讨问题、能在谈论话题离题时把话题引导到讨论的主题上来。随着互联网技术的发展，因其具有不受地域限制、调查成本低、可轻松捕捉被访者的表情动作等优势，网络深度访谈应用日趋广泛。

2. 深度访谈法的实施步骤

（1）准备

①明确访谈主题：在访谈之前调查主持人应对访谈主题有所思考和准备，确定访谈目的、信息收集目标，确定要询问的问题、安排好问题呈现顺序，最好将调查问题做成访谈提纲。

②选择访谈对象：根据调查目的选择符合要求的被访者。

③预约访谈时间：确定具体某天的某个时间段进行访谈，预估访谈时间，并告知被访者时间安排。

④准备访谈用品：提前准备好访谈中需要使用到的工具。访谈工具包括用来证明访问员身份的工作证或介绍信，访谈记录使用的笔、记录本和摄像机等，辅助调查所要使用的产品、广告视频等，赠与被访者的礼品或礼金等。

（2）实施

①开场白：在访谈刚开始时主持人详细介绍访谈的目的、意图、被访者的回答有何意义和重要性等，同时指出被访者的回答对自身没有任何不利影响，并营造友好轻松的氛围。

②提问：主持人先提出能引起被访者兴趣的一般性的问题，后逐步聚焦到访谈的重点。调查主持人表达上应注意用词准确、规范，避免使用生僻的专业术语。在访谈中主持人态度要中立，避免对被访者造成诱导。当被访者对所提的问题不理解或有误解时，主持人应巧妙加以引导。

③追问：访谈中访问员要认真倾听，进行适当的语言与目光交流，以营造轻松的交谈氛围，不能表现出厌烦或无奈情绪，也不能随便打断对方的回答。当被访者的回答含糊不清、语言过于笼统或残缺不全时，访问员要做必要的追问。

（3）结束

①回顾：当深度访谈快要结束时，主持人要迅速重温一下访谈结果，避免遗漏重要的调查问题。

②补充：再次征求被访者的意见，了解他们还有什么想法、要求等，这样可能会多掌握一些情况或信息。

③表示感谢：最后对被访者表示感谢，并将准备好的礼品或礼金送给对方。

3. 深度访谈法的优缺点

（1）深度访谈法的优点

①所讨论的话题相对深奥、被访者不会轻易暴露想法、访谈内容相对较多时，深度访谈法能发掘被访者内心真实的想法。

②能讨论专业性、敏感性或隐私性较强的话题。

③可以消除群体压力，更自由地交换信息，被访者提供的信息会更加真实。

④一对一交流的形式会让被访者感觉到被尊重，从而更乐于表达自己的想法。

（2）深度访谈法的缺点

①有些访谈对象比较难以预约，比如专业人士、政策制定者、企业高管和特殊群体。

②对主持人的要求很高，专业访谈员比较稀缺。

③耗时较长，调查成本高。

④不能确定所选被访者是否典型，因此缺乏代表性，有被误导的可能。

4. 深度访谈法的适用范围

①想详细研究被访者的详细想法和复杂行为；

②要保密或敏感的话题；

③被访者为竞争对手、专业人士或高层领导。

（二）焦点小组访谈法（focus group）

1. 焦点小组访谈法的概念

焦点小组访谈法指通过小型座谈会的形式，一小群被访者在一名训练有素的主持人的引导下，对某个主题或概念进行深入讨论。焦点小组访谈法利用群体动力，通过小组成员相互促进而引发集体讨论，从而获取被访者对调查问题更全面和更深入的看法。焦点小组的访谈时间一般每场1.5~2小时，参与人数一般为8~12人，被调查对象由有相似的人口统计特征、社会背景、购买或使用经历的人组成。研究对象比较宽泛时，可根据被访者特征分场次进行，确保每次参加的被访者背景的相似性。

2. 焦点小组访谈法的类型

焦点小组访谈法有线下焦点小组访谈、焦点人群录像会议、在线焦点小组会议三种形式。随着互联网技术的发展，越来越多的公司开始利用互联网技术创建虚拟访谈室进行在线焦点小组会议。线上焦点小组访谈大大简化了前期准备工作，有效降低了调查成本、可快速完成调查，但对调查的组织管理能力和主持人的要求更高。

3. 焦点小组访谈法的实施步骤

（1）制订调查计划

根据调查项目确定焦点小组访谈的调查目的，制定讨论大纲、确定所调查问题，并做好调查时间与调查问题呈现顺序的安排。

（2）招募参加者

招募3~4组被访问者，每组大约8~12名被访者，被访者要求其有相似的人口统计特征、购买或使用经历，不能是相互相识的亲戚、朋友、同事，或经常参加焦点小组的人或权威专家。参与者可在商业街上随机选取，也可通过电话邀请，还可利用客户数据库进行选取，选取被调查后要进行邀请，并征得其同意后进行前期沟通。

（3）准备设施设备

访谈场地要求是令人放松的、非正式的，可以是专门的座谈会议室，也可以是被访者的客厅、餐馆等。无论地点在哪里，都要准备单向镜、麦克风、圆桌、录音设备、电视直播设备和其他辅助工具。

（4）选择主持人

一个出色的主持人是焦点小组访谈取得成功的关键。主持人需要具备三方面的能力：良好的沟通技巧，包括交流能力、倾听技巧、观察技巧和引导技巧等；超强的控场力，能够很好地掌控焦点小组访谈的进程；适度的专业性，确保访谈的顺利进行，提高信息的准确性和深度，熟悉和掌握调查内容是展现专业性的基础。

（5）正式访谈

到约定日期如期举行焦点小组访谈，会议全过程安排如下：

①开场预热：访谈刚开始，主持人要用10分钟左右建立融洽的气氛。主持人先自我介绍，然后交代调查目的、解释焦点小组访谈的会议规则，最后参与者进行自我介绍，达到相互认识的目的。

②讨论：主持人在访谈中引导小组成员积极讨论，用时70分钟左右。讨论中主持人要把握讨论的主题，尽可能将参与者的注意力集中在所引导的主题上。期间主持人开启会议录音功能，专家可在线旁听会议

③回顾：回顾会议的全过程，检查整个会议有没有遗漏的调查问题、检查调查记录是否完整、对于一些关键事实要进一步查证。

④总结：对于会议所获取的信息进行总结，用时约10分钟左右。

（6）整理与分析记录结果

在访谈结束后，对调查数据进行整理与分析。调查主持人与营销专家进行交流讨论，分析从座谈会中得到的主要信息、结论以及新想法、新创意等。

（7）撰写调查报告

提供正式的调查报告和影音资料。调查报告要解释调查目的、说明主要调查问题、说明甄选被访者的过程、描述小组参与者的个人情况、描述调查发现和提出建议。

【小案例】　　新包装测试

某化妆品公司希望在重点市场广州推出新的化妆产品，各种上市计划已经就绪，但消费者对包装不太满意。包装测试会帮助公司找出包装的改良方向，为此在广州举行四场座谈会，不同收入层次的消费者就新产品包装的具体表现做出评价。调查表明，当产品独立出现时包装的表现是令人满意的，而当它摆上模拟的货架时，包装的颜色缺乏吸引力，没能把整个产品系列连起来。消费者觉得应该尝试用更加鲜明、抢眼的色调作为品牌主色调来吸引客人，增强品牌的独特性，同时可以尝试用一种主色调来统一不同种类产品的色调，与其他品牌形成区别。

4. 焦点小组访谈法的优缺点

（1）焦点小组访谈法的优点

被访者之间的互动可以激发成员新的思考，获得更丰富的信息；以组为单位进行调查执行更容易，调查难度更小，调查时间更短，调查成本较低，调查效率更高。

（2）焦点小组访谈法的缺点

对主持人要求高，容易产生偏差；所选被访者的代表性不足，被访者所表达的观点不一定具有典型性，容易误用；小组讨论难以消除群体压力；访谈的结果不容易量化，而且对于小组讨论的解释也会受主观性的影响。

5. 焦点小组访谈法的适用范围

了解消费者对产品或广告的看法、创意和概念；获取消费者对新产品开发的建议；了解营销活动存在的问题；了解消费者对品牌的评价与印象等。

（三）投射技法

1. 投射技法的概念

投射技法指给被访者提供一个无限制的、模糊的情景、物品、语句，要求其做出反应或解释，让被试者将他的真正情感或态度投射到无规定的刺激上，从而绕过被试者心理防御机制，获得其内在的、真实的情感、观点、意见和态度等。

2. 投射技法的形式

目前投射技法技术比较成熟，有多种形式以满足不同场景的应用需求，具体见表 3-2。

表 3-2　投射技法形式

类型	描述	典型应用
词语联想法	提供一个主题词，要求迅速说出最先联想到一个或几个词语	考察消费者对某一产品的印象、品牌意象
完成技法	提供一个不完整的句子、故事或漫画，要求将其补完整	测试某品牌的购买者特征 测试对某刺激物的态度或评价
照片归类法	出示一组与测试相关的照片，让被试者归类	将产品的照片与可能使用该类产品或品牌的用户对应起来
消费者绘图法	要求被试者画出自己的感受，或者对事物的认知	测试对被试品牌的认知，或对品牌各属性的重视程度
构造法	要求被试者根据图片等刺激进行创造	测试被试的个性特征 测试对某刺激物的态度或评价

（1）词语联想法

词语联想法指将一连串刺激词呈现在被访者面前，然后立即询问被访者联想到的一个或几个词语。词语联想有自由联想、控制联想和提示联想等。自由联想指对被访者联想的内容不做任何限制，控制联想要对被访者联想的方向进行限制，提示联想指对被访问者进行提示引导。词语联想法中，对被访者的每一个反应要计时并按原义逐字记录，然后统计回答中某词语出现的频率及回答使用的时间，或统计某被测词汇在规定时间内没能做出反应的人数。

（2）完成法

完成法指给出不完全的一种刺激情景，要求被访者补充完整。完成技法有句子完成法、故事完成法和漫画试验法等形式：句子完成法指提供句子的一部分，然后被试完成句子中没有完成的部分；故事完成法指提供故事的一部分，然后要求被访问者完成故事中未完成的部分；漫画试验法指将卡通人物作为某个情景中的两个人，一个卡通人物说出问题，另一个卡通人物进行回答或评论。

【小案例】　　消费者卷入完成调查法

一位男士在他所喜欢的一家百货商店里准备买一套上班穿的西服，他花了 45 分钟试穿了几套之后，终于选中了一套他所喜欢的。当他往收银台走去的时候，一位店员过来说：“先生，我们现在有减价的西服，同样的价格但质量更高，您想看看吗？”这位男士会怎么回答呢？

从被访者完成的故事中可能看出他（她）对花费时间挑选商品的相对价值方面的态度，以及他（她）在购物中的情感投资行为。

（3）照片归类法

照片归类法是由美国最大的广告代理商环球 BBDO 开发出来的，指被访者通过一组特殊安排的照片归类来表述他们对品牌的感受，或从众多形容词中挑选出与所描述的事物相匹配的词语。

【小案例】　BBDO公司啤酒品牌形象照片归类调查法

美国BBDO广告公司邀请100名啤酒消费者进行面谈，这些被访者是随机挑选出来，全部是男性，年龄在21~49岁，每周至少喝6瓶啤酒。调查员向每一位受访者出示98张照片，要求他们将每张照片上的人与可能会选择的啤酒品牌对应起来。结果受访者认为巴德啤酒的饮用者是粗鲁的蓝领工人，米勒啤酒的饮用者是有教养且和善的高级蓝领工人，库尔啤酒的饮用者是更女性化的男性消费者。

（4）消费者绘图法

消费者绘图法要求被访者画出他们的感受，或者对一个事物的感知，从中看出他们对事物的认知或关注的属性。

（5）构造法

构造法要求被试根据图片、模糊的情境等刺激进行创造。其中主题统觉法是典型的构造法。主题统觉法也称为图画故事测验或TAT法，指在被访者面前呈现一系列图画，要求被访者看图讲故事，通过他们对图画的解释揭示出他们自身的个性特征。角色扮演也是重要的构造法之一，它要求被访者扮演某种角色，通过他们的行为揭示他们对某种行为、事件的看法。

3. 投射技法的优缺点

（1）投射技法的优点

投射技法可以绕过人的心理防御机制来获取真实信息，特别适合隐私性和敏感性的调查问题。

（2）投射技法的缺点

投射技法需要有专业的调查人员，分析时需要心理专家参与，增加了调查的难度，成本也较高，后期的解释性偏差较大。

4. 投射技法的适用范围

投射技法是一种无结构、非直接的定性访问法，比较适用下列调查场景：了解某种行为背后的原因；了解消费者是否清楚购买、拥有或使用某产品的意义；了解人们不清楚的情感和意见；了解人们出于礼貌不愿批评或评价他人的问题；了解被调查者不愿意承认的对自我形象有损害的行为。

（四）面访调查

面访又称为个人访问，指调查员随机抽取样本，携带问卷或调查提纲与被访者进行面对面的访问。根据受访地点将面访分为入户调查和拦截访问。

1. 入户调查

（1）入户调查的概念：入户调查指被访者在家里单独接受访问的一种调查方法。

（2）入户访问法的实施步骤：第一步根据抽样方案选取符合要求的家庭和被访者。第二步通过电话、广告、熟人介绍等方式与被访者取得联系，请求合作，并约定访问的时间和地点。第三步在约定时间登门拜访，发放问卷或进行访谈。

（3）入户访问的优缺点：入户访问的优点明显，主要有：调查有深度，适合复杂问题；直接性强，可用产品、图片或视频演示辅助调查；灵活性较强，可根据实际情况灵活提问和解释疑问；样本控制突出，可根据相关信息判别是否符合样本要求；回答质量高，调查者可充分解释问题，把回答误差减少到最低；回答率高。

入户访问法的缺点有：入户存在困难、调查成本高、调查时间长、难以获得特殊样本、容易受调查人员的偏见影响、现场控制力弱。

（4）入户访问法的适用范围：当面临重要的决策问题，且调查项目的时间、经费、人力都很充足，对样本要求又比较高时可采用入户访问。

2. 拦截访问

（1）拦截访问的概念

拦截访问指访问员在人流集中的商场、公园、广场、街头等公共场所邀请被访者接受调查的一种调查方法。被邀请的被调查者可在拦截现场接受调查，也可到事先安排的调查中心接受调查。拦截调查访问中多使用计算机辅助，即在调查中心装备 CATI 设备，用计算机辅助调查。

（2）拦截访问的实施步骤

拦截访问的实施步骤如下：

第一步，做好调查准备。根据调查项目确定拦截对象和拦截最佳位置和时间，确保能覆盖到目标研究对象，准备好调查提纲或问卷，并安排调查人员与督导。

第二步，拦截行人并邀请参与调查。在规定场所，对路过的行人做初步判断后，拦截认为符合要求的行人，说明调查者的身份和调查目的，并邀请行人参与调查。

第三步，甄别拦截者。通过询问问题，甄别所拦截的行人是否为合格的被访者，对于不符合调查要求的行人要婉言谢绝，对符合要求的行人按照规定进行访问。

第四步，正式调查。在现场或邀请行人到设定的调查中心进行访问。

第五步，结束调查。访问结束，向被访者表示感谢并赠送物质奖励。

（3）拦截访问的优缺点

拦截访问的优点：访问地点集中、时间短，可以节省调查成本；避免了入户困难，便于对访问员的监控；适合复杂问题，可作为入户访问的替代方案；可配合物理刺激，即运用产品、图片或视频辅助调查。

拦截访问的缺点：受时间以及被访者专注力的限制，访问内容无法深入；调查对象的出现带有偶然性，会影响调查的精确度；拒访率高；容易受调查员偏见的影响。

（4）拦截访问的适用范围

拦截访问适合调查内容简明、调查时间较短、调查问题不涉及个人隐私的调查项目。

【小案例】　　奶茶街头拦截调查

2022 年暑假，有两位二十岁的女性刚逛完街，准备去公园游玩。刚进入公园不久，就有一位大学生模样的女孩子微笑着朝她们走来，说："今天好热，两位想喝点、吃点什么吗？"这两位女性赶紧谢绝。那女生紧接着说："我是某大学的学生，暑假打工做临时调查员，想了解顾客对喜茶的看法，在公园设置了免费品尝点。"那学生指着公园东南边的小餐厅，"两位姐姐能否帮助我做一下调查呢，非常感谢你们！"

两位女性跟随这位女学生走进了临时餐厅，餐厅内布置得非常温馨。刚刚进去，一位男士彬彬有礼地请她们就座，并在每个人面前摆放好湿纸巾，随之送上苏打饼干和白开水，以消除口中异味，片刻又送上几杯奶茶，稍事品尝后，这位女学生开始发问："您觉得这奶茶糖多不多？""口感怎么样？""要不要加冰？""这块奶茶卖 25 元是贵还是便宜？"……其调查项目十分详细，令人赞叹。

"那么您对奶茶店的设计有什么建议呢？"她边说边拿出一大本彩色画册，展示了各种风格、色调和座位布置的店堂设计。她一边翻着画册，一边比划着这个餐厅的设计，询问被访者一些问题，诸如墙壁、室内光线的明暗，等等。

为了使气氛更轻松愉快，她随意地聊起当地的天气和名胜古迹，然后谈话很自然地又引入她的调查。“您每周可能购买几次奶茶?”“您一般在线上购买还是线下购买?”“一般在什么场景下购买奶茶?”……最后，她询问了两位女性的居住地址、职业、收入、婚姻和家庭状况等。

整个询问过程不到 20 分钟。那位女生几乎收集到了被访者能够给予的全部信息。临行前，引被访者入座的那位男士又给两位女性每人送上一杯奶茶，并轻声说：“谢谢您的配合!”

（五）电话访问

1. 电话访问的概念

电话访问指通过电话与被访者联系从而获取信息的一种调查方法。目前普遍使用的是将计算机技术与电话调查结合起来的计算机辅助调查。

2. 电话访问的实施步骤

首先根据电话样本框或随机拨打的方式选择被访者，同时熟悉问卷。然后对愿意接受调查的被访者进行正式调查。访问中调查人员询问的语言要简洁，吐字要清晰；严格按照问卷逐个问题逐字地问，确保每个被访者对问题的理解不会发生偏差；语速不能过快，避免被访者难以理解，并留适当的思考空间给被访者，可比被访者稍微快一点，但不能过慢，以免给被访者拒绝的机会。最后结束调查，在即将结束访问时对被访者表示感谢。

3. 电话访问的优缺点

电话访问的优点：速度快、费用低、覆盖面广，可以访问到一些不容易见面的被访者。

电话访问的缺点：只限于有电话的地区和个人，容易导致被访者总体不全；不能询问过长时间，获取的信息量少；缺少听觉之外的辅助调查手段，准确度也难以判断；拒绝率比较高。

4. 电话访问的适用场景

电话访问适合调查内容少、调查时间要求短，或只要求掌握大致情况的调查项目。

（六）邮寄调查

1. 邮寄调查的概念

邮寄调查指将设计好的问卷寄给事先联系好的被访者，由被访者完成后再寄回。根据实施形式将邮寄调查分为普通邮寄、留置调查和固定样本邮寄调查。普通邮寄指被访问者在收到问卷后，填写好再寄回问卷。留置调查指当面将调查问卷交给被访者，说明调查意图和要求，由被访者自行填写，在约定日期调查员收回问卷。固定样本邮寄指事先抽取样本，在征得其同意后定期发送调查问卷，被访者按要求填写问卷后将其寄回调查机构。随着互联网发展，利用电子邮箱寄送调查问卷，大大提高了邮寄调查的效率。

2. 邮寄调查的实施步骤

第一步确定邮寄调查的样本。第二步根据邮寄地址或电子邮箱寄送问卷。第三步给被访者写信、增加物质鼓励的形式请求被访者合作。第四步被访者填写问卷并寄回问卷。邮寄调查的回收率很低，为此可请权威机构背书、贴足邮资、物质鼓励和写跟踪信等方法来提高问卷的回收率。

3. 邮寄调查的优缺点

邮寄调查法的优点是调查区域广、成本低、被访者有充分的答卷时间、可以调查一些隐私性问题、无须对调查人员进行培训与管理。

邮寄调查法的缺点是回收率低、时间长、无法判断问卷的可靠度、对被访者的文字理解和表达能力要求高、样本质量控制较低。

4. 邮寄调查的适用范围

邮寄调查适用于对时效性要求不高、调查费用紧张、调查人员紧张的调查项目。

（七）网络调查

1. 网络调查的概念

网络调查指利用互联网或相关技术从被调查者那里获取信息的调查方法，包括但不限于在专门的网站或网络平台上发布问卷、向已知的电子邮件地址发送问卷邀请、在各类网络平台上主动邀请目标受众参与调查，以及利用社交媒体发放调查问卷。随着互联网不断发展，网络调查应用更加广泛。

2. 网络调查的优缺点

网络调查的优点有辐射范围广、访问速度快、匿名性好、费用低廉、能够提供独特的视觉效果、提高追踪的可行性。

网络调查的缺点有样本对象局限于网民、所获得信息的准确度和真实性难以判断、需要配备一定的技术人员、难以排除重复调查。

【小案例】　　　　　　酒店体验评价网络调查

知乎上关于住酒店最好的体验和最不好的体验是什么，这一提问有数万网民关注。20世纪50年代和60年代的住客需要的是熟悉的安全感，但是“80后”和“90后”的住客正好相反，他们更喜欢个性化的民宿。商务客人更倾向于选择质量更稳定、表现可预期的酒店，而度假客人对个性化装修和独特体验的民宿更感兴趣。

3. 网络调查的适用范围

网络调查适用于研究对象为网络用户、无法进行面对面交流、预算不高、调查速度快、隐私性较强的调查项目。

■任务实施

Step1：根据6个人一组的原则将全班分成几个小组。

Step2：每个小组讨论下列情景应采用何种访问法，时间10分钟。

情景1：想要深入获取某个专业人士对某个社会现象的理解。

情景2：某公司为了开发新品想获取产品创意。

情景3：希望获取被调查者背后的想法。

情景4：希望定量快速获取被访者对某个品牌的购买意愿。

情景5：希望定量最低成本获取偏远地区被访问者对某个品牌的购买意愿。

情景6：希望获取网民对某个隐私性问题的看法。

情景7：希望定量深入获取被访问者行为背后的原因。

Step3：每个小组派代表简要阐述讨论结果，时间5分钟。

Step4：每个小组讨论回答下列问题，时间 10 分钟。

情景 1：某乳制品公司打算采用焦点小组访谈法获取产品开发的想法。该公司的目标消费者包括儿童、青少年和老人，请你帮助该公司进行小组被试者的分组安排。

情景 2：在街头拦截调查时，有哪些方法可以帮助访问员随机地，而不是主观地选择被调查者呢？

Step5：每个小组派代表简要阐述讨论结果，时间 2 分钟。

Step6：老师进行点评和总结。

Step7：每个小组通过抽签的方式，选择深度访谈法、焦点小组访谈法、拦截调查、入户调查和电话调查法中的一种进行演练，调查内容自行决定。

Step8：每个小组演示，时间 5 分钟。

Step9：老师进行点评和总结。

Step10：学会利用问卷星进行网络问卷调查。

【实训模块 3】观察法

■知识准备

一、观察法的概念

观察法指观察人员根据特定的研究目的，利用感觉器官或其他科学手段，有组织有计划地对研究对象进行考察来获取市场信息的调查方法。

【小案例】　　海澜之家的消费洞察

海澜集团创始人周建平 1988 年承包了江苏江阴市新桥第三毛纺厂，1991 年公司更名为江阴市第三精毛纺厂，1997 年创立了职业装品牌圣凯诺。2002 年周建平前去日本优衣库进行考察，当看到干净明亮、没有导购跟随、产品风格多样、色彩生动、陈列特色鲜明的购物环境后，就下定决心在中国开一家这样的服装连锁店。2002 年海澜之家在南京正式营业，采用“量贩式”自主选购模式，开创了中国销售新模式。2000 年的海澜之家只是一家新锐品牌，要如何与已经创立了几十年的雅戈尔、七匹狼竞争呢？2012 年海澜之家的董事长周建平找到叶茂中，邀请他的策划团队为海澜之家做品牌策划。叶茂中策划团队在接受策划任务后，针对男性和女性购物进行多次观察，发现同样在购物中心购买一条裤子，女人要花三个小时，而男人只需要十分钟。策划团队由此洞察男性购买服装最大的冲突是男人是不喜欢逛街的，但需要足够的日常着装。于是策划团队提出将海澜之家打造成一站式的男性服装购物终端，广告语为“一年逛两次海澜之家”“男人的衣柜”。成功的市场定位使海澜之家快速成长，2017 年 3 月，海澜之家以品牌价值 8.68 亿美元位列服装行业之首，并入选 Brand Z“2017 年最具价值中国品牌 100 强”榜单。截至 2023 年第一季度，海澜之家拥有门店 5 957 家。

数据来源：远瞻财经 .20 余载，主品牌男装龙头，海澜之家：打造多品牌服饰生活零售集团［EB/OL］. https://baijiahao.baidu.com/s? id,2023-07-16/2023-09-19.

二、观察法的类型

观察法根据不同的标准可进行多种分类，主要有以下几种分类。

（一）按观察情景

按观察情景可将观察法分为自然观察和实验观察。自然观察指对行为和偶然现象直接观察，信息较为客观真实，但无法把握观察对象的本质。实验观察指在实验室模拟环境中，按照一系列严密的观察计划进行，捕捉到较为深层次的东西，探讨事物内在的因果关系。

（二）按观察对象

按观察对象将观察法分为直接观察和间接观察。直接观察指直接对被观察者进行观察和记录。间接观察又称实物观察，指通过观察实物，间接反映被调查者的状况和特征。间接观察中存在腐蚀和累计现象，腐蚀现象表示消费越增加实物被侵蚀越多，累计现象表示随着消费增加实物会随之增加。

（三）按观察方式

按观察方式将观察法分为人员观察和机器观察。人员观察指观察员深入现场，利用自身的感觉器官见证并记录人或现象的信息。机器观察指用摄影器材、交通流量计数器、生理测量仪、眼部跟踪设备、收视测量仪、音调分析设备、条形码扫描仪等替代人工进行观察。

【小案例】　　　　MO&Co 服装门店 RFID

MO&Co 是中国的时尚女装品牌，在中国有很多门店。在 MO&Co 的有些门店里，每件衣服都有一个 RFID，每当一个顾客拿起一件衣服进了试衣间，RFID 会被自动识别，并将数据会传到 MO&Co 的总部。公司总部会储存大量的试衣间数据，如某一件衣服在哪个城市哪个门店的什么时间被拿进了试衣间，在试衣间停留了多长时间。过去一件衣服如果销量很低，就直接下架不再生产，现在如果传回来的数据显示这件衣服的销量虽然不高，但它试穿次数很多，服装设计师就会分析导致顾客不购买的原因，并做出改变，让原来销量不好的服装变得受欢迎。

（四）按观察者是否参与被调查对象活动

按观察者是否参与活动可将观察法分为参与性观察、非参与性观察。参与性观察指调查者参与到被观察对象群体和活动中，以内部成员的角色进行观察。参与性观察在被观察者不了解调查者的真实身份和调查目的时更容易获得真实的市场信息，但是调查周期较长，费用比较高。非参与性观察指调查者不改变身份，而以局外人的身份收集资料的一种调查方法，它获取的信息有可能不真实。

【小案例】　　　　中国移动公司的服务质量观察

中国移动公司会定期委派神秘调查人员到移动营业门店进行观察。观察员从进入营业厅的第一时间开始全程观察，并详细记录客户向店员咨询什么问题，购买什么类的产品，从中可以发现消费者未被满足的需求。同时观察营业网点摆了哪些设施设备，使用了哪些设施设备，甚至以顾客身份现场办理业务，并故意刁难营业员，以便观察店员怎样应对。最后调查人员根据观察结果对每家营业网点的服务质量进行评分。

（五）按观察的标准化程度分

按观察过程的标准化程度将观察法分为结构式观察和非结构式观察。结构式观察，也称结构化观察，它指按事先制订的观察计划、采用明确的观察记录表格进行的观察。非结构式观察，也称非结构化观察，它是一种开放式的观察，无固定的观察内容，但有总的观察目的、要求和大致范围，观察者根据现场情况灵活调整观察视角和内容。非结构式观察的优点是比较灵活、适应性强、简单易行，但缺点是所观察到的材料零散不易分析，无法进行定量分析。

三、常用的观察法

（一）神秘人购物法

神秘人购物法指观察员伪装身份进行观察，避免被观察者察觉后改变自己的行为。调查人员可以通过打神秘电话、营业现场观察、营业现场咨询、实际业务办理等方式进行调查。通常服务行业的企业会更多地采用神秘人调查法调查服务质量。

（二）单向镜法

单向镜法指通过单向镜观察研究区域或被观察者的行为，获得比较真实的信息及细节问题。

（三）顾客观察法

顾客观察法指观察顾客在特定场景下的行动路径、顾客对某种产品的包装、价格、陈列、广告内容的关注时间与顺序等。

（四）内容分析法

内容分析法指观察顾客浏览的网站、搜索所使用的关键词、购买清单中的商品、丢弃的垃圾包装物等，并对其进行分析。

（五）踪迹分析法

踪迹分析法指观察顾客的行动轨迹或特定场景下的行动路径，从中发现规律。如眼动仪可测量眼睛停留在物体上的时间，从而分析客户的兴趣所在。

【小案例】 **2016 年部分高档汽车品牌出行分析**

高德地图发布的《2016 年交通报告》对部分高档汽车品牌的出行进行分析，结果显示：奔驰车主出行频率较高的目的地主要是别墅、机场、高端酒店；宝马车主更多去步行街、购物中心和产业园；沃尔沃用户喜欢去剧场、动植物园；奥迪车主的目的地更多集中在高等院校、国家景点、政府机关；英菲尼迪出行频率较高的地方是西餐厅、美容院、娱乐场所；雷克萨斯出现频率较高的地方是工厂和小学；凯迪拉克车主出行频率较高的目的地是洗浴和推拿场所。

（六）商品审计法

商品审计法指对商业企业的经济活动中与商品相关的各个环节进行审计监督，以确保经济活动的真实性、合法性和效益性。商品审计法主要有库存商品审核、商品流转业务审核、商品成本核算、商品销售价格审计、商品质量审计。

四、观察法的实施步骤

非结构式观察法比较灵活，结构式观察法则要严格按照事先制定好的观察计划进行观察。观察法的实施步骤如下：

（一）明确问题，选择观察对象

1. 确定观察对象和内容

明确研究方向，确定观察目的、观察对象和观察内容。

2. 选择观察方法

根据观察内容选择具体的观察方法。首先要确定是全方位观察还是聚焦观察：全方位观察侧重于对事情的全面了解，聚焦观察侧重深入观察分析单一现象或行为。其次要决定是机器观察还是人工观察。最后是选择具体的观察方法。

（二）制订观察计划

制订观察计划，在观察计划中明确规定观察目的、观察对象、观察内容、观察时间与地点、观察范围、观察频率、观察视角、所使用的仪器和观察记录表等。

（三）做好观察准备

准备观察辅助工具，如记录表格、录音设备、录像设备、测量工具等；对观察人员进行分工和培训，统一观察途径和应变措施；提前与观察场地、被观察者所在单位取得联系，确定进入现场的时间。

（四）现场实施观察

进入观察现场，选择好观察位置，保证有较好的角度，同时不惊扰观察对象，如果是参与式观察，可与观察对象打成一片。结构式观察法多使用问卷，非结构式观察法多使用简单和详细的记录法。在非结构式观察中要注意看、听、问、思、记的相互配合，记录内容可以是事实性内容，也可以是观察者在现场的感受和想法，还可对观察资料的初步分析。记录的形式可以是文字、符号、图片和视频等。记录表中的时间刻度可根据观察目的来决定，记录的内容要做好标记，方便后期查找。表 3-3 和表 3-4 分别是非结构式观察法中常用的简单观察记录表和细致的观察记录表。

表 3-3 简单的观察记录表

时间	观察到的事实	观察者的解释和分析
8:00	到达景区门口的人数在 50 人左右	游客人数比较多，尽管比不上高峰期
8:05	有的游客已经排好队，有的游客在景区门口拍照留念	游客对景区还是比较向往的
8:15	游客不断增加，团队游客比较少，游客三三两两到来	团队游比重低，结伴旅游是主流

表 3-4 详细的观察记录表

时间	实地笔记	个人笔记	方法笔记	理论笔记
8:00	游客陆续到达景区门口，有的人在聊天、有的人在拍照，人数在 50 人左右	游客人数还是比较多，尽管比不上高峰期	我站在景区门口对面的商店，能看得到所有的游客，我只是粗略估计，没有一个个数	早晨与游客高峰期的状况有点类似

（五）整理和分析资料

对观察资料进行整理和分析，得出观察结论。首先对观察记录材料进行检查、看分类是否恰当、有无遗漏和错误，设法补全观察记录。然后对观察资料从多个层面进行分析：一是图像观察者对观察资料的解释，二是对图像本身层面的解释，三是对考察图像生产者的想法进行分析，最后根据分析提炼出有价值的结论和见解。

（六）报告研究结果

观察分析后要撰写调查报告。调查报告要将观察所收集的资料与其他调查方法所得的信息融为一体之后，才能提出观点，得出最终的结论。

五、观察法的优缺点

（一）观察法的优点

观察法的优点：无须被访者合作，不依赖观察者的交流能力，可获得更加真实、客观的信息。

（二）观察法的缺点

观察法的缺点：只能观察到现象，无法观察到被观察对象内在的动机、态度和情感等，缺乏研究深度；只能观察到当前的行为，无法得知被观察者行为改变的倾向；对所观察到的信息进行判断时存在主观性；对调查人员要求高；耗时长、成本高。

六、观察法的适用场景

观察法适用的场景：调研产品的上市量、成交量和成交价格等；调研商品库存数量或商品冷背残次情况等；调研消费者购物行为、使用行为、处置行为和购物路径等；调研商品陈列、橱窗布置等；特殊人群调研；调研街道的车流、客流量情况等。

■任务实施

Step1：根据 6 个人一组的原则将全班分成几个小组。

Step2：每个小组选择下列主题中的一个调查主题进行观察，要求设计观察计划、观察提纲或观察表格，课后完成。

主题 1：了解城市某个路口的人流量和车流量信息。

主题 2：了解某品牌超市在某城市的选址规律。

主题 3：了解某几类商品在某城市不同超市的价格。

主题 4：了解某品牌奶茶店的目标顾客特征。

主题 5：了解不同顾客群在购买洗涤用品的消费行为。

主题 6：了解某城市某一主题农家乐的服务特色。

Step3：每个小组根据选定的调查主题外出观察，并做好观察记录。

Step4：整理观察记录并分析。

Step5：每个小组派代表展示观察结果，时间 5 分钟。

Step6：老师进行点评和总结。

【实训模块 4】实验法

■知识准备

一、实验法的概念

实验法指在控制研究客体的一个或多个因素（自变量）的条件下，观察与衡量控制变量（自变量）对另外一个变量或多个变量（因变量）影响的调查方法。实验法可以有效控制和观察某些现象之间的因果关系及相互关系影响程度，因此实验法又称因果性调查法。实验法开展的条件是能明确构建变量间因果关系的假设，自变量具备可调节性和易操作性，实验程序和操作步骤能够标准化，有高度的实验控制能力。随着互联网技术发展，虚拟市场测试、扫描器数据和线上实验法应运而生。

【小案例】　　　　　　　　　　　中国式试点

改革试点与经验复制推广是中国共产党治国理政的重要方法。自 1949 年中华人民共和国成立以来，改革试点在社会主义建设、改革开放和全面深化改革进程中发挥了独特作用。习近平总书记在主持中央全面深化改革委员会（领导小组）会议时多次指出，“抓好试点对改革全局意义重大，要认真谋划深入抓好各项改革试点，……多出可复制可推广的经验做法，带动面上改革”。1979 年，国家首次提出要试办“出口特区”，1980 年正名为“经济特区”，并在深圳加以实施，至今已拓展至全国七个经济特区。2016 年深化国有企业改革也先从试点企业开始进行。为了进一步减轻农民负担，规范农村收费行为，中央明确提出了对现行农村税费制度进行改革，并从 2001 年开始，逐步在部分省市进行试点、推广，为乡村振兴奠定坚实基础。

数据来源：人民网. 习近平：认真谋划深入抓好各项改革试点积极推广成功经验带动面上改革［EB/OL］. https://www.sohu.com/a/142897184_114731，2017-05-23/2024-08-26.

二、实验设计的要素

（一）实验设计要素

实验法是一种定量化的研究方法，实验要素包括实验因素、实验对象、实验场所和实验效果。

1. 实验因素：自变量与因变量

自变量是引起其他变量变化的变量，故称为原因变量。自变量又称实验刺激，指实验法中被操纵的实验变量，如价格、包装、商品陈列位置、广告等，用“X”表示。因变量指随着被操纵的自变量变化而变化的因素，如销售量、知名度、购买意愿、态度、评价和顾客反应等，故称为结果变量，用“Y”表示。

2. 实验对象：实验组与控制组

实验组（experimental group）也称实验单元，指实验过程中接受自变量发生改变的那一组对象，用“EG”表示；控制组（control group）又称对照组，指在各方面都与实验组相同，但是实验中自变量不发生改变的那一组对象，用“CG”表示。控制组设置的目的是为了与实验组进行对照，向人们显示如果不接受刺激将会怎样，因此控制组与实验组尽量匹配。参与实验组和控制组的人群为被试，被试可按照匹配或随机原则分配到实验组或控制组。

3. 实验场所：实验室实验和实地实验

根据实施场所的不同，可将实验分为实验室实验与实地实验。实验室实验指在室内模拟的环境中进行实验。由于实验室环境相对封闭，能够很好地控制外生变量，但由于实验内容受限，实验室环境与社会生活环境差别很大，实验结果不一定能适用于现实的市场环境中。实地实验是在真实的商场、城市等社会生活环境中进行实验，它无法控制外生变量，但实验结果具有较强的推广性。

4. 实验效果：前测和后测

在一项实验设计中，通常需要对因变量 Y 进行测量，用 O 表示。根据测试时间将测量分为前测（pretest）和后测（posttest），分别用 O_1、O_2表示。前测指在实验之前观察得到的数据，后测指在进行实验之后观察得到的数据。研究者通过比较前测和后测，来衡量刺激前后发生的变化，用以反映实验刺激对因变量产生的影响。

【小案例】　　　　　　　　　产品价格实验

某产品刚刚上市，为了制定合适的价格特进行实验调查。该产品的价格被设计为 A 价格方案和 B 价格方案，分别在同一家网店销售一个月。A 价格方案为网络版 59 元、纸质版 125 元，一个月后该产品的购买情况为：68 人购买网络版，32 人购买纸质版。然后采用 B 价格方案，B 价格方案为网络版 59 元、纸质版 125 元、网络和纸质集合版 125 元，一个月后该产品的销售数据为：16 人购买网络版，0 人购买纸质版，84 人购买网络和纸质集合版。

实验效果：价格会影响产品销售量，企业可以操控产品价格来实现促进某种产品销量提升的目的。

（二）实验设计要素符号

为了简化实验设计，可用符号表示实验要素。常用的实验要素符号见表 3-5。

表 3-5　实验要素符号

实验要素		符号	具体定义
实验因素	自变量	X	施加实验处理与刺激，包括两个或更多实验刺激时用 X_1、X_2表示
	因变量	Y	随自变量变化而变化的因素
实验对象	实验组	EG	给予试验刺激的那组，多个实验组分别用 EG_1、EG_2表示
	控制组	CG	不给予试验刺激的那组，多个控制组分别用 CG_1、CG_2表示
实验效果	前测	O_1	实验处理之前对实验对象所作的观察或测量，用 O_1表示
	后测	O_2	实验处理之后对实验对象所作的观察或测量，用 O_2表示
被试分配	配对	M	按照一定的规则将被试分派到实验组和控制组
	随机化	R	按照随机分派的方式将被试分派到实验组和控制组

三、实验法的实施步骤

实验法作为一种严格的量化调查方法，应严格按照实验步骤进行，并注意细节的控制。

（一）根据研究目的，提出研究假设

根据企业决策问题，确定实验目的，建立理论假设，确定自变量、因变量和控制变量。

（二）设计实验方案

根据实验目的、实验时间要求、试验所花费的成本或暴露给竞争对手的程度来设计实验方案。实验方案内容包括：相互比较的实验因素和因变量、实验对象、实验方法、被试数量及分配原则、观察项目和登记表、对观察数据整理分析方法等。实验设计要注意尽量控制外生变量，以提高实验结果的可靠性。

（三）选择被试与实验环境

根据实验目的和研究假设，选择合适的被试。为了保证试验结果的可靠性和公正性，被试者应与实际的目标客户接近或一致。如奶茶实验的被试者不能选择老年人，而应选择年轻人。同时分析实验目的和影响因素，选择实验室或实地作为实验场地。

（四）正式实验

严格按照实验设计进行实验，做好实验过程管理和数据记录。

（五）数据整理分析，得出实验结论

对实验数据做进一步的整理和分析，并得出实验结论。

（六）撰写实验报告

撰写实验调查报告，用文字详细说明实验目的、实验设计、实验过程、实验结果和实验结论。

四、实验的有效性及控制

实验结果的有效性指实验的测量结果反映所研究对象的准确程度。实验有效性通常从实验内部有效性和外部有效性两个方面去判断：内部有效性指观察到的结果完全取决于自变量的变化，外部有效性指实验结果适用于真实世界的程度。一个理想的实验结果应当具有较高的内部有效性和外部有效性。

（一）实验有效性的影响因素

实验结果既受自变量也受外生变量的影响。外生变量指自变量以外的干扰因变量变动的其他变量或因素，如时间、实验场所、被试者等。通常影响到实验结果的外在变量主要有以下几类。

1. 历史因素

历史因素指发生在实验期间，不受研究人员控制的影响因变量数值的任何变量或事件。如空调款式实验调查中，除了空调款式会影响销量外，气候变化、竞争对手促销策略变化、国家对空调销售政策等因素也会影响空调销量，这些空调款式以外的因素称为历史因素。历史因素在实验室实验中能够得到很好的控制，但在实地实验中很难控制。

2. 成熟因素

成熟因素指被试在一段时间内的生理和心理上的变化。如被试长大、成熟、饥饿、劳累、经验和其他类似的因素。

3. 计量因素

计量因素指实验中用以测量因变量的工具或测试程序变化而发生的偏差。如在消费者品牌忠诚度测试中采用重复购买意愿和推荐他人购买意愿两种不同的测量方法会导致测量结果有差别。

4. 失员因素

失员因素指在一个较长周期的实验中，被试的流失使得无法得到后期数据造成测量偏差。比如，实验开始后由于搬家、死亡、不愿意参与、不喜欢等原因导致被试者退出实验，导致后期实验的参与者与最先的参与者非常不同。

5. 测试因素

测试因素指重复测试会导致被试对测试的反映越来越好，但是并不意味着他们对测试问题了解更深刻。测试因素包括测试效应和交互测试效应。测试效应指在测量中被试在实验后半部分的回答受前半部分的回答影响，如先后检测中，后检测时被试有意识维持与前测结果保持一致或有意识表明态度的改变。交互测试效应指经历过前测后，被试对所测试的品牌或产品更加敏感，关注度会更高，从而影响到实验结果。

6. 回归因素

回归因素指在当前实验中可能位于分布两端，远离平均值的被试在重复测试时向平均分靠近。

7. 选择因素

开展实验时采用多个实验组和控制组，因为每个被试具备独特性，这导致了实验组和控制组找到完全相同的被试在现实中几乎无法实现。同时，实验中选择的被试与实验研究总体之间的差异也会产生选择偏差，如实验研究总体为为高收入群体，而实验被试为中等收入群体。

（二）提高实验有效性的措施

1. 随机化

按照随机抽样的原理和方法将被试随机分配到实验组和控制组。假设与被试者特征有关的外生变量在每种处理条件下都能相等地出现，从而消除外生变量的影响。

2. 匹配

匹配指依据某种标准或特征找到两个完全相同或几乎完全相同的实验对象，并根据重要的年龄、收入、生活风格等个人特性将被试分配到不同的实验组和控制组，保证被试的特性在实验组和控制组之间没有很大差别。例如某测试中有 20 名被试，其中男性 12 名、女性 8 名，可以将 12 名男性先随机分配给控制组和实验组，然后将 8 名女性随机分配给控制组和实验组，避免某一组男性或女性被试比例过高。实际上很难匹配两组完全相同的对象，匹配只能是实验组和控制组在主要变量上进行配对。

3. 设计控制

通过一些具体的实验设计对外生变量进行控制。例如，在消费者更喜欢动态的表情包还是静态的表情包实验中，可以对一部分被试者先呈现静态表情包、后呈现动态表情包，对另外一部分被试先呈现动态表情包、后呈现静态表情包，从而避免因为实验对象先后顺序对测试结果的影响。

4. 统计控制

如果整个实验过程中的外生变量能被证明和测量，可采用协方差分析来控制外生变量，通过对每个实验处理条件下的因变量数值进行统计上的调整，以此修正外生变量对因变量的影响。

五、实验设计的类型

实验设计指精心对实验过程要素进行改变，观测其效果，得到实验结论。实验设计类型有预实验设计、真实验设计、准实验设计等。

（一）预实验设计

预实验设计指不使用随机方法控制外生变量，即被试不是按随机原则分配到不同实验组或控制组的。预实验可分为单组后测设计、单组前后对比设计和静态组比较设计。

1. 单组后测设计

单组后测设计指只有实验组而没有控制组，用符号表示见表3-6。实验步骤是先对自变量 X 进行实验处理，然后测量因变量 Y 的实验结果 O_1，并根据 O_1 得出实验结论。

表3-6　单组后测设计

实验激发	实验组
X	O_1

【小案例】　美味公司奶茶广告单组后测设计

美味公司为提高奶茶销量制作了一个电视广告，为了测试广告效果进行实验调查。实验设计方案如下：

①邀请100个购买过奶茶的被试前往广告公司参加实验。

②不告知调查目的，在播放一个小时的电视节目中穿插两次该品牌奶茶广告。

③实验后，采用问卷调查被试对该品牌奶茶的购买意愿，记为 O_1。

④如果 O_1 比较理想，则可得出广告效果好的结论，反之则说明广告效果不好。

2. 单组前后对比设计

单组前后对比设计指只有实验组而没有控制组,但进行前后测量,用符号表示见表3-7。实验步骤：首先不实验激发，统计结果 O_1；然后实验激发，统计实验结果 O_2；最后用 O_2-O_1 的大小说明实验结果，如果 $O_2-O_1>0$，说明实验效果好，反之说明实验效果不好。

表3-7　单组前后对比设计

实验时间	实验激发	检测结果
实验前	—	O_1
实验后	X	O_2

【小案例】　美味公司奶茶广告单组前后对比设计

美味公司为促进奶茶销售制作了一个电视广告，为了测试广告对消费者购买意愿的影响进行实验调查。实验设计方案如下：

①邀请100个购买过奶茶的被试前往广告公司参加实验。

②在实验之前，采用问卷调查被试对该品牌奶茶的购买意愿，计为 O_1。

③对实验小组播放一个小时的电视节目，其中穿插两次该品牌奶茶广告。

④实验后，采用问卷调查方式了解被试对该品牌奶茶的购买意愿，计为 O_2。

⑤通过 O_2-O_1 来衡量广告效果。

3. 静态组比较设计

静态组比较设计指将被试分为实验组和控制组，但被试者不是随机分配到实验组和控制组的，最后同时进行后测，用符号表示见表3-8。实验步骤：首先实验组进行实验激发，控制组不实验激发，实验相同时间后，然后分别统计实验组和控制组的观测结果，最后用 O_1-O_2 估计实验效果。

表3-8 静态组比较设计

实验组别	实验组	控制组
实验激发	X	—
实验后	O_1	O_2

【小案例】 美味公司奶茶广告静态组比较实验设计

美味公司为了促进奶茶销售制作了一个电视广告，为了测试广告效果进行实验调查。实验设计方案如下：

①邀请100个购买过奶茶的被试前往广告公司参加实验。

②采用不随机方式将100人分到实验组和控制组。

③实验组播放一个小时的电视节目，其中穿插两次该品牌奶茶广告。控制组则只看电视节目，不穿插任何广告。

④两周后，采用问卷调查控制组和实验组的被试，调查他们对奶茶的购买意愿，实验组记为 O_1，控制组记为 O_2。

⑤ 如果 $O_1- O_2>0$ 则说明广告效果好。

（二）真实验设计

真实验设计指不仅有实验组和控制组，而且被试按随机原则分配到控制组和实验组。真实验设计有实验前后对照设计、实验后对照设计和所罗门四组设计三种类型。

1. 实验前后对照设计

实验前后对比设计指将被试随机分到实验组和控制组，同时对控制组和实验组进行前后测量，用符号表示见表3-9。实验步骤：首先设计实验组和控制组，并将被试者按随机原则分配到控制组和实验组；然后分别测量实验组和控制组的测试结果，实验组记为 O_1，控制组记为 O_2；接下来，对实验组进行实验激发、控制组不实验激发，统计实验结果，实验组记为 O_3，控制组记为 O_4；最后用（O_3-O_4）－（O_1-O_2）的结果来估计实验效果。

表3-9 实验前后对照设计表

实验时间	实验组	控制组
实验前	X O_1	- O_2
实验后	O_3	O_4

【小案例】 美味公司奶茶广告实验前后对照设计

美味公司为了促进奶茶销售制作了一个电视广告，为了测试广告效果进行实验调查。实验设计方案如下：

①邀请 100 个购买过奶茶的被试前往广告公司参加实验。

②将 100 人随机分到实验组和控制组。

③在实验前，对实验组和控制组成员分别测试他们对奶茶的购买意愿，分别记为 O_1、O_2。

④实验组收看一个小时的电视节目，其中穿插两次广告；控制组收看的电视节目不穿插广告。

⑤两周后，采用问卷调查两组成员对奶茶的购买意愿，检测结果，实验组记为 O_3，控制组记为 O_4。

⑥如果（O_3- O_4）-（O_2- O_1）>0 说明广告效果好，反之说明广告效果不好。

2. 实验后对照设计

实验后对照设计指将被试随机分到实验组和控制组，对控制组和实验组只进行后测量，用符号表示见表 3-10。实验步骤：首先设计实验组和控制组，并将被试按随机原则分配到控制组和实验组；然后对实验组进行实验激发、控制组不实验激发，实验一段时间后，统计实验结果 O_1、O_2；最后用（O_1-O_2）的结果来估计实验效果。

表 3-10 实验后对照设计表

实验时间	实验激发	不实验激发
实验后	X O_1	– O_2

【小案例】 美味公司奶茶广告实验后对照实验设计

美味公司为了促进奶茶销售制作了一个电视广告，为了测试广告效果而进行实验调查。实验设计方案如下：

①邀请 100 个购买过奶茶的被试前往广告公司参加实验。

②将 100 人随机分为两组，一组为实验组，一组为控制组。

③实验组收看一个小时的电视节目，其中穿插两次广告；控制组收看的电视节目不穿插广告。

④两周后，采用问卷调查两组成员对奶茶的购买意愿，检测结果实验组记为 O_1，控制组记为 O_2。

⑤O_1- O_2>O 说明文选效果好。

3. 所罗门四组设计

所罗门四组设计指被试按随机原则分配给两个实验组和两个控制组，对实验组进行前后前测，而对控制组只进行后测，用符号表示见表 3-11。实验步骤：首先设计 2 个实验组和 2 个控制组，并将被试者按随机原则分配到 2 个控制组和 2 个实验组；然后对第一个组实验组进行实验激发，第一个控制组不实验激发，分别记录实验组和控制组前后的检测结果 O_1、O_2、O_3、O_4，同时对第二个实验组进行实验激发、第二个控制组不实验激发，并统计实验组和控制组后检测结果 O_5、O_6；最后用（O_2-O_1）-（O_4-O_3）-（O_5-O_6）来估计实验效果。一般实验法很难找到四组同质的被试者，且执行成本高昂、费时费力，因此所罗门四组设计的使用受到限制。

表 3-11 所罗门四组设计表

实验组	前测	实验激发	后测
EG_1（R）	O_1	X	O_2
CG_1（R）	O_3		O_4
EG_2（R）		X	O_5
CG_2（R）			O_6

【小案例】 美味公司奶茶所罗门四组实验设计

美味公司为了促进奶茶销售制作了一个电视广告，为了测试广告效果进行实验调查。实验设计方案如下：

①邀请200个购买过奶茶的被试前往广告公司参加实验。将200人随机分为四组，分别为实验组1、实验组2、控制组1、控制组2。

②在实验前，对实验组1和控制组1问卷测试他们奶茶购买意愿，分别记为O_1、O_3。

③实验组1、实验组2收看穿插广告两次的电视节目，控制组1、控制组2收看的电视节目没有穿插广告。

④两周后，使用问卷调查实验组1、控制组1、实验组2、控制组2的奶茶购买意愿，实验检测结果分别记为O_2、O_4、O_5、O_6。

⑤根据［（O_2-O_1）-（O_4-O_3）］-（O_5-O_6）来估计广告效果好坏。

（三）准实验设计

准实验设计是一种介入实验和非实验的一种设计类型，能在一定程度上控制无关变量，操纵自变量，控制实验处理，但是被试不是随机选择和分配的。准实验设计不要求一定在实地环境进行。

1. 间断时间序列设计

间断时间序列设计指对实验组做周期性的一系列测量，并在测量的这一时间序列中呈现实验变量X，然后对比实验变量前后的一系列测量结果是否有显著差异，即用（O_4+O_5+O_6）-（O_3+O_2+O_1）说明实验效果，用符号表示见表3-12。

表 3-12 间断时间序列设计

实验前测	实验激发	实验组
O_1 O_2 O_3	X	O_4 O_5 O_6

【小案例】 员工满意度

为了提高员工的工作效率，工厂先调查顾客满意度，然后对其意见进行回应。该工厂在约一年的时间先后多次邀请员工进行了几百次调查，每次都是耐心倾听取他们对管理的意见。最后调查发现工厂的工作效率大大提高，从而说明倾听工厂职工的意见是提高工作效率的一种有效方法。

2. 多重时间序列设计

多重时间序列设计指通过对实验组和控制进行前后多次实验，并记录观测数据，并根据实验组前后测的差值减去控制组前后测的差值作为实验结果，用符号表示见表 3-13。多重时间序列设计能够排除成熟因素、历史因素等外生变量。实验效果 =（实验组后测量-实验前测）-（控制组后测-控制组前测）。

表 3-13　多重时间序列设计

实验组	实验前测	实验激发	后测
EG	O_1　O_2　O_3　O_4　O_5	*X*	O_6　O_7　O_8　O_9　O_{10}
CG	O_{11}　O_{12}　O_{13}　O_{14}　O_{15}		O_{16}　O_{17}　O_{18}　O_{19}　O_{20}

六、实验法的优缺点

实验法的优点是结果具有客观性和实用性、调动主动可控、能探明不明确的因果关系。实验法的缺点是时间长、费用高、管理控制难、非实验因素无法排除、保密性差。

七、实验法的适用场景

实验法适合的调查项目：测试各种广告的效果；研究商品的价格、包装、陈列位置等因素对销售量的影响；研究品牌对消费者选择商品的影响；研究颜色、品牌名称对消费者的影响；测试各种促销方法的效果。

■任务实施

Step1：根据 6 个人一组的原则将全班分成几个小组。

Step2：每个小组讨论下列情景中的实验调查问题，时间 20 分钟。

情景 1：某炸鸡店铺想测量产品口味对消费者购买量的影响，请设计一个单组前后对比实验。

情景 2：某洗发水公司准备做一次赠送洗发水试用品的促销活动，为了测试该促销方式是否有效，请设计一个实验。

情景 3：为了测试口味对产品销量的影响，被试分为实验组和控制组，但被试分组不是随机的，实验后进行了后检测，测得原有口味产品销量为 3 000，新口味销量为 5 000，实验结果说明了什么以及存在什么问题？

情景 4：为了衡量改良后的某洗衣液销量情况而开展消费者实验。最初样本为老产品的 100 个使用者，在事前测试中，100 个参与者对老产品给出的评价分数为 6 分。改良接受新产品的实验要求被试使用产品两个月，实验结束时 70 个参与者给出的评价分数为 8 分。请问新产品一定比老产品好吗？这个实验调查中存在什么类型的外生变量？

情景 5：一家连锁公司在全国拥有 1 000 家门店，该公司希望了解两种不同的陈列方式对门店销售额的影响，该公司也希望了解开展促销比不开展促销的门店销售额是否有区别？请做一个真实验设计以满足经理的需求。

情景 6：为了提升实验效果，应如何提高实验设计的严谨性。

Step3：每个小组派代表简要阐述讨论结果，时间 5 分钟。

Step4：老师进行点评和总结。

【实训模块5】市场调查方法的选择

■知识准备

一、调查方法的评价标准

市场调查方法主要有文案调查、访问法、观察法和实验法，每种调查方法各有优缺点，也有特定的适用场景。

（一）与研究总体的特征信息相一致

选择调查方法时，既要考虑调查抽样框的相关信息，又要考虑被调查者的年龄、文化程度、地理位置和可接触性。抽样方式和调查方法相互影响：抽样框的信息越详细，可供选择的调查方法越多，抽样框信息缺乏则会制约调查方法的选择，如没有邮寄地址就无法选择邮寄调查、没有电话簿就不能使用电话调查。同时每种调查方法能接触到的调查对象是不同的，尽量选择合适的调查方法，使调查样本在关键特征上与总体保持一致。年轻的调查对象适合发帖回帖、在线社区、日记法和工作坊等调查方法，年龄稍长的调查对象则适合线下调查；文化程度不高的调查对象受理解和表达能力的影响，不适合采用邮寄调查，更适合面对面调查或调查员辅助调查方法，专家、领导和孕妇等聘请难度大的被访者，更适合一对一深度访谈；分散的调查对象适合采用在线访问或邮寄调查、集中的调查对象适合采用拦截访问或小组座谈法。

（二）与研究问题的性质与要求相吻合

调查问题的性质不同使用的调查方法不同。描述性和因果关系研究更多使用问卷访问法、结构化观察法、实验法等定量调查方法。探索性和部分描述性研究可以采用焦点小组和深层访谈等定性调查。具体而言，面访能获取比较深入的信息，电话调查只能获取比较简单信息，网络调查和邮寄调查能获取一些敏感信息，深层访谈和焦点小组访谈能够深入复杂信息；观察法更适合了解调查对象的行为；实验法更适合探索变量之间的因果关系；文案调查可以获取连续多年的历史数据和宏观数据。

（三）满足调查项目的费用和时间要求

某些调查方法可能需要更多的时间、金钱和人力资源投入，选择调查方法时要考虑可用的时间、预算和人力资源。文案调查获取自由、快速、费用低廉，调查时可优先考虑。邮寄调查、网络调查、电话调查不要调查人员出差，调查费用相对便宜。入户调查、拦截调查、实验调查和结构化观察法需要雇佣和培训调查员，调查成本较高；深层访谈、焦点小组访谈对主持人的组织能力、沟通能力和掌控能力要求很高；投射技法要求调查人员掌握一定的心理学知识。此外每种调查方法需要花费的时间不同，电话调查、网络调查、文案调查法所需时间较短，邮寄调查则需要较长时间，入户和拦截调查需要的时间居中。

（四）易于操作和管理

有些调查方法比另外一些调查方法更容易操作和管理。如集中的电话调查比分散的入户调查更容易管理，拦截调查比入户调查更容易管理，深入访谈和焦点小组管理相对容易；观察法和实验法调查周期长，增加了管理的难度。

（五）尽可能确保精度要求

数据质量是选择调查方法时不可忽视的关键因素。不同的调查方法因其样本代表性、应答率、对回答质量的控制程度有差异，数据质量也有差异，尽量选择符合调查精度要求的调查方法。问卷调查、结构性观察和实验法由于样本规模大、样本随机选择，调查结果具有较高的可靠性。定性调查样本少、多采用非概率抽样，主观性强，调查结果可能因调研者的理解和解释而有所不同。邮寄调查的回收率最低，拦截和电话调查拒绝较高，入户调查配合度最高，回收率过低的调查，数据质量无法保证。邮寄调查、网络调查、电话调查等因无法对回答质量进行控制和判断，数据质量很难保证，具体见表 3-14。

表 3-14　几种主要数据收集方法的评价比较

评价准则	网络调查	电话访问	CATI	入户面访	拦截面访	CAPI	邮寄
数据收集的灵活性	高	中	中高	高	高	中高	低
问题的多样性	中	低	低	高	高	高	中
有形刺激的使用	中	低	低	中高	高	高	中
样本控制	低	中高	中高	可能高	中	中	低
数据收集环境的控制	低	中	中	中高	高	高	低
实施的控制	中	中	中	低	中	中	高
数据的数量	低	低	低	高	中	中	中
回答率	中	中	中	高	高	高	低
保密性	高	中	低	低	低	高	高
获取敏感信息的可能	高	高	高	低	低	低中	高
可能由调查员造成的偏差	无	中	高	高	低	无	无
速度	高	高	高	中高	中高	中高	低
费用	高	中	中	高	中高	中高	低

资料来源：柯惠新，刘红鹰. 民意调查实务［M］. 北京：中国经济出版社，1996：143.

二、调查方法的选择原则

（一）综合运用多种调查方法

在实际调查中，应该根据具体的调查目的、调查对象、调查内容、调查资源等选择合适的调查方法。单一的调查方法可能满足不了所有的调查需求，必要时综合运用多种调查方法，发挥每种调查方法的长处，提高调查效率，收集更全面、更深入的数据。在调查中如果发现某种方法不如预期有效，可考虑调整或改变调查方法。

（二）用户至上原则

调查中常常需要在调查精度和调查费用之间进行权衡，高精度的调查通常需要采用更复杂的调查方法，导致人力成本、时间成本和财力的增加。在调查中要坚持客户导向，一是应明确调查目标，确定需要了解的关键信息，对于关键信息和高风险领域，可以适当提高调查精度，对于非关键信息或低风险领域，则可以适当降低调查精度以节省费用；二是根据调查目标和预算限制，选择适当的调查方法，优化调查流程。

■任务实施

Step1：按照每 6 个人一组的原则将全班分成几个小组。

Step2：每个小组讨论下列情景该如何选择市场调查方法，时间 30 分钟。

情景 1：某公司需要了解某个地理细分市场的人口与经济信息。

情景 2：某超市希望评估消费者对某门店零食陈列和促销的有效性。

情景 3：某公司希望了解竞争对手店铺的人流量及经营特色信息。

情景 4：某公司制作了三条视频广告，但是不知道哪条视频广告效果最好。

情景 5：777 棋牌娱乐游戏公测效果不错，为了完善游戏细节，公司准备在运营前进行一次调查。

情景 6：作为外地啤酒品牌希望借助本市啤酒节开展市场调查，听取本地用户的意见。

情景 7：一家五金店老板想要了解到他店里的顾客对本店的印象，以及对竞争对手的印象，拨少量经费，3 周时间之内得到调查结果，请你推荐一种调查方法。

情景 8：某化妆品商店为了促进洗发水的销售，准备采用赠送小包装的促销方式，但是不知道该种促销方式是否有效果。

情景 9：某儿童玩具厂家为了生产出适合孩子玩耍的玩具，希望通过调查了解孩子是如何玩玩具的。

Step3：每个小组派代表阐述本组的观点，用时 5 分钟。

Step4：老师进行点评和总结。

模块检测

一、单项选择题

1. 文案调查是对（　　）进行收集。

A. 初级资料　　B. 原始记录　　C. 单据　　D. 次级资料

2. 间接资料调查的首要原则是（　　）。

A. 时效性原则　　B. 系统性原则　　C. 相关性原则　　D. 经济效益原则

3. 与原始资料相比，以下哪一项不是二手调查的优点？（　　）。

A. 成本比较低　　B. 数据对于要解决的问题不能完全适用

C. 资料比较容易获取　　D. 收集资料的时间相对较短

4. 以下哪些不是二手资料？（　　）。

A. 图书馆资料　　B. 政府统计年鉴　　C. 报纸杂志　　D. 本次的调查问卷

5. 下列不属于定性研究特点的是（　　）。

A. 使用统计分析模型　　B. 样本规模小

C. 适合与定量研究相结合　　D. 研究有深度

6. 依据被观察者是否知情，可以将观察法分为（　　）。

A. 结构性观察和非结构性观察　　B. 隐蔽性和非隐蔽性观察

C. 连续性观察和非连续性观察　　D. 参与式观察和非参与式观察

7. 以下不属于个人深度访谈的优点是（　　）。

A. 获取有创意的想法

B. 访谈对象比较难以预约

C. 研究的话题比较深入

D. 访谈是一对一的，可以消除群体压力

8. 对于比较机密、敏感的或尴尬的调查主题，适合的定性调查方法是（　　）。

A. 个人深度访谈　B. 访问法　C. 案例研究法　D. 焦点小组访谈法

9. 以下属于比较完善的实验设计的是（　　）。

A. 单组后测计　　B. 多重时间序列设计

C. 有控制组的随机前测后测设计　　D. 单组前测后测设计

10. 一般来说，相比实验室实验，现场实验具有更高的（　　）。

A. 可信度　B. 内部有效性　C. 外部有效性　D. 可操控性

11.（　　）是指在分组实验中，由于参与实验的不同小组具有不同特征而对测试结果产生的偏差。

A. 选择因素　B. 历史因素　C. 成熟因素　D. 测试因素

12. 以下不属于结论性调查常用的方法是（　　）。

A. 观察法　B. 定性研究法　C. 问卷访问法　D. 实验法

13. 当访问员意识到答案没能满足问题的意图时常常使用的一种技巧是（　　）。

A. 追问　B. 重复　C. 改述　D. 适当的停顿

14. 访谈调查法可以分为定量调查方法和定性调查方法，下列不属于定量调查方法的是（　　）。

A. 访问调查　B. 焦点小组　C. 电脑辅助调查　D. 邮寄调查

15. 网络调查的突出优点是（　　）。

A. 调查对象范围小　　B. 不存在系统误差

C. 调查过程易于控制　　D. 成本较低、传播迅速

16. 面访调查的主要优点在于（　　）。

A. 能取得较高的回答率　　B. 可进行单一内容的调查

C. 可节省调查费用　　D. 容易管理

17. 如果想获取“拥有或使用某产品对消费者的影响”的相关信息，合适的调查方法是（　　）。

A. 投射技法　B. 电话调查　C. 深度访谈法　D. 小组座谈法

18. 实验设计中控制因实验单位之间差别造成影响的方法是（　　）。

A. 实验设计方法　　B. 随机化方法

C. 排除因素方法　　D. 固定变量方法

19. 以下哪种调查方法可以较好地实现对调查员的质量控制？（　　）。

A. 入户调查　　B. 电话调查　　C. 邮寄调查　　D. 街头拦访调查

20. 前期观察对后期观察可能产生的影响称为（　　）。

A. 次效应　　B. 主效应　　C. 强化效应　　D. 弱化效应

21. 调查员访谈结束后整理记录遵循的原则是（　　）。

A. 实事求是，客观记录　　B. 可按照自己的理解记录

C. 可根据自己的回忆补充记录　　D. 遇到模糊的记录就删除

22. 下列调查中，实施控制程度最低的是（　　）。

A. 入户面访　　B. 电话调查　　C. 邮寄调查　　D. 拦截面访

23. 下列调查中，调查员不与被调查对象直接接触的是（　　）。

A. 街头拦截调查　B. 面访调查　　C. 深度访谈调查　D. 直接观察法

24. 下列调查项目中，属于电话调查应用范围的是（　　）。

A. 热点问题或突发性问题的快速调查　B. 居民能源消费调查

C. 制造业 PMI 调查　　D. 需要进行深层访谈的调查

二、多项选择题

1. 以下属于企业内部二手数据的是（　　）。

A. 行业发展报告　B. 会计账目　　C. 销售数据　　D. 销售发票

2. 以下属于定性市场研究方法的是（　　）。

A. 个人深度访问法　　B. 投射法

C. 焦点小组访谈法　　D. 问卷调查法

3. 投射法的具体应用包括（　　）。

A. 照片归类　　B. 故事完成法　　C. 角色扮演　　D. 词语联想法

4. 下列有关定性研究的说法正确的是（　　）。

A. 定性研究通常比定量研究的成本低

B. 定性研究能更好地了解消费者内心深处的动机和感觉

C. 定性研究可以提高定量研究的效率

D. 定性研究通过大规模的调查并区分细微差别

5. 焦点小组法的主持人应该是（　　）。

A. 有亲和力的人　　B. 尽量少参与话题讨论

C. 讨论话题的专家　　D. 好的倾听者

6. 下列哪些措施有助于提高邮寄问卷调查的回收率？（　　）。

A. 权威机构背书　B. 贴足邮资　　C. 进行物质鼓励　D. 跟踪信

7. 定性研究的作用包括（　　）。

A. 试答结构性问卷　　B. 得出最终结论

C. 更充分地分析或定义要研究的问题　D. 帮助提出后续研究的研究假设

8. 访问法的具体形式包括（　　）。

A. 个人访问　　B. 电话访问　　C. 网络访问　　D. 邮寄问卷

9. 实验多数会被用来（　　）。

A. 发现市场研究的目标　　B. 确认变量间是否存在因果关系

C. 比较各种方案的优劣　　D. 探索可能的研究假设

10. 进行多变量因果关系推定的步骤通常包括（　　）。

A. 排除其他可能影响结果的原因

B. 确定原因变量先发生，结果变量后发生

C. 找到可能的原因变量和结果变量

D. 确定两个变量相关

11. 影响实验准确性的因素包括（　　）。

A. 历史因素　　B. 测试因素　　C. 失员因素　　D. 成熟因素

12. 二手数据的外部来源主要包括（　　）。

A. 公开出版物的资料　　B. 企业自身的销售数据

C. 网络数据　　D. 辛迪加数据库

13. 面访中不正确使用的提问方式有（　　）。

A. 重复提问　　B. 用诱导性语言提问

C. 启发性地帮助被调查者回忆　　D. 不按照问卷顺序提问

E. 鼓励被调查者使他们放心回答

14. 不适合采用统计报表调查的场景有（　　）。

A. 规上企业联网直报　　B. 限额以上进出口统计

C. 民营企业景气调查　　D. 消费者信心调查

E. 采购经理人指数编制调查

15. 社交媒体数据的特点有（　　）。

A. 时效性强　　B. 数据量大　　C. 难收集　　D. 更新快

三、判断题

1. 二手数据就是在当前进行的研究项目之前已经存在的数据，因此在反映当前市场、消费者以及环境等信息方面存在差距。

A. 对　　B. 错

2. 与一手资料相比，二手资料的优点通常是更加客观、准确且更有针对性。

A. 对　　B. 错

3. 原始数据指研究者根据当前的研究项目而专门收集的数据。

A. 对　　B. 错

4. 调查通常需要借助问卷或访问提纲来进行，所以也常被认为调查就是问卷调查。

A. 对　　B. 错

5. 焦点小组访谈中，对于不同背景、不同类型的被试不适合放在一个组里进行讨论。

A. 对　　B. 错

6. 投射法使用的场合包括：应答者不具备直接给予有意义回答的情境或问题。

A. 对　　B. 错

7. 焦点小组讨论法是利用“群体动力”的原则，让被试们相互讨论，推进思考和

激发观点。

A. 对　　　　　　　　B. 错

8. 投射法对结果的解释比较困难，结论具有比较强的主观性，可能存在比较大的解释性偏差。

A. 对　　　　　　　　B. 错

9. 神秘顾客是非人员观察法的典型形式。

A. 对　　　　　　　　B. 错

10. 利用收视计数器进行收视率调查是典型的机械观察法。

A. 对　　　　　　　　B. 错

11. 在调查研究的初期或探索研究阶段，研究者通常使用定量研究方法来辨明研究问题，以及在研究方法上可能存在的问题。

A. 对　　　　　　　　B. 错

12. 个人访谈法中的主持人不需要对要讨论的问题有基本的认知，也不需要跟被访谈对象进行具体的沟通。

A. 对　　　　　　　　B. 错

13. 观察法可以了解被观察对象的动机、态度和情感。

A. 对　　　　　　　　B. 错

14. 实验中实验室环境比现场实验环境更可取。

A. 对　　　　　　　　B. 错

15. 测试效应中的主测试效应指被试在接受完测试后对测试内容更加敏感而对实验效度产生的影响。

A. 对　　　　　　　　B. 错

16. 测试效应中的前测试效应是指被试在接受多次测试后因为熟练或学习效应导致对实验结果的影响。

A. 对　　　　　　　　B. 错

17. 实验设计中，研究者不能预先安排实验刺激，但是可以随机把被试分配到各组中。

A. 对　　　　　　　　B. 错

18. 一般情况下，入户面访比邮寄调查在数据收集的灵活性上更具优势。

A. 对　　　　　　　　B. 错

实训项目四　市场调查方式选择实训

> 调查研究要经常化。要坚持到群众中去、到实践中去，倾听基层干部群众所想所急所盼，了解和掌握真实情况，不能走马观花、蜻蜓点水，一得自矜、以偏概全。
>
> ——2020 年 10 月 10 日，习近平在中央党校（国家行政学院）中青年干部培训班开班式上的重要讲话

■实训目的与要求

1. 掌握各种调查方式的异同；
2. 掌握每种抽样调查的实施步骤；
3. 掌握每种抽样方法的适用场景；
4. 学会确定样本数量；
5. 学会设计抽样方案；
6. 学会实事求是。

■实训学时

本项目实训建议时长：5 学时

■导入案例

盖洛普的抽样调查

1936 年美国总统大选的候选人有两位，分别为兰登与罗斯福。为了调查两位总统候选人成功概率，美国一家叫《文学文摘》的杂志随刊发行了 1 000 万张调查问卷，回收问卷 237 万张，调查预测兰登将以 370：161，领先 14 个百分点击败罗斯福。而当时的一位叫乔治·盖洛普的市场研究人员，他采用不同的抽样方法，在全美选取了 1 000 个样本进行问卷调查，他调查预测结果与《文学文摘》相反，预测罗斯福获胜无

疑。最终的选举结果是罗斯福以62%：38%压倒性地大胜兰登。《文学文摘》由于在本次民意调查中失利，随后销声匿迹，而盖洛普则名声大噪。

问题思考：

1.《文学文摘》抽样调查失败的原因是什么？

2. 抽样调查的优缺点各是什么？

3. 样本数量如何决定？

■项目内容

在教师指导下，根据设定的训练项目，对各种抽样调查方法、抽样数目确定和抽样方案设计等进行实训，以完成教学目标和要求。

【实训模块1】市场调查方式认知

■知识准备

一、全面市场调查

（一）全面市场调查的概念

全面市场调查也称为普查，指为了收集比较全面准确的调查资料，对调查对象中的每个个体进行逐一、无遗漏的调查。

（二）全面市场调查的特点

1. 调查资料标准化程度高

由于全面调查所涉及的调查对象广，参加人员多，组织工作繁杂，因此调查项目不宜太多，应尽可能简明，以保证调查资料的准确性。

2. 调查时间统一

全面市场调查必须收集同一时间的市场现象的资料，避免收集资料时间重复或遗漏，造成调查误差。全面调查过程不能太长，必须统一规定调查资料所属的标准时点，并对每个任务完成的起止时间、登记时间做严格规定。

3. 调查费用高

由于全面市场调查牵涉面广、调查工作量大，需要较多的调查人员，调查时间比较长，调查费用高，所以全面调查只有非常必要的时候才进行，可以是一次性的，也可按一定时间间隔进行。

（三）全面市场调查实施要点

1. 确定统一调查标准时点

为了使全面调查所获得的资料具有一致性和可比性，必须规定调查资料的标准时点。如第七次全国人口普查规定的标准时点为2020年11月1日零点。

2. 统一规定调查项目

全面调查的调查地域广、情况复杂、工作量大，需要规定统一的调查项目，才能减少工作的复杂性，并便于统一汇总和分析，保证调查资料的质量。

3. 规定统一的步骤和方法

要确保全面市场调查具有一定的时效性，调查范围内的调查样本和调查点必须同时行动，在调查步骤和方法上要协同一致。

4. 选择恰当的调查时间

根据调查任务和调查对象的特点，选择最适当的调查时间，保证被调查者有时间接受调查，使得调查资料具有完整性和系统性。

（四）全面市场调查适用场景

全面市场调查牵涉面广、工作量大、会耗费大量人力物力财力，因此全面调查适合不能够或不适宜定期调查但又需要准确了解某些详细信息的调查项目。目前全面调查采用的方式有：向被调查对象分发调查表后在规定时间再统一回收；调查人员按调查项目要求进行直接访问和观察；在有关机关、团体、企业的内部资料的基础上进行汇总。

二、重点调查

（一）重点调查的概念

重点调查指为了解调查总体的基本情况，在调查对象中只选择一部分重点单位进行的非全面调查。所谓的重点单位指在调查总体中处于十分重要地位的样本，或者在调查总体和总量中占绝大比重的调查单位。由于调查单位数目不多，且其标志值在总体标志总量中占有较大比重，所以能够以较少时间和成本掌握调查对象的基本情况。

（二）重点调查的优缺点

重点调查的优点是调查单位数量不多、调查成本比较节省、调查快速。它的缺点是调查结果不是很精确，只调查了重点单位，掌握了总体的大致情况。

（三）重点调查的适用场景

重点调查适用于那些只要求掌握调查总体的基本情况、调查标志比较单一和调查总体不平衡的调查项目。一般用于重点企业的供应调查或重点市场、重点消费群体的需求调查。

三、典型调查

（一）典型调查概念

典型调查指有意识地选取若干具有典型意义或有代表性的单位进行的非全面调查。典型调查是在对调查对象做全面分析和比较的基础上，有意识地选择少数具有代表性的调查单位作为典型，对其进行系统、深入调查，以实现通过对典型单位的调查来认识同类市场现象总体的规律及本质的目的。典型调查的逻辑是遵循从特殊到一般的认识规律。一般情况下，典型调查可以分为两种类型：一种是对调查总体中有典型意义的少数样本进行调查；另一种是按一定标准将调查总体划分为若干类别，再从各个类别中选取部分有代表性的单位进行调查。

（二）典型调查的优缺点

典型调查作为一种非全面调查，优点和缺点都比较明显。其优点在于：调查内容较为深入、全面、细致，因此能够获得比较真实、广泛的一手资料；能够将调查与研究结合起来，既可以解释事物的内在逻辑，也可深入、全面、细致地研究市场现象的本质和规律性；典型调查只调查少量典型单位，可节省调查成本和调查时间。其缺点可概括为：典型单位的选择依赖于调查研究者的主观判断，具有随意性，调查质量难以保证；用部分调查结果说明调查总体的特征，缺乏科学依据，因此不能用于定量研究。

（三）典型调查适用场景

典型调查适用于对调查精度不高、调查对象中的各个单位差异比较少、调查目的在于找出成功原因或失败原因的调查项目。

（四）典型调查的实施要点

要做好典型调查，需要重点解决以下几个关键问题。

1. 正确选择典型单位

正确选择调查单位是保证典型调查科学性的关键。所谓的典型单位要求对总体具有代表性的单位，也就是说典型单位必须具有市场现象的一般性，调查研究者要尊重客观实际情况，采取实事求是的态度，保证典型单位的客观性。要保证典型单位的代表性，在选择典型单位之前，要对调查总体进行必要的分析，否则无法判定哪些单位对总体具有代表性。一般来说，选择典型单位有三种做法：一是为了了解一般情况或研究事物发展的一般规律，可进行“划类选典”或选择“一般典型”单位进行调查；二是为了总结先进经验、树立榜样，可选择先进典型单位进行调查；三是为了总结失败教训、帮助后进，选择后进典型单位进行调查。

2. 深入研究典型单位

典型单位的数量不多，要对典型单位进行深入、细致的研究。不能只对典型单位做简单了解，必须在调查过程中进行深入、细致的研究，不但要说明现象目前的情形，还要研究现象是如何发展变化的，必要时还要研究现象未来的发展变化趋势。

3. 正确使用典型调查的结论

典型调查的目的是通过对典型单位的认识，来认识同类市场现象的本质和规律性。通过典型调查能否正确认识研究对象，不仅取决于典型单位的选择，还取决于能否正确应用典型调查的结论。典型单位既具有普通性又具有典型性，其中典型性是由一定条件、环境和因素决定的，因此分析和解读时必须区分和明确这两方面的内涵，而且要特别说明其普遍性所适用的范围，绝不要把典型调查得出的结论作为普遍性的结论，不分条件将其作为普遍性结论生搬硬套。

（五）典型调查的适用场景

典型调查适用于对调查精度要求不高、调查对象中的各个单位差异比较少或不同类别中的典型单位具有代表性、调查目的在于找出成功原因或失败原因。

四、抽样调查（sampling survey）

（一）抽样调查的概念

抽样调查指按照随机原则从研究对象总体中抽取一部分作为样本进行调查，并根据样本统计值推断总体参数值的一种非全面市场调查方法。狭义的抽样调查只能按随机原则选择样本，广义的抽样调查可根据研究任务要求和市场分析主观有意识地选择样本。

【例】　中国家庭金融抽样调查

中国家庭金融调查（China Household Finance Survey，CHFS）是中国家庭金融调查与研究中心在全国范围内开展的抽样调查，旨在收集我国有关家庭金融微观层次的相关信息，主要内容包括：住房资产与金融财富、收入与消费、人口特征与就业以及支付习惯等相关信息。2011 年第一轮调查的样本分布在 25 个省（自治区、直辖市），80 个县（区、县级市）、320 个村（居）委会，样本 8 438 户；2013 年第二轮样本分布在 29 个省（自治区、直辖市），262 个县（区、县级市）、1 048 个村（居）委会，样本 28 141 户；2015 年第三轮样本扩大到 40 000 余户。

（二）抽样调查的有关术语

了解抽样调查的基本术语能更好认识抽样调查以及更好实施抽样调查。

1. 调查总体（population）与样本（sampling）

调查总体指调查对象全体的集合，用“N”表示。这一集合可用地域、时间和人口特征界定清楚。比如，某大学学生乡村旅游消费调查中的调查总体为某大学每一位在校的本科、专科和留学生。

样本指按一定方式从总体中抽选出来的那部分调查对象的集合，用“n”表示。由于抽取的方式不一样，样本具体的构成有很多种可能。一个样本集合中个体的数量称为样本容量（sampling size）。

2. 抽样框（sampling frame）与抽样单元（sampling unit）

抽样框指将调查对象全体按照某种顺序排列编制成的名单，如花名册、地图、电话列表、企业名录、黄页簿、消费者名单等。不同的调查方法使用的抽样框不同，同一种调查方法由于调查方式不同抽样框也可能不同。完整的抽样框要求每个调查对象应该出现一次也只能出现一次，如果有些调查对象没有或多次出现在抽样框中，或抽样框总体单元中包含了不应该列入的调查对象就会出现覆盖性误差，影响样本的代表性。完整的抽样框是存在的，但在大部分情况下很难找到。

抽样单元指构成总体的个体要素，也是构成抽样框的基本要素。抽样单元可以只包含一个个体，也可以包括若干个个体。如大学生农家乐旅游消费行为调查中，如果抽样框为该大学的学生名单，抽样单元为在校的每一个大学，如果抽样框是班级名单时，抽样单元为班级。

【小案例】　　农村多阶段抽样框

某次农村调查采用了多阶段抽样，先在一个县抽选若干乡镇，然后从所抽中的乡镇中进一步抽取一些村，最后在所抽中的村中再抽出户的样本。此次抽样调查中，分别将乡、村、户作为初级抽样单元、次级抽样单元和三级抽样单元。三个阶段需要该县全部乡镇的名单、被抽中乡管辖全部村庄的名单和被抽中村庄里的全部家庭户的名单。

3. 统计值（statistic）与参数值（parameter）

统计值也称为样本值，指样本中所有元素的某种特征的综合数量表现。参数值也称为总体值，是总体中所有元素的某种特征的综合数量表现。抽样调查的重要目的之一就是采用统计值去推断参数值。统计值和参数值的区别在于：统计值是多样的、可变的，且容易获得；参数值是唯一的、不变的，但难以获得。

4. 置信度（confidence level）与置信区间（confidence interval）

置信度又称为置信水平，指总体参数值落在通过样本统计值计算得到的某一区间内的概率或把握性程度。置信区间指在一定置信度下，根据样本统计值所估计的总体参数真实性可能落入的范围。置信区间越大，误差范围越大，抽样的精确性程度就越低。

5. 抽样误差（Sampling Error）与非抽样误差（NonSampling Error）

抽样误差指在抽样程序中产生的统计值和只有通过普查才能得到的总体参数值之间的差异。抽样误差一般可以通过增加样本规模或采取更加理想的抽样方案来消除。非抽样误差指除抽样误差之外的任意误差，包括样本框误差、不回答误差和数据误差。抽样框误差指样本框不能理想代表总体，存在目标总体单位丢失、包含非目标单位、目标单位丢失和包含非目标单位同时并存等问题；不回答误差指某些被调查对象拒绝合作或合作不完全导致的调查对象无应答、调查项目的应答不全等。数据误差指在调查过程中由于被调查者理解、回忆、回答或刻意隐瞒产生的误差以及由于调查人员登记、汇总和计算错误所引起的误差。

（三）抽样调查的优点

与全面调查、重点调查和典型调查相比，抽样调查具有多种优点，在市场调查中应用广泛。

1. 经济性好

抽样调查只对少量样本进行调查，在保证调查精确要求下，被调查者的数量大大减少，节省大量的人力、物力和财力，有效降低调查总成本。

2. 时效性强

抽样调查只调查少量样本，可以大大减少调查时间，快速获得市场信息，调查时效性更强。

3. 适应面广

统计学与数学关系密切，其中大数定律、中心极限定律为抽样调查提供了科学依据，能够有效估计总体参数，并能有效控制调查误差，因此抽样调查应用广泛。对于不可能或不必要进行普查、调查费用和时间有限、对同一现象做连续多次调查、判断全面调查质量时都可以选择抽样调查。

4. 准确性高

抽样调查结果准确性高，主要由于：首先由于调查样本少，可设置较多和比较复杂的调查项目，获得内容丰富的资料；其次由于调查对象少，调查组织和管理更容易，能够有效减少调查误差；最后由于调查样本少，能集中时间和精力做详细深入的分析，得到精确的调查结果。

（四）抽样调查的步骤

为了提高调查质量，抽样调查要遵循严格的步骤。

1. 界定调查总体

根据研究目的确定调查研究总体，即明确调查的全部对象及其范围。可用地域、时间、人口统计特征等几个因素共同来界定调查对象。

2. 确定调查方法和抽样方式

根据调查目标以及实际的情况，灵活选择调查方法。同时需要根据调查任务要求和实际情况决定抽样方式，并明确规定是随机抽样还是非随机抽样。

3. 编织抽样框

在没有现成的调查对象名单的情况下，调查人员需要编制抽样框。不同调查方法和抽样方式所需要的抽样框形式不同。入户调查需要有全部调查对象的家庭居住地址、邮寄调查需要全部调查对象的通信地址、电话调查需要有全部调查对象的电话号码、网络调查需要有全部调查对象的 IP 地址或电子邮箱。简单随机抽样和系统抽样需要有每个调查对象的名单、分层抽样要有每层调查对象的名单、整群抽样需要有全部群的初级抽样和所抽中群的每个对象的名单等，多阶段抽样需要多级抽样框。确定调查方法和方式后，先要收集总体中全部抽样单元的名单，然后毫无遗漏地对每个抽样单元进行编号并排列成表。

4. 决定样本容量

为了满足调查精度和费用要求，需要科学决定调查样本数目。样本规模太小缺乏代表性，抽样误差太大，而样本规模太大，体现不出抽样调查的优势。

5. 抽取样本

严格按照预定的抽样方法和要求，从抽样框中抽取样本，并对抽取的样本逐个进行调查。

6. 评估样本质量

对抽取的样本的代表性进行初步检查，避免因失误使得样本偏差太大。评估样本代表性的方法是看样本分布的某些特征与总体的同类特征是否接近，样本与总体越接近，样本的代表性越强。如果样本与总体特征偏差太大则需要调整样本构成。

（五）抽样调查的适用场景

抽样调查适合的调查情况：不可能进行全面调查、不必要进行全面调查、来不及进行全面调查、对全面调查资料进行补充修正、调查总体无限、调查具有破坏性。

■任务实施

Step1：根据6个人一组的原则将全班分成几个小组。

Step2：每小组根据调查项目讨论下列问题，时间15分钟。

问题1：谈谈你们调查项目的抽样步骤。

问题2：采用不同调查方法需要什么形式的抽样框。

表4-1　不同调查方法所需的抽样框形式

抽样方法	抽样框
电话调查	
入户调查	
留置调查	
网络调查	
线上邮寄调查	
线下邮寄调查	

问题3：采用不同抽样方式需要怎样形式的抽样框。

表4-2　不同随机抽样方式所需的抽样框形式

抽样方法	抽样框
简单随机抽样	
等距抽样	

表4-2(续)

抽样方法	抽样框
分层抽样	
分群抽样	
多阶段抽样	

问题 4：无法获取所有调查对象名单的情况下，怎么进行抽样调查。

Step3：每个小组派代表阐述讨论结果，时间 2 分钟。

Step4：老师进行点评。

【实训模块 2】概率抽样

■知识准备

一、概率抽样的概念

概率抽样指按照一定程序，遵循随机原则，从总体中抽取一部分个体组成样本。研究总体中的每个个体有同样被抽中的概率，而且事前可以确定抽样误差的抽样方式。

二、概率抽样的方法

概率抽样有随机简单抽样、等距抽样、分层抽样、整群抽样和多阶段抽样。概率抽样的优点是样本对总体的代表性高，但抽样复杂，比较适用于正式调查。

（一）简单随机抽样（simple sampling）

1. 简单随机抽样的概念

简单随机抽样也称纯随机抽样，指从调查总体按照完全随机的原则抽取调查单位，每个调查单位都有相等的概率被抽中。简单随机是最常用的概率抽样方式，也是其他抽样的基础。当总体足够大时重复抽样与不重复抽样几乎没有什么差异，因此大规模通常采用不重复抽样。简单随机抽样简单易行，并且抽取到的样本比较有代表性，但是需要完整的抽样框，总体包含的个体过多时，抽取过程时间长。

2. 简单随机抽样的实施步骤

简单随机抽样一般可用抽签、查随机数字表法等方法。抽签法适用于总体规模不大的情况，随机数字表法适合总体规模较大的情况。互联网时代，可积累相当多的被调查者 Email 地址、电话簿或地址清单等信息，将这些信息编制成抽样框，然后简单随机抽样选取调查样本，最后将问卷发送给被抽中的受访者的电子邮箱，或邀请被抽中的被调查者到指定网站参与调查。

（1）抽签法的实施步骤

抽签法的实施步骤：先得到一份含有总体所有元素的抽样框，然后给总体的 N 个个体单位编号做成号码条，再将号码条混合均匀后装入容器内，最后从容器中任意抽取，每次抽取一个号签，连续不放回抽取，直到抽取规定的样本数为止。目前电脑抽签法可一次性抽出所要求的全部样本单位。

（2）随机数字表法的实施步骤

随机数字表也称乱数表。随机数字表中的数字是随机顺序排列产生的，见表 4-3，随机数字表没有任何规律，用随机数字表可实现随机抽样的目的。随机数字表法的步骤：首先界定总体，并对 N 个个体单位编号；其次根据编号的最大数决定使用随机数字表中的数码位，再在随机数表中任意选择一个同位数码作为起始点；再次确定抽样方向，可以从左到右、从上到下或使用其他规则，规则一旦确定后就不变；最后按照规则对随机数字表中的数码逐一取舍，遇到重复的随机数或大于总体的随机数就跳过去，直到抽够样本数为止。

表 4-3　随机数表

	1∽5	6∽10	11∽15	16∽20	21∽25	26∽30	31∽35
1	13 284	16 834	74 151	92 027	24 670	36 665	00 770
2	21 224	00 370	30 420	03 883	94 648	89 428	41 583
3	99 052	47 887	81 085	64 933	66 279	80 432	65 793
4	00 199	50 993	98 603	38 452	87 890	94 624	69 721
5	60 578	06 483	28 733	37 867	07 936	98 710	98 539
6	91 240	18 132	17 441	01 929	18 163	69 201	31 211
7	94 758	14 229	12 063	59 611	32 249	90 466	33 216
8	35 249	38 646	34 475	72 417	60 514	69 257	12 489
9	38 980	46 600	11 759	11 900	46 743	27 860	77 940
10	10 750	52 745	38 749	87 365	58 959	53 731	89 295
11	36 247	27 850	73 958	20 673	37 800	63 835	71 051
12	70 994	66 986	99 744	72 438	01 174	42 159	11 392
13	99 638	94 702	11 463	18 148	81 386	80 431	90 628
14	72 055	15 774	43 857	99 805	10 419	76 939	25 993
15	24 038	65 541	85 788	55 835	38 835	59 399	13 790

3. 简单随机抽样的适用场景

简单随机抽样适合的调查场景：样本要求有很强的代表性、调查总体不大、调查总体比较均匀、调查样本框完备且定期更新。

（二）等距抽样（systematic sample）

1. 等距抽样的概念

等距抽样又称系统抽样或机械抽样，指先将总体中的各单位按一定顺序排列，随机选取一个单位作为起点，然后按照固定的顺序和相等的间距来抽取样本的方法。互联网时代，基于 cookies 技术的问卷调查可采用系统抽样，即每隔多少位受访者邀请一位参与调查。

2. 等距抽样的实施步骤

等距抽样的实施步骤：首先排队编号，调查总体可以按照与调查项目有关的标志排队，也可以按照与调查项目无关的标志排队。然后计算抽样间隔，抽样间隔（$k=N/n$）是由总体规模除以样本规模决定的，当 $k=N/n$ 不是整数时取最接近 N/n 的整数。

接下来决定起抽号，采用简单随机抽样方式确定抽取的第一个单位。最后每隔 k 选取一个样本，直到抽取到规定数量的样本为止。随机起抽号在 1 ~ k 范围内，且抽样间隔 $k = N/n$ 为整数时，采用直线等距抽样。起抽号在 1 ~ N 范围内或抽样间隔 $k = N/n$ 不为整数取接近 K 的整数时，采用循环等距抽样，即把总体 N 首尾相连。

【小案例】 **等距抽样**

要从 100 人的总体中抽取 10 人进行调查，采用等距抽样方式，其抽样步骤如下：

步骤一，按照一定标准对 100 名被调查对象进行排队编号。

步骤二，计算抽样间隔 k，$k = 100/10 = 10$。

步骤三，抽取第一个编号，在 1~100 中随机决定起点，假设随机抽取的起始号为 2。

步骤四，每隔 10 个抽取一个号码，计算抽取样本的编号分别为：2、2+10×1=12、2+10×2=22、2+10×3=32、2+10×4=42、2+10×5=52、2+10×6=62、2+10×7=72、2+10×8=82、2+10×9=92。

步骤五，找到编号 2、12、22、32、42、52、62、72、82、92 对应的个体单位，组成样本。

3. 等距抽样的适用场景

等距抽样效率高，抽样误差小于简单随机抽样，但要求有完整的抽样框。等距抽样适用的调查场景：调查总体排队规则是随机的，不能具有某种规律；按有关标志排队时要求有总体中的每个抽样单元的详细材料；研究对象的标志变异程度较大，但不可能抽取更多的样本单位。

（三）分层抽样（stratified sampling）

1. 分层抽样的概念

分层抽样又称为分类抽样或类型抽样，指将总体 N 个单位按某个主要标志进行分层，分成互不交叉、互不重复的 k 层，再从各层中使用简单抽样或等距抽样方式分别抽选 n_1、n_2、…、n_k 个样本，构成一个容量为 $M = n_1 + n_2 + \cdots + n_k$ 个的样本。分层抽样实施过程中，要基于过往文献或经验，尽可能选择影响研究结论的关键分层标准。

分层抽样的优点：当研究总体规模较大，内部结构复杂时，从不同层获得尽可能均衡的样本数，提高样本的代表性；不仅了解总体的情况，还可以了解不同层内的情况，便于对某层进行单独研究或进行层和层之间的比较；对不同层分别进行调查，便于组织管理。

分层抽样的缺点：要求对总体各单位有较多的了解；抽样成本较高和分层标准难以选择。分层时可以根据调查的具体要求，按照一个或多个与研究测量变量相关的特性分层，确保层内同质层间异质。常使用人口统计特征变量、比较明显的变量与研究高度相关的一些主要变量作为分层标准。

2. 分层抽样的实施步骤

分层抽样可分为等额分层抽样、等比例分层抽样与最佳比例分层抽样三种。

（1）等额分层抽样的实施步骤

等额分层抽样的实施步骤：首先编织抽样框，然后根据某类标准进行分层，将总体划分为若干个不同的层。再按平均等额标准计算每层的子样本数量，每层的样本数目相等。最后按随机原则或等距抽样方式在每层中抽取规定数量的样本。

（2）等比例分层抽样的实施步骤

等比例分层抽样的实施步骤：首先编织抽样框，然后分层，再按等比例标准计算不同层的子样本数 n_i，最后按随机原则或等距抽样方式在每层中抽取所要求数量的样本。占总体单位数量多的层，分配的样本多。

等比例分层抽样子样本数的计算公式：

$$n_i = \frac{N_i}{N} \times n$$

式中，n_i 为第 i 层抽出的样本数；N_i 为第 i 层的总单位数；N 为总体单位数；n 为总样本数。

（3）最佳比例分层抽样的实施步骤

最佳比例分层抽样的实施步骤：首先编织抽样框，然后分层，再按不等比例标准计算不同层的子样本数 n_i，最后按随机原则或等距抽样方式在每层中抽取所要求数量的样本。

最佳比例分层抽样子样本数的计算公式：

$$n_i = \frac{N_i\sigma_i}{\sum N_i\sigma_i} \times n$$

式中，n_i 为第 i 层抽出的样本数；N_i 为第 i 层的总单位数；σ_i 为第 i 层的标准差；n 为总样本数。

【小案例】　　　　不同比例分层抽样子样本数目的计算

某县共有农户 30 万户，其中纯务农户 10 万户、兼业户 15 万户、纯务工户 5 万户，需抽取 3 000 户进行家庭状况调查？其中纯务农户、兼业户、纯务工户的每层内部收入标准差分别为 10 元、15 元、30 元。计算在不同的分层抽样方法下，每层应该抽多少个样本，具体结果见表 4-4。

表 4-4　不同分层抽样的样本数结果

分层抽样方法	各层样本量的计算公式	各层样本量的计算结果
等额分层	$n_i = n/3$	n_1(纯农户) = 3 000/3 = 1 000(户) n_2(兼业户) = 3 000/3 = 1 000(户) n_3(纯务工户) = 3 000/3 = 1 000(户)
等比例分层抽样	$n_i = n \times N_i/N$	n_1(纯农户) = $3\,000 \times \frac{10}{30}$ = 1 000(户) n_2(兼业户) = $3\,000 \times \frac{15}{30}$ = 1 500(户) n_3(纯务工户) = $3\,000 \times \frac{5}{30}$ = 500(户)

表4-4(续)

分层抽样方法	各层样本量的计算公式	各层样本量的计算结果
最佳比例分层抽样	$n_i = n \times (N_i \times \sigma_i) / \sum N_i \sigma_i$	n_1(纯农户) = [(10 × 10)/(10 × 10 + 15 × 15 + 5 × 30)] × 3 000 = 632(户) n_2(兼业户) = [(15 × 15)/(10 × 10 + 15 × 15 + 5 × 30)] × 3 000 = 1 421(户) n_3(纯务工户) = [(5 × 30)/(10 × 10 + 15 × 15 + 5 × 30)] × 3 000 = 947(户)

3. 分层抽样的适用场景

分层抽样的适用场景：总体分层后各层同质，不同层异质；要求较高的抽样精度；在一定精度要求下，节约调查费用；同时推断总体指标和各子总体的指标。

（四）整群抽样（cluster sampling）

1. 整群抽样的概念

整群抽样又称集体抽样或整体抽样，指将总体分为若干个子群体，然后从中随机抽取几个子群，最后对所抽中的子群中的部分元素或所有元素进行调查的方法。与其他抽样方式相比，它抽取的不是单个个体而是群体。整群抽样的优点是更容易获得抽样框，简化抽样过程、节省调查经费，缺点是由于不同群之间的差异较大，由此引起的抽样误差往往大于简单随机抽样。

2. 整群抽样的实施步骤

整群抽样的实施步骤：先将总体分为若干“群”，然后随机抽取一部分“群”，再对被抽中的群进行全面或抽样调查。

3. 整群抽样的适用场景

整群抽样的适用场景：缺乏总体单位的抽样框；不同子群相互之间的差别不大，但子群内部的差异大。

（五）多阶段抽样（multistage sampling）

1. 多阶段抽样概念

多阶段抽样也称为多级抽样或分段抽样，指在抽取最终样本时，按照抽样元素的隶属关系或层次关系，把抽样过程分为两个及两个以上阶段的抽样方法。多阶段抽样步骤是先从总体中抽取若干个子群体，然后从子群体中抽取更小的子群体，一直抽下去，直到抽到最终的调查个体为止。一级单元总体基本单元数相当大，可以从总体中随机抽取一部分一级抽样单元，然后再从被抽中的一级单元内，随机抽取部分二级抽样单元进行调查。包含了两个阶段的抽样称为两阶段抽样。如果对抽中的二级单元，再抽取部分三级抽样单元进行调查，就称为三阶段抽样。以此类推，可以定义四阶段抽样或更高阶段抽样。多阶段抽样的优点是无须包括所有总体单位的抽样框、抽样过程较为简单、便于组织、调查费用少，缺点是抽样数目计算复杂，抽样误差大。

2. 多阶段抽样步骤

多阶段抽样步骤如下：

步骤一，将总体按照某种标准或特征划分为若干个一级抽样单位。这些单位可以是地区、组织、群体等。

步骤二，根据调查的需要，确定抽样的阶段数。

步骤三，从总体中随机抽取若干个一级抽样单位作为样本。

步骤四，对于每个被抽中的一级抽样单位，根据隶属关系或层次关系将其进一步划分为若干个二级抽样单位，并从中随机抽取若干个二级抽样单位作为样本。

步骤五，根据需要继续进行第三、第四等后续阶段的抽样，直到获取最终的样本为止。

在多阶段抽样时，一般第一阶段使用严格的随机抽样方法，第二阶段起使用比例抽样，即根据每一群所含个体的多少来分配样本额。抽样组织过程中多利用现成的行政区划、组织系统作为各阶段的划分依据，为组织抽样提供方便。

3. 多阶段抽样的适用场景

多阶段抽样适合调查总体规模很大、且总体分布广泛、没有一个包括所有总体单位的抽样框但有大群或小群的抽样框的情况。

【小案例】　　CPI 调查点的选取

居民消费价格指数（CPI）是一个反映全国各地消费价格变动的宏观经济指标。CPI 编制过程中，先确定调查目的，然后确定调查范围。CPI 价格调查在全国 31 个省（区、市）中抽取 500 个市县开展，在这些市县采用随机抽样调查确定价格调查网点。目前，全国有 8.8 万余家价格调查网点，包括商场（店）、超市、农贸市场、服务网点和互联网电商等。在每个省（区、市），根据大中小兼顾以及地区合理分布原则，采用划类选择法抽选调查市县和价格调查点。

城市抽选：以年均工资对辖区内城市排队并按照人口数累计起来，然后进行等距抽样。

县抽选：以人均纯收入对辖区内县排队并按照人口数累计起来，然后进行等距抽样。

调查点的抽选：按照人均销售额等标志对各种类型的商店、农贸市场、服务网点排队，然后进行等距抽样。

数据来源：居民消费价格指数（CPI）是如何编制的［EB/OL］. 国家统计局（stats.gov.cn），2023-01-01/2023-09-19.

（六）户内抽样

1. 户内抽样的概念

户内抽样指从所抽中的每户家庭中随机抽取一个成年人作为最终调查对象的抽样方法。

2. 户内抽样实施步骤

根据抽样标准不同，户内抽样有 KISH 表抽样法和生日抽样法。

（1）KISH 表抽样法

①KISH 表抽样法的概念。

KISH 表抽样法也称科什选择法，是由美国著名抽样专家 KISH 创立的一种在确定了抽样户之后，如何选择户内家庭成员的抽样方法。KISH 表抽样法中家庭成员编号最大值为 8，通过问卷编码的字母和家庭人口数、家庭成员顺序共同决定被访家庭中排序为几的家庭成员作为最终的受访者。它的原理与随机数表的原理是一致的，每一个家庭成员作为被访者完全是随机的，因而能有效保证样本的代表性。

②KISH 表抽样法的实施步骤。

KISH 表抽样法的实施步骤如下：

步骤一，为问卷分配编码并准备 KISH 表。

在入户调查实施前统一为每份入户调查问卷分配一个 A、B_1、B_2、C、D、E_1、E_2、F 的字母编号，并使标有 A、B_1、B_2、C、D、E_1、E_2、F 的问卷份数分别占问卷总数的 1/6、1/12、1/12、1/6、1/6 、1/12、1/12、1/6。同时带上一套 KISHA、B_1、B_2、C、D、E_1、E_2、F 式的八种选择表，详见表 4-5—表 4-12。

表 4-5　KISH A 式选择表

符合条件的人口	被抽中人的序号
1	1
2	1
3	1
4	1
5	1
6	1

表 4-6 KISH B_1 式选择表

符合条件的人口	被抽中人的序号
1	1
2	1
3	1
4	1
5	2
6	2

表 4-7　KISH B_2 式选择表

符合条件的人口	被抽中人的序号
1	1
2	1
3	1
4	2
5	2
6	2

表 4-8　KISH C 式选择表

符合条件的人口	被抽中人的序号
1	1
2	1
3	2
4	2
5	3
6	3

表 4-9　KISH D 式选择表

符合条件的人口	被抽中人的序号
1	1
2	2
3	2
4	3
5	4
6	4

表 4-10　KISH E_1 式选择表

符合条件的人口	被抽中人的序号
1	1
2	2
3	3
4	3
5	3
6	5

表 4-11　KISH E_2式选择表

符合条件的人口	被抽中人的序号
1	1
2	2
3	2
4	3
5	5
6	5

表 4-12　KISH F 式选择表

符合条件的人口	被抽中人的序号
1	1
2	2
3	3
4	4
5	5
6	6

步骤二，对抽中的家庭成员进行排序与编号。

进入调查户后，首先询问调查户家庭成员的信息，然后按照所有男性在前，所有女性在后，男性和女性成员又进一步按照年纪大的在前、年龄小的在后的规则对家庭所有成员进行排序，最后对家庭中大于 18 岁的家庭成员进行编号。

步骤三，找相应的 KISH 选择表。

从所有问卷中随机选择一份调查问卷，查看该份问卷的字母编号，然后根据问卷字母编号找出相应字母的 KISH 选择表。

步骤四，根据选择表确定最终被访者。

在 KISH 选择表的第一列数字中找到与调查户中符合条件的人数一致的数字，然后在 KISH 选择表的右列同行中找对应的家庭成员编号，最后在家庭成员登记表中找到与编号对应的家庭成员，该成员即为最终的被访者。

【小案例】　　　　KISH 法入户抽样

某调查户的情况：入户前随机抽取到的调查问卷字母编号为 E_2，该调查户的家庭构成：爷爷 69 岁、奶奶 67 岁、爸爸 38 岁、妈妈 35 岁和孙子 19 岁，本次调查对象要求为 18~70 岁的居民。采用 KISH 表抽样法，应该选择抽中家庭的谁作为被访者？

步骤 1，带上问卷和 KISH A、B_1、B_2、C、D、E_1、E_2、F 式选择套表。

步骤 2，进入家庭前随机抽取调查问卷的字母编号为 E_2。

步骤 3，进入家庭登记成员信息并排序。

按照排序规则，爷爷、爸爸、孙子排在前三位，奶奶、妈妈作为女性排在三位男性之后，然后再按照年龄大小排序，爷爷、爸爸、孙子分别排 1、2、3 位，奶奶、妈妈分别排第 4、5 位，最终家庭成员的排序见表 4-13。

表 4-13　家庭成员登记表

序号	称呼	年龄	性别	抽中打钩
1	爷爷	69	男	
2	爸爸	38	男	
3	儿子	19	女	
4	奶奶	67	女	
5	妈妈	35	女	

表4-13(续)

序号	称呼	年龄	性别	抽中打钩
6				
7				
8				

步骤 4，根据问卷字母编码选择对应的选择表。

由于该户问卷字母编码为 E_2，选择 KISH E_2式选择表，见表 4-11。

步骤 5，确定最终的被调查者。

由于该家符合调查要求的人口数为 5，在 KISH E_2式选择表第一列中数字中找到 5，再在 KISH E_2式选择表的同行中第二列找到 5 对应的数字，最终该户编号为 5 的家庭成员作为最终的被访者，通过家庭成员登记表中查询到编号 5 的对应家庭成员是 35 岁的妈妈。35 岁的妈妈成为最终的被调查者，具体见表 4-14。

表 4-14 KISH E_2式选择表

符合条件的人口	被抽中人的序号	抽中打钩
1	1	
2	2	
3	2	
4	3	
5	5	√
6	5	

（2）生日抽样法

①生日抽样法的概念。

生日抽样法指随机选择一年的某一天作为标准日期，然后计算调查户中每位 18 岁及以上的成员距离标准日期的天数，选择距离标准日期最远或最近的家庭成员作为被访者的入户抽样方法。

②生日抽样法的实施步骤。

生日抽样法的实施步骤如下：

步骤一，确定生日标准日期。

步骤二，登记抽中家庭成员生日信息，并计算家庭中每位 18 岁及以上成员的出生日期和标准日期的天数差。

步骤三，确定距离标准日最远或最近的标准。

步骤四，根据标准日期最近或最远选择符合要求的家庭成员作为最终的受访者。

【小案例】 **生日抽样法**

步骤一，一项调查确定生日标准日期为 10 月 1 号。

步骤二，所抽中的调查户共有 5 口人，最小的孙子也已经 19 岁了，分别询问五人生日，老年夫妇的生日分别为 4 月 7 号、9 月 27 日，青年夫妇的生日分别为 7 月 10

日、5 月 19 日，孙子的生日为 6 月 21 日。

第三步，根据最近生日标准，抽取生日为 9 月 27 日的奶奶作为被访者。

3. 入户抽样的适用场景

入户调查抽样的适用场景是家庭中成年人都可以作为受访者，且要求受访者是随机选择的。

■任务实施

Step1：根据 6 个人一组的原则将全班分成几个小组。

Step2：每个小组阅读下列材料，讨论下列问题，时间 30 分钟。

在某大学进行大学生农家乐消费调查，要从 18 000 名本科学生随机抽取 200 名学生进行问卷调查，了解学生农家乐消费行为。

问题 1：要从 18 000 人中抽取 200 人进行调查，用抽签法如何操作？

问题 2：要从 18 000 人中抽取 200 人进行调查，采用随机数表该如何操作？

问题 3：要从 18 000 人中抽取 200 人进行调查，采用系统抽样该怎么操作？

问题 4：要从 18 000 人中抽取 200 人进行调查，采用等比例分层抽样，应选择哪些分层变量以及如何操作？

问题 5：要从 18 000 人中抽取 200 人进行调查，采用整群抽样该怎么操作？

问题 6：要从 18 000 人中抽取 200 人进行调查，采用多阶段抽样该怎么操作？

问题 7：入户调查中，抽到该校某男生寝室情况如表 4-15 所示，以 10 月 1 日为基准，采用最远生日法决定被访者，请问该寝室的编号为几的学生是最终的被访者？

表 4-15　入户寝室成员年龄及出生日期信息

序号	姓名	年龄	出生日期
1	春天	19	05.01
2	夏天	20	04.18
3	秋天	19	02.08
4	冬天	21	10.24
5	长江	19	11.05
6	黄河	18	10.08

问题 8：由于客观原因很难取得该校学生详细名单的条件下，应该如何进行概率抽样？

Step3：每个小组派代表简要阐述讨论结果，时间 15 分钟。

Step4：老师进行点评和总结。

Step5：每个小组根据下列信息，为不同的随机抽样方法编制抽样框，完成表 4-16，时间 15 分钟。

情况 1：有含全体学生姓名和学号的名册一份。

情况 2：该大学有大一学生 4 800 人、大二学生 4 200 人、大三学生 5 000 人、大四学生 4 000 人。

情况 3：该大学的男女学生比例为 1∶2，即男生 6 000 人，女生 12 000 人；

情况 4：该大学由 8 个学院组成：设计学院 2 800 人、经济管理学院 3 000 人，文新学院 2 400 人、数理学院 2 700 人、外语学院 1 200 人、教育学院 2 600 人、旅游学院 1 800 人、音乐学院 1 500 人。每个学院有专业及班级名单。

情况 4：该大学由 8 个学院组成，每个学院 5 个专业，由于毕业班已经离校无法调查，每个专业 3 个年级、各 3 班，每班有 40 个学生。每个学院有专业名单、班级名单以及每个班的学生名单。

表 4-16　不同抽样方式下的抽样框

抽样方式	抽样框
简单随机抽样	
系统抽样	
分层抽样	
整群抽样	
多阶段抽样	

Step6：每个小组派代表简要阐述讨论结果，时间 5 分钟。

Step7：老师进行点评和总结。

【实训模块 3】非概率抽样

■知识准备

一、非概率/非随机抽样概念

非概率抽样指依赖于调查人员的主观意愿、个人判断或方便程度来选择样本个体的抽样方法。每个研究对象被选中的概率是不可知的，也不能从概率意义上控制抽样误差，因此非概率抽样主观性强，缺乏代表性，但方便简单、容易操作、抽样成本低，仍然具有很好的参考价值。一般在没有办法获取完整的抽样框、调查对象不明确或无法确定、希望快速获得调查结果、总体各单位间的离散程度不大、调查费用紧张的情况下采用非概率抽样调查。在互联网时代，除了线下拦截调查或将调查问卷刊登在报刊杂志上外，还可以实施多种线上的非概率抽样。

二、非概率抽样方法

非概率抽样有偶遇抽样、判断抽样、配额抽样和雪球/推荐抽样，每种抽样方法适用不同的调查情景。

（一）偶遇抽样（accidental or convenience sampling）

1. 偶遇抽样的概念

偶遇抽样又称为任意抽样、方便抽样或自然抽样，指调查人员根据自己方便的方式选择调查对象，如选择偶然遇到的、离调查者比较近的、自愿参加调查的人作为被调查者。

2. 偶遇抽样实施步骤

偶遇抽样在线下可前往能接触到被调查对象的区域，选择偶遇到的、离调查人员比较近的、自愿参加调查的人作为被访者。

偶遇抽样线上采用线上志愿者拦截调查法：一是在访问率较高的门户网站将调查问卷发送给网站的某些用户；二是在微信、微博、门户网站或专业性信息站点发布调查信息，这些社交媒体或网站的用户自由选择并完成问卷调查。

3. 偶遇抽样的适用场景

偶遇抽样具有经济、容易操作的优点，但缺乏代表性。偶遇抽样适用于研究总体不清楚、抽样框难以获得或调查对象流动性比较高的调查项目。

（二）判断抽样（judgmental or purposive sampling）

1. 判断抽样的概念

判断抽样又称为立意抽样、主观抽样或目的抽样，指调查员根据自己的主观判断选择被调查对象的抽样方法。调查员的判断依据是基于对研究对象的了解和已有的经验。随着互联网发展，可以采用志愿者 panel 法，即在网上招募志愿者建成一个被调查小组，根据研究需要选择符合某一特征的被调查者，并通过密码或 IP 控制进入调查的样本。

2. 判断抽样实施步骤

首先了解研究对象，然后根据经验选择特定的调查对象，最后对被调查者进行调查。除非调查项目有特殊要求，一般选择“多数型”或“平均值”的被调查者作为样本。

3. 判断抽样的适用场景

判断抽样较简单但难以判断样本的代表性，因此判断抽样适用的场景：对研究总体比较清楚、对被调查个体也非常熟悉；探索性调查；希望对典型的调查对象进行深入研究；研究者的分析判断能力比较强或研究经验比较丰富。

（三）配额抽样（quota sampling）

1. 配额抽样的概念

配额抽样指预先规定各类受访样本在一些属性特征（性别、年龄、受教育程度）上所要达到的数量，然后使用判断或方便抽样抽取规定数量的样本单位，使样本的结构特征正确反映总体。配额抽样的前提是对总体的性质有充分的了解，比如性别、年龄、受教育程度等分布特征，然后根据人口统计特征进行分类，它是非概率抽样中最有代表性的抽样方法。

配额抽样有独立控制配额抽样和相互控制配额抽样两种方式。独立控制配额抽样指根据调查总体的不同特性，分别对具有某个特性的调查样本规定数额，而不规定必须同时具有两种或两种以上特性的样本数额，因此调查员有比较大的选择自由。相互控制配额抽样指在按各类控制特性独立分配样本数额基础上，再采用交叉控制安排样本的具体数额的抽样方式。相互控制配额抽样对每一个控制特性所需分配的样本数都做了具体规定，调查员必须按规定在总体中抽取调查单位，各个特性都同时得到了控制，从而克服了独立控制配额抽样的缺点，提高了样本的代表性。

在网络调查中，由于概率抽样难以实现，配额抽样被广泛应用，而且网络调查实现了配额抽样的自动化，使得配额抽样的操作更加简易可行。

【小案例】　　盖洛普 1948 年总统选举民调的失败

1936 年，乔治·盖洛普（George Gallup）采用了配额抽样方法准确地预测了罗斯福将会击败兰登。采用同样的配额抽样方法，1948 年盖洛普预测纽约市市长杜威（Thomas Dewey）能击败当时在位的哈利·杜鲁门（Harry Truman）当选总统却失败了。造成错误预测的原因有许多，但其中一个最重要的原因是 1948 年的类别配额并没有正确地反映总体，没有正确地代表所有地理区域和所有实际去投票的选民。1948 年第二次世界大战造成大量农村人口涌入城市，很大程度上改变了 1940 年人口普查资料显示的人口特征。同时，由于城市居民更支持民主党，乡村居民更支持共和党，配额抽样导致受访者中乡村投票者的人数估计多于实际情况，因而低估了投票支持民主党的人数。

2. 配额抽样实施步骤

（1）独立配额抽样的实施步骤

独立配额抽样步骤如下：

步骤一，根据研究需要决定分层或分类的标准。

基于过往文献研究或调查经验，尽可能在影响研究结论的关键属性或特征上进行配额控制。配额控制的属性或特征越多，调查成本和执行难度也会越高，研究者需要做出合理的权衡。

步骤二，按照分层标准将总体细分为若干层，并确定不同层的单位在总体中的比例。

步骤三，根据上述比例决定各层中的样本分配数额。

步骤四，采用非随机抽样方式在各层中抽取样本。

【小案例】　　农家乐消费调查独立控制配额抽样

在某大学学生农家乐消费调查中，采用独立控制配额方法抽取 200 名学生进行调查。该大学男女学生数量比为 30%、70%，大一、大二、大三、大四各年级人数相当，月生活费 1 000 元及以下、1 001~1 500 元、1 501~2 000 元、2 001 元以上的学生分别占 10%、25%、30%、35%。

①独立控制配额抽样操作步骤

步骤一：确定分层标准，并计算各层的样本配额。

选择性别、年级和生活费为控制特征，使受访样本在这些特征分布上更接近研究总体。样本中的男学生、女学生分别占 30%、70%，大一、大二、大三、大四各占 25%、月生活费 1 000 元及以下、1 001~1 500 元、1 501~2 000 元、2 001 元以上的学生分别占 10%、25%、30%、35%。根据分层比例计算各特征的样本配额，详见表 4-17。

表 4-17　性别、年级和月生活费独立控制配额抽样表

特征总数	性别配额	年级配额	月生活费配额
200	男性　60 人 女性　140 人	大一 50 人 大二 50 人 大三 50 人 大四 50 人	1 000 元及以下　20 人 1 000~1 500 元　50 人 1 501~2 000 元　60 人 2 001 元以上　70 人

步骤二：安排男学生样本配额。

安排60名男学生，先按年级分配样本，年级分配后，再按月生活费分配，得到男生的样本配额，详见表4-18。

表4-18　男大学生年级、月生活费独立控制配额抽样表

	年级配额数	月生活费标准配额
男学生60人	大一50人	1 000元及以下　20人 1 001~1 500元　30人
	大二10人	1 001~1 500元　10人

步骤三：安排女学生样本配额

安排140名女学生：先按年级分配样本，年级安排完后再按月生活费分配，具体配额如表4-19所示。

表4-19　女大学生年级、月生活费独立控制配额抽样表

	年级配额	月生活费配额/元	人数/人
女学生140人	大二40人	1 001~1 500	30
		1 501~2 000	10
	大三50人	1 501~2 000	30
		2 001以上	20
	大四50人	2 001以上	50

步骤四：汇总

综合上述两个安排，最后形成一个完整的独立控制配额表4-20。

表4-20　性别、年级和月生活费独立控制配额抽样总表

性别	年级、月生活费配额
男生（60人）	大一月生活费1 000元及以下10人
	大一月生活费1 001~1 500元10人
	大二月生活费1 001~1 500元30人
女生（140人）	大二月生活费1 001~1 500元10人
	大二月生活费1 501~2 000元30人
	大三月生活费1 501~2 000元20人
	大三月生活费2 001元以上20人
	大四月生活费2 001元以上50人

步骤五：在各层中非随机抽取配额规定数量的样本。

（2）相互控制配额抽样的实施步骤

相互控制配额抽样的实施步骤如下：

步骤一，根据研究需要决定分层的标准。

步骤二，按照标准将总体细分为若干层，确定各层占总体的比例。

步骤三，设计相互控制配额抽样表。

步骤四，根据上述比例综合决定各种特性样本的分配数额。

步骤五，采用非随机抽样方式，在各层中抽取样本。

【小案例】　　农家乐消费调查相互控制配额抽样

某大校学生农家乐消费调查中，采取相互控制样配额抽样方法抽取200名学生进行调查。该大学男女学生比为3∶7，大一、大二、大三、大四各年级人数相当，学生月生活费1 000元及以下、1 001~1 500元、1 501~2 000元、2 001元以上分别占10%、25%、30%、35%。

步骤一：确定分层标准，并计算各层的样本配额。

选择性别、年级和生活费为控制特征，使受访样本在这些特征分布上更接近研究总体。要求样本中的男学生和女学生的比例为30%和70%，同时大一、大二、大三、大四各25%、同时月生活费1 000元以下、1 001~1 500元、1 501~2 000元、2 001元以上分别占10%、25%、30%、35%。根据分类比例计算每层的样本配额，如表4-21所示。

表4-21　性别、年级和月生活费相互控制抽样配额

总数	性别配额	年级配额	生活费配额
200	男性　60人 女性　140人	大一　50人 大二　50人 大三　50人 大四　50人	1 000元及以下　20人 1 001~1 500元　50人 1 501~2 000元　60人 2 001元以上　70人

步骤二：生成空白的相互控制配额抽样表

根据调查样本要求生成空白的相互控制配额抽样表，具体见表4-22。

表4-22　性别、年级和月生活费相互控制抽样配额空白表　　单位：个

总数		月生活费							
		1 000元及以下		1 001~1 500元		1 501~2 000元		2 001元以上	
年龄	性别	男	女	男	女	男	女	男	女
	大一								
	大二								
	大三								
	大四								
小计		20		50		60		70	

步骤三：计算三个特征交叉处的样本配额数字。

根据三个特征交叉要求计算相互控制配额表的各个数字，计算过程分两步：先列出各特征比例，然后按各特征比例计算出表格中的每个数字。

具体的计算方法：首先列出样本中的各层比例要求，男学生与女学生样本分别30%、70%；大一、大二、大三、大四各为25%；1 000元及以下、1 001~1 500元、1 501~2 000元、2 000元以上分别占10%、25%、30%、35%。然后根据几个特征要求，计算相互控制配额抽样表中的各个数字。其中以计算表格中的第一个（大一1 000

元以下男生）样本配额的计算为例，大一月生活费1 000元及以下的男生配额=200（即样本总数200）×10%（即月生活费1 000元及以下的比例为10%）×25%（即大一占25%）×30%（即男生占30%）= 1.5人。依次计算相互控制额表中的其他空格数字，具体见表4-23。

表4-23　性别、年级和月生活费相互控制抽样配额（调整前）　单位：人

特征		月生活费							
		1 000元及以下		1 001~1 500元		1 501~2 000元		2 001元以上	
年级	性别	男	女	男	女	男	女	男	女
	大一	1.5	3.5	3.75	8.75	4.5	10.5	5.25	12.25
	大二	1.5	3.5	3.5	9	4.5	10.5	5	12
	大三	1.5	3.5	3.5	9	4.5	10.5	5	12
	大四	1.5	3.5	3.5	9	4.5	10.5	5	12
小计		20		50		60		70	

步骤四：调整相互控制配额表中的数字。

为了保证相互控制配额表中的几个特征能同时满足要求，需要对表中的数字进行修正和调整。计算出的数字有些不是整数，不能做简单的四舍五入，而是需要酌情考虑行、列的数字总和要求。二是不能只满足行或列的数字要求，要同时满足多个特征的总数要求，需要酌情调低或调高个别数字。调整后的相互控制配额如表4-24所示。

表4-24　性别、年级和月生活费相互控制抽样配额（调整后）　单位：人

特征		月生活费							
		1 000元及以下		1 001~1 500元		1 501~2 000元		2 001元以上	
年级	性别	男	女	男	女	男	女	男	女
	大一	1	4	4	9	5	10	5	12
	大二	2	3	3	9	4	11	6	12
	大三	2	4	3	9	5	10	5	12
	大四	1	3	4	9	4	11	6	12
小计		20		50		60		70	

步骤五：在各层中非随机抽取配额规定数量的样本。

3. 配额抽样的适用场景

尽管概率抽样是抽样中的金标准，但是配额抽样还是应用广泛。配额抽样费用不高、易于实施、能满足总体比例的要求、调查速度更快，但很难知道在多少变量上控制配额才算完整，容易掩盖不可忽略的偏差。缺少完整的抽样框但要求样本具有较高的代表性、对总体的有关特征比较了解而且样本比较多时可使用配额抽样。

（四）雪球/推荐抽样（snowball sampling）

1. 雪球/推荐抽样概念

雪球抽样也称为网络抽样、关系链抽样和声望抽样，指先初步调查几个合适的被

访者，然后要求他们推荐更多被访者的一种抽样方式。

2. 雪球/推荐抽样的实施步骤

首先找到能找到的被访者，然后要求他们推荐一些符合要求的被访者，再要求被推荐的被访者进一步推荐被访者……，直到找到符合数量要求的样本为止。

3. 雪球/推荐抽样的适用场景

雪球抽样的优点是调查费用少，缺点是可能无法找到足够的样本数量、无法调查到某类调查人群、样本有局限性。雪球抽样的适用场景：总体无法界定、被调查对象为特殊的群体、寻找合适的受访者比较困难。

■任务实施

Step1：根据 6 个人一组的原则将全班分成几个小组。

Step2：阅读下列调查情景，并完成非概率抽样，时间 20 分钟。

调查情景：在某校大学生农家乐消费面访调查中，该校共有学生 18 000 人，拟抽取 300 学生作为样本，目前没有可供使用的完整抽样框。

问题 1：采用偶遇抽样，该如何操作?

问题 2：采用判断抽样，该如何操作?

问题 3：采用独立控制配额和相互控制配额抽样，该如何操作?

问题 4：采用雪球抽样，该如何操作?

Step4：每个小组派代表简要阐述讨论结果，时间 5 分钟。

Step5：老师进行点评和总结。

【实训模块 4】样本容量的确定

■知识准备

一、样本容量与必要样本容量的概念

确定样本容量是抽样调查中的重要环节，样本容量既要确保样本具有较好的代表性，又要满足调查成本要求。

（一）样本容量的概念

样本容量也叫样本规模或样本数，它指样本中所包含个体或单元的数目，通常用 n 来表示。统计学上认为 $n \geqslant 30$ 称为大样本，$n < 30$ 称为小样本，样本大于 30 个，样本平均值才接近正态分布，才可以运用统计学公式，才可以根据样本资料推断总体情况。合适的样本数量非常重要，若样本量过大，调查工作量增大，体现不出抽样调查的优越性；若样本量过小，抽样误差会增大，影响调查质量。

（二）必要样本容量的概念

必要样本容量也称必要样本数量，指在满足调查精度要求下，至少必须抽选的样本单位数量。根据大数法则，样本容量和抽样误差之间关系密切，为了避免抽取单位

过多或过少，对样本容量应预先加以规定。

二、影响必要样本容量的因素

影响必要样本容量的因素有很多，必要抽样数目一般根据调查总体性质、调查精确度、抽样类型和调查费用、时间等因素共同来确定。

（一）总体性质

总体性质会影响必要样本容量，总体性质包括总体规模和总体内异质程度。在允许误差一定的情况下，总体规模越大必要的样本容量越大，总体规模小必要样本容量可以小一些。同时，调查总体异质程度会影响必要样本容量，调查总体的差异程度很大，较大的样本数才能保证样本对总体的代表性，反之，总体之间的差异程度越小，样本数量可以适当少些。

（二）允许误差

允许误差也称期望精确度，即样本指标与总体指标之间的误差范围。其他条件不变，调查允许的误差越大，所需的样本数目就越少，反之允许的误差越小，调查精度要求越高确，样本容量也越大，具体的抽样误差与样本容量之间的关系见表 4-25。

表 4-25　允许的抽样误差与样本容量的关系

允许的抽样误差	样本量	允许的抽样误差	样本量
1.0	10 000	5.5	320
1.5	4 500	6.0	277
2.0	2 500	6.5	237
2.5	1 600	7.0	200
3.0	1 100	7.5	178
3.5	816	8.0	156
4.0	625	8.5	138
4.5	494	9.0	123
5.0	400	9.5	110
—	—	10.0	100

（三）置信度

置信度表示对样本统计量估计总体参数的可靠程度的把握。置信度越高，即要求的可靠性越高，所需的样本容量也就越大。

（四）抽样组织方式

不同的抽样方式也会影响必要的样本容量，一般情况下，分层随机抽样和系统随机抽样的样本容量可适当小些，简单随机抽样和整群随机抽样，必要的样本容量要大些。在同样条件下，不同的抽样方法要求的必要样本容量不同，不重复抽样比重复抽样的必要样本数目要少。

（五）样本遗失度

在抽样实践中，常有部分被调查对象会因各种原因出现无回答的情况，如邮寄调查接收不到问卷、不愿意参与调查、调查问题敏感等。如果样本遗失度高，可增加必要样本数量，样本遗失度低必要抽样数目可适当减少。

（六）可利用资源

调查需要花费大量的人力、物力、财力和时间，如果资金和时间允许时可扩大抽样规模，时间和资金不允许时可少抽一些样本。

三、必要样本容量的确定

确定合适的样本规模对于抽样调查非常关键。目前研究者可以运用经验法、约定法、成本预算法和统计公式法来确定必要样本容量。

（一）经验法

精确的抽样调查需要抽样专家和专业研究人员的指导，但在实际的调查中并不要求很高的精确度，调查人员凭经验可以确定样本数目的大致范围。在一定精确度下，原则上总体越大，必要样本容量越大，具体见表 4-26。

表 4-26　经验法确定样本规模的范围表

总体规模	样本占总体比重
100 人以下	50%
100～500 人	30%～50%
501～1 000 人	20%～50%
1 001～5 000 人	10%～30%
5 001～10 000 人	3%～15%
10 001～10 万人	1%～5%
10 万人以上	1%以下

资料来源：袁方. 社会研究方法教程［M］. 北京：北京大学出版社，1997.

（二）约定法

在实际调查中，研究者可根据约定俗成的样本数量来确定样本规模。常见的约定俗成的抽样数目见表 4-27。

表 4-27　常见的调查项目类型与样本量要求

研究类型	最小量	典型范围
问题鉴别研究	500 个	1 000～2 500 个
问题解决研究	200 个	300～500 个
产品测试	200 个	300～500 个
试销研究	200 个	300～500 个
广告测试	150 个	200～300 个
试销市场审计	10 家商店 2 个城市	10～20 家商店 5～10 个城市
专题组	6 组	10～15 组

（三）成本预算法

成本预算法指根据总调查费用和单个样本的调查成本共同确定样本规模。首先了解单个样本的调查费用，然后用调查总经费估算能调查的样本数量。调查费用充足时样本数量可增加些，反之，调查费用紧张则可适当减少样本数量。

（四）统计公式法

在不考虑调查经费时，可根据相应的统计学公式计算出必要的样本量。基于总体均值和百分比计算出的必要抽样数目是有差异的，重复与不重复抽样方式下的必要抽样数目也不尽相同。使用统计公式法计算样本量时，根据总体均值和百分比得出的必要样本容量可能不相等，为了同时满足总体均值和百分比指标调查精度要求，应选择其中较大的抽样数目。

1. 基于总体均值确定必要样本容量

平均数指标下的必要抽样数目计算公式在重复抽样和不重复抽样时有所不同。样本容量的确定在调查之前进行的，此时总体方差 s^2 是未知的，通常用样本方差 σ^2 代替总体方差 s^2。

（1）重复抽样下必要抽样数目计算公式

$$n = \frac{t^2\sigma^2}{\Delta x^2}$$

式中，n 代表样本容量；t 代表置信度；σ 代表标准差；Δx 代表可接受的误差。

（2）不重复抽样下必要抽样数目计算公式

$$n = \frac{t^2\sigma^2 N}{N\Delta x^2 + t^2\sigma^2}$$

式中，N 代表总体数目；n 代表样本容量；t 代表置信度；σ 代表标准差；Δx 代表可接受的误差。

【小案例】　　必要抽样数目的计算

某社区有儿童的家庭户数为 1 500 户，某公司拟对儿童书籍消费额进行入户调查。根据以前研究的经验，儿童书籍消费额的标准差是 20 元，如在可信度 95%，可接受的误差为 2 元的要求下，则必要的样本数应为多少？（注：95%的可信度对应的可信度系数为 1.96）

重复抽样下：$n = t^2 \cdot \sigma^2/\Delta x^2$

$= (t \cdot \sigma/\Delta x)^2$

$= (1.96 \times 20/2)^2$

$= 384$（人）

不重复抽样下：$n = Nt^2 \cdot \sigma^2/N\Delta x^2 + t^2 \cdot \sigma^2$

$= (1\,500 \times 1.96^2 \times 20^2)^2/(1\,500 \times 2^2 + 1.96^2 \times 20^2)$

$= 305.7 \approx 306$（人）

入户访问在重复抽样下需要调查 384 位被访者，不重复抽样下需要调查 306 位被访者。

【小案例】　　必要抽样数目的计算

一所中学的教务处想要估计试验班和普通班考试成绩平均分数差值的置信区间。要求置信水平为 95%，预先估计两个班考试分数的方差分别为：试验班 $\sigma_{11}^2 = 90$，普通

班 $\sigma_{12}^2 = 120$。要求估计的误差范围(边际误差)不超过 5 分，在两个班应分别抽取多少名学生进行调查?

已知 $\sigma_{11}^2 = 90$，$\sigma_{12}^2 = 120$，$\Delta x = 5$　$1 - a = 95\%$，$z_{a/2} = 1.96$

$n_1 = n_2 = (z_{a/2})^2 \times [(\sigma_{12} + \sigma_{22})/(\Delta x)]^2$

$= 1.96^2 \times (90 + 120)/5^2$

$= 32.269 \approx 33$ (人)

应都抽取 33 人作为样本。

2. 基于总体百分比确定必要样本容量

根据总体百分比确定样本量时，由于确定样本容量在调查之前，总体参数是 P 未知的。当总体参数 P 未知时，可根据过去相关的数据或前置性调查结果来代替 P，如果没有过去相关的数据或前置性调查结果，可以取 $P = 0.5$，避免低估必要的样本量。

(1) 重复抽样的必要抽样数目计算公式

$$n = \frac{t^2 p(1 - p)}{\Delta p^2}$$

式中，n 代表样本容量；t 代表置信度；p 代表总体的百分比；Δp 代表可接受的误差。

(2) 不重复抽样的必要抽样数目计算公式

$$n = \frac{t^2 Np(1 - p)}{N\Delta p^2 + t^2 p(1 - p)}$$

式中，N 代表总体数目；n 代表样本容量；t 代表置信度；p 代表总体的百分比；Δp 代表可接受的误差。

【小案例】　　　　必要抽样数目的计算

某城市人口数为 1 500 万，中国某调查公司在街头拦截访问中发现，有 30%的公众愿意每天饮用纯牛奶。今年该公司想进行一次电话访问，确保在 99%的可信度下，要求误差不超过±2.5%，问需要多大样本容量?（注：99%的可信度对应的可信度系数为 2.58）

重复抽样下：$n = t^2 \times [p(1 - p)/\Delta p]^2$

$n = 2.58^2 \times 0.3(1 - 0.3)/(2.5\%)^2$

$= 2\,236.6 \approx 2\,337$(人)

重复抽样下应抽取 2 337 个样本。

不重复抽样下：

$n = Nt^2 \cdot p(1 - p)/N(\Delta p)^2 + t^2 \cdot p(1 - p)$

$= 1\,500 \times 2.58^2 \times 0.3(1 - 0.3)^2/1\,500 \times (2.5\%)^2 + 2.58^2 \times 0.3 \times (1 - 0.3)$

$= 2\,205.3$

$\approx 2\,205$ (人)

不重复抽样下应抽取 2 205 人作为样本。

■任务实施

Step1：根据 6 个人一组的原则将全班分成几个小组。

Step2：每个小组思考下列问题，时间 30 分钟。

问题 1：某大学生农家乐消费中总体为 18 000 人，样本为 200 是否合适？

问题 2：某大学生农家乐消费中总体为 18 000 人，采用经验法应该抽取多少学生进行调查？

问题 3：某大学生农家乐消费中总体为 18 000 人，采用约定俗成法应该抽取多少学生进行调查？

问题 4：某大学生农家乐消费中 18 000 人，据了解调查一个学生的成本为 20 元，目前用于调查实施的费用约为 10 000 元，在成本预算法下应该抽取多少学生进行调查？

问题 5：委托单位对本次抽样要求如下：允许重复抽样，要求把握度为 95%、允许的消费金额误差不超过 10 元、消费意愿抽样误差 3%，以前的普查获知大学生人均农家乐消费金额标准为 3 元，学生农家乐消费意愿为 40%，运用统计公式法确定应该抽取多少学生进行调查？

Step3：每个小组派代表简要阐述讨论结果，时间 2 分钟。

Step4：老师进行点评和总结。

【实训模块五】抽样方案设计

■知识准备

一、抽样方案的概念

抽样方案指为实施抽样事先制定抽样数量和样本判断准则的详细规划，它由样本数量和对样本的要求两部分组成。

二、抽样方案的构成

对调查具有支持意义的抽样方案至少包括以下内容：调查目的和要求、总体、研究总体和抽样框的界定、调查对象、各阶段的样本量、抽样步骤及方法。如果多阶段抽样需要对每一个阶段的抽样框、抽样单位、抽样方法、样本配置、样本计算方法以及每阶段的权重进行详细说明。没有现成可用的抽样框，还要说明抽样框的制作方法和总体目标量的估算方法。

三、抽样方案设计原则

抽样方案要求既经济、省时又能保证预期的精度和可靠性。理想的抽样方案应同时满足随机性、抽样效果最佳和便于操作三个原则。

（一）随机性原则

随机抽样是确保样本代表性的重要手段，抽样方案设计时尽可能按照随机原则选择样本，确保抽样框的每个个体或单位被选中的概率相等或已知，避免主观偏见和人为干预，也保证后期的统计分析中能用概率论的原理对总体进行正确推断。

（二）抽样效果最佳原则

抽样方案设计中，研究者总是希望调查费用越低越好，调查精度越高越好，但通常情况下，提高精度和节省费用的要求往往相互矛盾，因为要求抽样误差愈小，则抽样的单位数就越多，调查费用因此会增加。抽样方案设计时可使用两种方式进行选择：在既定费用下，选取误差最小的抽样方案；或在满足调查精度的前提下，尽量降低抽样成本。

（三）便于实施操作

抽样方案是为调查提供支持的，并最终实施，这要求抽样方案具有可操作性、在实践上是可行的，并于便于组织实施。一般来说，抽样方案可操作性需要考虑抽样框的可得性、访问调查对象的难度、抽样技术的复杂程度和后期数据处理的难度。

四、抽样方案设计步骤

设计抽样调查方案是一项复杂的工作，涉及面广，因此为了制定效果更好的抽样方案应该遵循一定的步骤。

（一）确定调查目标

在抽样方案设计之前应明确调查的目的，帮助更好地确定调查研究问题、定义调查范围制、确定关注的变量及指标、决定推断指标的精确度。

（二）界定总体

了解总体的规模、范围、分布等特征，并对研究总体、调查总体和抽样总体的基本特征、规模、范围、分布等明确说明。对于多阶段混合抽样，需要说明每个阶段的抽样范围和抽样单元。

（三）选择抽样框

根据研究目的、总体特征和调查资源，选择或编制能够代表总体的抽样框架，如名单抽样框、区域抽样框和时间序列抽样框等。对于多阶段混合抽样，需要制定每个阶段的抽样框，尽量选择那些容易获取、可靠和便于操作的抽样框。

（四）选择抽样方法

选择抽样方法既要考虑研究目的、研究总体的特征，又要考虑现实的资源因素，尽量选择既能满足调查精度要求又能有效控制调查成本的方法。一般来说：总体规模大、异质性强并且变量多时可使用多阶段抽样或分层 PPS 抽样；总体规模大、异质性强和变量少时建议采用多阶段抽样，在末端抽样可以考虑整群和配额抽样方法；总体规模大、异质性强，变量多或少都可采用就近抽样、判断抽样方法，也可以采取概率抽样方法；总体规模小、异质性强时，变量多少都可采用滚雪球抽样和 RDS 抽样方法。

（五）决定样本大小

样本容量的确定需要考虑包括总体性质、抽样误差的容忍度、统计分析要求以及资源限制在内的多种因素。一般来说样本容量越大，推断的准确性越高，但成本和时间也会相应增加，因此需要在数据准确性和调查成本之间找到平衡点。

（六）界定误差范围

确定主要指标的精确度，并说明在具体抽样方式下各抽样阶段误差的来源，以及研究中各抽样阶段所采取的误差控制方法和手段。

（七）制订最终的抽样方案

将抽样目标、调查对象、样本单元、样本框、抽样方法、抽样数量和实施方案以书面形式详细写出来。其中抽样实施方案包括抽样程序、抽样成员、抽样工具、抽样时间、抽样地点甚至是各种估计量的计算等。

【小案例】 中国综合社会调查（CGSS）抽样方案

自2003年以来，中国综合社会调查（CGSS）使用了三套不同的抽样方案：2003—2006抽样方案、2008实验性抽样方案、2010抽样方案。三套抽样方案原则上都采用多阶分层PPS随机抽样，但在所基于的抽样框、分层变量、抽样阶段上有所不同，以求最有效地代表中国社会的各方面情况。中国综合社会调查（CGSS）2010抽样方案节选如下。

中国综合社会调查（CGSS）2010抽样设计方案节选

一、调查背景

随着我国市场经济的发展，社会正发生巨大的变革，为了及时、全面、客观地了解我国收入、医疗卫生、教育、失业保障等方面的信息，为国家宏观调控政策的制定和企业的更好发展提供保障。

本次调查的总体要求：(1) 能够全面了解我国城乡社会发展情况；(2) 能够对城市群体和农村群体进行对比分析；(3) 能够在地理概念或者区域发展水平方面体现我国社会发展的地域差异性。

二、调查目标总体

此次调查的目标总体为全国31个省（自治区、直辖市）（不含港澳台）的所有城市、农村家庭户。

三、抽样设计原则

首先整体方案必须是严格的概率抽样，要求样本对全国及某些指定的城市或地区具有代表性。其次抽样方案必须保证具有较高的效率，即在相同的样本量条件下，方案设计应使抽样误差尽可能小，调查精度尽可能高。最后方案必须具有较强的可操作性，不仅便于具体抽样的实施，也要求便于后期的数据处理。

四、抽样设计中的几个问题

（一）关于分层

根据调查研究需要，将调查总体分为必选层和抽选层两大类：必选层为入选大城市的市辖区家庭户；抽选层为除去必选层市辖区以外全国所有家庭户。

1. 必选层

本次调查对那些发展处于国内领先水平的大城市将特殊对待，将该类城市市辖区家庭户作为单独一层进行设计，作为必选层。对于大城市的界定，着眼于直辖市、省会城市和副省级城市共36座城市，选取GDP、拥有教师总数、外国直接投资（FDI）实际使用外资金额三个总量指标，采用因子分析方法确定排名前五的城市进入必选层。该层的调查对象为这些城市的市辖区居民，最终调查单元均划为城市家庭户。

2. 抽选层

抽选层的调查总体由必选层以外的城市、农村家庭户组成。为了便于在后期数据分析中采用平衡半样本进行方差估计，对初级抽样单元的分层划分打破省级地域限制，进一步增加分层的层数。将抽选层划分为区层和县层（包含县级市和县），采用人口密度、非农业人口比重和人均地区生产总值三个指标，在区层和县层中分别进行因子分析，得到区层和县层内各个区县的综合因子得分：在对综合因子得分进行排名的基础上将区层进一步分为19层，县层划进一步分为31层，抽选层共计细分划分为50个层。

（二）各阶段抽样单元

本次调查采用分层三阶段概率抽样，视所在层情况，各阶段抽样单元略有不同，详见表1。

表1 各阶段抽样单元

抽样层次	第一阶段抽样单元	第二阶段抽样单元	第三阶段抽样单元
必选层	街道	居委会	家庭户
抽选层	区、县级市、县	居委会、村委会	家庭户

这样设计的原因在于：对于必选层，选择街道作为初级抽样单元可以细化抽样框，使得样本点相对分散，有利于总体信息的采集，避免由于抽样框过粗而导致样本有偏。对于抽选层，全国区、县级市、县的数量较多，以其作为初级抽样单元比较合适。

（三）样本量的界定及分配

1. 目标样本量

根据以往调查经验，本次调查设定目标样本量 12 000 户，其中必选层 2 000 户，抽选层 10 000 户。

2. 各阶段样本量分配

对于必选层，该层总样本量为 2 000 户，计划抽取 40 个初级抽样单元（街道），每个初级抽样单元（PSU）抽取 2 个二级抽样单元（居委会），每个二级抽样单元（SSU）中抽取 25 个家庭户。

对于抽选层，该层总样本量为 10 000 户，计划抽取 100 个 PSU（区、县级市、县），每个 PSU 中抽取 4 个 SSU（居委会、村委会），每个居委会（村委会）中抽取 25 个家庭户。

最终，本方案共需抽取 140 个 PSU，480 个 SSU。

3. 样本城乡分配

首先明确本方案中的城乡样本概念，本方案设计基于这样的假设：居委会的家庭户为城市居民，村委会的家庭户为农村居民。

统计资料显示，目前我国城市常住人口数与农村常住人口数基本持平，由于城市居民主体的各方面差异相对明显，方差较大，因此将样本量的城乡分配比例确定为 6∶4。

根据第一阶段样本量的分配结果，必选层中共抽取 80 个居委会，共计 2 000 户，因此抽选层内城乡家庭户数需分别为 5 200 户和 4 800 户才能满足 6∶4 的要求。

由于抽选层每个 PSU 下抽取 4 个 SSU（居委会或村委会），每个 SSU 内最终抽样单元的目标样本量均为 25，因此对城乡样本比例的控制，主要是使得抽选层居委会与村委会下的城乡样本比例达到 5 200∶480，也即抽选层中的居委会与村委会样本个数比约为 208∶192。

为了实现样本二级单元 208∶192 的目的，需要根据样本初级单元的城市化水平（非农业人口比重）分配样本居委会和村委会的数量。这里采用分别在区层和县层样本初级单元内，根据各个区县的城市化水平（用非农人口比重表示）进行分段，形成若干个区间，然后根据不同的区间对样本区县中的居委会、村委会个数进行分配的方法来实现样本居委会和村委会的比例要求。

4. 接触样本量

如果回答率达到 100%，则调查时需要的接触样本量即为有效样本量，但现实中无回答现象不可避免。因此本方案采取利用膨胀系数扩大样本量的方法，对第三阶段样本量进行放大。

根据往年调查经验，发达城市的市辖区居民由于种种原因，回答率在 50%左右，即膨胀系数在 2 左右，因此在必选层每个二级单元抽取 50 户家庭，该层接触样本量扩大至 4 000；抽选层的居民群体回答率高于必选层，但其内部还有差异，大体上城市居民的回答率在 65%左右，农村居民的回答率高于城市居民，大致在 85%左右，因此对于抽选层，在每个居委会抽取 38 户，在每个村委会内抽取 30 户。

五、具体设计

（一）必选层的样本抽取

1. 必选层入样城市的确定

首先对全国 36 座城市（包括直辖市、省会城市、副省级城市），最终确定 5 个城市进入必选层，见表 2。

表 2　36 座城市中前 5 座城市

排名	城市名称
1	上海
2	北京
3	广州
4	深圳
5	天津

2. 初级单元的抽取

根据最新的全国行政规划，这 5 座城市市辖区总数为 67 个，如果以 67 个市辖区为初级阶段抽样框，初级单元个数有限，可能会导致样本在分布上过于集中，影响样本对该层总体的代表性，为了使样本点分布较为分散，将初级抽样单元细化为街道，由此，必选层的抽样重为入选城市市辖区的街道，且该层人口规模均只采用城市人口。

以必选层入选城市市辖区的街道作为抽样框，以各街道的城市入口规模为辅助信息，采取与人口规模成比例的 PPS 抽样抽取 40 个街道作为该层的 PSU，这里：最终抽样单元为家庭户，理论上应该以街道的户数作为辅助信息。但目前这方面信息缺乏，因面用街道人口数作近似处理。

3. 二级单元的抽取

在确定初级抽样单元（街道）后，二级单元抽样框为样本街道内所有居委会名单，同时收集各个居委会人口数。二级单元的抽取方法：在入选街道内，采用与各居委会人口规模成比例的系统 PPS 抽样抽取 2 个居委会。具体抽取过程同初级单元部分。

4. 最终单元的抽取

最终单元的抽取在每个入选的居委会中进行，在每个居委会内，按家庭户的门牌号进行排序，采取等概率系统抽样抽出 50 户家庭作为最终调查单元。这里，实际接触样本量在调查时视回答率状况分批投放，以达到既满足目标样本量，同时各二级样本单元（居委会）下最终样本（家庭户）数量差异不至于悬殊。必选层样本抽取情况见表 3。

表 3　必选层样本抽取情况

区域	初级单元数	居委会数	目标样本量	实际接触样本量
必选层	40	40×2＝80	40×2×25＝2 000	40×2×50＝4 000

（二）抽选层的样本抽取

根据《中国统计年鉴 2009》的行政区划设置信息，除去必选层 67 个区后，抽选层共有 792 个区和 2 003 个县级市和县。

1. 抽样框的构建

为了实现样本分布与总体分布的一致，根据《全国分县市人口统计资料 2008 年》的户籍人口统计，区层和县层的人口规模比约为 7∶18，差异较大，为了区县两层样本初级单元分配数量差异，采用与人口规模平方根成比例的分配方法，将抽选层中的 50 个层划分为为 19 个区层和 31 个县层。

在区层和县层中，以人口密度、非农业人口比例、人均地区生产总值三个重要指标对区县进行因子分析，首先利用综合因子得分法对区层和县层的区县进行排序，然后根据区县的个数基本等分为 19 层和 31 层。抽选层中区层共有 792 个初级单元不能被 19 整除，将余数 13 归入区层的最后一层，结果为前 18 个区层每层含 41 个初级单元，第 19 层含 54 个初级单元。县层做法类似，2 003 个初级单元不能被 31 整除，将余数 19 归入县层的最后一层中，结果为前 30 个县层每层含 64 个初级单元，第 31 层含 83 个初级单元。具体分配结果见附录 excel 表。

2. 初级单元的抽取

在上述50个小层中，以各个初级单元的综合因子得分排序，各个初级单元的人口数为辅助信息，按照与各初级单元人口数成比例的系统PPS抽样方式分别在各小层中抽取2个样本区或县。

3. 二级单元的抽取

在每个样本区或县中，抽取4个村委会或居委会，二级单元的具体抽取要根据初级单元的类别来确定，这是本方案实现城乡样本配比的关键环节，根据入样初级单元的类别确定应在该初级单元内抽取的居委会、村委会数目。一般说来城市化水平较高的区（县），居委会个数较多、村委会个数较少，因此，城市化水平不同的区县，居委会与村委会抽取个数之间的配比亦不同，经测算，具体的居委会、村委会分配标准见表4。

表4　初级单元内二级单元的分配标准

分配标准	居委会	村委会
95%及以上	4	0
50%～95%	3	1
15%～50%	2	2
15%以下	1	3

在每个入样初级单元内部分别构建居委会、村委会抽样名单，同时收集该居村委会人口数。根据上表的分配标准，以人口数作为规模辅助信息，按照与人口规模成比例的PPS抽取相应个数的居委会、村委会，确保每个初级单元下有4个二级单元。

4. 最终户单元的抽取

最终户单元的抽取在每个入选的居委会或村委会中进行，要求每个二级单元内部达到25户的目标样本，最终抽选层目标样本量为10 000。

但在实际调查中要涉及接触样本量的膨胀问题，因此将居委会内的接触样本量扩大至38户，每个村委会内的接触样本量扩大至30户。具体抽取方法仍采用等概率系统抽样。

5. 户内调查对象的抽取

在入选的户内，列出所有18岁及以上人口，随机抽取一人，作为最终的调查对象。

六、最终样本的构成

本次调查目标样本量为12 000，必选层样本量为2 000，抽选层样本量为10 000。在必选层中，抽取40个初级单元，每个初级单元内抽取2个二级单元，在每个二级单元内目标样本量达到25户；在抽选层中，共抽取100个初级单元400个二级单元，其中居委会208个，村委会192个。全部目标样本城乡比为6：4，基本与我国实际情况相吻合。

本次调查的最终接触样本量为17 664，其中必选层4 000，抽选层13 664。在必选层中，在初级单元、二级单元个数不变的情况下，将每个二级单元内部的接触样本量增加至50户；在抽选层中，初级单元数100、每个初级单元内二级单元数为4，在每个入样居委会内将接触样本量扩大至38户，在每个入样村委会内部将接触样本量扩大至30户，因此，抽选层接触样本量为13 664，其中城市居民样本为7 904，农村居民样本为5 760。

注：此处对中国综合社会调查抽样方案内容做了一定的删减处理。

数据来源：中国综合社会调查CCSS第二期2010—2019抽样方案［EB/OL］中国综合社会调查CGSS第二期2010—2019抽样方案. pdf（book118. com，2019-05-30/2023-09-19.

■任务实施

Step1：根据 6 个人一组的原则将全班分成几个小组。

Step2：每个小组完成下列任务，时间 30 分钟。

任务 1：该学校共有 18 000 名学生，分布在 10 个学院的 40 个专业的 120 个班级，现在抽取 200 名学生样本，请设计一个抽样方案。

任务 2：请问表 4-28 中哪个抽样方案最佳？

表 4-28 抽样方案列表

抽样方案序号	第一阶段	第二阶段	第三阶段
抽样方案 1	抽取 10 个学院	抽取 4 个专业	每个专业抽取 30 名学生
抽样方案 2	抽取 2 个学院	抽取 20 个专业	每个专业抽取 6 名学生
抽样方案 3	抽取 10 个学院	抽取 20 个专业	每个专业抽取 6 名学生
抽样方案 4	抽取 8 个学院	抽取 15 个专业	每个专业抽取 8 名学生
抽样方案 5	抽取 5 个学院	抽取 12 个专业	每个专业抽取 10 名学生
抽样方案 6	抽取 4 个学院	抽取 10 个专业	每个专业抽取 12 名学生
抽样方案 7	抽取 3 个学院	抽取 10 个专业	每个专业抽取 12 名学生
抽样方案 8	抽取 2 个学院	抽取 10 个专业	每个专业抽取 12 名学生

Step3：每个小组派代表简要阐述讨论结果，时间 10 分钟。

Step4：老师进行点评和总结。

模块检测

一、单项选择题

1. 以下属于非概率抽样的是（　　）。

A. 整群抽样　　B. 分层抽样　　C. 配额抽样　　D. 系统抽样

2. 1936 年《文学摘要》对美国总统大选预测失败的主要原因是（　　）。

A. 抽样框错误　　B. 调查时间太早　　C. 应答率太低　　D. 样本量太大

3. 如果要根据百分比误差抽样来计算最小样本量，以下不需要知道的条件是（　　）。

A. 比例 P　　B. 置信度水平

C. 允许的误差范围　　D. 总体的容量

4. 确定调查方式要做的工作包括（　　）。

A. 调查的组织方式　　B. 数据采集方法

C. 数据处理方法　　D. 数据分析方法

5. 为了研究儿童的成长发育状况，随机抽取了 36 名儿童，测得平均身高为 120CM，标准差为 9，抽样标准误差为 1.5，下列各项中正确的是（　　）。

A. 抽样标准误差是总体数据的标准差

B. 抽样标准误差是样本数据的标准差

C. 抽样标准误差是样本均值的标准差

D. 抽样标准误差是抽样产生的实际误差

6. 抽样调查的精度是指（　　）。

A. 估计量的抽样误差与待估的参数之差

B. 估计量的抽样标准误差与待估的参数之差

C. 估计量的抽样误差与方差之差

D. 估计量的抽样标准误差与方差之差

7. 当抽样方式与样本容量不变的条件下，置信区间越大则（　　）。

A. 可靠性越大　　B. 可靠性越小

C. 估计的误差越小　　D. 可靠性及估计误差均越小

8. 某校高三年级学生共 1 000 人参加考试，将 1 000 份试卷编好号码后，从中随机抽取 30 份计算平均成绩，此种抽样方法为（　　）。

A. 简单随机抽样　　B. 系统随机抽样

C. 分层抽样　　D. 整群抽样

9. 某社区想对社区内患有高血压的人群进行抽样调查，先抽取一个比较大的样本，从中筛查出高血压人群，然后再从这些人群中抽取一个小的样本进行详细医疗检查。这样的抽样组织形式是（　　）。

A. 分层抽样　　B. 整群抽样　　C. 二阶抽样　　D. 二重抽样

10. 以下哪项调查会出现计量误差（　　）。

A. 根据一份旧名单来抽取部分职工进行民意调查

B. 随机抽取 100 名同学进行上网时间调查，仅 70 名同学进行了回答

C. 在工业企业抽样调查中，不少企业隐瞒了产值或销售收入资料

D. 通过对我校校内的学生宿舍进行随机抽样，推断全校学生学习情况

11. 以下哪项调查会出现抽样框误差？（　　）。

A. 利用了不够准确的辅助信息进行分层

B. 随机抽取 100 名同学进行上网时间调查，仅 80 名同学进行了回答

C. 根据一份旧名单来抽取部分职工进行民意调查

D. 在工业企业抽样调查中，不少企业隐瞒了产值或销售收入资料

12. 在计算样本量时，需要考虑的两个基本因素是（　　）。

A. 总体规模大小和抽样方式

B. 调查经费限制和时间限制

C. 总体变异度和调查精度要求

D. 回答率

13. 关于固定样本调查的描述中错误的是（　　）。

A. 从长期来看节约了调查费用和资源

B. 对总体推断更加准确

C. 可以利用各期的调查信息作为辅助信息

D. 回答负担会加重

14. 样本估计量的概率分布称为（　　）。

A. 抽样分布　　B. 总体分布　　C. 样本分布　　D. 统计分布

15. 如果总体目标参数是总体比例，且对于总体比例的大小一无所知，此时为确保达到调查要求的精度，在计算样本量时，可将总体比例的取值设定为（　　）。

A. 0　　B. 0.5　　C. 0.25　　D. 1

二、多项选择题

1. 以下属于非概率抽样方法的是（　　）。

A. 滚雪球抽样　　B. 配额抽样　　C. 方便抽样　　D. 判断抽样

2. 以下属于概率抽样的有（　　）。

A. 系统抽样　　B. 配额抽样　　C. 判断抽样　　D. 分层抽样

3. 以下属于非抽样误差的有（　　）。

A. 计量误差　　B. 无应答误差　　C. 数据处理误差　　D. 抽样框误差

4. 下列说法正确的是（　　）。

A. 从调查单位中选取少数重点单位进行调查的方法是典型调查

B. 典型调查的目的是描述和揭示事物的本质和规律

C. 重点调查的结果不能用于推断总体

D. 典型调查的结果不能用于推断总体

E. 普查是为特定目的专门组织的非经常性全面调查

5. 在实际的多阶抽样中，为保证调查的顺利实施，各阶段抽样单元的划分一般可考虑以下哪些方法？（　　）。

A. 按行政区划

B. 按地理位置归属

C. 按自然形成的群体

D. 按居民收入高低划分

E. 按照总体单元的规模大小

6. 相对普查而言，以下不属于抽样优点的是（　　）。

A. 保护性强　　B. 费用高　　C. 速度快　　D. 准确性高

7. 良好的抽样框应该具备（　　）等特点。

A. 可得性　　B. 实时性　　C. 代表性　　D. 完整性

8. 关于固定样本邮寄调查表述正确的是（　　）。

A. 被调查者是事先抽取的　　B. 被调查者同意参加定期邮寄调查

C. 需要定期调整更新样本　　D. 被调查者是主观抽取的

E. 一般不需要样本轮换

9. 以下适合非全面调查的情形是（　　）。

A. 预算费用低

B. 需要许多小区域的估计

C. 被调查的总体比较小

D. 调查总体比例时，总体中具有某种属性的单元很少

E. 时效性要求比较高

10. 下列实际调查中，抽样总体和目标总体不一致的是（　　）。

A. 通过随机抽取在公园晨练的老人，调查某市老龄人的身体

B. 通过某所学校网络中心 IP 账号列表随机抽取账号，调查该校网络状况

C. 通过微信投票方式开展调查，评选出中国人最喜欢的明星

D. 放学时，在小学门口利用等距离抽取小学生，调查小学生视力状况

E. 在学校食堂门口发放调查问卷调查该校学生学习情况

三、判断题

1. 抽样是从目标总体的一个子集中获得信息的过程。

A. 对　　　　B. 错

2. 抽样框误差是抽样误差的重要来源之一。

A. 对　　　　B. 错

3. 一般来说，与普查相比，抽样调查的准确性较低。

A. 对　　　　B. 错

4. 滚雪球抽样适用于特征稀少的群体的调查。

A. 对　　　　B. 错

5. 样本量取决于调查估计值所要求的精度，精度越高，样本量越小。

A. 对　　　　B. 错

6. 如果分群后，群内差异小，则整群抽样的精度不如简单随机抽样。

A. 对　　　　B. 错

7. 电话调查中的随机拨号是根据随机抽样的原理设计的。

A. 对　　　　B. 错

8. 如果研究总体很大且无法拿到包含总体中所有个体的名单时，就不适合采用概率抽样。

A. 对　　　　B. 错

9. 方便抽样无法测量抽样误差，也难以用抽取的样本推断总体的情况。

A. 对　　　　B. 错

10. 在现实生活中，获取比较完整的抽样框比较困难。

A. 对　　　　B. 错

实训项目五 市场调查工具设计实训

要拜人民为师、向人民学习，放下架子、扑下身子，接地气、通下情，深入开展调查研究，解剖麻雀，发现典型，真正把群众面临的问题发现出来，把群众的意见反映上来，把群众创造的经验总结出来。

——2019 年 3 月 1 日，习近平在中央党校（国家行政学院）中青年干部培训班开班式上的重要讲话

■实训目的与要求

1. 认识调查工具；
2. 掌握调查指标的设计；
3. 掌握量表的设计；
4. 掌握调查问卷的设计；
5. 培养精益求精的专业素养；
6. 贯彻实事求是精神。

■实训学时

本项目实训建议时长：5 学时

■导入案例

世外桃源旅游目的地形象调查问卷

亲爱的游客：

您好！欢迎您来世外桃源旅游，为了了解游客对世外桃源目的地的形象感知，特进行本次调查。您的意见对我们非常重要，恳请您抽出宝贵的几分钟来回答本问卷，对您填写的信息严格保密，请放心作答，谢谢您的配合与支持！（请在符合您情况的选项上打“√”。）

1. 您在世外桃源市居住的时间？（选 B、C 者终止调查）

A. 1 年以下　　B. 1~3 年　　C. 3 年以上

2. 您到世外桃源旅游的原因有哪些？（可多选）

A. 观光休闲　　B. 度假　　C. 健身　　D. 探亲访友

E. 增长见识　　F. 会议/商务　　G. 宗教朝拜　　H. 其他______

3. 根据感受对下列关于世外桃源景区陈述的同意程度打分。（完全同意 5 分、比较同意 4 分、一般 3 分、不太同意 2 分、完全不同意 1 分）

多样的旅游活动	（　）	优美的山水风光	（　）
良好的社会治安	（　）	未受破坏的生态环境	（　）
卫生的旅游景区	（　）	独具特色的饮食	（　）
热情好客的居民	（　）	高素质的服务人员	（　）
宜人的气候	（　）	完备的基础设施	（　）
便捷的交通	（　）	方便的住宿	（　）
物有所值的旅游价格	（　）	丰富的历史文化遗迹	（　）
多样的休闲项目	（　）	丰富的夜生活	（　）
多样化的旅游商品	（　）	合理的旅游商品价格	（　）
世外桃源是令人放松的	（　）	世外桃源是令人愉快的	（　）
世外桃源是令人兴奋的	（　）	世外桃源是令人流连忘返的	（　）

4. 您对世外桃源的总体评价是？

A. 1 分　　B. 2 分　　C. 3 分　　D. 4 分　　E. 5 分

5. 您愿意把世外桃源景区推荐亲戚朋友同事吗？

A. 非常愿意　　B. 愿意　　C. 看情况　　D. 不愿意　　E. 很不愿意

6. 您以后会重游世外桃源吗？

A. 一定会　　B. 可能会　　C. 说不定　　D. 可能不会　　E. 绝对不会

7. 世外桃源给您留下印象最深的是什么？为什么？（可从旅游项目、环境、资源、地方人文特色、旅游设施等方面来回答）

____

8. 您觉得能够代表世外桃源旅游形象的事物/人物/景物是什么？

____

9. 您会用什么词汇描述世外桃源？

____

10. 您的性别：A. 男　　B. 女

11. 您的年龄：

A. 16 岁及以下　　B. 16~824 岁　　C. 25~844 岁

D. 45~864 岁　　E. 65 岁及以上

12. 您来自哪个省份（或地区）：

____

13. 您的婚姻状况：

A. 单身　　B. 已婚/同居无子女　　C. 已婚有子女

14. 您全家税前月收入（包括工资、奖金、红利、租金等全部收入在内）:

A. 2 000 元以下　　B. 2 001～5 000 元　　C. 5 001～8 000 元

D. 8 001～12 000　　E. 12 001～15 000　　F. 15 001 元以上

谢谢您的配合，祝您旅游愉快！

思考问题：

1. 一份完整的调查问卷由几部分组成？
2. 如何才能设计一份完美的调查问卷？
3. 调查问卷与调查目的有什么关系？

■项目内容

在教师的指导下，根据设定依次完成市场调查量表、市场调查问卷、市场调查提纲的设计实训，从而完成教学目标和要求。

【实训模块 1】市场调查工具认知

■知识准备

一、测量的含义

在社会生活中，人类发明了米尺、称、温度计、望远镜、显微镜等专门的测量仪器，规定了各种测量的特定程序，创造了许多规范的测量方法，极大提高了测量的水平和效果。市场调查中会使用其他形式进行测量，如用人口登记测量人口数量和人口结构，用电话调查测量人们对不同政党候选人的支持率，用填写问卷测量居民的就业观等。

（一）测量的概念

测量指根据一定的规则将数值或符号分派给研究对象的特定特征或属性的一种标准化过程。测量目的在于用一定的测量方法将研究对象的属性或特征数量化和类型化。

（二）测量的四要素

为了更好理解测量的概念，分别使用测量客体、测量内容、测量规则、数字和符号对测量进行定义，具体见表 5-1。

表 5-1　测量的四要素

测量要素	含义	详细含义	示例
测量客体	测量谁	测量对象或客体	个人、群体、组织、社群、品牌
测量内容	测量什么	客体的属性或特征	性别、家庭规模、企业规模、群体亚文化、企业凝聚力、知名度

表5-1(续)

测量要素	含义	详细含义	示例
测量规则	怎么测量	用数字或符号表达事物属性或特征的操作过程与方法	收入怎么测、市场占有率怎么测
数字和符号	如何表示	用来表示测量结果的表达形式	家庭年收入 2 万元等、平均年龄 21 岁

【小案例】　　某公司的某产品市场占有率测量

某公司希望通过调查了解某产品的市场占有率。本次调查的测量对象是公司的某产品；测量内容是产品的市场竞争力；测量规则是通过公司产品的销售额与整个市场的销售额比较，以此来计算产品的市场占有率；测量结果用以 0~1 中的任何百分比数字表示。

（三）测量层次

测量层次是指根据测量对象数量化程度的高低所划分的不同测量水平。目前通用的测量层次分类法是斯蒂文斯于 1951 年创立的，他将测量分为定类测量、定序测量、定距测量和定比测量四个层次，具体见表 5-2。定类测量又称为定性测量，后三个测量又称为定量测量。

表 5-2　测量尺度及特性

测量分类	尺度特性	示例
定类测量	把研究对象的不同属性或特征加以区分，标以不同名称或符号，确定其类别	标记：身份证号码、商店序号 类别：顾客性别、渠道类型
定序测量	按照某种逻辑顺序，依操作定义所界定的明确特征或属性排列成等级大小、高低、先后次序	家庭规模、企业规模、消费者受教育程度、城市规模、社会地位、收入水平、工作能力
定距测量	不仅把研究对象分为不同类别、不同等级，而且能确定等级的间隔距离和数量差别	态度数据：非常同意、同意、一般不同意、很不同意 温度和时间数据 顺序数据：非常赞成、比较赞成、中立、不太赞成和很不赞成
定比测量	对测量研究对象的属性或特征之间的比例、倍数关系进行测量	收入、年龄、贫困人口比例、发行量、千人成本、市场占有率

从定类测量到定序测量、定距测量、定比测量，测量层次依次上升，测量层次趋向复杂、测量水平不断提高。高层次测量具有低测量层次的功能，高层次测量可以向低层次测量转换，但低层次测量不能向高层次测量转换。如，定比测量可以转化为定距测量、定序测量、定类测量，定距测量可以转化为定序测量、定类测量，定序测量可以转化为定类测量。选择测量层次时，应根据调查条件和调查项目要求，尽可能选择高层次的测量，以获取更加精确的信息，但高层次的测量并不是必需的，低层次测量能够满足调查要求时就不必采用高一层次的测量。

二、测量工具

测量工具指在市场调查中获取信息的工具，如量表、调查问卷、调查提纲等。

（一）访问法的测量工具

1. 量表（scale）

量表指通过一套事先拟定的用语言、记号和数值来测定人们心理活动的度量工具，表现为以分等级的方式表示调查对象属性的一种答案形式。量表是根据经验对社会事实、人们的态度和行为进行主观评价的测量工具。量表设计的标准有很多，并且每种都有各自的特性，常见的量表有二分量表、李克特量表、语义差异量表等。量表中每个题目的答案选项数量和答题方式是统一的。

【小案例】

表 5-3　某超市用于测量消费者态度的李克特量表

陈述	非常不同意	不同意	一般	同意	非常同意
商品质量高					
服务很差					
种类很丰富					
价格很公道					
环境很差					
设施齐备					

2. 调查问卷

结构化访问和观察调查都会使用调查问卷来获取信息。调查问卷是根据调查的目的与要求，设计出由一系列问题、备选答案及说明所组成的，向被调查者收集特定主题信息的一种结构化工具。调查问卷中的常见题型有单选题、多选题、跳转题、填空题、排序题等非量表题和量表题。调查问卷与量表的区别见表 5-4。

表 5-4　问卷与量表的区别

比较项目	调查问卷	量表
概念	多个相关主题问题的集合	测量特征标志程度的量化工具
目的	获得影响因素、行为或事实的信息	揭示不宜直接测量的变量水平
常见题型	量表和非量表题	比较量表和非比较量表
对样本要求	目标对象越多越好	200~300 份
计分方式	以各题为单位	以各个分量表为单位
编制过程	符合主题既可	编制严格，必须有理论依据
评价	问题的重要性与可行性	测量量表的信度和效度
统计分析	数据处理困难，主要做描述性统计	数据处理容易，可用检验、方差分析、回归分析等高层级统计分析方法

3. 访谈提纲

访谈提纲多用于定性调查，包含了访问流程和访问内容。访谈提纲是开放的、半结构化的，不预设答案。访谈提纲是提纲挈领的，帮助确保访问员和被访者围绕主题进行自由交谈。访谈提纲的设计要合理，调查问题不能太封闭，否则就不如普通的量化访问，调查问题又不能太开放，避免调查结果一无用处。访谈提纲的设计步骤如下：

步骤一，搜集问题。

收集调查相关信息，确定调查要解决的问题、提出前期的研究假设、思考证实或检验可能存在哪些问题。然后根据研究假设和所测量变量的逻辑关系，概括性列出调查项目。

步骤二，排序。

将列出的概括性调查项目，根据重要程度或严重程度进行排序。重要性指对目标或结果的重要性，严重程度指对完成任务的影响程度。

步骤三，分解。

将列出的概括性调查项目进一步细化，转化为行为问题、价值问题、感受问题、知识问题、感官问题和人口特征问题。

步骤四，建构。

分解后的调查问题一般还会很抽象，需要进一步扩展，建构成具体的调查问题。建构具体调查问题的方法有：5W2H 法、行为—观点—态度逻辑法、时间逻辑法、认识规律法、特殊与一般法等。5W2H 法指分别描述事情发生的时间、场景、人物、行为、目的、频率和原因问题；行为观点态度法指先询问被访者的行为，再询问其观点，最后询问被访者的态度；时间先后逻辑法指依照过去、现在、未来等逻辑来建构调查问题；认识规律法指依照人认识事物的不同阶段来建构调查问题；特殊与一般法指从个别问题逐步上升到一般性问题，或从一般性问题开始，逐步过渡到更具体和个人化的问题。

步骤五，编写。

将建构的问题以书面的形式写出来，并确定每个问题大概花费的时间，形成访谈提纲。

【小案例】　　　　某比萨店座谈会访谈提纲

1. 预热话题和发言规则（10 分钟）
2. 小组成员相互介绍（3~5 分钟）：一般先从主持人开始，顺时针进行
3. 上餐馆吃饭的态度和情感测试：消费行为（15 分钟）
4. 对快餐的态度和情感测试：消费行为（10 分钟）
5. 对西餐的态度和感情测试：消费行为（20 分钟）

针对没有比萨店用餐经历的小组

6a. 测试对比萨店的态度和认知（20 分钟）
7a. 测试对比萨店服务的期望（30 分钟）
8a. 测试对比萨店内部装饰的期望（10 分钟）

针对有比萨店用餐经历的小组

6b. 了解比萨店的消费行为细节和对用餐经历的评价（30 分钟）
7b. 在比萨店用餐服务的评价（10 分钟）
8b. 消费者对比萨店内部装饰的认知和评价（10 分钟）
9b. 概念 1 测试（出示概念板，10 分钟）
10b. 概念 2 测试（出示概念板，10 分钟）

（二）观察法的测量工具

为了保证观察活动的顺利进行，在实施观察之前要认真准备观察工具。由于观察分为结构化观察和非结构化观察，所使用的调查工具有所不同。结构化观察常用观察问卷、非结构化观察使用观察提纲。

1. 观察提纲

非结构化观察多使用观察提纲。与访问提纲类似，观察提纲无固定的观察内容，但有总的观察目的和要求、大致的观察框架。研究者到现场观察时，可根据具体情况有选择地对观察提纲进行修改。观察提纲一般包括观察对象、观察事件、何时观察、何地观察、为什么观察、如何观察。

2. 观察问卷

结构化观察会使用观察问卷，将观察内容具体化。观察表的内容是基于特定的观察目标而制定的，它详细描述了观察的内容。

【小案例】　　某交通路口车流量观察问卷

观测日期：　　调查人员：

表格编号：　　观测点编号：　　交叉路口名称：

转向/车型/观测时段	左转					直行					右转				
	小客车	大客车	小货车	大货车	摩托车	小客车	大客车	小货车	大货车	摩托车	小客车	大客车	小货车	大货车	摩托车
8:00—8:15															
8:15—8:30															
8:30—8:45															
8:45—9:00															

【小案例】　　某城市奶茶店观察问卷

观察序号：　　观察员编号：

1）观察开始时间：__时__分　结束时间　__时__分

2）个人细节：性别：男（　）女（　）

婚姻状况：已婚（　）　未婚（　）不知道（　）

3）年龄估计：10多岁（　）　20多岁（　）　30多岁（　）

40多岁（　）　50多岁（　）　60岁以上（　）

4）职业或身份：知道（　）不知道（　）

5）与该顾客同行的人数（　）同谁（　）（若没有，请跳到第6题）

6）进奶茶店时的最初行为：（　　）

7）排队时间：（　）（一旦进入排队就开始计时，开始点单时结束计时）

8）同销售员的接触情况：接触（　）　没接触（　）

9）同其他顾客交谈情况：交谈（　）一个也没交谈（　）

10）点单形式：　线上（　）　　线下（　）

表(续)

11）点单花了多长时间：（ ）
12）买了哪些产品：（ ）
13）堂吃（ ）打包（ ）外带（ ）
14）其他情况描述：（ ）

（三）实验法的测量工具

在实验中会产生较多的实验数据，可用试验记录表如实记录实验结果。实验记录表反映实验项目、实验日期、实验地点、实验步骤和实验结果等，对实验记录的书写、计量单位、注意事项做特别注明。实验方法不同，实验记录表有差异。

【小案例】　某品牌冰激凌广告效果有控制组先后实验记录表

实验项目：　　实验日期：　　实验地点：　　实验员：

实验内容：

实验步骤：

实验结果：

组别	是否随机选择组别	实验前销量	实验与否	实验后销量
实验组 1				
实验组 2				
控制组 1				
控制组 2				

书写要求：统一使用黑色中性笔；当天记录；计量单位。

计量单位：保留小数点后两位。

记录符号：实验组 EG、控制组 CG、随机选择 R、实验激发 X、测量 1、2、3、4 分别用 O_1、O_2、O_3、O_4表示。

■任务实施

Step1：按照每 6 个人一组的原则将全班分成几个小组。

Step2：每个小组阅读下列信息，说出每个情景中的测量层次，时间 10 分钟。

情景 1：导入案例中每一道问题的测量层次是什么？

情景 2："被调查者居住的城市规模"的测量层次是什么？

情景 3："被调查者的文化程度"的测量层次是什么？

情景 4："被调查者的会员年限"的测量层次是什么？

情景 5："被调查者的身份证号码"的测量层次是什么？

情景 6："目标消费群体的收入"的测量层次是什么？

Step3：每个小组派代表简要阐述讨论结果，时间 2 分钟。

Step4：每个小组讨论量表、调查提纲和调查问卷的区别，时间 5 分钟。

Step5：每个小组派代表简要阐述讨论结果，时间 5 分钟。

Step6：老师进行点评和总结。

【实训模块 2】指标与量表设计

■知识准备

一、指标

在市场研究中所测量的变量有些是简单的概念，有些是复杂抽象的概念，如社会地位、生活方式、态度、品牌形象等。对于抽象或复杂的概念的测量非常困难，需要借助指标来测量。

（一）指标的概念

把用来表示一个概念或变量含义的一组可观察到的事物，称作这一个概念或变量的一组指标。概念是抽象的，而指标是具体的；概念是人们的主观印象，指标是客观存在的事物。比如，社会阶层是较为抽象的概念，需要用职业、收入和文化程度等一组指标测量它，职业、收入和文化程度被称为社会阶层的指标。根据不同标准，指标有多种分类：根据表现形式将指标分为总量指标、相对指标和平均指标；根据内容特征将指标分为数量指标和质量指标；根据概念的性质将指标分为客观指标和主观指标；根据隶属关系分将指标分为一级指标和二级指标等。

（二）指标的构建

测量复杂和抽象的概念，需要使用指标，指标构建需要经历界定概念、列出概念维度和建立测量指标三个步骤（图 5-1）。

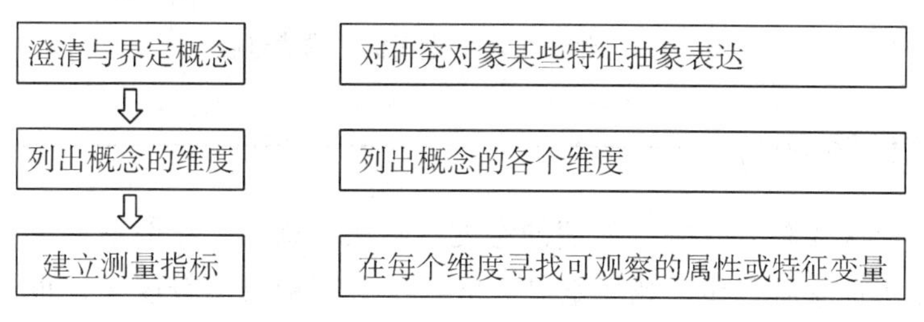

图 5-1　指标的构建过程

步骤一，界定概念（concept）。

不同人对同一概念有不同的认识和看法，因此建立指标之前先对概念进行澄清与界定。把抽象概念定义最适合研究目的的定义或研究者与读者都认可的定义。

步骤二，列出概念的维度（construct）。

比较抽象的概念包括多个维度或多个方面，因此在界定概念后，概括地列出概念的多个维度。至于应该包括哪些概念维度，可先分析以往的研究理论，然后进行借鉴或创新。如经济发展包括经济发展总量、经济发展结构和经济发展质量等三个维度。

步骤三，构建测量指标（index）。

基于抽象概念的每个性质或特征寻找可观察指标，使概念具体化和量化。建立测量指标比较困难，可使用以下两种方式来发展概念的指标：一是寻找和利用前人已有的指标，如测量态度、性格、社会地位等方面的量表。二是调查研究者先开展探索性调查，采用无结构访问和观察法对资料进行初步收集，获得测量概念的指标。

【小案例】　　　　社会经济发展测量指标的构建

社会经济发展是一个复杂的概念，需要构建测量指标。

第一步，说明“经济发展”概念。经济发展指经济结构不断优化，并为社会成员共享。

第二步，列出“经济发展”的不同维度。经济发展包括经济发展速度、经济发展结构和经济发展质量等。

第三步，构建测量指标。如经济发展速度用经济总量、增长速度测量；经济发展结构用产业结构和技术结构测量；经济发展质量用收入分配、环境质量测量。基于每个二级指标可进一步构建测量指标，具体见图 5-2。

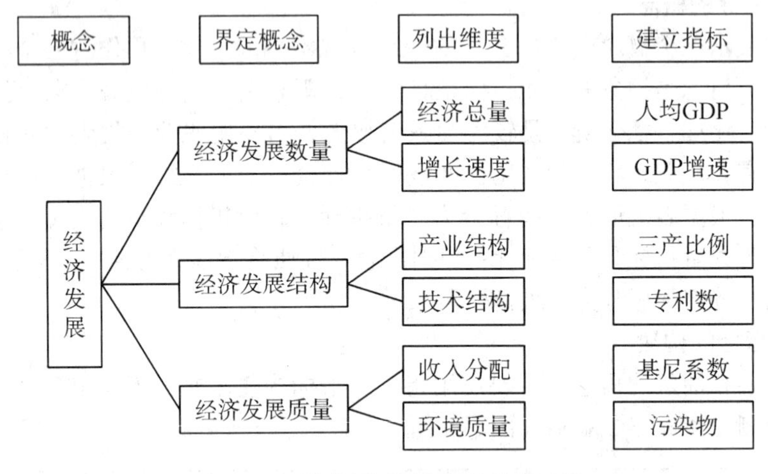

图 5-2　经济发展测量指标的构建过程

二、量表（scale）

对于抽象层次较高、或关于人们的态度、看法、意见、性格等主观性较强的内容进行测量，由于抽象概念和主观变量具有潜在性且其构成比较复杂，很难用单一的指标进行测量，必须使用量表进行测量。量表将多项指标概括为一个分数，能有效缩减资料数量，也能有效区分概念或态度的程度差异。量表主要用于精确度量一个抽象或主观的心理概念，但也可以用于行为倾向的测量。

（一）量表的概念

量表指若干个问题和自我评分指标组成的标准化测定表格，用于测量研究对象的某种状态、行为或态度等。量表具有描述性、比较性、程度性和起点等基本特征：描述性指量表中用某一特定的词语或标识来划分各个等级的标准，比较性指量表的各个等级是可以比较的，程度性指量表的各个等级可以表示出特征或属性的差异程度，起点指量表有一个特定的起点或零点。

（二）量表的分类

量表种类很多，每种量表都有各自的特性，常见量表的分类如图 5-3 所示。

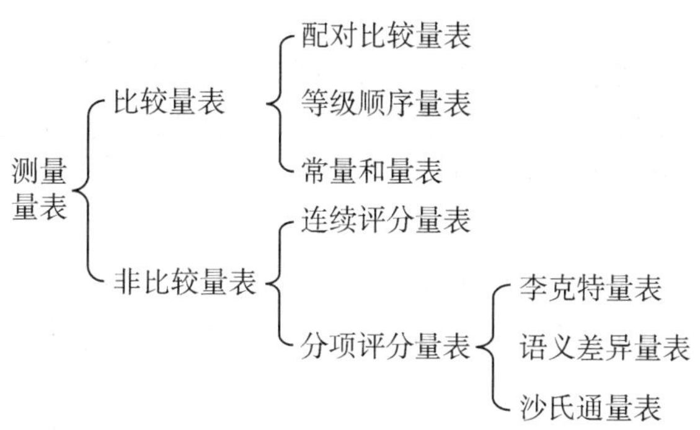

图 5-3　量表常见分类

1. 比较量表

比较量表又称比较类量表，它指将测量对象与其他对象或标准进行直接比较的量表。常见的比较量表有配对比较量表、等级顺序量表和常量和量表。

（1）配对比较量表

配对比较量表指被调查者被要求对一系列测量对象进行两两比较，并根据某个特定标准在两个测量对象比较中做出选择。

【例】“请您指出每对矿泉水品牌中哪种更好喝?”（在您认为好喝的品牌□中划“√”）

①怡宝□　冰露□　　②怡宝□　康师傅□　　③冰露□　康师傅□

配对比较量表操作简单，不足在于：比较对象的个数不能太多，不超过五个时最理想，否则容易让被调查者产生厌烦情绪，造成中途退出；被调查对象的选择在个体偏好“可传递性”的假设下是成立的，但在实际中，该假设常常不成立，会出现两个都不喜欢或都喜欢的情况，导致无法比较；最后“二选一”的方式和消费者实际的决策行为也不太相同。

（2）等级顺序量表

等级顺序量表指将多个测量对象同时展示给被调查者，并要求他们根据某个标准对所有研究对象排序或分成等级，常用来测量品牌偏好和品牌属性偏好。等级顺序量表的优点是容易设计、被调查者比较容易掌握回答方法、比较节省时间，不足是只能产生等级顺序，无法对各等级之间的差距进行测量，排序的对象也不能太多，一般要少于 10 个，否则很容易出现错误和遗漏。

【例】请根据您的喜好对下列奶茶品牌进行排序。（1 表示最喜欢，5 表示最不喜欢。）

一点茶□　　奈雪好茶□　　茶的颜色□　　茶干道□　　乐茶□

（3）常量和量表

常量和量表指要求被调查者根据标准给选项分配总数和固定不变的数量，以反映被调查者对这些品牌或产品属性的相对偏好或重视程度。常量和量表中的总数多是 100 分或 10 分。

【例】根据您对洗衣粉属性的重视程度，将100分分配到下列各项属性中。（数字越大表示越重视，数字越小表示越不重要）

温和（　　）　泡沫（　　）　缩水（　　）　价格　（　　）

香味（　　）　包装（　　）　保湿（　　）　清洁能力（　　）

常量和量表的优点是对不同选项能做出很好的辨别，缺点是被访者可能会因为计算错误分配了比规定更少或更多的单位。

2. 非比较量表

非比较测量中，测量对象不需要与其他对象或标准进行比较，被调查者对测量对象进行独立评价。常用的非比较量表有连续评分量表、李克特量表、语义差异量表和沙氏通量表等。

（1）连续评分量表

连续评分量表又称图示评价量表，指被调查者被要求在一条直线上做记号来为事物打分，表明他们对测量对象的态度或意见，具体见图5-4。在实际应用中，连续评分量表通常用于测量人们的主观感受和心理特征的反应和评价。

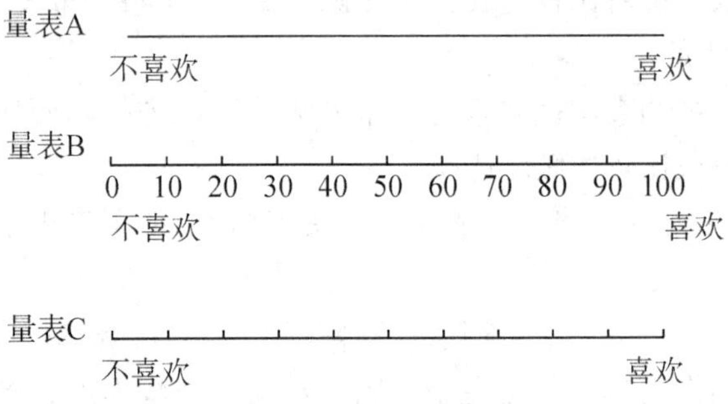

图5-4　连续评分量表

【小案例】　电影连续评分调查

影片通常会在上映之前进行预映，请观影者对电影情节连续打分，得到观影者对电影每个情节的评价。《流浪地球》通过电子测量和问卷调查发现观众对电影中的有些情节不满意，后面修改了电影的某些细节，最终该电影大卖。

连续评分量表的优点是问题容易制作且使用简单，但缺点是不知道被调查者使用的评价标准是什么。

（2）李克特量表（Likert scale）

①李克特量表的概念。

李克特量表是美国心理学家李克特1932年在总加量表的基础上改进而成的，它要求被调查者对表示态度或意见的陈述表明其同意或不同意的程度。李克特量表中的陈述可以是正面描述，也可是负面描述，评价等级通常使用5或7级等单数级，具体见表5-4。李克特量表容易理解、易于执行，可以测量一些不易测量的复杂概念。通过计算李克特量表中各题的总分，可以了解人们对该调查主题的综合态度和看法，因此适合详细了解被调查者对特定主题的看法或对特定事物的情绪。

【例】请根据您的感受对下列关于某超市的陈述语句的同意程度进行描述（见表5-5）。

表 5-5　某超市消费者满意度调查李克特量表

评价项目	非常不同意	不同意	一般	同意	非常同意
商品质量高					
服务很差					
种类很丰富					
价格很公道					
环境很差					
设施齐备					

②李克特量表的设计。

设计比较有效度的李克特量表需要经过三个步骤。

步骤一，列出备选评价项目语句。

围绕测量主题以赞成或反对的方式列出若干条与之相关的备选评价项目语句，给每个陈述语句五个答案：非常不同意、不同意、一般、同意、非常同意，或赞成、比较赞成、无所谓、比较反对、反对，具体见表 5-6。

表 5-6　某超市消费者满意度李克特量表

评价项目	非常不同意	不同意	一般	同意	非常同意
1 商品质量高					
2 服务很差					
3 种类很丰富					
4 价格很公道					
5 环境很差					
6 设施齐备					
7 声誉很好					
8 收银台效率高					
9 不喜欢它的广告					
10 产品质量差					

步骤二，检测评价项目语句的辨识力。

邀请 60 个被调查者对李克特量表进行初步测试，并分别赋予“非常同意、同意、一般、不同意、非常不同意”为 1、2、3、4、5 分，然后统计每个被调查者每个陈述的分数及整个量表的总分，最后取出总分最高的 25% 和总分最低 25% 的人形成高分组和低分组，并计算两组在每个陈述语句的平均得分，最后将两个组在每个评价项目的平均分相减，得出每个评价项目的分辨力系数，如表 5-7 所示。分辨力系数的绝对值越大，评价项目的分辨力越高。

表 5-7　某超市消费者满意度李克特量表得分

语句		1	2	3	4	5	6	7	8	9	10	个人总分
总分前25%的人	某 1	5	3	2	4	5	4	5	4	5	5	42
	某 2	5	5	2	4	4	3	4	3	4	5	39
	某 3	3	4	2	4	5	5	4	3	4	4	38
	某 4	4	4	1	3	3	5	5	3	4	5	37
	某 5	3	5	2	3	4	4	2	4	5	4	36
	某 6	2	2	2	4	5	4	3	4	4	5	34
	……											
总分后25%的人	……											
	某 56	4	4	2	2	3	2	2	1	2	5	27
	某 57	2	3	2	4	2	2	3	1	2	4	25
	某 58	2	1	2	3	3	1	2	2	1	5	22
	某 59	2	4	1	2	3	1	2	2	1	5	21
	某 60	1	3	3	1	2	1	2	2	1	3	19
前 25%的人平均分		4.2	4.2	1.8	3.6	4.2	4.2	4.0	3.4	4.4	4.6	
后 25%的人平均分		2.2	3.0	2.0	2.4	2.6	1.4	2.0	1.8	1.4	4.4	
分辨力系数		2.0	1.2	-0.2	1.2	1.8	2.8	2.0	1.6	3.0	0.2	

步骤三，形成正式量表。

通过初步测试，将分辨力系数较低的评价项目删除，如“种类很丰富”和“产品质量很差”，剩下分辨力系数高的评价项目，得到正式量表，如表 5-8 所示。

表 5-8　某超市消费者满意度李克特量表

评价项目	非常不同意	不同意	一般	同意	非常同意
1 商品质量高					
2 服务很差					
4 价格很公道					
5 环境很差					
6 设施齐备					
7 声誉很好					
8 收银台效率高					
9 不喜欢它的广告					

（3）语义差异量表（Semantic Differential Scale）

语义差异量表也称为语义分化量表，指将一组意义相反的形容词放在量表的两端，中间被划分为 5、7、9、11 个等值的评定等级，被调查者在每个属性的某一等级上画圈或打钩作为自己的评价。语义差异量表的优点是非常简洁、可同时测量几个对象，能将定性评价转化为定量评价，可得出多条语意差异曲线，并清楚地比较它们在每个属性上的差异，还可将各评价项目的得分加总，得到被调查者对测量对象整体的偏好等级。

语义差异量表的设计步骤如下：

步骤一，确定多个和测量对象相关、需要评分的属性。

步骤二，对于每个属性，选择一组意义相反的形容词或短语，分别放在属性的两端。

步骤三，中间划分为若干个等级，要求被调查者根据对被测对象的看法在合适的等级上做标记。设计时，负面词语一般放在量表的右边，但不要都放在量表的右边，以防止某些极端倾向的被调查者不读评价语就敷衍填写。

【小案例】 **花店语义差异量表**

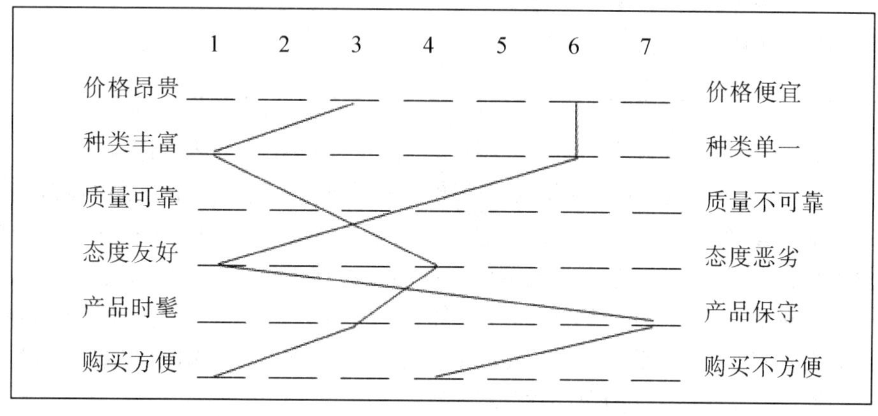

（4）沙氏通量表（Thurstone Attitude Scale）

①沙氏通量表的概念。

沙氏通量表也称瑟斯顿量表，是美国心理学家 L. L. 瑟斯顿和其同事 E. J. 蔡夫于1929年提出的经典的态度量表。它要求被调查者在若干条与测量对象态度相关的语句中选择其同意的语句来表明态度。沙氏通量表制作比较复杂，在市场调查中较少使用。

②沙氏通量表的制作步骤。

沙氏通量表制作步骤比较复杂，下面以关于微信朋友圈广告的沙氏通量表为例，制作步骤如下：

步骤一，写出大量与测量对象态度有关的语句。

收集与测量对象态度相关的语句，最好有100条左右，其中有利的、不利的和中立的语句都要占一定比例。

【例】 微信朋友圈广告沙氏通量表制作

步骤一，收集100条左右的微信朋友圈态度相关语句，其中中立、不利和有利的语句都应有，详见表5-9。

表 5-9 朋友圈广告的沙氏通量表初步语句

①对于朋友圈广告我认为并无不妥
②有时间喜欢看朋友圈广告
③只要可能，喜欢购买在朋友圈广告中出现的商品
④大多数朋友圈广告能帮助人选择更好的商品
⑤朋友圈广告比一般的广告更有趣
⑥朋友圈广告比一般的广告做慈善更有效
⑦朋友圈广告具有真实性
⑧朋友圈广告能帮助商家促销
⑨朋友圈广告有助于消费者选择产品
⑩对于大多数朋友圈广告广告是一种享受
⑪朋友圈广告都有趣味性
⑫朋友圈广告可有可无
⑬朋友圈广告没有特别的看法
⑭朋友圈广告帮助消费者更好地了解产品
…………

步骤二，小范围调查测试，要求被调查者对每个语句进行态度归类。

选定 20 人以上的评定者，要求他们按照态度倾向将上述关于朋友圈的语句归成 11 类，第 1 类表示最不利的态度，依次递增……第 6 类表示中立的态度……第 11 类表示最有利的态度。如将“①所有的朋友圈广告应该由法律禁止”归为 1 类、“②看朋友圈广告完全是在浪费时间”归为 5 类、“③大部分朋友圈广告是非常差”归为 3 类、“④朋友圈广告枯燥乏味”归为 2 类、“⑤朋友圈并不过分干扰我刷朋友圈”归为 5 类、“⑥对于大多数朋友圈广告我无所谓好恶”归为 6 类。

步骤三，计算每条语句被选择的次数，删除过于分散的语句。

统计每条语句被归在 11 类的次数，删除那些次数分配过于分散的语句。

步骤四，从多个态度倾向语句中选最有代表的语句。

从每个类别中选出一两条最集中、最具有代表性的语句，得到 20 条左右意义明确的陈述语句，将这些语句混合排列，得到正式的沙氏通量表，详见表 5-10。

表 5-10 朋友圈广告的沙氏通量表

序号	语句	分数
1	所有的朋友圈广告都应该被法律禁止	1
2	看朋友圈广告完全是浪费时间	2
3	大部分朋友圈广告是非常差的	3
4	朋友圈广告枯燥乏味	4
5	朋友圈广告并不过分干扰微信互动	5
6	对大多数朋友圈广告我无所谓好恶	6
7	我有时也喜欢看朋友圈广告	7
8	大多数朋友圈广告是挺有趣的	8
9	只要有可能，我喜欢购买在朋友圈看到广告的商品	9
10	大多数朋友圈广告能帮助人们选择更好的商品	10
11	朋友圈广告比社交媒体上的其他内容更有趣	11

第五步，生成正式的沙氏通量表，进行态度调查。

生成正式的沙氏通量表，被调查者要求在沙氏通量表中选择自己比较认同的语句，其总得分就是被调查者对测量对象的态度。

（三）量表的评价

在量表用于调查前，先要进行信度和效度分析以验证量表的稳定性和准确性。信度分析评估量表的一致性和稳定性，确保测量结果在不同条件下保持一致性；效度分析则验证量表是否能准确反映其设计初衷。对于包含多个量表的研究，应逐一进行这两项分析，以确保每个测量量表都能可靠且有效地服务于研究。利用 SPSS 等统计软件以高效地执行量表效度和信度分析。

1. 信度（Reliability）分析

量表的信度指测量工具的可靠性、稳定性和一致性。信度指标多以相关系数表示，可采用重复测量法、交错法、折半法和内部一致性等方法进行评估，分别得到再测信度、复本信度、折半信度和克隆巴赫系数，具体见表 5-11。

表 5-11　量表信度评价内容

信度指标	内容	示例
再测信度	使用同一测量工具对同一对象前后测两次，根据两次得分计算相关系数	前后间隔两个星期做两次顾客满意度测量，看两次测量结果的相关系数
复本信度	采用两种或两种以上等效测量工具对同一对象测量，根据两次得分计算相关系数	采用其他顾客满意度量表做测量，两个顾客满意度量表测量结果的相关系数
折半信度	将量表中的题分成奇数题和偶数题，根据奇数题和偶数题的得分计算相关系数	将顾客满意度量表的题分为偶数和奇数题，分析受访者偶数和奇数题的得分，计算两者的相关系数
内部一致性	利用量表题项间的同质性来评估其信度。题项间的强相关表明量表题项紧密关联于同一潜在变量，增强了量表的结构稳定性，常用克隆巴赫系数度量	计算顾客满意度量表中所有题的方差和每个题项的方差，然后计算克隆巴赫系数

由于克隆巴赫系数（Cronbach'α）克服了折半信度的缺点，是最常用的信度评估方法，计算公式为

$$\alpha = \frac{n}{n-1}\left(1 - \frac{\sum s_i^{\,2}}{s^2}\right)$$

式中，n 为量表中题项的总数；$S_i^{\,2}$ 为第 i 题得分的题内方差；S^2 为全部题项总得分的方差。

克隆巴赫系数的计算步骤：首先计算所有被试的测验总分的方差 S^2，然后分别求出被试在每一道题目的得分方差 $S_i^{\,2}$；最后按克隆巴赫系数公式求出系数 a。

一般克隆巴赫系数系越高越好，克隆巴赫系数与内部一致性的关系如表 5-12 所示。

表 5-12　克隆巴赫系数与内部一致性的关系

克隆巴赫系数	内部一致性评价
0.3 以下	说明量表是不可以接受的
0.3~0.5	说明量表是勉强可以接受的
0.6~0.7	说明量表是可以接受的
0.7~0.9	说明量表是好的
0.9 以上	说明量表很优秀

2. 效度分析

量表的效度指测量工具和测量手段能够准确测出被测事物的程度，反映量表的有效性、准确性和正确性。为了全面评价量表效度，通常从内容效度（Content Validity）、标准效度（criterion validity）和建构效度（Construct Validity）三个维度进行考量，详见表 5-13。

表 5-13　量表效度评价的内容

效度类型	内容	示例
内容效度	量表内容是否符合研究目的和要求	餐馆满意度量表中遗漏了对服务的评价。
标准效度	量表测量结果与某个外部标准或效标的接近程度	用电话调查消费者的购买意，再用扫描仪数据去追踪实际购买的情况，两者相对比，得到的是标准效度。
建构效度	量表能够按照理论构想，准确测量出预期的潜在变量或结构	品牌理论中的认知、情感和购买行为具有相关性，实际调查结果也反映出理论中的关系，测量被认为是有效度的。

内容效度多采用专家评价法判断量表内容的有效性和针对性；标准效度（又称准则效度），常选取一种公认的、可靠的测量方式或指标作为基准，将其他测量方式或指标与之进行对比，分析它们之间结果的相关系数，以评估量表测量结果的准确性；建构效度（结构效度）常使用 KMO 值、Bartlett 球形度检验以及因子载荷系数等关键指标，其中 KMO 检验是评估量表是否适合进行因子分析的重要前提，一般而言 KMO 值应大于 0.6，若低于此值则可能需要重新考虑或调整量表结构，此外 KMO 值与量表等级接受程度的对应关系，详见表 5-14。

表 5-14　KMO 值与量表结构评价的关系

KMO 值	量表结构评价
0.5 以下	说明量表是不可以接受的
0.5~0.59	说明量表勉强可以接受的
0.6~0.69	说明量表一般
0.7~0.79	说明量表是良好的
0.8 以上	说明量表很优秀

■任务实施

Step1：按照每 6 个人一组的原则将全班分成几个小组。

Step2：每个小组阅读下列信息，建立游客态度调查测量指标，时间 10 分钟。

信息 1：目的地形象定义：个体对特定对象（人、观念、情感或者事件等）所持有的稳定心理倾向，这种心理倾向蕴含着个体的主观评价以及由此产生的行为倾向。

信息 2：旅游目的地形象态度维度：包括认知、情感和行为。

信息 3：旅游目的游客认知包括吃、住、行、游、购、娱等评价；旅游目的地的情感评价包括对旅游目的地的放松、兴奋、流连忘返等评价；游客行为包括满意度、重游意愿、推荐倾向等。

Step3：每个小组派代表简要阐述讨论结果，时间 3 分钟。

Step4：老师进行点评和总结。

Step5：每个小组完成下列量表的设计，时间 20 分钟。

任务 1：设计一个语义差异量表用来测量某旅游目的地的形象。

任务 2：设计一个李克特量表用来测量服务机构顾客满意度。

Step6：每个小组派代表简要阐述讨论结果，时间 10 分钟。

Step7：老师进行点评和总结。

【实训模块 3】市场调查问卷认知

■知识准备

一、市场调查问卷的概念

调查问卷指访问调查研究人员根据调查目的与要求，设计出一系列问题、备选答案及说明所组成的，向被调查者收集特定主题信息的一种结构化工具。调查问卷是重要的测量工具，调查问卷的质量直接影响调查资料的真实性、适用性、回收率和统计分析。一份完美的问卷要求既能实现市场调查目的又能够争取被访问者的合作，还能很好地进行统计分析。

二、市场调查问卷的分类

根据不同标准，调查问卷有多种分类。

1. 根据问卷的标准化程度分

根据标准化程度将调查问卷分为结构化问卷与非结构化问卷。结构化问卷是一种结构严谨，有一定格式的问卷。非结构化问卷不具备严谨结构，没有固定格式，只罗列关键问题和安排问题的顺序。

2. 根据问卷的填写方式分

根据填写方式将调查问卷分为自填问卷和代填问卷。自填问卷指调查人员将调查问卷发放给被访者，由被访者本人自行填写。根据发送方式不同可将自填问卷进一步分为面访问卷和邮寄问卷两类。代填问卷指调查人员根据被访者的回答来填写问卷。

3. 根据问卷的用途分

根据调查用途将调查问卷分为甄别问卷、调查问卷和复核问卷。甄别问卷指正式调查前用来筛选合格被访者的问卷，将个体自然状态变量、产品适用性、产品使用频率不符合调查要求以及对调查有特殊影响的群体排除在调查之外。调查问卷是正式调查中使用的，用于获取被调查者信息的问卷。复核问卷指对曾经的调查活动进行检查和复核的问卷。

三、调查问卷的结构

不同的调查问卷格式不完全相同，但一般有起始部分、过滤部分、主体部分和背景部分。

（一）起始部分

起始部分指调查问卷的开始部分，包括问卷编码、问卷标题、说明信和指导语。起始部分的作用是表明调查主题，争取被调查者的合作，并交代作答方式。

1. 问卷标题

问卷标题是对调查主题的概括说明，被调查者通过标题可知调查问卷的研究主题。问卷标题不能使用“问卷调查”，而应用简洁扼要的词语概括调查主题，激发被调查者的兴趣。

2. 说明信

说明信指写给被调查者的一封短信，目的是争取被调查者的合作。内容包括称呼、调查者身份介绍、调查目的介绍、调查内容介绍、调查对象选取方法的介绍、调查结果保密措施的介绍以及感谢语。

3. 指导语

指导语指指导被调查者如何填写问卷和指导访问员如何进行访问。指导语中有对问卷填写的各种解释和说明、调查问卷回收时间和回收方式的交代，作答方式的规定等。

【小案例】　世外桃源市民共享单车消费行为调查的起始部分

我与共享单车

——世外桃源市民共享单车消费调查

先生/（女士）：

您好！

我是青桔公司市场部的访问员，为了给世外桃源市民提供更好的共享电单车服务，我们正在进行一项有关共享电单车需求和使用方面的调查，恳请耽误您几分钟回答调查问卷。本问卷采用匿名形式，所有数据仅用于科学研究，请您放心填写。答案没有对错之分，根据您的实际情况填写。谢谢您的支持与合作！

①请您在所选答案的题号上画圈；

②对只需选择一个答案的问题只画一个圈；对可选多个答案的问题，请您在认为合适的答案上画圈；

③对注明要求您自己填写的内容，请在规定的地方填上您的意见。

（二）过滤部分

过滤部分指通过设置一些问题对应答者进行甄别，把不符合要求的对象排除在调查之外。过滤问题主要针对应答者的个体自然状态、产品适用性、产品使用频率和对调查结果有特殊影响进行甄别。其中个体自然状态指调查对象的年龄、职业、收入等是否符合调查要求；产品适用性指调查对象是不是产品的目标消费人群或研究对象；产品使用频率指调查对象使用或拥有某产品的时间是否符合调查要求；对调查有特殊影响的人群指职业被访者、竞争对手的员工、企业内部员工和营销中介人员等，他们都会影响调查结果的准确性。

（三）主体部分

主体部分是向被访者获取信息的主要部分，包括若干问题和答案。问卷中的问题围绕调查主题展开，问卷中的问题要适宜，否则被访者会拒绝调查或中途放弃调查。

（四）背景部分

背景部分指填写问卷的被调查者的基本情况或主要特征。被访者为个人时，背景问题为被调查者的性别、年龄、民族、家庭人口、婚姻状况、文化程度，职业、单位、收入和居住地区等；被调查对象为企业时，背景问题指企业规模、所有制性质、所属行业、职工人数和商品销售额等。背景问题不是多多益善，而应该根据调查目的个性化决定。背景部分可放在主体部分之前也可放在主体部分之后，但实际调查中，由于背景部分的内容比较敏感，一般会放在主体部分之后。

■任务实施

Step1：按照每6个人一组的原则将全班分成几个小组。

Step2：每个小组成员先认真阅读导入案例，阅读时间2分钟。

Step3：每个小组找出问卷的起始部分、过滤部分、主体部分和背景部分，用5分钟。

Step4：抽取1个组说出结果，时间2分钟。

Step5：老师进行点评。

【实训模块4】调查问卷设计步骤

■知识准备

不同的调查目的、不同的调查对象、不同的调查方法，所使用的调查问卷结构和特征都不同。设计一份调查问卷是非常困难的，也无规律可循，但可以尝试根据下列步骤设计调查问卷。

一、确定调查目的

调查问题应为调查目的服务，在调查设计之前清楚调查目的。调查目的确定后，可以根据调查目的得出分析框架，根据研究框架就比较容易列出调查想要收集的信息。如果前期信息收集比较充分，会比较容易得出分析框架，将决策问题顺利转化为调查问题。如果前期信息收集不充分，调查研究者就应进行细致、准确的研究，了解调查背景、信息使用者、信息用途等相关信息，并确定调查目的。

二、提出前期研究假设

研究目的确定后，研究者可针对调查问题提出前期研究假设。即研究者根据相关领域的理论或既有现象，对调查问题做出解释和初步回答，并对市场调查主题各因素之间的关系做出推测或判断。设计之初，要尽可能列出能想到的所有假设和所需的信息，再联系主题对其进行筛选，排出不必要的调查项目。

【小案例】　　可口可乐 1985 年失败的口味调查

1985 年可口可乐经历了一场营销史上最大的灾难。在前期盲测中大部分消费者认为百事可乐的甜度比可口可乐的高，口味因此更佳，这使得可口可乐开始做新口味测试，决定推出新口味，推出更甜的可乐。经过长达 4 年的消费者调查后，可口可乐做出用新配方来代替老配方的决定。消息一出，无数美国人走上街头，公开反对可口可乐的做法，要求可口可乐用回老配方，可口可乐最终决定同时推出新口味和经典老配方的可口可乐。此次调查失败的原因在于，1985 年的口味测试调查中，调查的前期假设将可口可乐市场份额的下降归咎于单纯的产品配方，而与品牌情感、品牌文化无关，因此在当年的调查问卷中设计了很多口味测试的问题，而没有设计品牌情感、品牌文化的问题。

数据来源：知乎. 换了新口味你还不满意？聊聊当年可口可乐是怎么翻车的［EB/OL］. https://zhuanlan.zhihu.com/p/432703911，2021-11-12/2024-08-26.

三、了解调查对象

在调查问卷设计前可通过焦点小组访谈、非结构化观察等定性调查，了解被调查者的行为、态度特点，掌握调查对象的共性和差异性，有效提高被调查者的合作意愿，获取更真实客观的信息。被调查者的共性指被调查者的年龄、职业、性别、文化程度、生活方式、价值观念和生活习惯等特点，了解被调查者的共性有利于在调查问卷中使用更有针对性的提问方式和更适合的表述语言。被调查者的差异性指被调查者内部存在的消费、观念、态度的不同，调查问卷中的问题和答案设计要考虑并反映调查群体间的差异。

四、确定问卷发放方法

调查问卷发放方法有入户、拦截、电话、邮寄、网络和留置等，不同调查方法所使用的调查问卷长度、信息深入程度、问题隐秘性等都是不同的，具体见表 5-15。

表 5-15　不同调查问卷的内容区别

项目	入户调查	拦截调查	电话调查	邮寄调查	网络调查
信息深入程度	最高	较高	最低	一般	较低
问卷长度	20 分钟	10 分钟	5 分钟	30 分钟	8 分钟
问题隐秘性	低	低	较高	高	高

五、确定问卷的内容

问卷设计前可查阅资料或进行探索性调查，为问卷问题设计提供帮助。一份问卷的问题不能太多、问卷不宜太长，具体长度与问卷发放方法、调查内容有关，一般保证在5~20分钟左右完成为宜。设计调查问题时，可采用下列方法。

1. 卡片法

第一步先根据研究假设，把问卷需要获取的问题写在一张张卡片上。第二步根据卡片上问题的性质与类别，将同一调查主题的卡片放在一起，形成一个大类。第三步按照逻辑关系将同一类主题的问题排出合理的顺序。第四步根据研究假设和所测量变量的逻辑结构，排出各大类主题的前后顺序，使卡片连成一个整体。第五步检查问题前后连贯性，对不当之处逐一修改。

2. 框架法

第一步根据研究假设和所测量变量的逻辑结构，列出各大部分的主题。第二步将列出的每个主题进一步细化。第三步对每个主题的问题进行排序。第四步，站在被调查者角度进一步调整问卷主体中的各大主题部分和每部分问题的顺序。

3. 综合法

首先根据研究假设和变量之间的逻辑结构，在纸上画出整个问卷的框架图；然后分别写出每一部分的问题，在每部分问题的设计过程中，又先将每部分的问题写在一张张卡片，并按照逻辑顺序调整卡片的顺序；再依照上述方法依次完成其他子主题的问题及顺序；最后从总体上对各子主题部分的卡片进行检查和调整。

六、问卷编排

1. 确定问题的形式

调查问题按回答形式来分有封闭型问题、开放型问题和混合型问题，每类型问题都有多种题型。调查研究者可根据问题性质、受访者特点和测量层次要求，选择合适的题型并设计答案。

2. 确定问题的顺序

问卷中问题的排列组合方式非常重要，为了便于受访者理解并回答问题，以及保证问卷的质量和效果，通常有以下几种排列方式：先易后难、先事实后观念和态度、先封闭后开放问题、先简单后复杂问题；先现在再过去后将来、同类性质问题应放在一起等。

3. 确定问题的措辞

提问的措辞不同，会对被调查者产生不同的影响。调查问卷设计中应注意指词问题，尽量做到用词简短明确、通俗易懂，使用一般疑问句提问，态度上保持中立，并考虑应答者的能力。

4. 确定问卷的格式

问卷的排版和布局要尽量整齐美观、方便阅读和作答。在排版与布局时须注意的问题：问卷排版不能过紧、过密，字间距和行间距要适当；封闭型问题的答案之间要有足够空格，开放型问题要留足空白；问卷中的字体和字号要有机组合；同一个问题应排版在同一页，避免翻页对照的麻烦和出现问题漏填的情况，也避免后期整理时各页分散的情况；问题按信息的性质可分为几个部分，每个部分中间以标题分割；问卷的每一页都要有页码；问卷中不要出现错别字和漏字现象。

七、评价

一份好的调查问卷应重点突出、问题排列有序、用语简明扼要、能取得被调查者合作并便于数据处理。调查问卷的初稿中可能存在一些潜在的问题，因此调查问卷初稿设计好还不能马上用于正式调查。可将设计好的调查问卷初稿分别送交给专家、上级管理者、委托客户和典型被调查者，请他们对调查问卷进行评价，指出问卷中的问题。不同主体的评价侧重点不同：专家侧重于问卷设计的整体结构、效度和信度、问题表述、问卷版式是否便于后期分析等方面的评价；上级管理者侧重于舆论导向、措辞水平、问卷对群众造成的影响等方面的评价；委托单位侧重于问卷内容能够满足调查目的与要求的评价；典型被调查者侧重于问卷理解、语言表达和配合意愿方面的评价。评价时可采用焦点小组座谈会，评价后要对问卷进行修改。

八、预试

在正式开展调查之前要进行预试，采取随机的方式选取 20~100 人进行问卷调查，以发现问卷中的问题。将预试问卷收回后，除了对调查结果进行定量分析外，还需要收集访员和受访者的反馈，从而知道被调查者是否愿意回答、所设计的问题或提示是否易于理解、答案选项设计是否详尽严密，问题顺序安排是否合理、有无印刷错误、有无错误的跳答指示、有无不适当的填答形式或访问时间过长问题。预试中发现问题后应采取针对性的改善措施，详见表 5-16。如果第一次预试中发现调查问卷存在很多问题，在修改后还需再次组织预试，直到没有明显问题为止。

表 5-16　预试中的问题与修改方法

预试反馈	可能原因	修改方法
回收率偏低	问卷中存在的问题较大	重新设计
有效回收率低	问卷质量不高	改善或重新设计
填写错误	概念不清晰、措辞产生误解	问题含义更明确或问题的用词更准确、清晰
	指导语导致填写方式错误	增加答题说明或指导语言
填写不完全	问题内容、问题形式、语言表述等多种原因导致某几个问题普遍没有填写	改进问题内容、问题形式、语言表述方式
	篇幅太长、填写时间太长导致从某个问题开始没有填写	减少问卷篇幅、降低填写难度
填写无变化	问题形式存在问题	改善问题形式
答案集中度高	答案分组不合理	对答案重新设计分组
效度和信度低	量表的定义、概念、指标存在问题	对量表中的概念、定义和指标进行修改

九、修改并定稿

调查问卷经过仔细检查和修改，也得到客户的认可，就可以定稿打印，在问卷印刷过程中需要注意排版，并对文字、符号反复校对，避免格式错误。

■任务实施

Step1：根据 6 个人一组的原则将全班分成几个小组。

Step2：每个小组根据项目设计一份面访和网络问卷，课后完成。

Step3：每个小组派代表简要讲述本组问卷设计的过程，时间 5 分钟。

Step4：其他同学提出质疑，小组代表回复质疑。

Step5：老师进行点评和总结。

Step6：进一步修改问卷。

【实训模块 5】调查问卷中的问题与答案设计

■知识准备

一、问题设计

调查问卷要实现收集信息的目的，问题设计很关键。问题设计水平的高低不仅会影响到信息收集的数量与质量，还会影响到被调查者的配合意愿和后期的分析。

（一）题型设计技巧

调查问卷中的问题按回答形式分为封闭型问题、开放型问题和混合型问题，其中封闭型问题丰富多样。

1. 封闭型问题

封闭型问题指已事先设计了各种可能答案的问题，被调查者只能从中选择一个或几个作为答案。封闭型问题的优点是便于回答和统计分析、减少调查员访问误差、针对所有性格的被调查者没有偏斜。封闭型问题的缺点是可能会因被调查者被迫回答造成误差、不能深挖信息、被调查者无法完全表达真实想法、设计答案耗费时间和精力。封闭型问题题型种类丰富，具体有以下几种。

（1）二项选择法

二项选择指被调查可供选择的答案仅有两种，即“是与否”“有或无”等。答案是对立与排斥的，非此即彼，它一般起过滤的作用，将被调查者分为两类不同的人群。

【例】你知道乡村振兴政策吗？　　□知道　　□不知道

（2）多项选择法

多项选择法指可供选择的答案在两个以上，被调查者可选择其中一个或几个答案。多项选择可分为单选、限选和任选三种：单选只选择一个选项作为答案；限选指只能选择规定数目的答案；任选指对能选择的项目个数没有限制，可多可少。多项选择法中要考虑到全部可能的答案以保证答案的穷尽性，但答案个数应控制在8个以内，以免被调查者产生厌烦、无从选择或调查结果太过分散的情况，并注意答案的排列顺序，以免发生顺序偏差。

【例】 您喜欢下列哪些品牌的牙膏？（限选3项）

中华□　　芳草□　　洁银□　　康齿灵□　　美加净□　　黑妹□

【例】 您知道的走向世界的中国品牌有哪些？（可任选）

①海尔　　②华为　　③格力　　④恒源祥　　⑤联想

⑥李宁　　⑦比亚迪　　⑧阿里巴巴　　⑨抖音

（3）顺位法

顺位法也称排序题，指对所提供的答案按照重要程度或影响程度进行排序，反映被调查者对选项的偏好。被调查者可对全部答案进行排序或只对选中的部分答案进行排序。顺位法多用于意见、动机、感觉等比较性的表达。顺位的项目应是被访者认为重要的因素，且项目不宜过多，否则容易分散，难以顺位。

【例】 请用1-8对您购买空调时看重的因素进行排序？（1表示最重要，依次递增，8代表最不重要，排序数填写在□中）

价格便宜□　　外形美观□　　维修方便□　　品牌知名度□

经久耐用□　　噪音低　□　　制冷效果□　　其他　　　□

（4）矩阵式（双向列表）

矩阵式题目指将同一类型的若干个问题集中在一起，共用一组答案，从而构成一个系列问题。它的优点是能节省问卷空间，也便于统计，但是比较呆板，不宜使用太多。

【例】 您认为某某酒店哪些方面需要改善（在您认为合适的栏目内画√）。

项目	非常迫切	比较迫切	一般	不太迫切	不需要
内部装修					
内部设施					
菜品					
菜单					
服务质量					

（5）后续性问题

后续性问题也称相倚性问题，指后续回答依赖前面问题的回答。当问卷中有部分问题只适合一部分被调查者时，可设置后续性问题实现过滤或筛选的目的。

【例】 您有孩子吗？

①有______

②无______（请跳转至19题）

a. 有几个孩子______。

b. 其中有几个孩子与您生活在一起______。

（6）其他

语意差异量、常量和量、李克特等量表都可作为封闭型题型。

2. 开放型问题

开放型问题指只提供问题，不会事先提供答案，被调查者根据自身情况自由作答。开放型问题有自由填写式、词语联想、句子完成法、文章完成法、图画完成法等几种形式。开放型问题的优点是能获取大量丰富有价值的信息、答案更真实可靠、可缩短与被调查者的距离、可为封闭型问题提供答案。开放型问题的缺点是难于编码与统计、放弃回答的较多，也容易出现答非所问的情况。

3. 混合型问题

混合型问题是一种介入开放型问题和封闭型问题之间的一种问题设计方式。在一个问题中，给出一部分问题的答案，另一部分则事先不提供给答案，被调查者根据实际情况自由作答。

【例】您会向亲戚、朋友、同事推荐国产化妆品吗？理由是________？

A. 一定会　B. 会　C. 不一定　D. 不会　E. 肯定不会

（二）问题措辞技巧

问题的措辞在问卷设计中相当重要，有时由于提问的措辞不同，会对被调查者产生不同的影响。问题措辞中需要注意的方面有：用词尽量简短明确、通俗易懂、提问多使用一般疑问句、态度上保持中立、考虑应答者的能力和回答意愿。

1. 用词简洁

问题的陈述越长，产生歧义的可能性越大，而问题措辞越短，产生含糊不清的可能性越小。提问中尽量使用短句、用词尽量简洁、不要使用过长或繁杂的词语，避免给被调查者带来理解上的困难、使其产生厌烦心理。

2. 用词确切

提问时要使用明确有意义的词语，而不使用模糊的语句，如“你经常逛商店”和“您对某品牌的感觉”中的“经常”“感觉”就比较笼统，具体的含义不清楚，被调查不知道如何回答，也会产生不同的回答。可将“你经常逛商店”和“您对某品牌的感觉”修改为“每月您逛几次商店”和“你认为某品牌的质量怎么样”。

3. 用词通俗

由于被调查者的文化程度不同，问题的措词要通俗、容易被理解，尽量不要使用复杂的词语、专业术语和缩写语。对于提问中复杂难懂的语句和专业术语，可酌情使用下列办法进行处理：将一个复杂的概念分解为多个调查问题、对专业术语下定义澄清问题，或将生僻术语涉及的有关内容转换为被调查者可以理解或能回答的问题。

【例】请问您目前的工作情况是：（单选）

A. 有工作　B. 有工作但是目前休假、学习或临时停工、歇业　C. 没有工作

工作指最近一周以来：1. 从事过 1 小时以上有收入的工作；2. 在自己/自己家庭或家族拥有的企业/机构中工作，虽然没报酬，但每周工作在 15 小时以上或每天工作 3 小时以上；3. 参加农业生产劳动。符合上述 3 个条件之一，即算作有工作。

注意：1. 离退休人员、下岗失业人员，如果符合上述 3 个条件之一，也算有工作；2. 在校学生的勤工俭学及毕业实习、社会实践不算参加工作。

4. 避免提双重含义的问题

每一个问题只能问一个事情，同时问多个事情，被调查者会无所适从，不知道到底回答该问题中的哪个事情。如“您对中华牙膏的洁牙效果和价格满意吗？”可修改为

“您对中华牙膏的洁牙效果满意吗?”和“您对中华牙膏的价格满意吗?”。

5. 最好不使用反义疑问句和否定句

人们一般都喜欢使用肯定形式的提问，而不习惯否定形式的提问，因此问题一般使用疑问句而不是否定句来提问。同时不要使用反义疑问句提问，否则受表达习惯的影响，调查人员无法确定被调查者回答的真正含义。如“你不赞成商店实行打折制度，是吗?”，如果被调查者回答“是”，其本意应该是赞成商店打折，但按照语法来说，表达的意思可能完全相反。

6. 避免带有倾向性问题

提问要使用中性的语言，而不能带有倾向性的词语，避免被调查者因为从众或受权威影响而被迫放弃自己的观点，从而影响调查结果的真实性。如“现在很流行健身，您也喜欢吗?”“乡村振兴是实现中华民族伟大复兴的一项重大任务，您认为怎样?”和“科学家认为钙是人体生理必不可少的元素，您认为有必要购买补钙产品吗?”等问题中分别使用了从众效应、政策权威诱导和科学权威诱导。

7. 避免武断定性语句

“你喜欢玩什么类型的游戏?”就是一个武断定性的语句，因为这个问题的前提是调查对象是玩游戏的，如果被调查者不玩游戏，该问题他就无法回答。面临该类问题，需要先采用过滤性问题将被调查者分为“玩游戏”和“不玩游戏”两类人群，然后针对玩游戏者进一步询问玩什么类型的游戏。

8. 考虑应答者的能力

提出的问题要考虑被调查者的年龄、知识、生活背景等，不要超越被调查者的理解能力和回答能力，也要避免提被调查者无法回忆的问题。

9. 不要问敏感问题

针对一些敏感、让人缺乏安全性和舒适感的问题，可采用假定法、模糊法、扩大答案个数法、释难法和关联法等特殊技巧降低问题的敏感性，缓解尴尬，获得真实的答案。

（1）假定法

假定法指用第三人称来缓解被调查者的窘迫感。如“有些人看到老人摔倒在地也不帮扶，你怎么看待这种现象”“小张认为送礼是有必要的，小王认为送礼是没有必要的，你更同意谁的看法”。

（2）模糊法

模糊法指对于某些敏感问题设计出一些比较模糊的答案选项，让被调查者放下戒备心。如收入调查中，采用区间范围这种模糊的答案，而不是具体某个数值，更能让被调查者接受。

【例】以下哪个答案最能描述您家庭的税后年收入状况?

□1 万元以下　□1 万~2 万元　□2 万~4 万元　□4 万~6 万元

□6 万~9 万元　□9 万~11 万元　□11 万~13 万元　□13 万元以上

（3）扩大答案个数法

扩大答案个数法指增加答案的个数。对于金额或次数的问题，增加答案个数范围，可减少被调查者的心理负担，降低拒答率或减少回答不实的情况。

（4）释难法

释难法指在题目询问之前加上一段消除为难和疑虑的文字，使问题自然化，被调查者不尴尬更愿意回答。

【例】现在很多家庭有都会有几套住房，请问你家有几套住房？

A. 0 套　　　B. 1 套　　　C. 2 套　　　D. 3 套及以上

（5）关联法

关联法指不直接问某些敏感问题，而设置关联性问题间接获取信息。如，直接问被调查者的年龄很容易被拒绝，可改问生肖、孩子多大了、哪年上的大学等问题。

（三）问题顺序技巧

好的问题排列组合方式会激发被调查者的兴趣，调动他们的情绪，也有利于被调查者顺利作答。问卷中的问题一般的排序原则：一是先易后难，把简单易答的问题放在前面，给被调查者轻松的感觉，鼓励他们继续作答；二是先事实后观念、态度，先问比较客观的问题，然后再问道德、伦理、态度等比较个人的问题，避免产生自我防卫心理，影响到回答率和回答的准确性；三是先封闭后开放问题，被调查者一般不愿意花太多时间思考和书写，封闭性问题在前会增加答题信心；四是先当前、再过去、最后将来，不宜远近交错、前后跳跃，这样容易打乱被调查者的思路；五是同类性质问题应放在一起，便于被调查者思考，不至于过分频繁地在不同内容之间跳跃，减少和预防被调查者产生疲劳和厌烦情绪；六是遇到跳答时，应标明问题的作答流程，让被调查者知道如何回答后续问题。

二、答案设计技巧

调查问卷中有大量的封闭型问题，而答案又是封闭型问题中非常重要的部分，因此答案设计非常重要。答案设计中除了要与问题协调一致外，还应注意答案的有用性、穷尽性、互斥性和准确性。

（一）有用性

答案的有用性指答案的内容符合被调查者的实际情况，与客观情况差距不大。如，使用木地板的房间中出现“厕所”的选项，有关职工收入的答案中出现最高年收入为“2 000 元”等。

（二）穷尽性

答案的穷尽性指答案应该囊括被调查者面临的所有可能情况。答案中如果缺失了某种情况，被调查者就会感到迷惑，从而出现“随便选一项”的心理，同时答案缺失也会导致获取的数据不准确、不全面。如果实在无法考虑到某些因素，可在答案中增加“其他”选项。

（三）互斥性

答案的互斥性指答案之间不能互相重叠或相互包含。如，询问被调查者的文化程度时，答案为文盲、小学、初中及以下、高中、本科、研究生及以上时，就不符合互斥性原则，因为答案“初中及以下”与“小学”“文盲”不是互斥的，而是相互兼容的。

（四）准确性

答案的准确性指答案选项要精准，让被调查者把自身的信息表达出来。保证答案准确性的技巧：答案与问题协调、答案分类时只采用一个分类标准、表示程度和频率的答案做量化处理。

■任务实施

Step1：每个人阅读下列问题和答案，找出其中存在的问题，时间5分钟。

问题1：当你在餐馆就餐时，如果感觉到服务水平与你期望的相差很大时，你会怎样解决？

问题2：你旅行时常住哪种宾馆？

问题3：你家使用VCD2.0技术吗？

问题4：你对××餐馆的环境和服务满意吗？

问题5：现在乡村旅游很流行，你也喜欢吗？

问题6：你不赞成商店打折，是吗？

问题7：你不赞成商店打折？

问题8：你最近的1 000元收入从何而来？

问题9：你多长时间去一次餐馆？

问题10：你愿意在星期五和星期六的晚上来本餐厅享受乐队表演吗？

答案问题1：您经常上网吗？

①经常　②有时候　③极少　④每天都看一会儿

答案问题2：您对某某牙膏品牌满意吗？

①非常满意　②满意　③不满意

答案问题3：一周内，你通常吃几次早餐？

①1　②2　③3　④4　⑤5　⑥6　⑦7

答案问题4：请问你的每月收入为多少？

①500元以下　②501~700元　③701~900元　④900元以上

答案问题5：请问你每月的收入为多少？

①4 500元及以下　②5 001~7 000元　③7 001~9 000元　④9 000元以上

答案问题6：你同意下列看法吗？在每行适当的空格中划"√"。

媒体	经常看	有时看	很少看
抖音			
微博			
小红书			
微信			

Step2：每个人描述自己发现的问题，时间5分钟。

Step3：老师进行点评。

模块检测

一、单项选择题

1. 消费者购物方式适用的测量层次是（　　）。

A. 定类测量　　B. 定序测量　　C. 定距测量　　D. 定比测量

2. 对产品质量等级适用的测量层次是（　　）。

A. 定类测量　　B. 定序测量　　C. 定距测量　　D. 定比测量

3. 对于定序测量，以下适用的统计指标是（　　）。

A. 标准差　　B. 中位数　　C. 平均数　　D. 方差

4. 实验记录表可用到（　　）中。

A. 观察法　　B. 访问法　　C. 实验法　　D. 定性研究法

5. 调查问卷中应主要使用哪种类型的问题（　　）。

A. 封闭式问题　　B. 开放式问题

C. 封闭与开放式相结合的问题　　D. 尾部开放式问题

6. 以下哪种问句容易因为受访者判断标准不一致而使得调查结果容易受到影响？（　　）。

A. 事实问句　　B. 意见问句　　C. 解释问句　　D. 态度问句

7. 问题排列的基本原则是（　　）。

A. 由难到易，由复杂到简单、由深入浅

B. 由易到难，由简单到复杂、由浅入深

C. 由难到易，由简单到复杂、由深入浅

D. 由易到难，由复杂到简单、由浅入深

8. 调查问卷不宜过长，问题设计以适度够用为原则，一般控制在（　　）分钟之内回答完毕，否则容易引发被调查者的反感。

A. 5~10　　B. 10~20　　C. 20~30　　D. 30~60

9. 问卷选项中的“性别：1. □男 2. □ 女”属于哪一种测量尺度。（　　）

A. 定类尺度　　B. 顺序尺度　　C. 等距尺度　　D. 比率尺度

10. 以下不属于问卷功能的是（　　）。

A. 规范数据收集程序　　B. 提高成本

C. 减少非抽样误差来源　　D. 简化测量过程

二、多项选择题

1. 量表在分析之前，需要做（　　）分析。

A. 信度　　B. 集中趋势　　C. 离散趋势　　D. 效度

E. 难度

2. 调查问卷的优点主要有哪些？（　　）

A. 标准化　　B. 容易操作

C. 便于揭示隐性的问题　　D. 便于发现子群差异

3. 以下哪个问句是态度测量问句？（　　）

A. 你是否拥有笔记本电脑

B. 你为什么选择了某某品牌的笔记本电脑

C. 你购买笔记本电脑时主要考虑哪些因素（请按照重要程度选出前三位）

D. 你对目前使用的笔记本电脑满意吗

4. 问卷可以用到以下（　　）调查中。

A. 观察法　　B. 访问法　　C. 实验法　　D. 定性研究法

5. 关于问卷中问题的排列，下列说法中错误的是（　　）。

A. 问题排列应具有逻辑性　　B. 所有问题必须随机排列

C. 问题的排列要避免顺序效应　　D. 问题的排列要考虑时间要素

6. 语义差别量表中所涉及的“评价因素”，针对商品而言是指（　　）。

A. 商品的品质、等级　　B. 商品的尺寸、体积

C. 商品广告　　D. 商品的销售网络

7.“您经常在超市购物吗?”这一问句存在的主要问题是（　　）。

A. 表述不准确　　B. 没有量化

C. 表述不清晰明了　　D. 表述太简洁

8. 网络问卷调查的优点有（　　）。

A. 实时性　　B. 拓展性　　C. 高效性　　D. 经济性

9. 下列关于量表的说法正确的有（　　）。

A. 高计量层次的量表可转化为低层次的量表

B. 排列式量表与分等式量表并无本质差异

C. 低计量层次的量表可上升为高层次量表

D. 平衡量表不易产生回答偏差

E. 表式量表有利于提高回答效率

10. 下列关于调查问卷预试表述正确的是（　　）。

A. 这是完成每一份问卷都需要做的工作

B. 只是在调查活动完成后统一做的工作

C. 需要认真细致，规范操作

D. 需要边实施边发现问题边纠正或改进

E. 一般需要设计一套工作系统进行管理

三、判断题

1. 调查问卷是市场调查数据获取工具，但不是测量工具。

A. 对　　B. 错

2. 调查问卷设计的步骤应该按顺序进行，不能跳进或遗漏步骤。

A. 对　　B. 错

3. 调查问卷中的指导语包括告诉被调查者如何客观真实地回答问题。

A. 对　　　　　　　　B. 错

4. “医生认为抽烟有害健康，您对抽烟的看法?”这一提问所犯的错误是带有诱导性。

A. 对　　　　　　　　B. 错

5. 一份完整的调查问卷应包括起始部分、主体部分和过渡部分。

A. 对　　　　　　　　B. 错

6. 李克特量表是比较成熟的量表形式，因此使用前不需要进行信度和效度分析，可以直接应用。

A. 对　　　　　　　　B. 错

7. 语义差异量表可以比较形象地呈现应答者的态度，而且测量项中的反向形容词也很容易找到，因此可以多多使用。

A. 对　　　　　　　　B. 错

8. 调查问卷中，用以进一步确定应答者是否是真正的访问对象的问题是过滤型问题。

A. 对　　　　　　　　B. 错

9. 调查问卷设计中，需要防止诱导性、暗示性的问题。

A. 对　　　　　　　　B. 错

10. 开放性问题没有设定答案选项，让应答者自由回答，但常常得不到回应。

A. 对　　　　　　　　B. 错

实训项目六 市场调查方案设计实训

实践出真知，实践长真才。坚持在干中学、学中干是领导干部成长成才的必由之路。同样是实践，是不是真正上心用心，是不是善于总结思考，收获大小、提高快慢是不一样的。

——2021 年 9 月 1 日，习近平在中央党校（国家行政学院）中青年干部培训班开班式上的重要讲话

■实训目的与要求

1. 理解市场调查方案的含义及重要性；
2. 掌握市场调查方案的内容；
3. 掌握市场调查方案的设计步骤；
4. 掌握市场调查方案的评价原则；
5. 树立分析问题的意识；
6. 培养创新思维。

■实训学时

本项目实训建议时长：3 学时

■导入案例

某旅游目的地形象市场调查方案

一、调查背景和目的

某城市旅游资源丰富，旅游业发展较好，每年吸引大量国内外游客前来，旅游业成为该城市支柱产业。随着人民生活水平的提高，旅游业迅速发展起来，为了推动旅游业发展，将本城市建成现代旅游城市，当地政府加大对旅游业的投入。与此同时，随着竞争加大，游客会根据对旅游目的地形象来选择旅游目的地，因此需要打造一个

好的目的地形象。

通过本次调查，希望了解游客的构成、游客在旅游前后对旅游目的地的评价、游客对旅游目的印象等，从而发现目前旅游目的地形象中存在的问题，为后续旅游目的地形象打造提供依据。

二、调查内容

本项调查的具体内容包括以下几个方面：

（一）游客构成

年龄、收入、职业、婚姻状况、家庭生命周期、地域等构成。

（二）旅游动机

（三）旅游目的地形象评价

1. 旅游目的地属性认知评价

2. 旅游目的地情感认知评价

（四）旅游目的地行为倾向

1. 旅游目的地正面评价意愿

2. 旅游目的地重游意愿

3. 旅游目的地推荐意愿

（五）游客心目中旅游目的地代表

1. 心目中代表的人

2. 心目中代表的建筑

3. 心目中代表的事物

调查内容详见问卷表。

三、研究方法

调查性质：描述性调查。

调查对象：来该城市景区旅游后的外地游客。

调查单位：每一位来该城市 A 景区和 B 景区、年龄在 18~70 岁的外地游客。

调查方法：线下问卷调查为主。

调查方式：配额抽样。共计调查 500 人，A 景区和 B 景区门分别调查国内游客 200 人和国外游客 50 人。国内和国外游客按年龄层次和性别比例分配名额，分别见表 1 和表 2。

表 1　每个景区国内游客相互控制配额抽样　　单位：人

性别	18~30 岁	31~40 岁	41~50 岁	51~70 岁	合计
男	20	20	20	20	80
女	30	30	30	30	120
合计	50	50	50	50	200

表 2　每个景区国外游客相互控制配额抽样　　单位：人

性别	18~30 岁	31~40 岁	41~50 岁	51 岁以上	合 计
男	10	6	6	3	25
女	10	6	6	3	25
合计	20	12	12	6	50

调查实施：在2022年8月23日至2022年9月6日每个星期三和星期六的下午，在A景区和B景区门口，每次派十位调查人员和一名督导。根据配额要求从在景区旅游后出景区大门的游客中选择符合要求的游客进行问卷调查，这些游客游玩完毕既有空闲时间，也对景区有全面印象。调查过程中，首选寻找符合要求的被访者，然后向被访游客说明来意争取配合，对于愿意配合的游客表示感谢，并拿出打印好的问卷请游客填写，游客填写问卷中调查员应耐心等待，切不可催促，好让被调查者认真思考，认真回答，填写完毕及时收回问卷。对于不愿意配合的游客可先争取合作，对于仍不愿意配合的游客也要表示感谢。

数据分析方法：描述分析为主，因果分析为辅。描述性调查以单量变分析为主，因果分析采用双变量分析，双变量分析中将背景问题与旅游目的地属性评价、情感评价进行交叉列表分析。

四、作业进度表

本方案如得到委托单位认可，可保证在2022年9月20日前完成全部调查工作，并提交研究报告，具体时间安排见表3。

表3　调查作业进度表

日期	工作内容	备注
8月6日—8月13日	总体及抽样方案的论证、设计问卷	前两项可同时进行
8月10日—8月13日	调查初稿设计	
8月14日—8月15日	问卷测试	
8月16日—8月20日	问卷修正，印制	
8月21日—8月22日	访问员的挑选、培训	
8月23日—9月6日	调查实施	调查较长时间实施
9月7日—9月12日	统计处理	
9月13日—9月18日	撰写调查报告	
9月19日—9月20日	报告打印、提交报告	

五、调查组织

（一）人员安排

本次旅游目的地形象调查督导2名、调查人员10名、复核员5名。

（二）调查员的招聘要求

1. 仪态端正、大方。
2. 举止谈吐得体，态度亲切、热情。
3. 具有认真负责、积极的工作精神及职业热情。
4. 访员要具有调动谈话气氛的能力。
5. 访员要经过专门的市场调查培训，专业素质好。

（三）督导员和复核员的要求

督导由公司项目主管担任，要求经验丰富，有一定管理能力和组织能力。复核员由调查分析人员担任，要求掌握调查技能，熟悉调查行业，做事细心和耐心。

（四）调查员的培训

培训必须以实效为导向，本次调查人员培训采用培训班集中讲授的方法，先加强思想道德教育，让他们充分认识到市场调查的重要意义，增加责任感，端正工作态度，提高他们对调查工作的积极性。同时邀请有丰富经验的调查人员面授调查技巧、提高调查的成功率和调查质量。

六、调查费用预算

项目经费预算为 1.5 万元，其用途如表 4 所示。

表 4　调查费用预算表

单位：万元

序号	费用项目	金额	备注
1	策划费用	0.1	含专家费用
2	问卷设计	0.2	
3	问卷印刷费	0.1	550 份问卷
4	实地调查	0.7	含交通、劳务
5	数据处理费用	0.1	编码、录入、处理、分析
6	报告撰写费用	0.2	含专家费用
7	其他	0.1	
合计	1.50		

思考问题：

1. 市场调查方案的作用有哪些？
2. 市场调查方案包括哪些内容？
3. 如何制订市场调查方案？

■项目内容

根据教师要求，结合所选的市场调查项目设计一份调查方案，用于指导后期的市场调查工作。

【实训模块 1】市场调查方案的类型

■知识准备

一、市场调查性质分类

调查方案是实施调查研究的计划。根据研究目的不同，将调查划分为探索性调查、描述性调查、因果性调查和预测性调查。

（一）探索性调查

1. 探索性调查的概念

探索性调查指在正式调查之前，为了解调查问题的性质、调查范围和寻找调查问题可能的解决途径而进行的初步调查。探索性调查灵活性高，通常使用非结构化的调查方法。

2. 探索性调查的目的

当调查问题或调查现象不普遍、比较特殊或鲜有人研究时，可以进行探索性调查。探索性调查的目的：一是用于识别问题、澄清问题本质，如获取调查背景相关信息、定义调查术语、界定调查问题等；二是识别市场调查变量之间的关系，形成研究假设；三是获得解决调查问题的思路，如改变调研者的原有认知，为解决问题的提供新视角、新工具或新方法。

3. 探索性调查的实施方法

探索性调查是一种试验性质的调查，不需要提供明确或总结性的调查结论，因此调查方法比较灵活，多采用非结构化调查方法，如文案调查、专家访谈法、焦点小组访谈和其他定性调查方法等，调查对象少。

【小案例】　　洗发水广告创意的探索性调查

某知名男性洗发水品牌，虽广告诉求是为阳光损伤、高温吹风及多汗等易受损发质提供专属呵护，但广告面世后销量未见明显增长。为深入探究背后原因，邀请那些已观看广告却未转化为消费者的朋友们分享宝贵见解，共同解锁销量增长之谜。

（二）描述性调查

1. 描述性调查的概念

描述性调查指为准确描述现象或事物的的具体特征、状态、规律和趋势而进行的调查。描述性调查主要回答谁（who）、什么（what）、何时（when）、何地（where）、如何（how）、多少（how many）等内容。描述性调查从时间上可以分为横向描述调查和纵向描述调查：横向描述调查也叫横截面研究，指一次性从目标总体抽取一个或多个样本进行调查；纵向描述调查则对目标总体中的固定样本组进行同一内容的重复调查研究，以描述现象的发展变化以及不同现象前后之间的联系。描述性调查具有概括性和精确性的特点，概括性指通过对现象或事物的描述反映出总体和各个部分的普遍现象而不是个别或片面的现象；精确性指对现象或事物等方面做精确的描述和说明，而不是模糊的描述或说明。

【小案例】　　中国现制茶饮市场描述调查

随着消费者健康意识的日益提升，现制茶饮市场展现出强劲的增长势头，而传统碳酸饮料的销量则显著下滑。据统计，自 2018 年以来，现制茶饮的销量年增长率已攀升 29%，预计 2024 年市场规模将突破 2 000 亿元大关。目前，该市场的核心消费群体聚焦于 18 至 30 岁、月收入约 8 000 元的女性群体，尤其以 95 后（占比 37%）为主。有趣的是，尽管茶饮消费广泛，但其重度消费人群比例却不及咖啡爱好者。在每周至少一次的高频消费者中，现制咖啡的消费群体年龄与收入水平均比现制茶饮者高。

现制茶饮的消费者普遍重视品牌口碑、知名度以及产品的口感和体验。细分来看，一、二线城市的消费者更加关注产品的“健康”属性，而三线城市消费者则对门店促销活动表现出更高兴趣。在获取消费信息方面，朋友推荐与线下门店广告成为主要渠道。购买习惯上，一线城市倾向于通过外卖平台下单，而二、三、四线城市消费者则更偏爱直接前往线下门店消费。价格方面，消费者普遍认为17至18元为现制茶饮的合理区间。相较于其他饮品，现制茶饮在满足解馋需求的同时，其社交属性尤为突出，成为休闲聚会的优选。鉴于其消费习惯的成瘾性与行业的高利润特性，现制茶饮领域吸引了众多加盟商的青睐与加入。

2. 描述性调查的目的

描述性调查的目的是对某一现象或有关人群进行详细而准确的描述，具体目的包括：描绘群体特征，深入剖析某一群体的年龄、性别、地域分布共性特点等；分析行为趋势；量化具有特定行为特征的个体比例，揭示行为模式的普遍性与差异性；评估认知状况，衡量顾客对产品或服务的理解深度与广度，洞察其认知结构；描述变量关系，判断变量之间相互关联程度，揭示潜在的市场规律与趋势；奠定预测基础，通过收集详尽的市场资料，为后续的预测性调查提供坚实的数据支撑与理论依据。

3. 描述性调查的实施方法

描述性调查结果要求具有概括性和精确性，因此样本要具有代表性、内容要具有系统性和全面性，调查方法采用定量访问和结构化观察为主，样本量要求大且尽量采用随机方式抽取。

（三）因果性调查

1. 因果性调查的概念

因果性调查亦称解释性调查，是建立在描述性调查成果之上，旨在深入探究问题根源，验证并明确各变量之间因果关系的调查方法。

2. 因果性调查的目的

因果性调查旨在深化对现象本质的理解，其核心在于揭示为何发生，阐明背后的原因，并清晰阐述变量间的相互作用与关系。

3. 因果性调查的方法

因果调查是一种设计严谨的市场调查，除了系统性和周密性外，更强调严谨性和针对性，因果性调查方法多采用实验法和问卷调查法。调查内容不具有广泛性但要求适用性和针对性，分析上多进行相关分析和方差分析。

【小案例】　　中国现制茶饮发展原因

近年来中国现制茶饮市场的发展迅速，受益于生产端和需求端的双向驱动。在生产端，深厚的中国茶文化底蕴为市场提供了不竭的灵感源泉。自2015年前后起，以奈雪的茶等为代表的新式茶饮品牌异军突起，它们不仅传承了传统茶文化的精髓，更通过创新融合，赋予了中国茶以现代、时尚的新面貌，使茶文化以更加便捷、多元的形式贴近年轻消费群体。据统计，高达46.90%的“90后”消费者表示，在享受新式茶饮的过程中，他们得以更广泛地认识传统茶的种类；44.68%的受访者表示对不同茶叶品类有了更深入的了解；而54.68%的人则深刻感受到了中国茶文化的独特魅力与深远影响，更有45.94%的消费者因此对中国传统文化产生了浓厚兴趣，这一变化显著促进了茶文化的传承与普及。

在需求端，市场增长动力强劲，主要得益于消费观念的转变与消费群体特征的演变。随着健康意识的普遍增强，尤其是年轻消费群体对生活质量要求的提升，他们对于饮品的选择更加倾向于健康、便捷与个性化。新式茶饮凭借其方便获取、快速冲泡、无添加的健康属性，以及满足社交分享、小份量享受等现代生活方式的需求，获得年轻消费者的青睐。调研数据显示，2022 年有 37%的消费者因口味多样化和门店网络的便利而增加了对现制茶饮的消费，也有 24%的消费者因健康管理和体重控制的考虑而有所减少。

4. 预测性调查

（1）预测性调查概念

预测性调查指为了对决策者关心的变量的变化趋势和未来可能水平做出估计和测算而进行的调查。它在描述性调查和因果性调查的基础上，对市场中有关变量的趋势或水平作出估算、预测和推断。

（2）预测性调查目的

预测性调查目的是根据历史数据和当前趋势，预测未来某一社会现象、市场行为或技术发展的可能情况。

（3）预测性调查实施方法

预测性调查依赖于统计分析和数学模型，注重数据的准确性和时效性，可采用定性与定量预测方法。

【小案例】　　　　中国茶饮市场预测

中国茶饮市场在过去几年间展现出了惊人的增长态势，从 2017 年的 422 亿元强势跃升至 2022 年的 1 040 亿元，年复合增长率远超行业平均水平，达到了令人瞠舌的 20%以上。随着消费者对高品质、个性化茶饮需求的持续增长，以及茶饮品牌在产品创新、渠道拓展、供应链优化等方面的不断探索与突破，预计中国茶饮市场将持续保持高速增长态势。到 2024 年，茶饮市场规模有望突破 1 700 亿元大关。

二、不同性质的市场调查方案

不同性质的调查方案，其调查目的、调查规模、调查方法、抽样方法和分析方法都不同，具体见表 6-1。

表 6-1　不同性质的市场调查方案比较

内容	探索性调查	描述性调查	因果性调查	预测性调查
调查目的	形成初步印象和认识	描述总体状况和分布特征	定量关系和理论检验	预测未来
特点	无结构、调查形式自由灵活	系统、规范、科学	强严谨、逻辑、实证和验证性	系统、规范、科学
调查规模	小样本	大样本	中样本	大样本
抽样方法	非随机抽样	简单随机	随机抽样	非随机
调查方法	观察和定性访问	问卷调查	实验调查	定性和定量调查
分析方法	定性分析	描述性统计	相关与因果分析	定性或定量预测方法

■任务实施

Step1：根据6个人一组的原则将全班分成几个小组。

Step2：小组讨论下列调查情景应该采用何种性质的市场调查，时间5分钟。

情景1：美好公司是一家果汁饮料生产商，今年该公司饮料销量与往年相比出现了下降。影响果汁饮料销量的因素有很多，如经济不景气、行业整体下滑、消费者偏好发生改变、营销策略失误、竞争加剧等，如果想要找到导致公司产品销量下滑的主要原因，美好公司需要进行哪种性质的市场调查？

情景2：美好公司是一家果汁饮料生产商，今年该公司饮料销量与往年相比出现了下降。经过专家认真分析，发现销量下降的主要原因是消费者的需求偏好发生了变化，如果决策者希望搞清楚消费者偏好到底发生了怎样的变化，美好公司需要进行哪种性质的市场调查？

情景3：美好公司是一家果汁饮料生产商，由于销量不理想，公司打算上市新口味的果汁饮料，但却没有十足的把握。如果决策者想弄清楚几种新开发的不同口味果汁饮料到底哪种可能更受欢迎，美好公司需要进行哪种性质的市场调查？

情景4：美好公司是一家果汁饮料生产商，由于消费者偏好发生改变导致果汁饮料销量不理想，公司想开发矿泉水产品，如果公司决策者想知道矿泉水未来的销售前景，美好公司需要进行哪种性质的市场调查？

Step3：每个小组派代表简要阐述讨论结果，时间3分钟。

Step4：老师进行点评和总结。

【实训模块2】市场调查方案认知

■知识准备

一、市场调查方案的含义

市场调查方案指在进行调查实施之前，对调查工作的各个方面和各个阶段进行的通盘考虑和安排，并制订出详细的调查实施方案。市场调查需要花费大量人力、物力、财力和时间，因此事前要认真对市场调查活动进行规划，避免因准备不足导致市场调查失败。

二、市场调查方案的作用

市场调查活动是复杂和系统的活动，实施前必须有一个科学、周密、可行的调查方案。

（一）沟通工具

市场调查方案为了实现调查目标对调查性质、调查对象、调查内容、调查方法、调查方式和调查人员组织等进行提前规划。调查单位和委托单位通过调查方案可详细了解调查的调查思路、调查内容、调查技术路线、调查组织保证和调查时间安排等，可提前发现调查工作存在的问题，能及时与调查研究者进行沟通，改善和优化调查方案。

（二）工作合约

委托单位可通过调查方案来判断未来调查工作的质量，并决定是否与调查单位进行合作。只有委托单位对调查方案认可，决定资助调查执行单位，并同意签订委托合作合同时，合作才算真正开始。后期委托单位也会依据调查方案中的各项要求对调查成果进行验收。

（三）行动指南

市场调查工作是一项复杂、严肃、技术性较强的工作，需要多人参与配合。通过市场调查方案，让所有参与人员对调查内容、调查方法和调查步骤有统一的认识，从而统一行动，减少工作失误。

三、市场调查方案的构成

市场调查方案是在调查准备阶段为实现调查目标而进行的道路选择和工具准备。道路选择指为达到调查的目标而采取的调查思路、调查策略、调查方式、调查方法及其具体技术。调查工具准备指为调查准备调查提纲或调查问卷、分析软件等。一份完整的市场调查方案包括调查目的、调查对象、调查内容、研究方法、调查组织、调查进度安排、调查经费预算等内容，具体见表6-2。

表6-2　市场调查方案的构成

组成部分	具体内容
调查目的	为什么要调查：要解决哪些问题，信息有哪些用途
调查对象	向谁调查：调查总体、调查对象和分析单位
调查内容	调查什么：调查项目
研究方法	如何收集和分析资料：资料收集方法和分析方法
抽样方案	调查对象如何选择：抽样方法、抽样程序、样本规模
调查组织	谁去调查：调查人员组成、培训安排、人员安排
调查进度安排	什么时间调查：调查资料的标准时点、调查起止时间
调查经费预算	花多少钱调查：准备阶段费用、调查实施阶段费用、分析阶段费用、撰写报告阶段费用

（一）调查目的

调查目的指为什么调查，即通过调查获取哪些信息，这些信息主要用来解决什么问题。探索性调查目的在于增加对市场的认识，为后续研究提供基础；描述性调查是为了了解市场状况或特征；因果性调查则为了揭示现象之间的规律或联系。

（二）调查对象

调查对象指调查研究对象，包括对调查总体、调查对象和分析单位的界定。调查总体指进行研究的总体范围；调查对象或调查单位指市场信息的提供者；分析单位是后期分析和描述的对象，如个人、群体、组织、社区和国家。

（三）调查内容

调查内容指向被调查者了解什么信息或收集哪些资料。调查内容围绕调查目的展开，是调查目标的分解和扩展。确定调查问题的过程是将调查主题转化为测量问题的过程，将调查问题转化成调查提纲或调查问卷。

（四）资料收集方法

数据收集方法指为了实现调查目的，决定采用什么方法收集必要的资料。数据分析方法指后期数据采用定性分析还是定量分析，以及使用哪些数据分析方法、使用哪些数据处理软件和分析模型。

（五）抽样方案

全面调查、重点调查、典型调查和抽样调查所选取的调查单位是不同的。抽样方案指对调查对象选取的方法与过程进行详细说明。抽样方案对研究总体、样本要求、样本规模、抽样方法和抽样程序等进行详细描述。

（六）调查组织

市场调查工作复杂，需要多人配合共同完成，因此需要组建专门的调查组织。在调查组织中会设置不同岗位，需要规定每个调查岗位的职责和任务。如果对外招募调查人员，还要对招聘要求、人员培训、人员监督和人员管理做出要求。

（七）调查进度安排

调查时间包括调查资料所属的时间和调查工作的起止时间。调查资料所属的时间指规定调查资料的标准时点，如人口普查规定的标准时点是 11 月 1 日零时。调查进度指将调查过程分为若干个阶段，规定整个调查开始和结束的时间，也规定各个阶段应完成的任务以及完成各项子任务的起止时间。

（八）调查经费预算

调查经费指对市场调查需要的各种费用项目及金额进行估算。调查费用太低会影响调查质量，费用太高则会让委托单位放弃合作，因此要科学估算调查的各项费用，保证市场调查费用项目合情合理、有根有据。

■任务实施

Step1：根据 6 个人一组的原则将全班分成几个小组。

Step2：每个小组通过研究中国第七次人口普查调查方案，分别列出第七次人口普查方案中的调查目标、调查内容、调查方法、调查方式、调查时间进度和调查组织等。

Step3：每个小组派代表简要阐述讨论结果，时间 5 分钟。

Step4：老师进行点评和总结。

【实训模块 3】设计市场调查方案

■知识准备

一、确定调查目标

确定调查目标是设计调查活动的起点，也是调查方案中最关键的一步。方案设计者应先收集信息，搞清楚调查背景、调查想要解决什么问题、谁需要信息、调查结果有什么用处，然后找出决策中存在的问题，探讨解决问题的途径和方法，最后才能确定调查目的，明确要收集什么信息，制定出调查目标。

二、确定调查对象和调查单位

明确调查目标后，要确定调查对象和调查单位，解决向谁调查和由谁来提供资料的问题。调查对象是根据调查目的、任务确定调查范围以及所要调查的总体，它是由有许多性质相同的调查单位所组成的。调查单位是调查对象中的一个具体单位，是调查信息的提供者。确定调查对象和调查单位时需要注意：一是必须以科学的理论为指导，严格规定调查对象的含义，避免由于界定不清楚发生差错。二是调查单位的确定取决于调查目的和调查对象，调查目的和调查对象变化，调查单位也会随之发生变化。三是不同的调查方式会产生不同的调查单位。全面调查时，总体包括的全部单位都是调查单位，重点调查只有少数重点单位才是调查单位，典型调查只有选出的少数有代表性的单位才是调查单位，抽样调查只有抽选出的样本才是调查单位。

三、确定调查项目

调查目标只规定了信息收集的大致范围，内容还不够具体，因此需要阐明调查研究的详细内容。调查研究者需要根据调查目标确定每类问题需要收集的具体项目，然后将每个项目细化到可测量的变量为止。确定调查项目的程序：先列出调查目标，再设计问题框架，最后细化问题项目，并转化成可测量的变量，直到制定出详细的调查提纲或调查问卷。

四、决定调查方式与方法

为了完成调查目标，需要决定在何处、向何人、以何种方法进行调查，从而得到必要的资料。市场调查既要采取基本的调查方式方法，也要根据不同的调查目标、调查对象、调查内容、调查时间和调查费用来选择合适的调查方式与方法，以达到最佳的效果。在调查方法选择上，可先根据现有的调查条件，列出每种可能获取资料的调查方法，然后反复论证各种调查方法，最后选择能满足调查目标和调查时间要求但费用最低的调查方法。同时决定向哪些人获取信息，因此需要对调查总体、抽样框、调查区域、样本选择、样本规模及抽样过程做详细说明。最后还要对后期资料所采用的分析方法进行说明。探索性调查主要用定性分析方法，描述性调查主要使用描述统计和推论统计，因果性变量则使用双变量、多变量分析或更加复杂的分析方法。

五、确定调查进度

市场调查是一个环环相扣的活动，只要某一个环节出现问题，就会影响到后续的工作，因此要对调查流程各环节的完成时间进行安排，保证调查工作有序进行，避免重复劳动。除规定最合适的调查资料标准时点外，还要规定调查进度。调查进度一般分为策划阶段、文案调查阶段、实地调查阶段、数据整理分析阶段，调查报告撰写阶段和调查报告提交阶段，每个阶段需要完成的具体任务及所需要的时间是不同的，详见表 6-3。在确定调查进度时可以参考一般的调查进度，更应结合调查项目特点，科学安排调查进度，有序完成调查任务。

表 6-3　市场调查进度安排

调查阶段	任务安排	占项目时间比例
起草调查方案	调查方案的设计、论证	4%～5%
抽样方案和问卷等设计	调查工具和抽样方案设计、测试、修改和定稿	8%～10%
调查员的挑选与培训	调查员的挑选和培训	10%～15%
实地调查	收集原始数据	20%～25%
数据录入和统计分析	录入和统计分析	15%～20%
报告撰写	调查报告撰写	10%～15%
修改和定稿	调查报告修改、口头报告汇报、书面报告提交	6%～10%

六、确定调查组织

为了确保调查工作实施，需要对调查机构的设置、调查人员的分工、调查人员的选择与培训，以及调查人员的监督管理措施做好安排。企业委托外部市场调查机构进行市场调查时，还应对双方的责任人、联系人、联系方式做出规定。

七、估算调查费用

调查设计者要根据调查要求合理确定各环节所需费用。实际调查中，前期准备阶段的费用占总费用的 30%，实施阶段的费用占总费用的 30%，后期数据录入、整理分析和报告撰写的费用约占总费用的 40%。如果接受委托代理的调查项目，另增加办公费、管理费、税费，该部分费用约总费用的 10%～15%，还要增加服务费，该部分费用占总费用的 20%～30%。其中准备阶段费用包括调查方案设计费、问卷设计费和问卷复印费用；实施阶段的费用包括调查劳务费、被访者礼品费、督导员劳务费、差旅费和交通费等。在调查费用预算时，应遵循节约的原则，保证在有限预算条件下实现最大目标或在一定目标之下预算最小。

八、编写市场调查方案

市场调查方案作为引领调查工作的指导性文件与行动纲领，它要求研究人员将缜密的思考与详尽的规划以书面形式精准呈现。尽管各种调查方案在形式上各有千秋，其核心精髓却高度一致，包括了明确无误的调查目标、全面细致的调查内容、严谨周密的调查策略与实施计划，以及预期的调查成果。

九、评价市场调查方案

调查方案是指导调查活动的大纲，是保证调查取得预期结果的保证，在市场调查中处于十分重要的地位。一份好的市场调查方案应该能满足调查目的和要求，具有可操作性，全面完整，并且是最优的。

1. 全面性

市场调查方案需要对调查工作的方方面面做通盘考虑，调查目的、调查内容、调查对象、调查方法、调查方式、进度安排和费用预算等都不能遗漏，否则会出现难以弥补的情况。

2. 可操作性

为了确保调查项目的顺利进行，在制定调查方案时，要充分考虑其可操作性，确保调查方案能够在实际操作中得到有效执行。调查方案的可操作性主要体现在四个方面：一是对市场调查的各个步骤、所需资源、时间安排和人员分工进行详细规划；二是基于实际情况进行规划，充分利用现有条件保证调查的顺利实施；三是在数据收集、处理和分析的规划中，保证调查分析的严谨性和专业性；四是对调查实施过程中可能会遇到的各种风险和挑战进行考虑，并提前制定应对措施。

3. 最优性

每个研究者对调查问题的理解不同，调查思路、调查方式多少存在差异，即使面对同一调查任务，所设计的调查方案也可能存在差异。调查方案的设计存在多样性，因此可能会存在最优的一种方案。最优调查方案的评价标准：调查内容能实现调查目的、在调查精度一定的情况下调查成本最低、在调查成本一定的情况下调查精度能满足要求等。对照最优标准看现有的调查方案是否可以进一步优化。

■任务实施

Step1：根据6个人一组的原则将全班分成几个小组。

Step2：每个小组结合调查项目撰写一份市场调查方案。

Step3：每个小组派代表简要阐述本组的市场调查方案，时间5分钟

Step4：其他小组对该组的市场调查方案进行评价，时间3分钟。

Step5：老师进行点评和总结。

模块检测

一、单项选择题

1. (　　) 是开展调查活动的指导性文件，详细描述了获取市场信息的必要程序。

A. 市场调查方案　B. 调查问卷　C. 研究假设　D. 数据分析

2. 收集原始数据的方法不包括 (　　)。

A. 问卷法　B. 企业内部数据　C. 观察法　D. 深度访谈法

3. 在调查过程中，最容易产生误差的环节是 (　　)。

A. 数据分析　B. 数据收集　C. 现场调查　D. 调查方案设计

4. (　　) 是获得原因变量和结果变量之间因果关系的证据。

A. 预测性调查　B. 因果性调查　C. 探索性调查　D. 描述性调查

5. 对某项调查研究的程序及其实施进行预先考虑，详细说明调查研究的意义、研究设想和方法、并制定出总体计划和切实可行调查研究大纲的工作称为 (　　)。

A. 市场计划　B. 调查方案设计　C. 市场调查　D. 研究说明

6. 探索性调查中，描述两个或多个变量之间推测关系的陈述是 (　　)。

A. 定性调查　B. 定义术语　C. 研究假设　D. 问题界定

7. 在完成描述性调查之后，为了了解具体行为背后的原因和动机，企业还可以继续进行 (　　)。

A. 探索性调查　B. 预测性调查

C. 因果性调查　D. 描述性调查

8. 市场调查方案设计的首要工作是 (　　)。

A. 调查方法的选择与设计　B. 数据收集

C. 调查问题的确定和目标陈述　D. 调查对象的确定

9. 顾客投诉突然增多，为了了解到底是什么原因导致的，公司可以邀请投诉顾客进行调查。这样的研究属于 (　　)。

A. 探索性调查　B. 调查访问法

C. 因果性调查　D. 描述性调查

10. 市场调查方案的内容不包括 (　　)。

A. 调查问题和目标的确认　B. 调查问卷的设计

C. 样本量的确定　D. 调查可行性分析

二、多选题

1. 某公司拟进行顾客满意度调查，公司市场部需要制定相关的《市场调查方案书》，该书的基本内容应该包括 (　　)。

A. 调查进度规划　B. 调查流程

C. 调查费用预算　D. 调查内容

2. 市场调查方案设计是（　　）。

A. 在调查项目实施之前进行的

B. 对整个调查项目各个方面的一个通盘考虑

C. 对整个调查项目各个阶段任务的一个通盘的考虑

D. 整个调查项目的一个框架

3. 在编制市场调查方案时，安排调查进度要详细列出（　　）。

A. 调查目的与任务　　B. 调查对象与调查单位

C. 完成每一步骤所需的时间　　D. 完成每一步骤起始终止时间

4. 对调查方案进行可行性评价的方法主要有（　　）。

A. 经验判断法　　B. 逻辑分析法

C. 试点调查法　　D. 归纳推理法

5. 衡量调查方案设计是否科学的标准有（　　）。

A. 是否达到调查目标要求　　B. 符合客观实际

C. 体现企业领导的意愿　　D. 可以满足多种用途

三、判断题

1. 调查方案并不需要涉及由谁来具体实施的问题。

A. 对　　B. 错

2. 调查方案设计的调查内容越多越好。

A. 对　　B. 错

3. 调查方案设计的首要工作是确定调查目标和调查任务。

A. 对　　B. 错

4. 调查方案中的调查时间指调查资料报送时间。

A. 对　　B. 错

5. 调查方案可以看作是调查合约。

A. 对　　B. 错

6. 在制定调查方案之前可以不了解调查意图和调查背景。

A. 对　　B. 错

实训项目七　调查数据整理实训

善于获取数据、分析数据、运用数据是领导干部做好工作的基本功。

——2017 年 12 月 8 日，习近平在在十九届中央政治局第二次集体学习时强调

■实训目的与要求

1. 掌握调查数据整理的作用；
2. 掌握定性调查数据整理的步骤；
3. 掌握定性调查数据整理的方法；
4. 掌握定量调查数据整理的步骤；
5. 掌握定量调查数据整理的方法；
6. 增强量化意识。

■实训学时

本项目实训建议时长：3 学时

■导入案例

榨菜指数

国家发改委官员提出了一项新颖而富有洞察力的宏观经济观察——“榨菜指数”，该指数巧妙地利用涪陵榨菜在全国各地区销售份额的变动趋势，映射出人口流动的实际状况。据数据显示，涪陵榨菜在华南地区的市场份额自 2007 年起逐年递减，从接近半数的市场份额（49%）持续下滑至 2011 年的不足三成（29.99%），这一显著变化深刻揭示了华南地区人口外流加速的趋势。

基于这一“榨菜指数”的深入分析，国家发改委发展规划司将全国划分为人口流入与人口流出两大区域，这一划分不仅为精准把握我国人口流动格局提供了新视角，更为政策制定者提供了差异化施策的重要依据。针对不同区域的人口结构特征，未来

在政策制定上将采取更加灵活、更具针对性的措施，以期实现更加均衡、可持续的发展。此举不仅体现了政策制定的科学性与前瞻性，也彰显了国家对人口流动问题的高度重视与精准应对。

数据来源：百度百科. 榨菜指数［EB/OL］. https://www.sohu.com/a/117094602_352501，2013-08-14/2024-08-26.

思考问题：

1. 为什么调查数据分析之前需要进行数据整理？
2. 如何对定性调查数据和定量调查数据进行整理？
3. 定性调查数据和定量调查数据整理的异同点有哪些？

■项目内容

在教师指导下，根据整理步骤分别完成所做调查项目的数据整理工作，以完成教学目标。

【实训模块1】定性调查数据的整理

■知识准备

一、定性调查数据整理概述

（一）定性调查数据概念

定性调查数据指通过文案调查、定性访问和非结构化观察获取的文本、音频、图片、视频和实物形态的数据。定性调查数据具有以下特点：

1. 来源多样性

定性数据来源广泛而多元，涵盖了文案调查、定性访问、非结构化观察以及数据挖掘等多个渠道。文案调查会获取包括文本、图片、音频、视频在内的丰富数据类型；非结构化访问会获取访谈记录、笔记、照片、录音、录像及其转录文本，甚至包括被访者创作的图画、名录、故事、拼贴画等实物数据；非结构化观察同样产生大量定性数据，如观察记录、观察笔记、照片、录音、录像及直接观察到的实物；使用数据挖掘技术深入挖掘用户各类复杂的行为痕迹数据。

2. 形式不规范性

来源于文案调查、深度访谈、观察法及焦点小组讨论的定性调查数据，以文字、图像、音频等非数值形式呈现。这些数据往往缺乏统一的格式和预定义的分类标准，呈现出一种杂乱、零散的状态。

3. 阶段变异性

定性调查资料在其不同阶段展现出不同的形态。在数据收集阶段，主要形式为原始的访谈记录、观察笔记及文件文本等。在数据整理阶段，资料则转变为经过系统编码的主题分类或详细的分析备忘录。在数据分析阶段，资料经过精心选择与处理，转化为更加精炼、针对性的信息。

（二）定性调查数据整理概念

定性调查数据整理指根据研究目的对所获得的原始定性数据进行转录、分类、建档、编码，将定性数据变成可随时调用、不断复制、任意组织和处理的文件。

（三）定性调查数据整理目的

定性调查数据整理指将收集到的访谈记录、观察笔记、文献摘录等原始定性数据进行审核、分类、编码处理、建立档案，从而确保数据的准确性和可靠性、并提取关键信息，排除无关信息，转化为易于检索、可重复利用、灵活组织与高效处理的信息文件集。

二、定性调查数据整理步骤

定性调查数据整理包括原始定性数据的审核、阅读分类、编码、建档和撰写备忘录等，如图 7-1 所示。

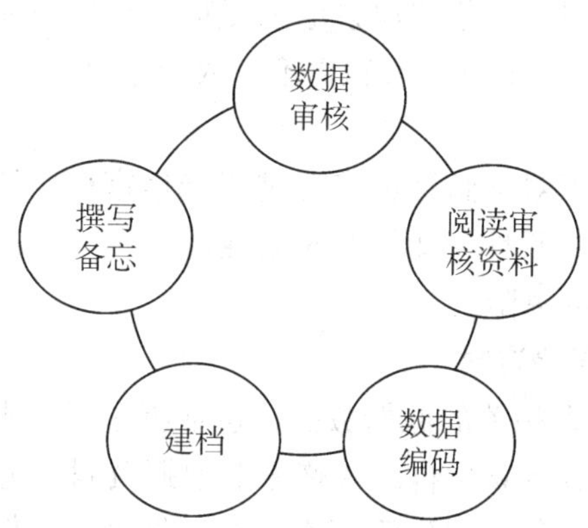

图 7-1　定性调查数据整理的步骤

（一）数据审核

定性调查数据数量庞大且非常凌乱，首先对数据进行审核，保证数据是准确的、可靠的和适用的。

1. 定性数据审核重点

（1）真实性

定性调查数据真实性审核指判断数据的真实性，即验证所收集信息的可靠性与无偏见性。如调查人员是否真正去访问或观察、调查记录是否是被访者的真实回答。如果对原始资料存在疑问就需要进一步进行核实，以保证原始数据的真实性。

（2）准确性

准确性审核指审查原始数据内容的精确无误和符合调查要求的程度。如调查时间是否符合规定、调查人员是否按照研究设计去实施、受访者是否按要求回答或填答、调查员是否准确处理受访者的表达等。

（3）适应性

适应性审查指分析数据是否适用于既定的研究目的，以确保其有效性和相关性。一是审核调查资料对于研究问题的效用程度，即调查资料与调查主题的相关程度和有用性，对于效用不大予以删除。二是审核能否基于现有数据的深度和广度得出研究结论。

2. 定性调查数据审核方法

定性数据审核方法有抽样调查法、逻辑分析法、比较法和来源分析法。

（1）抽样调查法

抽样调查法指随机抽取一部分访谈对象进行复核访问，检查他们对某些问题的回答。或随机抽取观察者，请观察员回忆当时的某一场景状况，看是否与记录内容相符。如果抽样得到的信息与原始资料的内容一致性比较高，认为资料是真实可靠的，不一致则要进一步核实原因。

（2）逻辑分析法

逻辑分析法指根据研究者以往的经验和知识检查定性资料的内在逻辑，看是否存在自相矛盾或不统一的情况。如果存在矛盾或不统一的情况需要进一步核查原始资料。

（3）比较法

比较法指比较多个收集到的资料的一致性，来判断原始资料的真实性。如比较不同观察者使用相同方法对同一对象的观察记录资料，资料一致性较高认为调查数据是真实可靠的，否则需要进一步核实调查数据不一致的原因。

（4）来源分析法

来源分析法的核心在于对文献资料来源进行严格审核，评估其可靠性。通常会检查文献资料与调查主题的关联性、文献的时效性以及文献来源的权威性等，避免采用不可靠、失真或过时数据的风险。

（二）阅读审核后的原始资料

全面阅读各种定性调查相关的原始数据，包括听录音、观看录像、阅读录音文字稿、阅读笔记、查看相关的视频材料，从整体上把握资料，避免一开始就陷入到具体的细节之中。通过反复阅读数据以熟悉资料，通过做批注、做笔记和做接触摘单的方式记录调查数据的主题及含义，搞清楚数据之间的逻辑关系，同时在与数据互动中获得启发和联想，产生新的想法，发现其他重要的因素，形成初期的编码方案。

（三）编码

1. 编码概念

定性调查数据的编码与定量调查数据的编码不同，它指研究者对收集到的定性数据进行逐层处理，即首先对文本中的各个片段赋予意义，然后将原始资料组织成概念类别、创造出主题或概念，最后用这些主题或概念来分析资料。编码摆脱了原始资料的细节，站在更高层次来思考定性资料，并引导研究者走向概括和理论。定性数据编码的作业步骤：先对原始数据逐一分析，识别出广泛的想法、概念、行为或短语，然后进行归类，不断抽象，提炼出主概念，再用主概念来分析资料。

2. 编码方法

斯特劳斯定义了三种定性数据的编码类型，分别为开放式编码、主轴式编码和选择式编码。

（1）开放式编码

初次对收集到的定性数据分析时，常采用开放式编码。开放式编码指对原始数据逐一分析，从中寻找抽象概念，并对其配以标签，以获得概念化的过程。在开放式编码中研究者要以开放心态，根据研究主题设置一些主题，不断为资料中呈现出的各种主题分配代码或标签，以便将大量零散、混乱的资料转变为不同的类别。

【小案例】　　　　奶茶店顾客焦点小组访谈开放式编码

调查员：A 奶茶店数量那么多，请问您为什么去 B 奶茶店购买奶茶？

被访者："我经常在 A 奶茶店购买奶茶，偶尔也会到其他便利店尝尝味道有没有不一样，结果发现味道还是有差异的，B 奶茶店的更新鲜，质量把控比 A 奶茶点更严格，服务会更贴心，所以在这里购买奶茶比较安心。"

该被访者回答的开放式编码结果：被访者是 A 奶茶店的常客；想尝尝味道的差异；各店比较结果；对 B 店更信任。

（2）主轴编码

主轴编码指将开放式编码形成的概念进行聚类分析以形成范畴，并对各范畴之间的关系进行分析，以最终形成主范畴的过程。开放式编码关注的是资料本身，主轴式编码关心的是主题，着重发现和建立主题类别之间的因果关系、时间关系、语义关系等。在轴心式编码过程中，研究者思考原因与结果、阶段与过程，并寻找它们聚合在一起的类别或概念。如将现有概念分为不同维度或不同的子类别，看几个密切相关的概念能否结合成更为抽象的概念、或按照时间顺序、空间位置、或按他们与研究主题相关的程度进行组织。

【小案例】　　　　奶茶购买动机调查的主轴式编码（图 7-2）

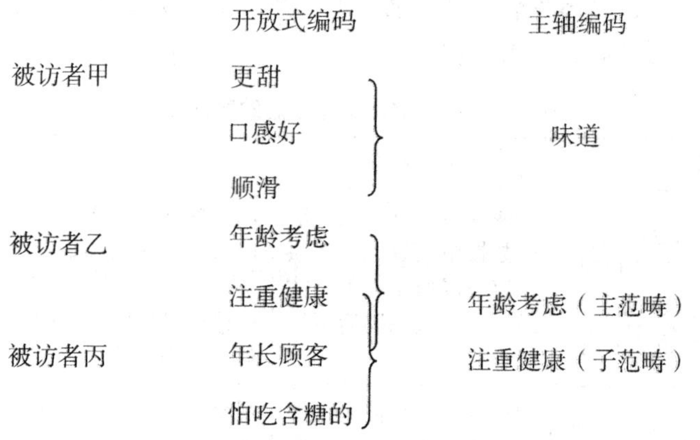

图 7-2　奶茶购买动机调查的主轴式编码

（3）选择式编码

选择式编码是在浏览资料和进行开放式编码或主轴编码工作的基础上，有选择地查找那些能说明主题的个案，并对个案进行比较和对照。研究者发展出某些概念，并开始围绕几个核心概念或观念来组织和深化他们的分析。这是理论构建的关键阶段，它要求研究者具备高度的敏感性和判断力，以从繁杂的数据中识别出具有代表性和解释力的核心概念。选择式编码是从主轴编码所开发的主范畴中挖掘核心范畴，分析核心范畴与主范畴的关联，以开发故事线的过程。

【小案例】　　　　奶茶店忠诚原因的选择式编码

仔细阅读各种调查笔记，寻找顾客满意与不满意的原因、满意与不满意的顾客行为上的差别，然后对消费者满意程度及态度的差别进行比较，以便得出顾客满意度理论模型，具体见图 7-3。

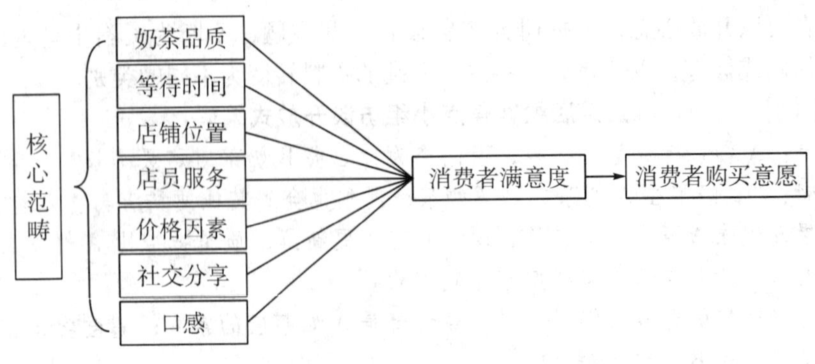

图 7-3　奶茶店忠诚原因的选择式编码

（四）建档

建档指在收集、整理和分析过程中，研究者同步记录下一些重要的信息，并做成档案，以便分析时查找、存储或使用。档案包括原始数据档案、分析档案和工作档案等。原始数据档案包括最原始的访谈记录、录音记录、观察记录、文献数据等，以及在初步编码中未经过编码的材料。分析档案是收集分析中已经出现的概念和范畴，并将分析的主题与各种资料分别集中起来。工作档案是记录研究者从事研究的方法和个人反思。传统的建档多以手工操作为主，但是现在更多利用计算机进行定性数据整理和分析。通常先将定性数据录入到电子数据库，不同调查方法获取的定性数据录入的内容和录入策略不同，具体见表 7-1。录入电子数据库的数据还要进行数据清洁，避免录入错误、编码错误和调查记录错误。

表 7-1　不同定性调查数据的数据库化

类型	录入内容	录入策略	数据文件种类	适用工具
定性访谈	访谈记录信息的基本变量（编号、访谈时间、地点、人物、主题、位置图等）、访问内容等	访谈基本变量使用标准的数据格式录入；访谈内容先以通用文本格式录入，审核编码后再导入分析工具	调查提纲或访谈设计 访谈记录整理数据库 访谈内容数据库 访谈记录编码数据库 数据清理报告	文本数据分析软件：Nvivo、Aquad ATLAS.ti Qualrus
观察数据	观察记录信息的基本变量（编号、观察时间、地点、事件、主题、媒介等）、观察内容等	观察基本变量使用标准的数据格式录入；观察内容先以通用文本格式录入，审核编码后再导入分析工具	观察提纲或观察设计 观察记录整理数据库 观察内容数据库 观察记录编码数据库 数据清理报告	图片数据工具 Adobe Lightroom 视频数据工具 Adobe Premier
文献数据	文献信息的基本变量（作者、篇名、载体、时间、存放等）、文献记录内容	文献信息的基本变量使用标准的数据格式录入；观察内容先以通用文本格式录入，审核编码后再导入分析工具	文献清单 文献记录整理数据库 文献内容数据库 文献记录编码数据库 文献数据清理报告	文献管理工具 Endnote、Paper

（五）撰写分析型备忘录

在数据收集、整理过程中会记录形成各种不同类型的实地笔记。分析型备忘录是一种特殊的笔记类型，它是关于编码过程的想法和思路的备忘或讨论，是研究者本人看的。每一种编码主题都会形成有一个单独的备忘录，它有助形成具体资料、粗略证据和较为抽象的理论思考之间的链条。分析型备忘录包含了研究者对资料和编码的主动反应和思考，并不断将这些反映或思考添加到备忘录中。研究者在数据收集之初就应该着手撰写备忘录，直到完成调查报告为止。

■任务实施

step1：按照每 6 个人一组的原则将全班分成几个小组。

step2：每个小组讨论下列问题，时间 15 分钟。

问题 1：文案调查收集到的定性数据应该如何整理？

问题 2：焦点小组或深层访谈法获得的访问数据应该如何整理？

问题 3：非结构化观察法收集的记录、图片和视频数据应该如何整理？

Step3：每个小组派代表阐述讨论结果，时间 5 分钟。

Step4：每个小组对下列定性调查数据进行编码，时间 5 分钟。

某洗衣产品用户录像记录资料（摘选）

用户 1：通常请阿姨洗衣服，少数情况下阿姨不在我不得不自己洗衣服，一般用洗衣机洗衣，好的衣服需要手洗，花几个小时手洗衣服是没有意义的。

用户 2：每天除了洗衣服务外还有很多家务劳动，洗衣服花很多时间，必须使劲刷衣服，很难在洗衣服的时候还做其他家务事。我们洗衣服水是没有问题的，有时停水我们在桶里装一些水备用。

用户 3：农村用户一般下午四五点洗衣服，在河里洗衣服很方便。

用户 4：城市用户为了去掉油污会使用去污剂，去掉油渍、血渍等，效果比较好。

用户 5：农村用户一般用肥皂去掉污渍，直接用刷子刷该污渍，有时会用漂白液漂白，以淡化污渍。

用户 6：城市用户使用洗衣机洗衣，将衣服分类，使用皂粉，不会花太多时间来洗衣服。

Step5：每个组派代表将编码结果展示出来并说明理由，时间 3 分钟。

Step6：老师进行点评。

【实训模块 2】定量调查数据的整理

■知识准备

一、定量调查数据整理概述

（一）定量调查数据概念

定量调查数据指通过定量访问、结构化观察、实验法和文案调查获取的数值型数据。定量调查数据具有格式规范、形式统一和易于统计分析的特点。

（二）定量调查数据整理概念

定量调查数据整理有广义和狭义之分。狭义的定量调查数据整理指对定量调查数据进行编号和审核。广义的定量调查数据整理指对原始调查数据进行审核、编码、录入、清洁和预处理。

（三）定量调查数据整理作用

定量调查数据整理不仅是对前期调查工作的检查，及时发现工作的不足，而且是对前期数据的审核，有效减少数据的原生性误差。通过整理使原始调查资料得以条理化、系统化，为后续深入统计分析奠定基础。

二、定量调查数据整理步骤

定量调查数据整理工作包括数据审核、编码、数据录入、数据净化和数据预处理等，具体步骤如图 7-4 所示。

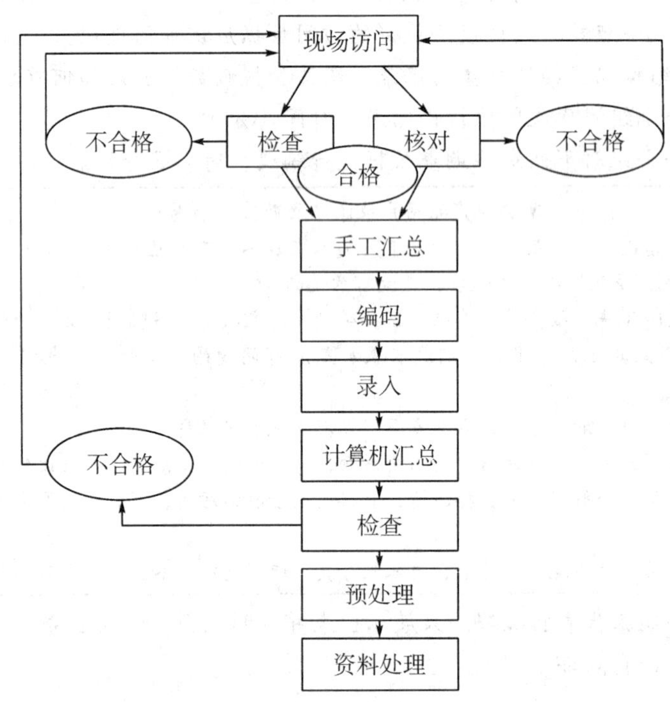

图 7-4　定量调查数据整理步骤

（一）定量调查数据的审核

定量调查数据审核指依靠人工对原始问卷进行初步审查和核实，校正错填、误填的答案、剔除乱填、空白和严重缺答的废卷、不可靠的文案调查数据。定量数据审核目的是消除原始资料中的短缺、虚假、错误等现象，保证资料的完整性、正确性和真实性。

1. 实地调查的定量数据审核

（1）审核方式

定量调查数据审核第一轮的有现场审核和第二轮的集中审核。现场审核也称实地审核，指调查员在调查现场对回收的问卷进行审核，如发现填写不完整、表达不清楚或逻辑错误问题现场采取补救措施。较大规模的调查，会组织领导或督导进行问卷抽查复核，发现问题现场及时处理。集中审核是在问卷全部收集回来后，邀请专业审核人员集中时间对每份问卷从头到尾审核。集中审核之前，审核人员要搞清楚调查内容、调查表设计格式和特点、调查对象特点、样本选择方式和访问员背景等。

（2）审核重点

①完整性审核

完整性审核指对调查问卷数目和调查问卷填写的完整性进行审核。问卷数目审核指检查回收的问卷数量是否达到调查要求，通常用发放问卷数量、问卷回收率和有效问卷回收率来衡量。有效问卷回收率低于30%得出的调查结果仅可作参考、有效问卷回收率超过50%得出的调查结果可采纳、有效问卷回收率达到70%得出的调查结果才能作为研究结论的依据。调查问卷填写完整性指每份问卷中必填的访题是否全部回答。调查问卷中可能存在大面积没有回答、少部分没有回答、个别访题没有回答或同一道访题都没有回答等情况。

②真实性审核

真实性审核指审核调查问卷是否为受访者回答，调查员有没有造假作弊的嫌疑。真实性审核方法：一是检查被访者的背景资料，以评估其回答的合理性和一致性；二是从已经完成调查的群体中随机抽取若干个被访者，通过电话或或电子邮件询问他们对某些问题的回答情况，以此验证问卷内容的真实性；三是通过观察回收问卷的填写情况，包括字迹、逻辑连贯性、答题模式等细节，以识别可能的伪造或不当填写迹象。

③准确性审核

准确性审核指检查问卷调查实施过程中调查员是否正确执行调查设计，有没有应答错误。如是否存在样本错误，每个受访者都符合调查标准、每个被访者都按照要求回答问题、答案是否存在含混不清或相互矛盾的地方。准确性审核可采用判断检验、逻辑检验和计算检验等三种方法：判断检验是研究者根据原有经验常识或已知情况判断资料是否正确，如年龄15岁却已经结婚或使用化妆品10年等；逻辑检验是分析资料内部各元素之间的逻辑关系来辨别资料的真伪，如房屋面积20平米却是三室一厅等；计算检验指对问卷中特定部分数据的和或差进行精确计算，并与预期总量或合理范围进行对比，以此来判断资料的真实性和合理性，如亲生父母与子女只相差7、8岁等。

（3）审核后的数据处理办法

①不完整问卷的处理办法

有效问卷数量达不到调查要求，需要补充调查，直到有效问卷数量达到要求为止。如果实在没有办法补充调查，需要在后续分析中加以说明。对于不完整的调查问卷的处理办法：缺页或三分之一及以上访题没有填写的问卷视为无效问卷；只有个别访题没有填写的问卷视为有效问卷，问卷中的空白可用平均值、“0”或类似被调查对象的回答值来替代；很多被访者对同一访题都没有回答则将该访题删除。

②不真实问卷的处理办法

通过问卷复核发现调查员有作弊的情况，则该调查员完成的所有问卷都作为废卷。被访者不符调查要求或调查人员没有正确执行调查的调查问卷作为废卷。问卷中的答案明显是无兴趣的回答、答非所问、答案无变化、被访者没有理解访题或没有遵循访问指南填写的调查问卷作为废卷处理。

③不准确问卷的处理办法

调查问卷中只有个别访题不准确视为有效问卷，对于不准确的访题答案用缺失值、平均值或与被访者相似对象回答值来订正；前后相互矛盾的两个回答可以订正或成对删除；存在大量错误的调查问卷作为废卷。

2. 文案调查的定量数据审核

（1）著述性文献的审核

对于以文字为主的文献，首先关注文献的权威性，尽量选择来自权威出版社或学术刊物的资料。其次审核文献发布和出版的时间，尽量选择与所研究事件时间接近的文献，以获取最新、最贴近实际情况的信息，避免采用过时或不适用的资料。最后审核作者或编撰者的身份和背景，选择那些具备专业知识、客观中立且信誉良好的作者所著的文献。

（2）统计资料的审核

引用现成的统计数据之前，需要严格审核。首先审核数据来源，优先选取官方渠道或权威机构发布的数据，以确保数据的权威性和公信力。其次审核数据指标的口径，引用之前要弄清楚各项指标定义、数据来源、计算方式、计量单位等，力求与自身调查项目的指标口径保持高度一致或吻合。若存在不一致之处，需进行必要的推算或转换。最后审核数据的分组情况，若定量数据的分组方式与当前调查设计不符，不可直接引用，而应依据实际需求重新进行分组处理。

（二）定量调查数据的编码

编码指设计一套规则，给每份问卷、每个访题及其答案一个数字代码，将问卷中的文本信息转化成计算机能够识别和处理的数字形式。按编码对象将编码分为问卷编码、问题编码和答案编码。按编码时间将编码分为前编码和后编码，前编码指在问卷设计时已经设计好编码规则，后编码指在问卷收集完成后再进行编码。

1. 问卷编码

问卷编码指通过特定的数字组合来表达每份问卷的多重信息，如调查区域、调查员以及问卷序号。问卷编码之前需要明确问卷编码要反映哪些信息，然后针对每个类别分别设计代码，并根据预先设计的最大值确定代码位数，最后形成问卷编码规则。

【例】某项调查问卷的编码

问卷编码者希望反映问卷的调查城市、调查街道、调查员信息以及被成功调查的问卷顺序等。分配给城市代码两位数、调查员代码两位数、调查街道代码两位数、调查问卷代码两位数。问卷编号01041227说明：01为调查城市的代号、04为调查员的代号、12为01号城市居委会的代码、27为在该居委会成功调查到的第27份问卷。

2. 题目编码

问卷题目编码指采用纯数字或字母与数字相结合的方式，用以标识和区分问卷中的各个题目序号。在纯数字编码方法中，直接将访题序号作为访题编码。在字母与数字组合表示法中，用字母表示问卷中不同部分主题的顺序，而数字则用于表示该部分主题题目的序号。

3. 答案编码

答案编码是用一组变量对一个访题的不同答案进行分组并确定数字的过程。不同访题的答案编码方法不同，封闭题和数字型开放题多使用前编码，开放题因答案无法确定采用后编码。

（1）单选题答案的编码

单选题答案采用分类编码法，即将答案选项序号作为编码取值，选择第几个选项就录入几，0表示无回答。以下例子中的编码见表7-2。

【例】您本次出游的方式是（　　）。

A. 跟团游　　B. 自助游　　C. 自驾游　　D. 企业组织游

表 7-2　旅游方式的编码

答案	跟团游	自助游	自驾游	企业组织游	未回答
编码	1	2	3	4	0

（2）多选题答案的编码

定项多选题用分类编码，即将答案选项序号作为编码取值，选择第几个选项就录入几，0 表示无回答。不定项多选题采用二分法编码，即将每个答案选项作为一个变量，然后为每个答案选项都设置 0 或 1 的指示变量，选择该答案，变量的值为 1，未选择该答案，变量为 0，未回答用“9”表示。

【例】二分法编码法

您喜欢喝的奶茶品牌有哪些？（可多选）

A. 喜茶　　B. 奈雪的茶　　C. 茶颜悦色　　D. 乐乐茶　　E. 古茗　　F. 其他

该题的选择有多种组合的可能，因此采用二分法编码。

将该题从 6 个答案选项变成 6 个小问题，

即您喜欢喝喜茶吗？　　A 不是　　B 是

您喜欢喝奈雪的茶吗？　　A 不是　　B 是

您喜欢喝茶颜悦色吗？　　A 不是　　B 是

您喜欢喝乐乐茶吗？　　A 不是　　B 是

您喜欢喝古茗吗？　　A 不是　　B 是

您喜欢喝其他吗？　　A 不是　　B 是

二分法编码：选择为 1，未被选择为 0，未回答为 9。

第 1 位被调查者的回答为 ABE，在二分法编码下，第 1 位被调查者录入见表 7-3。

表 7-3　您喜欢的奶茶品牌的录入

ID	喜茶	奈雪的茶	茶颜悦色	乐乐茶	古茗	其他
1	1	1	0	0	1	0

（3）排序题答案的编码

排序题的答案可采用两种编码方法：第一种方法，将变量个数定义为排序项数，直接将答案选项序号作为编码取值，未回答为 9。此法便于录入，减少工作量和降低出错率，但分析时要先进行数据转化，多用于限定项数的排序题。第二种方法，将变量个数定义为答案选项个数，将排列序号作为编码取值，0 表示无回答。此种编码方法的优点是可直接进行分析，但录入工作量大。

【例】排序题答案编码方法一

6. 将下列会影响您旅游景区选择的因素进行排序（排在越前表示越重要，排在越后越不重要，只排前四项）。您的排序 CDAB

A. 距离　B. 景区知名度　C. 费用　D. 时间　E. 当地天气　F. 交通状况

编码规则：将距离、景区知名度、费用、时间、当地天气、交通状况分别编码为

1、2、3、4、5、6。然后把该题变形为：您的排序第1位（ ）、第2位（ ）、第3位（ ）、第4位（ ）。第1位被调查者的排序第1（C）、第2（D）、第3（A）、第4（B）。在此编码方法下录入见表7-4。

表7-4 题6的答案录入

ID	排序为1	排序为2	排序为3	排序为4
1	3	4	1	2

【例】排序题答案编码方法二

6. 将下列会影响您旅游景区选择的因素进行排序（排在越前表示越重要，排在越后越不重要）。您的排序为 CDABFE

A. 距离 B. 景区知名度 C. 费用 D. 时间 E. 当地天气 F. 交通状况

编码规则：将排列序号作为编码值，排序为1编码为1，排序为2编码为2，以此类推。

在此编码方法下录入见表7-5。

表7-5 题6的答案录入

ID	距离	景区知名度	费用	时间	当地天气	交通状况
1	3	4	1	2	6	5

4）编号题答案的编码

编号题答案与排序题的编码方法一样，可采用两种编码方法。

【例】编号题答案编码方法一

6. 根据重要程度对下列会影响您旅游景区选择的因素进行编号？（编号数字越小表示越重要，1表示最重要，6表示最不重要）。

距离（2） 景区知名度（1） 费用 （6）

时间（3） 当地天气 （4） 交通状况（5）

编码规则：将距离、景区知名度、费用、时间、当地天气、交通状况分别编码为1、2、3、4、5、6。然后把该题等同变形为：编号为1（ ）、编号为2（ ）、编号为3（ ）、编号为4（ ）、编号为5（ ）、编号为6（ ）。在此编码方法下录入见表7-6。

表7-6 题6的答案录入

ID	编号为1	编号为2	编号为3	编号为4	编号为5	编号为6
1	2	1	4	5	6	3

【例】编号题答案编码方法二

6. 对下列会影响您旅游景区选择的因素进行编号？（编号数字越小表示越重要，1表示最重要，6表示最不重要）。

距离（2） 景区知名度（1） 费用 （6）

时间（3） 当地天气 （4） 交通状况（5）

编码规则：将编号作为编码值，编号为1编码为1，编号为2编码为2，以此类推。

在此编码方法下录入见表7-7。

表 7-7　题 6 的答案录入

ID	距离	景区知名度	费用	时间	当地天气	交通状况
1	2	1	6	3	4	5

（5）量表题答案的编码

量表题答案采用分类编码，即将 5 级量表中的“完全不符合、不符合、一般、比较符合、完全符合”分别编码为 1、2、3、4、5；或将 7 级量表中“完全不符合、较不符合、有点不符合、一般、有点符合、较符合、完全符合”分别编码为 1、2、3、4、5、6、7。需要注意的是有些量表中为了避免刻板印象引发被访者敷衍填写，在量表的评价项目描述中较多使用积极词汇，个别使用消极词汇，遇到这种量表需要导正后再编码。

【例】为了测试游客对旅游目的地的认知，采用李克特量表进行测试，某位游客回答情况如表 7-8。

表 7-8　旅游对旅游地认知的回答

评价项目	完全不符合	不符合	一般	比较符合	完全符合
多样的旅游活动	√				
良好的社会治安		√			
肮脏的旅游景区	√				
热情好客的居民					√
宜人的气候				√	

该位被调查者录入如表 7-9 所示。

表 7-9　某游客对某旅游地的认知评价编码

属性	完全不符合	不符合	一般	比较符合	完全符合
多样的旅游活动	1				
良好的社会治安		2			
干净的旅游景区	5				
热情好客的居民					5
宜人的气候				4	

（6）配对比较量表答案的编码

在配对比较量表编码之前，完成下列工作。

先需要将每一位被访者的答案整理成表格形式，得到被访者对不同比较对象的偏好矩阵，获得被测者对被测对象的排序。其中偏好矩阵表格中每一行列交叉点上的元素表示该行的品牌与该列的品牌进行比较的结果，1 表示受测者更喜欢这一列的品牌、“0”表示受测者更喜欢这一行的品牌，然后计算每列中含有 1 的个数，最后根据每个被测对象的得分大小形成具体的偏好顺序，分数越大排名越靠前。知晓被测者的排序后再使用排序题答案的编码方法进行编码。

【例】在表 7-10 的每组两个景区中，选择您更想去的景区？[在更喜欢的景区后的（　）里划“√”]

表 7-10　第 1 位游客实际回答情况

峨眉山（√）	九寨沟　（　）	峨眉山　（√）	青城山　（　）
峨眉山（　）	乐山大佛（√）	峨眉山　（√）	稻城亚丁（　）
九寨沟（√）	青城山　（　）	九寨沟　（√）	乐山大佛（　）
九寨沟（√）	稻城亚丁（　）	青城山　（　）	乐山大佛（√）
青城山（　）	稻城亚丁（√）	乐山大佛（√）	稻城亚丁（　）

第 1 位游客回答转换为表 7-11。

表 7-11　根据景区配对评价量表得到的偏好矩阵

景区	峨眉山	九寨沟	青城山	乐山大佛	稻城亚丁
峨眉山	\	0	0	1	0
九寨沟	1	\	0	1	0
青城山	1	1	\	1	1
乐山大佛	0	0	0	\	0
稻城亚丁	1	1	0	1	\
合计	3	2	0	4	1

该游客的景区排序为：排序第 1 为乐山大佛（4 分）、排序第 2 为峨眉山（3 分）、排序第 3 为九寨沟（2 分）、排序第 4 为稻城亚丁（1 分），排序第 5 为青城山（0 分）。

（7）填空题答案的编码

对于填写数字的填空题，直接将答案数字作为编码值。设计编码时，变量的测量层次尽量高一些，为后期分析的再分组做准备。

【例】您的年龄？（按实际年龄填写，填写足岁整数）

编码：年龄为变量取值，99 表示未回答。

对于填写文字的开放题，采用演绎式和归纳式编码方法。演绎式编码指通过阅读相关文献，并根据现有的理论对开放题的各种答案事先预设后再编码。归纳式编码指先初步阅读问卷中该问题的所有答案，然后把表述不同但意思接近的答案归为一类，再随机选出 1/5 以上的调查问卷，阅读每个被调查者对该问题的回答，并统计答案及其频数，选择频数高的答案作为代表性答案，最后将有代表性的答案归纳成一个简明有序的分类表后再编码。

【例】网上看到有趣的信息您通常会转发给以下哪些人？（可多选）

1. 朋友　2. 同事　3. 亲戚　4. 配偶　5. 长辈　6. 领导　7. 其他________

演绎式编码法，根据现有理论其他人只可能是室友、网友、邻居等，其他的编码为“8=室友、9=网友、10=邻居”。

【例】您不喜欢吃巧克力的理由是____________。

归纳式编码法，因为不吃巧克力的理由是五花八门，经过阅读所有被调查者对该问题的回答，发现被访者的回答主要集中在价格贵、怕上火和发胖等方面，统计该题答案及频数，如表 7-12 所示。

表 7-12　不吃巧克力的原因回答情况

答案	人数/人	答案	人数/人
价格不合理	5	价格有点贵	4
糖多怕胖	10	因为体重增加	8
妈妈说上火	4	天气太热，容易上火	15
天气热想吃清淡的	6	价格原因	1

最后整理得到有代表性的答案：价格原因（价格不合理、价格有点贵、价格原因）、担心发胖（糖多怕胖、体重增加）、容易上火（天气太热容易上火、天气热想吃清淡的）。编码方案“1=价格不合理、2=担心发胖、3=容易上火，0=无回答”。

（三）定量调查数据录入

线下调查的问卷信息需要一一录入到电子数据集，通过问卷星、见数等调查平台进行的调查可以直接下载电子数据集。定量数据分析使用 Excel 和 SPSS 工具广泛。使用 Excel 时，建议预先根据编码规则录入每道访题，并在数据有效性中再设置每道题目的答案。使用 SPSS 则需细致定义每道题的变量类型、数据类型及数据范围。

（四）定量调查数据净化

录入后的数据还可能存在差错，错误一是来自调查问卷本身，一是来自录入，如重复录入、漏录、错行、错列录入。对于录入后的数据需要进行净化处理，以消除数据中的错误、缺失、重复或不一致等问题。

1. 数据净化方法

对于录入后的数据可用肉眼检查漏录、重复录入、错行、错列错误，但异常值、缺失值需要借助计算机进行数据核对。

（1）有效范围清理法

有效范围清理法指借助计算机检查电子数据集中超出有效范围或幅度的数据。对于问卷中的任何一个变量来说，编码值在一个范围之内，如果超过这一范围，则被认为存在错误。如性别的变量编码为“1=男性，2=女性，0 表示无回答”，如果电子数据集中出现了 3 或 5 等，可以判定该数据有错误。

（2）逻辑一致清理法

逻辑一致清理法指计算机依据问题相互之间的逻辑关系来检查前后数据之间的合理性。如父母与亲生子女年龄差只有 10 岁，这与实际情况不符合，可以判定两个数据存在问题。

2. 数据净化后的处理方法

发现录入后的数据存在错误，应恰当处理，具体办法包括订正、删除、调整、个别补漏等。对于超出有效范围或录入错误的数据，找到原始问卷进行核对，并订正错误。对于存在大量错误或明显未认真填写的问卷则考虑整份问卷删除。对于前后相互矛盾的数据若无法解释或修正，可成对删除。对于存在个别错误或空白的数据点，可用样本或相似群体的平均值、具有类似特征的被调查者的数据或估值插补，也可用“0”替代。

3. 数据质量抽查

对于净化后的电子数据集的数据质量进行评估，用以确定是否可以用于分析。具体的评估流程为：随机抽取2%-5%的问卷作为样本，对抽取的问卷进行逐份逐题校对，并根据校对结果，评估全部数据的质量。如果电子数据集的错误数据太多，需要重新录入或采取其他补救措施。

【例】某电子数据集评估

某电子数据集评估过程：首先计算电子数据集总字符数量，调查问卷1 000份，每份问卷需要录入50个字符，电子数据集总字符数为50 000个，然后抽取样本，从调查问卷中抽取3%的问卷，对30份问卷进行一一校对，结果发现5个错误数据，计算5÷(30×50) ≈0.003 3，即样本问卷的差错率为0.33%。最后评估整个电子数据集的错误数量，通过计算0.33%×50×1 000=16.7，估计有17个错误数量。

（五）定量调查数据预处理

数据预处理指对数据进行分组、拆分、组合、合并等，以方便后期数据分析。

1. 数据预处理方法

（1）汇总

汇总指将多个访题的数据集中在一起，以得到更全面的变量信息。如将被访者的性别、年龄、收入和职业等信息汇总成一个数据总表。

【例】汇总处理

旅游目的地形象调查中样本的性别、年龄和教育程度特征信息分别如表7-13、表7-14和表7-15所示，为了对样本有全面的认识，可以把样本的性别、年龄和教育程度特征信息汇总成游客样本情况，具体见表7-16。

表7-13 样本的性别分布

性别	人数/人	百分比/%
男	255	57.95
女	185	42.05
合计	440	100

表7-14 样本的年龄分布

年龄	人数/人	百分比/%
16岁以下	19	4.51
16-24岁	105	24.94
25-44岁	204	48.46
45-64岁	81	19.24
65岁以上	12	2.85

表 7-15　样本的教育程度分布

教育程度	人数/人	百分比/%
中学以下	54	12.77
中学专	60	14.18
专科	91	21.51
大学	164	38.77
大学及大学以上	54	12.77

表 7-16　游客样本情况

特征	类别	人数/人	百分比/%
性别	男	255	57.95
	女	185	42.05
年龄	16 岁以下	19	4.51
	16-24 岁	105	24.94
	25-44 岁	204	48.46
	45-64 岁	81	19.24
	65 岁以上	12	2.85
教育程度	中学以下	54	12.77
	中学专	60	14.18
	专科	91	21.51
	大学	164	38.77
	大学及以上	54	12.77

2. 分组

根据研究目的和客观现象的内在特点，按照一定的标志将研究总体分为不同组或不同类别。通过分组可以简化数据，也可更好揭示数据规律和特征、还可以更好地了解不同群体的需求和偏好。

【例】数据分组

被访者被要求对洗衣粉的各个属性分配 100 分，按心理变量分组，得到表 7-17。

表 7-17　三个不同心理小组对洗衣粉属性关注记录表

属性	组 1	组 2	组 3
温和	8	2	4
泡沫	2	4	17
收缩	3	9	7
价格	53	17	9
香味	9	0	19

表7-17(续)

属性	组 1	组 2	组 3
包装	7	5	9
保湿	5	3	20
清洁能力	13	60	15
合计	100	100	100

通过分组，可以发现组 1 非常重视价格、组 2 关注清洁能力、组 3 则没有特别偏好，对每个特征都比较关注。

3. 合并

根据研究目的和客观现象的内在特点，将几个不同层次的数据归为一类，以简化数据。

【例】数据合并

以下哪一项能代表您个人税后月收入？(包括现有的工资收入，奖金、股票、住房租金)

1. 1 000 元以下　2. 2 001~3 000 元　3. 3 001~4 000 元　4. 4 001~5 000 元
5. 5 001~6 000 元　6. 6 001~7 000 元　7. 7 001~8 000 元　8. 8 000 元以上

为了降低被访者的敏感性，调查问卷中将月收入分为 8 档，游客月收入统计如 7-18 所示。为了简化答案，将调查收入成分为高、中、低收入 3 档。原答案的 1-3 项合并、4-6 项合并、7-8 项合并，合并后的统计数据如表 7-19 所示。

表 7-18　游客月收入统计表（合并前）

月收入/元	人数/人
2 000 以下	25
2 001~3 000	36
3 001~4 000	39
4 001~5 000	100
5 001~6 000	170
6 001~7 000	80
7 001~8 000	23
8 000 以上	27
合计	400

表 7-19　游客月收入统计表（合并后）

月收入/元	人数/人
4 000 以下	100
4 001~7 000	250
7 000 以上	50
合计	400

4. 组合

对几个不同的变量进行加减乘除处理后形成新的变量。新变量需要重新定义，并重新编码。

【例】数据重新组合

为测量品牌满意度，共调查了 8 位消费者，得到他们对某品牌的实际感知和品牌期望的评价结果，如表 7-20 所示。

表 7-20　8 位被访者对某品牌的实际感知和期望评价

ID	1	2	3	4	5	6	7	8
实际感知	85	90	81	96	83	74	89	66
期望值	95	88	78	93	72	65	81	78

研究者采用“满意度=实际感知-期望值”理论，对 8 位消费者品牌满意度重新组合，结果见表 7-21。

表 7-21　8 位被访者对某品牌的满意度

ID	1	2	3	4	5	6	7	8
满意度	-10	2	3	3	9	9	8	-8

三、调查数据展示

使用统计图表可以高效、准确地整理、呈现和分析数据。

（1）制表

统计表是数据整理和展示的一种重要工具，它通过系统化的表格形式来呈现统计资料，使得信息更加清晰、易于理解，便于人们进行数据的比较、分析和研究。

1. 统计表的构成

统计表一般由表头、表体和表注构成。表头包括表编号、标题。表头一般位于表格的上方，用于说明表的序号和名称。表体由行标题、列标题和数字组成。列标题也称为纵标题，用于说明各列的内容，如果栏数较多时，通常加编号，说明其相互关系。行标题也称为横标题，用于说明各行的内容。表注包括表中的注释、数据来源、计算方法和阅读指南等。统计表多采用三线表，三线分别指顶线、底线和栏目线，必要时可加辅助线，具体见表 7-22。

表 7-22　2023 年某景区游客旅游次数分布

来景区次数/次	人数/人	百分比/%
1	220	73.30
2	50	16.70
3 及以上	30	10.00
合计	300	100.00

注：游客统计时间截止 2023 年 11 月 30 日

2. 统计表的制作步骤

（1）明确目的

确定数据类型和目的：首先需要明确统计表要展示的数据类型以及制作统计表的目的。

（2）选择表格类型

根据数据的特性和展示需求，选择合适的统计表类型，如简单表格、交叉列联表、频数分布表、样本检验表等。

（3）设计表格结构

确定表格的行数、列数以及各列的标题和单位等。

（4）填充数据

将收集到的数据填入相应的单元格中。填写数据时应注意：数据一般以小数点为准，右对齐，而且小数点的位数统一，小数点前的 0 字不能省略，小数点后每隔 3 位分节；相邻栏目中的文字或数字相同重复写出，不可使用“同上”等字样或其他符号代替；表身中无数字的栏目用“-”表示，遇到缺乏资料的空格用“……”表示；填写完毕要核对，看是否有遗漏或错误。表中所有数据的计量单位统一，可表题旁注明，计量单位不同，在相应栏标记。最后写上统计表的名称，名称应简洁明了，能够概括统计表的主要内容。

（5）添加必要的说明和注释

对无法包含在表格内、但有必要解释或说明的内容，可在表格下添加注释补充说明，帮助读者更好地理解表格内容。引用其他人的数据要添加数据来源，让读者了解数据的出处。

（二）绘图

绘制统计图，可将复杂的数据以直观、易懂的方式呈现出来，清楚直观展示变量的取值分布情况，揭示统计表中难以发现的规律，发现变量之间的关系。

1. 统计图的构成

统计图由序号、标题、数字轴标题、坐标轴和网格线、图例等组成，具体见图 7-5。图的序号一般在图的下面，当图较多时可以分章编号。

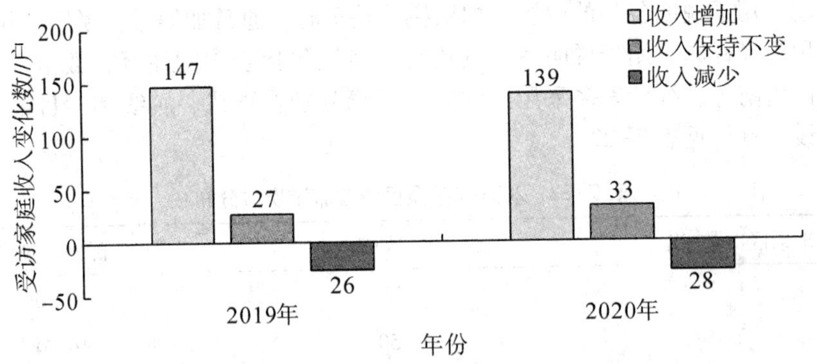

图 7-5　受访家庭 2019—2020 年收入变化情况

2. 统计图制作步骤

（1）确定目标和受众

首先确定制作统计图的目的，比如是展示数据的趋势、比较不同类别的数据、揭示数据分布等。同时要了解图表的主要受众是谁，他们可能具备什么样的背景知识，以及他们最关心什么信息。

（2）整理数据

将数据整理成易于分析的格式，如表格或数据库。

（3）选择合适的图

根据数据的特性和展示需求，选择合适的统计图类型。

（4）绘制图

使用 Excel、Python 的 Matplotlib 或 Seaborn、R 的 ggplot2 等统计软件，或 Tableau、Plotly 等在线工具绘制图。绘制完毕，选择颜色和样式，提高图表的可读性，或调整图表比例和布局，确保图表的各个部分比例适当，布局合理。

■任务实施

Step1：根据 6 个人一组的原则将全班分成几个小组。

Step2：每个学生思考如何处理下列审核中的问题。

问题 1：某调查要求样本容量为 300，实际回收调查问卷 270 份，请问回收率为多少？通过进一步审核，发现有效问卷为 240 份，请问有效问卷回收率为多少？无法达到市场调查样本设计要求时该怎么处理？

问题 2：某调查要求被调查者必须在 35 岁以上，审核中发现有 1 位 28 岁以下的被访者填写了问卷，该被访者的问卷应该怎么处理？

问题 3：发现回收的问卷中分别有 1/2、1/3 和个别访题没有回答的问卷，上述问卷应该怎么处理？

问题 4：发现回收的问卷中有一道访题所有被调查者都没有回答，问这些问卷应该如何处理？

问题 5：发现一份问卷中有两道题相互矛盾，请问该份问卷应该怎么处理？

Step3：每小组阅读下列调查问卷，并完成任务，时间 15 分钟。

世外桃源旅游目的形象调查表

1. 您在世外桃源市居住的时间为：(　　)

A. 1 年以下　　B. 1~3 年　　C. 3 年以上

2. 您到世外桃源市旅游的动机有哪些？(可多选)

A. 观光休闲　　B. 度假　　C. 健身　　D. 探亲访友

E. 增长见识　　F. 会议/商务　　G. 宗教朝拜　　H. 其他

3. 请在符合您对世外桃源旅游目的地形象认知描述的答案上打“√”。

评价内容	非常同意	同意	一般	不同意	很不同意
多样的旅游活动					
优美的山水风光					
良好的社会治安					
未受破坏的生态环境					
卫生的旅游景区					
饮食独具特色					

4. 您愿意把世外桃源市推荐给您的亲戚、朋友、同事吗？

A. 非常愿意　　B. 愿意　　C. 看情况　　D. 不愿意　　E. 很不愿意

5. 请问您一年外出旅游的次数？

任务 1：完成上述问卷中的题目编码和答案编码，时间 15 分钟。

任务 2：根据上述问卷内容建一个数据录入模型，时间 10 分钟。

Step4：每个人估算下列电子数据集中错误数据的个数，时间3分钟。

某调查有效问卷300份，每一份问卷需要录入18个字符，数据录入完毕，采用随机抽样方式从有效问卷中抽取15份问卷进行逐份逐题校对，发现3个错误字符，请计算样本问卷数据的差错率，并估计整个电子数据集中可能的错误数据个数。

Step5：老师依次对上述任务进行点评。

模块检测

一、单项选择题

1. 下列不属于资料分析的基础工作是（　　）。

A. 数据初步审核　B. 数据编码　C. 数据分析　D. 数据净化

2. 调查问卷中的无回答指（　　）。

A. 调查对象无回答与访题无回答　B. 单指调查对象无回答

C. 单指访题无回答　D. 调查人员无回答

3. 受访者年龄10岁，学历回答为研究生，针对这类回答采取的数据审核方法是（　　）。

A. 变量审核　B. 有效范围一致清理

C. 逻辑一致清理法　D. 数据分析法

4. 某人对所有访题的回答都选择了中间选项，这份问卷违背了（　　）。

A. 标准性原则　B. 完整性原则

C. 准确性原则　D. 真实性原则

5. 间接资料审核的首要原则是（　　）。

A. 系统性原则　B. 相关性原则

C. 经济效益原则　D. 时效性原则

6. 通常数据录入前，问卷至少要经过（　　）次编辑整理。

A. 1　B. 2　C. 3　D. 4

7.（　　）指对问题的不同答案进行分组并确定数字代码的过程。

A. 审核　B. 编码　C. 录入　D. 转换

8 与现场审核相比，集中审核的优点是（　　）。

A. 灵活　B. 审核标准一致　C. 快速　D. 及时

9. 在问卷审核中，以下不属于应该剔除的无效问卷是（　　）。

A. 个别问题没有填写的问卷　B. 缺损问卷

C. 回答没有变化的问卷　D. 错答问卷

10. 资料整理的第一步是（　　）。

A. 数据预处理　B. 编码　C. 数据审核　D. 数据净化

二、多选择题

1. 定量调查数据整理的一般步骤是（　　）。

A. 编辑　　B. 编码　　C. 转换与录入　　D. 预处理

2. 实地调查数据审核的重点是（　　）。

A. 核实调查人员认真程度　　B. 缺失回答

C. 非真实回答　　D. 核实被调查者身份

3. 录入后的数据缺失发生的可能原因有（　　）。

A. 作答过程当中的疏忽　　B. 拒绝作答

C. 数据录入错误　　D. 因题意不明漏答

4. 定量数据编码的种类有（　　）。

A. 预先编码　　B. 事后编码　　C. 中途编码　　D. 有序编码

5. 不合格问卷的处理办法有（　　）。

A. 重做　　B. 编码　　C. 补救　　D. 作废

6. 问卷中的多选题答案的编码方法有（　　）。

A. 后编码　　B. 前编码　　C. 分类法　　D. 二分编码

7. 数据清洁中，无效值、缺失值处理的办法包括（　　）。

A. 整例删除　　B. 替代　　C. 估算　　D. 变量删除

8. 定性数据的整理和分析过程的特点是（　　）。

A. 同步性　　B. 完整性　　C. 排他性　　D. 及时性

9. 定量数据预处理包括（　　）。

A. 分组　　B. 组合　　C. 合并　　D. 列联表分析

10. 录入数据质量抽查的步骤包括（　　）。

A. 抽查样本问卷　　B. 对样本问卷一一复核

C. 计算错误率　　D. 评估整个录入错误数量

三、判断题

1. 数据编码可以方便数据分析、审核、合计和检索等操作。

A. 对　　B. 错

2. 定量数据录入时，应按照一定的结构化格式录入。

A. 对　　B. 错

3. 定量数据审核主要是弄清楚调查过程是否正确执行，以保证收集过程的真实性，并关注调查人员是否存在怠职情况。

A. 对　　B. 错

4. 回收率过低会破坏样本的代表性。

A. 对　　B. 错

5. 选择文献时，要注重作者和文献的权威性、作者的学术地位越高，文献权威性越大、影响力就会也越大，而且这一标准应该是绝对的。

A. 对　　B. 错

6. 电子数据集的数据错误来源：一类是调查问卷本身的错误；一类是录入错误。

A. 对　　　　　B. 错

7. 没有必要对电子数据集中的数据进行抽查评估。

A. 对　　　　　B. 错

8. 李克特量表编码时，需根据描述内容是积极的还是消极的采用不同的编码规则。

A. 对　　　　　B. 错

9. 配对比较量表的编码需要将每一位被访者的回答整理成表格的形式，以得到被访者对不同比较对象的偏好矩阵。

A. 对　　　　　B. 错

10. 数据预处理包括对数据编码、分组和组合等。

A. 对　　　　　B. 错

实训项目八

调查数据分析实训

对现代社会科学积累的有益知识体系，运用的模型推演、数量分析等有效手段，我们也可以用，而且应该好好用。

——2016 年 5 月 17 日，习近平在在哲学社会科学工作座谈会上的讲话

■实训目的与要求

1. 掌握定性数据分析方法
2. 掌握定量数据分析方法
3. 掌握单变量的数据分析方法；
4. 掌握双变量的数据分析方法；
5. 掌握多变量的数据分析方法；
6. 培养定量分析的思维。

■实训学时

本项目实训建议时长：12 学时

■导入案例

百度迁徙

在 2014 年春节，百度创新性地推出了“百度迁徙”平台，该平台依托百度地图的领先地理位置服务（LBS）技术，深度剖析并实时呈现了国内春节期间人口流动的宏大图景。通过精准的数据分析与挖掘，结合中国春节期间独特的人口迁徙密集现象及高手机渗透率背景，百度迁徙不仅首次实现了迁徙轨迹的全程、动态、即时与直观展示，还以创新的可视化手法，让公众能够直观洞察各城市间的人口短期流动态势，实时掌握春运的最新动态、热门线路及迁入迁出城市的热点信息。

随着时间的推移，百度迁徙不断迭代升级，至 2015 年已扩展至涵盖人口迁徙、实

时航班追踪、机场及车站热度监测四大核心板块，进一步丰富了用户视角，让全国范围内的航班动态与位置信息触手可及。而到了 2020 年，百度迁徙 3.0 版本更是突破性地上线了迁徙趋势图功能，将指定城市的分析来源与目的地数量从原先的 10 个大幅扩展至 50 个，极大地提升了数据分析的广度和深度。

百度迁徙的运作原理，根植于百度地图强大的 LBS 能力与百度所掌握的庞大定位数据资源，它不仅是技术创新的结晶，更是大数据应用于社会民生领域的典范。这一平台不仅为政府部门在制定春运政策、优化资源配置等方面提供了宝贵的数据支持，也为广大消费者规划行程、合理安排出行提供了科学依据。同时，它还搭建起一座桥梁，让公众能够近距离感受大数据的魅力，深刻理解数据背后的社会变迁。

数据来源：百度百科. 百度迁徙［BB/OL］. https://baike.baidu.com/item/百度迁徙/12988679, 2020-01-27/2024-08-26.

思考问题：

1. 数据分析在市场调查的作用是什么？
2. 如何对定性调查数据进行分析？
3. 如何对定量调查数据进行分析？

■项目内容

在教师指导下，结合所做的调查项目分别完成定性调查数据分析、定量调查数据的单变量、双变量和多变量分析，为完成调查报告打下基础，实现训练目标。

【实训模块 1】定性调查数据分析

■知识准备

一、定性调查数据分析的概念

定性数据分析指对调查获取的文本数据、图片数据、视音频数据、实物数据等非数值型数据进行整体性研究，旨在创造新的概念与新的理论、或对其行为和意义进行建构以获得解释性理解的活动。定性数据分析在分析目的、分析思路、分析步骤和结论形式等方面都不同于定量调查数据分析，详见表 8-1。定性数据分析既包括操作性质的资料整理也包含观点洞察的思考和提炼。在定性数据分析中，研究者本身就是一种分析工具。

表 8-1　定性调查数据分析与定量调查数据分析的区别

方面	定性数据分析	定量数据分析
分析目的	创造新的概念与理论	在数据中发现规律
分析逻辑	逻辑推理、归纳	统计分析
分析时间	数据边收集边整理边分析	收集和整理之后开始分析
结论形式	以文字描述为主	以数据、模型、图形等表达

二、定性调查数据分析步骤

定性调查数据分析包括对定性资料进行分类、描述、综合和归纳，它是一个循环往复、螺旋式前进的动态过程。定性调查数据的分析逻辑是归纳，即从具体的、个别的、经验的事例中逐步概括、抽象出概念和理论。尽管定性调查数据是边收集边整理边分析，但是主要的分析还是在数据收集整理之后，具体步骤包括初步浏览、阅读编码和分析抽象。

（一）初步浏览

先将包含访谈笔记和观察记录等在内的所有资料粗略地浏览一遍，同时回想调查中的情景与感受，目的是了解和熟悉全部资料，从整体上把握数据。

（二）阅读编码

在初步浏览后，开始逐段逐行仔细阅读，边阅读边分析，以标签形式标明各具体事例、行为、观点的核心内容或实质，并将其归入所属的各种不同主题或概念备忘录中，以便形成更为清晰的内容分析框架。

（三）分析抽象

根据不同标准或从不同角度出发，观察资料中存在的突出差异和相似之处，进而归纳或抽象出能够解释和说明现象过程的主要变量、关系以或模式。

三、定性调查数据分析的特点

定性调查数据通常是相对不精确的、分散的，并与特定情境相关，因此定性调查数据分析难度更大。定性调查数据分析需要将大量的原始数据缩减为可以管理和有意义的数据，并将特定细节的数据组织成相互连接的概念、有关联的图、概括的模式，因此数据分析特点鲜明。

（一）同步性

同步性指在定性调查数据研究中，数据的收集和分析往往不是线性的、分阶段的，而是相互交织、相互促进的。定性数据的复杂性和情境性，需要研究者在收集数据的同时就进行初步的分析和解读，以便及时调整研究方向、方法和焦点。

（二）及时性

及时性指在定性数据收集时就开始数据整理和数据分析工作。不及时整理分析很容易遗忘很多鲜活的数据，堆积大量数据还会增加后期的整理和分析工作难度。

（三）完整性

定性调查数据分析要从具体的、个别的、经验的事例中逐步概括、抽象出新的概念和理论，数据分析需要经过分类、描述、综合和归纳等一个完整的过程。

四、定性数据分析的方法

定性调查数据分析方法多样，但主要的分析途径有两条：一是寻找资料中的相似性，二是寻找资料之间的相异性。同时，定性数据分析要综合使用类别分析和叙述分析。类别分析是将相同属性的材料归于同一类别，材料属性指构成事物的要素、内部的形成结构、类别形成的原因、类别发挥的作用等。叙述分析是将材料放置于自然情境中，对其中的事物、人物进行深入描述和分析。综合使用类别分析和叙述分析，是因为类别分析可帮助叙述分析分清层次和结构，而叙述分析可为类别分析补充血肉。定性调查数据分析法有连续接近法、举例说明法、比较分析法和流程图法。

（一）连续接近法

连续接近法指通过循环渐进的步骤，将一开始比较杂乱的数据、含糊的概念以及具体的细节数据，转化为一个高度概括的综合性分析结果，从而形成新的概念，创造新的理论。具体的分析步骤是首先根据原始数据整理出最初的模型，然后收集新的证据，再分析模型和资料的拟合程度，最终根据拟合程度来解决以前未问解决的问题，或修正以前的模型。

（二）举例说明法

举例说明也称实例说明，指用经验证据来说明某一理论的方法。遵循的逻辑是从特殊到一般的认识世界的规律。举例说明法有两种方式：一种是用个案证明理论的来源与脉络或通过个案阐述理论；一种是平行说明，采用多个平行的案例共同说明某种理论或列举多个案例来说明理论模型可以应用于不同的个案。

【小案例】　　科技与城市发展

为了说明科技赋能经济发展的理论，可选择一个城市来说明科技与经济发展具有正向相关关系，也可选择多个城市共同来说明科技投入越多的城市经济发展更快。

（三）比较分析法

比较分析方法是从寻找资料间的相似性和差异性来分析数据的方法。寻找资料间的相似性指多个个案均具有某种相同的行为模式，就可以进一步探究为什么会出现这种情况、该种行为模式的效用是什么。相反，寻找资料间的差异性指多个个案存在显著性的差异，可进一步对具体差异进行分类比较，探讨为何某种个体特征的人具有某种特定行为模式，以及为何具有特定特征的人会产生某种特定行为模式。根据具体比较的方法，将比较分析法分为一致性比较法和差异性比较法。

1. 一致性比较法

一致性比较法是聚焦多个个案所具有的共同特征，多个个案共有的特征就是发生的原因。研究者先找出不同个案所具有的某种共同的结果特性，然后再比较各种可能的作为原因的特性。如果某种被看作原因的特性不为所有具有共同结果的个案共同所共有，那么研究者将这种特性从可能的原因中排出掉，剩下的那种为所有个案所共有的特性则作为可能的原因。

【小案例】　　服务与满意度关系调查

为了深入探究消费者对品牌满意度高的根源，开展了一项跨品牌的广泛调查。调查结果显示，尽管促使消费者满意的原因丰富多样，但一个原因在所有被调查的品牌中均有所体现——卓越的服务质量。这一共性发现强有力地支持了服务优质性是提升品牌满意度不可或缺的关键因素。

2. 差异性比较法

差异性比较法指首先寻找在很多方面相同，但是在少数方面不同的个案组，然后识别个案组具有相同结果的原因特征组、同时寻找一组具有不同结果的个案组，对比两组个案，找出那些不出现结果特征的个案中，也没有出现的原因特性。这种没有出现的特性就是结果的原因。

【小案例】 **生育意愿高低人群特征调查**

为了深入地理解不同家庭的生育意愿及其背后的特征，进行了一项调查。调查结果显示：倾向于只生育一胎的家庭普遍强调经济与教育质量的重要性，他们认为专注于一个孩子的成长不仅能有效节省教育、生活等方面的开支，还能提供高质量的培养环境。相比之下，选择生育二胎或三胎的家庭则更多地从家庭情感与未来规划出发，他们看重孩子的兄弟姐妹间的陪伴，认为多子女家庭能为孩子创造更加丰富多元的社交圈，有助于培养分享、合作与责任感等社会技能，同时多子女能在未来减轻单个子女在养老等方面的负担。因此动机是影响生育意愿的重要因素。

（四）流程图法

流程图法指以时间发展过程或关联方式为标准，用框图和连线呈现事件之间关系的方法。流程图法能以直观简洁方式浓缩和简化定性资料，生动形象体现事件之间所蕴含的各种关系，让读者一目了然。

【小案例】 **消费者购买不同奶茶品牌原因**

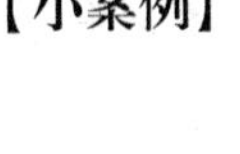

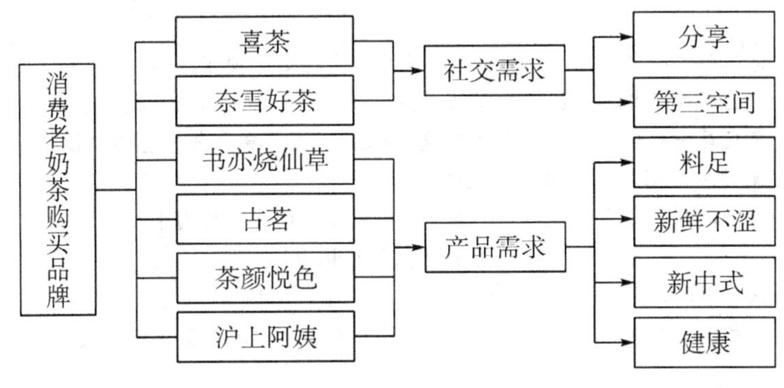

五、定性调查数据分析适用工具

定性调查数据分析以前主要依赖手工，但是随着大数据时代的到来，定性调查数据分析工具也越来越多，表 8-2 是常用的定性数据分析工具。

表 8-2 常用的定性数据分析工具

研究类型	适用工具
内容分析	DiVoMiner、DiscoverText、PRAM（计算信度）
扎根理论	Nvivo、ATLAS.ti、MAXQDA
文本分析	DiVoMiner、TLAS.ti、MAXQDA、LIWc、CiteSpace、WordStat、WordSmith、Python、R
话语分析	DiVoMiner、TLAS.ti、MAXQDA、LIWc、CiteSpace、WordStat、WordSmith、Python、R

■任务实施

step1：按照每 6 个人一组的原则将全班分成几个小组。

step2：每个小组组织一次定性调查，调查主题自拟。

Step3：请阅读下表整理后的中国消费者的购房态度和动机的调查录音逐字稿（引自《市场调查方法与技术（第 5 版）》，蒋妍，王维敏等，2024）。

第一组焦点访谈记录

被访者1：男生成家立业，觉得自己独立生活了；自己有一套房产算个人固定资产了，早出晚归不会影响父母休息更加自由了。

被访者2：办完婚礼换的房，接丈母娘一起住，以我爸妈的名字买的房也是我，媳妇买的房租出去，加公积金压力也不大，还贷没有给生活增加压力，上下班更方便了

被访者3：买完房觉得没有差别，公积金基本可以覆盖银行还款没有什么压力

被访者4：贷款比较少，自己添点

被访者5：以前和老人生活节奏不一致，住一块亲爸亲妈都有摩擦，现在有自己的地，吵了闹也了有个地方歇息，公婆原本就说分开住

被访者6：更自由，和爷爷奶奶代沟大，点外卖被说，和男朋友吵架奶奶会掺和进来火更大了--更好的二人世界

第二组焦点访谈记录

被访者1：大学毕业四年了，租房一直在换地方，有合租有自己租，有很多突发状况，室友不卫生想搬走，独居又觉得不安全，想要有一个固定的住所，买房之后幸福指数更高一点

被访者2：之前和父母住，30多岁了想独立一下，包括以后结婚，自己先有一套房子更方便一下

被访者3：自己住了一阵，新房子可以走着上班，交通更方便了。

被访者4：自己的房子想怎么折腾就怎么折腾，租的房子房东不让，提高了生活品质

被访者5：跟父母一起住，最早是自己有这个想法，总得要出来，爸妈比较支持就出自买了，自己住着感觉还好唯一不好就是父母没做饭吃

被访者6：跟父母住要求多，不自由，朋友去很麻烦，现在很自由很洒脱

第三组焦点访谈记录

被访者1：孩子上幼儿园后考虑上小学才买的，提前了3年

被访者2：换房，最早是在xx，然后在xx买了学区房。之前的房子早就卖了，岳父岳母衔接一段时间买的。

被访者3：城郊买的房子，孩子上幼儿园，周边的环境和人不太行，就想转学，就找学区附近的房子，但以前的房子没有卖。

被访者4：这不是第1套房，在xx有房，周末度假住，工作日住这边就，现住的房子是地方小一些，主要是为了孩子上学用。

被访者5：额外买的，想上学区房，看了学区周边的，基本都是老校区，选了一个相对好一点的房子，在xx的学区，但是还是想在其他校区，于是就又买了一套。

被访者6：中间一两年和爷爷奶奶一起住，后来选了一个相对平衡一点的房子，即不完全为了学区，自己上班也能近一些。

第四组焦点访谈记录

被访者1：孩子大了想给孩子单独的空间，房子还是在附近，只是要面积扩大了

被访者2：家里有房，想离父母近一点，改善小区环境

被访者3：换个大的，孩子也大了，不方便

被访者4：换个面积大，离单位距离近

被访者5：改善住房，换个更大的

被访者6：之前和父母住，父母的房登记的是他们的名字，后来自己买了一套，自己的需求上升和老人有冲突点，还是要自己住比较舒适

Step4：请将录音稿分成若干类，并将同一类信息有关的文字段落归为同一版块。

Step5：仔细阅读每一版块，提取反映消费者购房态度的行为和心理特征的关键信息。

Step6：讨论并形成初步的编码表。

Step7：进行定性分析。

Step8：形成分析报告。

Step9：每个小组派代表阐述分析结果，时间 10 分钟。

Step10：老师进行点评。

【实训模块 2】单变量分析

■知识准备

一、定量调查数据分析认知

（一）定量调查数据分析的概念

定量数据分析又称统计分析，它指从事物的数量特征入手，运用一定的统计学或数学分析方法进行数量分析。通过问卷调查、结构化观察、实验调查以及文案获得的数值型数据适合进行定量数据分析，通过统计方法来深入理解和解释数据背后的规律、趋势和关系。

（二）定量调查数据分析方法

定量数据分析主要有两种分类标准，即根据分析目的和根据分析变量的多少。

1. 根据分析目的分为描述统计分析和推断统计分析

根据分析目的不同把统计分析分为描述统计分析和推断统计分析两大类。

（1）描述统计分析

描述统计分析是用数据指标反映数据资料所容纳的基本信息，它着重于数量描述，但不具有推断性质。描述分析使用某些统计指标既能反映某一方面的特征，也能描述变量之间的关系。

（2）推断统计分析

推断统计分析指根据样本数据推断总体特征，其目的是利用问题的基本假定及包含在观测数据中的信息，做出尽量精确和可靠的结论。推断统计包括区间估计和假设检验。区间估计指在一定的置信度下，用样本统计值的某个范围来估计总体参数值。假设检验指先对总体的某一参数作出假设，然后用样本的统计量去验证这个假设是否为真。参数估计与假设检验都属于推断统计，但两者推断的角度不同：参数估计的前提是总体参数未知，利用样本统计量来估计总体参数；假设检验的前提是对参数提出假设，然后利用样本信息去检验假设是否成立。

2. 根据分析涉及变量多少分为单变量分析、双变量分析和多变量分析

（1）单变量分析

单变量分析指只关注某一个变量的统计分析。单变量分析包括描述统计和推论统计，描述统计是用最简单的概括形式反映出大量数据资料所容纳的基本信息；推论统计是通过样本数据推断总体特征。

（2）双变量分析

双变量分析指对两个变量同时分析，目的在于发现两个变量之间的关系。双变量

分析包括分析两变量之间是否存在关系以及关系的强度或者两个变量之间是否存在差异以及差异的重要性。双变量分析的方法有相关分析、回归分析和两样本的参数检验。

（3）多变量分析

多变量分析指同时分析两个以上变量，以探索多个变量之间的关系、理解多个变量间的相互作用，并预测未来的趋势。

二、单变量分析

（一）单变量描述统计

单变量描述统计主要通过测度指标描述数据的集中趋势、离散程度和分布形态。不同类型的单变量测度的指标不同，具体见表8-3。

表8-3　单变量描述统计指标一览表

变量类型	集中趋势指标	离散程度指标	分布形态指标
定类变量	众数	异众比列	
定序变量	众数、中位数	异众比列	
定距变量	众数、中位数、平均值	全距、标准差	
定比变量	平均数	标准差/方差、离散系数 平均差、四分位差	峰度系数 偏度系数

1. 集中趋势分析

集中趋势指样本的一组数据向某一中心值靠拢，它反映了一组数据中心点所在位置。集中趋势指标有众数、中位数和平均数，如何选择集中趋势指标见表8-3。

（1）众数（Mode）

众数指在一组变量数据中出现次数最多的一个或几个观测值，通常用“Mo”表示，它适用于描述定类变量和定序变量的数据。

【小案例】　　景区游客年龄的众数

表8-4　游客年龄频数表

年龄/岁	频数/人	向下累计/人	向上累计/人
≤29	25	25	100
30~39	20	45	75
40~49	30	75	55
50~59	15	90	25
≥60	10	100	10
合计	100		

$$Mo=\frac{上限+下限}{2}=\frac{40+49}{2}=44.5\ （岁）$$

（2）中位数（Median）

中位数指将某一变量数据从大到小或从小到大排列后，处于中间位置的数据，通常用“Md”表示。对于定性变量，中位数指将观测值按升序排列后，累计频数首次超过50%的观测值。对于定量变量，中位数指将某一变量数据排序后，处于中间位置的数据。中位数比较适合描述定类变量和定序变量的数据。

【小案例】　　　　　　消费者手机品牌的信任度的中位数

为了了解消费者对某手机品牌的信任程度，某公司精心策划并实施了一项针对300名随机选取消费者的调查。调查结果显示：非常不信任的有21人，不信任的有64人，一般的有78人，信任的有99人、非常信任的有38人。调查结果表明一半消费者对该手机品牌的信任度在“一般”以上。

【例】某景区游客样本年龄的中位数

表8-5　游客年龄频数表

年龄/岁	频数/人	向上累计/人	向下累计/人
≤29	25	25	100
30~39	20	45	75
40~49	30	75	55
50~59	15	90	25
≥60	10	100	10
合计	100	-	-

求中位数的步骤：

步骤一：求出累计向上或向下累计频数。

步骤二：找出中位数所在组的位置。Md＝（100+1）＝50.5，中位数所在组为“40~49”。

步骤三：按上限或下限公式确定中位数。

下限公式：$Md = L_{下} + \dfrac{\dfrac{n}{2} - Cf_{下}}{f_m} \times i$

上限公式：$Md = L_{上} - \dfrac{\dfrac{n}{2} - Cf_{上}}{f_m} \times i$

其中$L_{上}$、$L_{下}$为中位数所在组的上限和下限；$Cf_{下}$为中位数所在组以下的累计次数；$Cf_{上}$为中位数所在组以上的累计次数；f_m为中位数所在组的频数；i为中位数所在组的组距。

已知：$L_{下}$、$L_{上}$分别为40、49，$Cf_{下}$、$Cf_{上}$分别为45、25，i为30

代入下限公式 $Md = L_{下} + \dfrac{\dfrac{n}{2} - Cf_{下}}{f_m} \times i = 40 + \dfrac{\dfrac{100}{2} - 45}{30} \times 9 = 41.5$（岁）

代入上限公式 $Md = L_{上} - \dfrac{\dfrac{n}{2} - Cf_{上}}{f_m} \times i = 49 - \dfrac{\dfrac{100}{2} - 25}{30} \times 9 = 41.5$（岁）

步骤四：中位数的含义。即该景区游客有一半在41.5岁以上。

(3) 平均数(Mean)

平均数指总体内各个个体数量标志所达到的一般水平或典型特征,通常用“$\bar{x}$”表示。平均数有算数平均数、加权平均数和几何平均数。一般情况下定距和定比变量多使用平均数作为集中趋势指标,但当定距和定比变量数据的直方图显示出是非对称分布时,使用中位数作为集中趋势指标更加准确。

【例】大学生月零食消费金额的平均数

表 8-6 大学生月生活费频数表

月零食消费/元	学生人数/人	组中值/元	xf
100-199	10	150	1 500
200-299	10	250	2 500
300-399	40	350	14 000
400-499	20	450	9 000
500-599	20	550	1 100
合计	100	-	3 800

$$\bar{x}=\frac{\sum xf}{n}=\frac{3\ 800}{100}=380\text{(元)}$$

大学生零食平均月消费为 380 元。

2. 离散程度分析

离散趋势又称变异指标,它描述了一组数据的离散情况,反映变量值远离其中心值的程度。常见的离散指标有异众比率、全距、标准差、四分位差和离散系数,如何选择合适的离散趋势指标见表 8-3。

(1) 异众比率(Variation ratio)

异众比率是非众数所占的比例,用数学公式表示为 $v_r=\frac{n-f_{mo}}{n}$,其中 n 是数据集合的总频数,f_{mo} 是众数所占的频数。异众比率越大,众数的代表性越差,异众比率越小,众数的代表性越差。

(2) 全距或极差(Range)

全距也叫极差,它是变量的最大值与最小值之间的距离,用数学公式表达为 $R=Max(X_i)-Min(X_i)$。极差越大,数据的离散程度越大。

(3) 四分位距(Inter-Quartile Range,IQR)

四分位距也称内距,指样本变量数据的上四分位数与下四分位数之差。用数字表示为 $Q_d=Q_u-Q_L$,其中 Q_L、Q_u 分别为变量数据排序后处于四分之一位置和四分之三位置的数。四分位差反映了中间 50%的数据的离散程度,四分位差越大说明中位数的代表性越小。四分位差常和中位数一起用来描述定距和定序变量的离散程度。

(4) 方差(Variance)和标准差(Standard Deviation)

方差是数据中的各变量值与平均值差的平方和的算数平均数。用数学公式表示为

$$\sigma^2 = \frac{\sum_{i=1}^{n} (x_i - \bar{X})^2}{n}$$，其中x_i是数据集合的各变量值，$\bar{X}$是所有数据的平均值。标准差又称均方差，用σ表示，是方差的算数平方根。方差反应灵敏、适合描述定距变量和定比变量的离散情况。

（5）离散系数（Coefficient）

离散系数又叫变差系数、变异系数，它是标准差与平均数的比值，用公式表示为$cv = \frac{s}{\bar{x}}$。它能够对同一总体中的两种不同统计量的离散趋势进行比较，也能对两个不同总体的同一统计量的离散趋势进行比较。当两组数据的计量单位相同但两组数据的均值相差悬殊时，离散系数比标准差描述数据的离散情况更有意义；当两组数据的计量单位不同时，只能用离散系数来比较其离散程度。

【例】人均月收入和人均住房差异程度比较

一项调查结果表明，某城市人均月收入9 200元，标准差1 700元；人均住房面积12平方米，标准差2.5平方米，该城市人均月收入和人均住房面积哪一个差异程度比较大？

人均月收入的离散系数为：$cv = \frac{s}{\bar{x}} \times 100\% = \frac{1\ 700}{9\ 200} \times 100\% = 18.5\%$

人均住房面积的离散系数为：$cv = \frac{s}{\bar{x}} \times 100\% = \frac{2.5}{12} \times 100\% = 20.8\%$

由此可见该城市居民的人均住房面积比人均月收入差距更悬殊。

3. 分布形状分析

常用来描述样本数据分布形态的度量指标是峰度系数和偏度系数，偏度系数反映数据分布的对称性，峰度系数反映数据分布相对正态分布的尖峰程度。只有定比数据才能计算偏度系数和峰度系数，定类、定序、定距数据都不能计算偏度系数和峰度系数，但可以用图形、百分比等描述数据的非对称性和尖峭程度。

（1）偏度系数（Skewness）

偏度系数反映数据分布的对称性。用公式表示为$SK = \frac{\frac{\sum_{i=1}^{n} (x_i - \bar{x})^3}{n}}{s^3}$，其中$x_i$是数据集合的各变量值，$\bar{x}$是所有数据的平均值，$s$为数据集合的标准差。根据平均数、中位数和众数的大小可判断数据分布的偏度：平均数、中位数和众数三者相等时偏度系数为0、平均数最小而众数最大时偏度系数小于0、众数最小而平均数最大时偏度系数大于0。用四分位数可以计算偏度系数，计算公式为$SK^{(2)} = \frac{Q_L + Q_U - 2m_e}{Q_U - Q_L}$，其中$Q_L$、$Q_u$分别为变量数据排序后处于四分之一位置和四分之三位置的数。当Sk为0时，数据为对称分布；Sk值为正时，表示数据呈右（正）偏态分布；Sk值为负时，表示数据呈左（负）偏态分布。Sk的绝对值越大，偏斜越严重，$|Sk| > 1$表示高度偏态分布，$0.5 < |Sk| < 1$表示中等偏态分布。

（2）峰度系数（Kurtosis）

峰度系数反映数据分布形态的陡峭程度。用公式表示为$K=\frac{\frac{\sum_{i=1}^{n}(x_i-\bar{x})^4}{n}}{s^4}$，其中$x_i$是数据集合的各变量值，$\bar{x}$是所有数据的平均值，$s$为数据集合的标准差。峰度系数为0，数据分布与正态分布的陡缓程度相同；峰度系数大于0，数据分布比正态分布高峰更陡峭，为尖顶分布，数据分布一般为尖峰、肥尾、肩部较瘦；峰度系数小于0，数据分布比正态分布的高峰要平坦，为平顶分布，数据分布一般为扁平、瘦尾、肩部较胖。峰度系数越大数据分布图越尖，峰度值越小数据分布图越矮胖。

4. 统计图分析

单变量描述分析还可用使用统计图展示数据的分布特征，但需要根据变量类型来选择。对于单个定性变量，可以绘制柱形图或饼图来展示数据的分布情况；对于单个定量变量，可以绘制直方图或箱线图直观展示定量变量的分布情况，当定量变量的观测数据是按时间来收集的，还可以用线图来描述变量在一段时期内的变化情况。

（二）单变量推断统计

单变量推断统计主要包括参数估计和假设检验。

1. 参数估计

参数估计指根据样本的实际观测数据对总体的数量特征作出具有一定可靠程度的估计和判断。参数估计有点估计和区间估计。

点估计指直接用样本值去估计总体参数，即用某个样本的均值μ、比例π、方差值σ^2的估计值为样本的均值$\bar{x}$、比例p、方差s^2。点估计的优点是可以给出明确的数值，缺点是正确把握程度较低，且无法给出估计值接近总体参数的信息。

（1）区间估计概念

区间估计指在一定可靠程度（置信度）下，用样本统计值的某个区间范围来估计总体的参数值。与点估计不同，区间估计不仅给出了总体参数的估计值，还围绕这个估计值构建了一个区间，这个区间以一定的概率包含了总体参数的真实值。置信度和置信区间是区间估计的两个重要概念：置信度反映估计的可靠性或把握性，表示对置信区间包含总体参数真值的信任程度，常用置信水平90%、95%和99%等表示。置信区间指根据样本数据和置信水平构建的一个具体的数值区间，这个区间以一定的概率包含了总体参数的真实值。

在给定的样本大小和总体参数分布的条件下，置信水平越高，为了保持这一高置信度，通常需要构建一个更宽的置信区间来“保险”，以确保这个区间能以更高的概率包含总体参数的真值。因此，高置信水平通常意味着更宽的置信区间和更低的精确度。因此在实际估计中，需要权衡置信度和精确度。选择一个合适的置信水平取决于对估计精确度和可靠性的具体要求。如果置信区间过大，虽然保证了较高的置信度，但可能使估计失去实际意义。如果置信区间过小，虽然提高了精确度，但可能降低了置信度，使得估计结果不可靠。

【小案例】　　农家乐消费调查中的点估计与区间估计

某大学生农家乐消费调查中，从某高校18 000名学生中按照随机方式抽取900名学生进行调查。调查结果显示，900 名学生的月生活费为 1 000 元，标准差 30 元，农家乐旅游意愿 60%，请分别用点估计和区间估计该校大学生的月生活费和农家乐旅游意愿，把握度为 95%。

点估计：该大学所有学生的月生活费为 1 000 元，农家乐旅游意愿 60%。

区间估计：

月生活费的置信区间：$\bar{x} \pm z_{a/2}\sqrt{\dfrac{s^2}{n}} = 1\ 000 \pm 1.96 \times \dfrac{30}{30} = 1\ 000 \pm 1.96$

即 998.04~1 001.96 元

旅游意愿置信区间：$p \pm z_{a/2}\sqrt{\dfrac{p(1-p)}{n}} = 0.6 \pm 1.96\sqrt{\dfrac{0.6(1-0.6)}{900}} = 0.6 \pm 0.032$

即 56.8% ~ 63.2%

有 95%的把握，该校大学生的月生活费为 998.04~1 001.96 元，农家乐旅游意愿 56.8%~63.2%。

（2）不同参数的区间估计

样本大小和方差知晓情况不同，会影响总体参数区间估的方法，详见图 8-1。

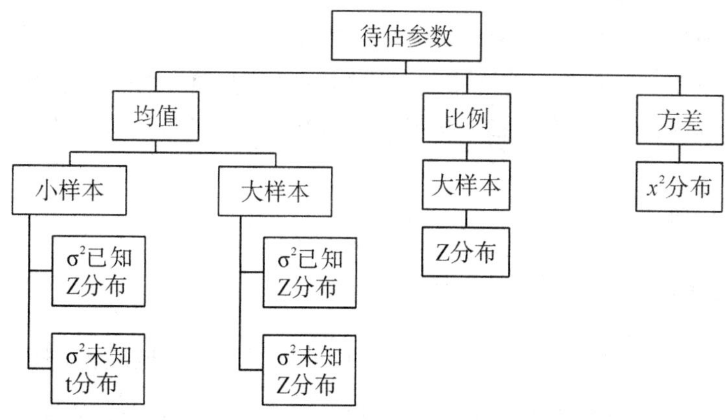

图 8-1 总体参数的区间估计

①总体均值的区间计

单个总体均值的区间估计会根据样本大小和总体方差的知晓情况而有所不同。以下是三种情形下的具体区间估计方法：

情形 1：小样本且方差 σ^2 已知时，采用 z 检验统计量进行区间估计

当样本数量在 30 以下和总体方差已知时，使用 Z 统计量来构建总体均值的置信区间。

重复抽样下，总体均值的置信区间估计公式为：$\bar{x} \pm z_{a/2}\sqrt{\dfrac{s^2}{n}}$。

不重复抽样下，总体均值的置信区间估计公式为：$\bar{x} \pm z_{a/2}\sqrt{\dfrac{s^2}{n}(1-\dfrac{n}{N})}$。

式中：$\bar{x}$ 为样本均值；n 为样本容量；N 为总体数量；s 为样本标准差；$z_{a/2}$ 为置信水平 $1-a$ 的 Z 值。

【例】大学生月餐饮平均消费区间估计

某高校有2万名学生，现采用重复抽样随机方法抽取900名学生进行调查。调查结果表明，900名学生月均消费额为450元，根据往年普查可知该校学生餐饮月费的总体标准差为30元，在99%的保证程度下，求该校学生月餐饮消费水平的置信区间。

由题已知：$n=900$　$s=30$ 置信度99%　$z_{a/2}=2.58$

代入区间公式：$\bar{x}\ \pm z_{a/2}\sqrt{\frac{s^2}{n}}=450\ \pm 2.56\times\sqrt{\frac{30^2}{900}}=450\ \pm 2.58$，即［447.42，452.58］

有95%的把握程度下，全校学生月餐饮消费水平在447.42~452.58元。

情形2：小样本但方差σ^2未知时，采用t检验统计量进行区间估计

当样本小于30，且方差σ^2未知时，采用t检验统计量进行区间估计。由于总体方差未知，使用σ^2的无偏估计量样本方差s^2代替σ^2。

总体均值的置信区间估计公式为：$\bar{x}\ \pm t_{a/2}\sqrt{\frac{s^2}{n}}$

式中：$\bar{x}$为样本均值；n为样本容量；s为样本标准差；$t_{a/2}(n-1)$为置信水平为$1-a$、自由度为$n-1$的t值。

【例】某化妆品消费者平均使用时间的区间估计

某化妆品牌调查了9位消费者，获取他们使用该品牌化妆品的年数分贝为3、5、5、4、3、2、5、4、9年，要求在95%概率下，对消费者使用该品牌平均年限进行区间估计。

均值置信区间估计步骤：

步骤一：求出样本平均值和方差。

$\bar{x}=(3+5+5+4+3+2+5+4+9)/10=4.44$ 年

$s^2=\sum_{1}^{n}(x_i-\bar{x})^2=(3-4.44)^2+(5-4.44)^2+(5-4.44)^2+(4-4.44)^2+(3-4.44)^2+(2-4.44)^2+(5-4.44)^2+(3-4.44)^2+(3-4.44)^2=4.03$（年）

步骤二：根据给定置信水平$1-a$，查$t_{a/2}$值。

$1-a=95\%$，根据$a=0.025$和自由度$9-1=8$查表得$t_{0.025}(8)=2.306$

步骤三：计算总体均值的置信区间。

$$置信区间=\left[\bar{x}-t_{a/2}(n-1)\sqrt{\frac{s^2}{n}},\ \bar{x}+t_{a/2}(n-1)\sqrt{\frac{s^2}{n}}\right]$$

$$置信区间=[4.44-2.306\times\sqrt{\frac{4.03}{9}},\ 4.44+2.306\times\sqrt{\frac{4.03}{9}}]$$

置信区间=［3.0，5.87］

在95%的把握度下，消费者使用某品牌化妆品的年限为2.90~5.98年。

情形3：大样本采用z检验统计量进行区间估计

当样本量n较大时，无论方差是否已知，都使用检验量Z进行区间估计。方差已知时用样本方差s^2，方差未知时用s^2代替方差σ^2。

重复抽样下，总体均值的置信区间估计公式为：$\bar{x}\ \pm z_{a/2}\sqrt{\frac{s^2}{n}}$。

不重复抽样下，总体均值的置信区间估计公式为：$\bar{x} \pm z_{a/2}\sqrt{\frac{s^2}{n}(1-\frac{n}{N})}$。

式中：$\bar{x}$ 为样本均值；n 为样本容量；s 为样本标准差；$z_{a/2}$ 为置信水平 $1-a$ 的 Z 值。

【例】大样本总体方差已知的均值区间估计

某高校共有1.8万名学生，去年调查该校学生月餐饮费方差 30^2 元，今年从学生中随机抽取900名学生调查，得到他们月餐饮消费人均450元，现要求在95%的置信度下，计算全校学生月餐饮消费水平的置信区间。

步骤一：计算样本平均值。$\bar{x}=450$

步骤二：根据给定置信度水平1-a，求对应的Z值。

$1-a=0.95\%$，$Z_{a/2}=1.96$。

步骤三：计算出总体均值的置信区间。

置信区间 $=[\bar{x}-Z_{a/2}\sqrt{\frac{\sigma^2}{n}},\ \bar{x}+Z_{a/2}\sqrt{\frac{\sigma^2}{n}}]$

置信区间 $=[450-1.96\times\frac{30}{\sqrt{900}},\ 450-1.96\times\frac{30}{\sqrt{900}}]$

置信区间 $=[448.04,\ 451.96]$

在95%的置信度下，全校学生月餐饮消费水平的置信区间为448.04元~451.96元。

②总体比例的区间估计

样本容量 n 大于30时，np 和 $n(1-p)$ 均大于10，使用正态分布统计量 Z 计算比例区间。在有限总体且样本量很大的情况下，不重复抽样也可以近似地视为重复抽样。

总体比例 p 的置信区间估计公式为：$p \pm z_{a/2}\sqrt{\frac{p(1-p)}{n}}$。

式中：p 为样本中的百分数；n 为样本容量；$z_{a/2}$ 为置信水平 $1-a$ 的 Z 值。

【例】便利店使用微信小程序比例的区间估计

从某城市全部便利店中，按照简单随机方式抽取100家便利店进行调查，其中有64家便利店使用微信购物小程序，在95%的把握度下，估计该城市便利店使用微信小程序的比率。

置信区间估计步骤：

步骤一：求百分比 P 和 S_p。$P=64\%$　$S_p=\sqrt{\frac{p(1-p)}{n}}=\sqrt{\frac{0.64\times0.36}{100}}=0.048$

步骤二：根据给定置信水平求 $Z_{a/2}$ 值。$1-a=95\%$　$Z_{a/2}=1.96$

步骤三：计算置信度为95%下的总体比例置信区间。

置信区间 $=[0.64-1.96\times0.048,\ 0.64+1.96\times0.048]$

置信区间 $=[55\%,\ 73\%]$

有95%的把握，该城市有55%~73%的便利店使用微信小程序。

③总体方差的区间估计

假设总体服从正态分布，总体方差 σ^2 的样本分布服从自由度为 $n-1$ 的卡方分布：$\frac{(n-1)s^2}{\sigma^2}\sim\chi^2(n-1)$。

总体方差在 $1-a$ 置信水平下的置信区间为 $\left[\frac{(n-1)s^2}{\chi^2_{a/2}(n-1)}, \frac{(n-1)s^2}{\chi^2_{1-a/2}(n-1)}\right]$。

【例】 某企业牛奶重量方差的区间估计

某一食品企业生产袋装牛奶，现从某一天生产的一批食品中随机抽取25袋，测得袋装牛奶重量如表8-7。已知牛奶重量的分布服从正态分布，现要求以95%的置信水平建立该牛奶重量方差的置信区间。

表8-7　25袋牛奶的重量

112.5	101.0	103.0	102.0	100.5
102.6	107.5	95.0	108.8	115.6
100.0	123.5	102.0	101.6	102.2
116.6	95.4	97.8	108.6	105.0
136.8	102.8	101.5	98.4	93.3

总体方差的区间估计步骤：

步骤一：根据样本计算样本方差 S^2。　$S^2 = 93.21$

步骤二：根据置信水平求 χ^2 值。

已知 $n=25$，$1-a=95\%$，查表得：

$\chi^2_{a/2}(n-1) = \chi^2_{0.025}(24) = 39.364\ 1$

$\chi^2_{1-a/2}(n-1) = \chi^2_{0.975}(24) = 12.401\ 1$

步骤三：计算置信度为95%下总体方差的置信区间。

总体方差的置信区间 $= \left[\frac{(25-1)\times 93.21}{39.364\ 1}, \frac{(25-1)\times 93.21}{12.041\ 1}\right]$，即[56.83～180.39]

步骤四：计算总体标准差的置信区间。

总体标准方差置信区间=［7.54，13.43］

有95%的把握，该企业生产的牛奶重量标准差在7.54～13.43克。

2. 假设检验

(1) 假设检验的概念

假设检验指先对总体提出一个假设，然后对样本数据进行统计分析，最后根据分析结果来判断这个假设是否应该被拒绝。

在营销调查中，假设检验的应用尤为广泛，营销人员经常需要基于有限的调查数据来评估营销调查结果与营销人员的猜想、标准或期望存在一定的差异。为了确定这些差异是真实存在的还是由于抽样导致的，就需要进行假设检验。

【案例1】 细分市场是否值得进入

在考虑将某产品引入新的细分市场之前，精确评估该市场中消费者的收入状况是至关重要的。为此，随机抽取了2 500名目标用户进行调查，结果显示这些目标用户的人均月收入为2万元。鉴于营销经理的评估标准，即细分市场的人均月收入需达到1.9万元方能确保产品的盈利性，需要基于这一调查结果来验证是否满足进入条件。

【案例2】 广告样片B一定比广告样片A更受欢迎

某奶茶公司在网络上推出广告之前，制作了广告样片A和B，并邀请300被试者进行调查。随机选择150名被试者观看广告样片A，而另外150名则观看广告样片B。调查结果显示，有20%的观众表示喜欢广告样片A，25%的观众喜欢广告样片B。尽管广告样片B在当前的调查中获得了更高的喜欢比例，但是广告样片B一定比广告样片A更受欢迎吗。实际上，这个决策过程更接近于假设检验，即假设消费者对广告样片B的喜欢程度高于对广告样片A的喜欢程度。为了验证这一假设，需要进行更深入的统计分析，以评估差异是否具有统计学意义上的显著性。

（2）假设检验步骤

假设检验的逻辑是运用反证法，即小概率事件在一次调查中几乎是不可能发生的，一旦小概率事件发生就有理由拒绝原假设，反之如果小概率事件没有发生就不拒绝原假设。假设检验共分为五个步骤：

步骤一：提出原假设和备择假设。

原假设又称0假设，用 H_0，它是待检验的假设，即研究者收集证据想予以反对的假设。原假设是对总体参数的猜测、可能、预期等做出假设，具体数值应对总体特征有初步了解后或根据历史资料做出，等号总是放在原假设上，如“=、≥或≤”。备择假设也称研究假设，是研究者收集证据想予以支持的假设，用 H_1 或 H_a 表示，它一般不含有等号。原假设和备择假设必须是完备互斥，研究者倾向于支持备择假设，因此先提出原假设，然后收集证据拒绝原假设，以支持备择假设。在假设检验的过程中，根据研究问题和目的提出原假设和备择假设很关键，可选择以下三组常见的假设形式之一来构建假设，详见表8-8。

表8-8　三组常见的假设检验形式

假设	双侧检验	单侧检验	
		左侧检验	右侧检验
原假设	$H_0: m = m_0$	$H_0: m \geqslant m_0$	$H_0: m \leqslant m_0$
备择假设	$H_1: m \neq m_0$	$H_1: m < m_0$	$H_1: m > m_0$
研究关键词	等于	不得少于/低于	不得多于/高于
示例	市场占有率等于5%	人均月收入不得少于/低于1 200元	次品率不得多于/高于5%

步骤二：根据抽样分布选择检验统计量，并计算检验量。

根据研究目的、资料类型、统计量的分布和样本大小等因素选择合适的统计量，计算检验统计量的实际值。

步骤三：给定显著性水平，根据显著性水平查临界值，确定拒绝域。

显著性水平a是事先确定用于拒绝原假设所必须的证据，根据要求给定。根据给定的显著性水平可查出对应的临界值 $Z_{\frac{a}{2}}$ 或Z_a、t_a 或$t_{\frac{a}{2}}$。假设检验的判定结果可采用 p 值与临界值，但临界值在假设检验过程中使用更加普遍。

步骤四：将临界值与统计值进行比较，做出接受还是拒绝原假设的决策。

双侧检验时，如果 |统计量| >临界值，拒绝 H_0；左侧检验时，统计量<临界值，拒绝 H_0；右侧检验时统计量>临界值，拒绝 H_0。

（3）单变量假设检验

单变量假设检验常用于评估单个变量的样本数据与预期或假设的总体参数之间是否存在显著差异。总体参数主要有均值、比例和方差，因此多进行单个总体的均值、比例、方差假设检验。

（1）单个总体均值的假设检验

样本规模和总体方差是否已知的情况不同，单个总体均值的检验量和检验步骤不同，具体见图 8-2。

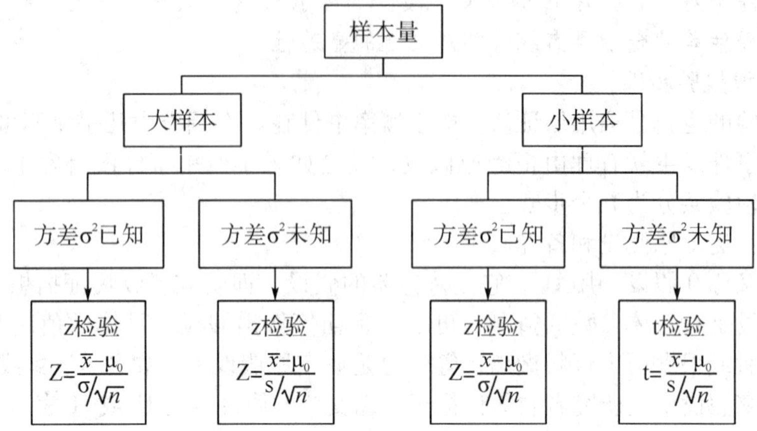

图 8-2　单个总体均值的假设检验

①情形 1：大样本且方差 σ^2 已知时，采用 z 检验统计量

在大样本且方差已知情形下，均值假设检验步骤：

步骤一：提出原假设和备择假设。

$$H_0: u = \mu_0 \quad H_1: u \neq \mu_0$$

步骤二：构建检验统计量，并计算检验统计量的值。

$$Z = \frac{\bar{x} - \mu_0}{\frac{\sigma}{\sqrt{n}}} \sim N(0, 1)$$

其中：$\bar{x}$ 为样本均值；μ_0 为总体的平均数假设值；σ 为总体的标准差；n 为样本规模。

步骤三：给定显著性水平，并根据显著性水平查临界值，确定拒绝域。

根据给定显著性水平，并结合单侧检验或双侧检验，查 z_a 或 $Z_{\frac{a}{2}}$ 的临界值。

步骤四：做出统计决策。

双侧检验时 $|Z| < Z_{\frac{a}{2}}$，接受原假设；$|Z| \geq Z_{\frac{a}{2}}$，拒绝原假设。

左侧检验时：$Z \geq z_a$，接受原假设；$Z < -z_a$，拒绝原假设。

右侧检验时：$Z \leq z_a$，接受原假设；$Z > z_a$，拒绝原假设。

【例】大样本方差 σ^2 未知的单总体均值检验

调查获悉某大学的学生上一年旅游人均年消费为 210 元，本年随机抽取 100 名学生进行调查，调查表明学生平均旅游年花费 220 元，标准差为 15 元。问该大学本年旅游年花费金额较上年是否有变化？(a=0.05)

步骤一：提出原假设和备择假设。

$$H_0: u = 210 \quad H_1: u \neq 210$$

步骤二：建构检验统计量。

$$Z = \frac{\bar{x} - u_0}{\frac{\sigma}{\sqrt{n}}} = \frac{220 - 210}{15/\sqrt{100}} = 6.67$$

步骤三：根据显著性水平，查临界值，确定拒绝域值。

双侧检验，显著性水平 $a = 0.05$，查表得临界值 $Z_{(0.05/2)} = 1.96$

步骤四：将临界值与统计值进行比较，做出接受还是拒绝原假设的决策。

6.67>1.96，拒绝原假设，即该学校的大学生旅游年花费与上年相比有变化。

在95%的把握度下，该学校的大学生旅游年花费与上年相比有变化。

②情形2：大样本，方差 σ^2 未知，采用z检验统计量

在大样本但方差未知的情形下，均值假设检验步骤：

步骤一：提出原假设和备择假设。

$$H_0: u = \mu_0 \quad H_1: u \neq \mu_0$$

步骤二：构建检验统计量，计算检验统计值。

用 s^2 代替方差 σ^2，用 z 检验统计量

$$Z = \frac{\bar{x} - \mu_0}{\frac{s}{\sqrt{n}}} \sim N(0, 1)$$

其中：$\bar{x}$ 为样本的均值；μ_0 为总体平均数的假设值；s 是样本标准差；n 是样本规模。

步骤三：给定置信度水平，查临界值，确定拒绝域。

根据给定显著性水平 a，结合单侧检验或双侧检验，查 z_a 或 $Z_{\frac{a}{2}}$ 的临界值。

步骤四：最后决策。

双侧检验时：$|Z| < Z_{\frac{a}{2}}$，接受原假设；$|Z| \geqslant Z_{\frac{a}{2}}$，拒绝原假设，接受备择假设。

左侧检验时：$Z \geqslant z_a$，接受原假设；$Z < -z_a$，拒绝原假设，接受备择假设。

右侧检验时：$Z \leqslant z_a$，接受原假设；$Z > z_a$，拒绝原假设，接受备择假设。

【例】 大样本方差 σ^2 未知的单总体均值检验

数据表明去年某产品的目标市场人均消费量为3 190克，标准差为80克，今年通过随机抽取100人进行调查，测得平均消费量为3 210克。今年的目标市场人均消费量较上年有无显著差异？（$a=0.05$）

步骤一：提出原假设和备择假设。

$$H_0: u = 3\,190 \quad H_1: u \neq 3\,190$$

步骤二：建构检验统计量。

$$Z = \frac{\bar{x} - u_0}{\frac{s}{\sqrt{n}}} = \frac{3\,210 - 3\,190}{80/\sqrt{100}} = 2.5$$

步骤三：根据给定显著性水平，查临界值，确定拒绝域值

$a = 0.05$ 查得临界值为1.96

步骤四：作出统计决策。

$Z = 2.5 > 1.96$，所以拒绝原假设。即今年目标市场的人均消费量与往年有显著差异。

③ 情形3：小样本，方差 σ^2 已知，使用 z 检验统计量

小样本且方差已知情形下，均值假设检验步骤：

步骤一：提出原假设和备择假设。

$$H_0: u = \mu_0 \quad H_1: u \neq \mu_0$$

步骤二：建立检验统计量，计算检验统计值。

$$Z = \frac{\bar{x} - \mu_0}{\frac{\sigma}{\sqrt{n}}} \sim N(0,\ 1)$$

其中：$\bar{x}$ 为样本均值；μ_0 为总体平均数的假设值；σ 是总体的标准差；n 是样本规模。

步骤三：给定置信度水平，查临界值，确定拒绝域。

根据给定显著性水平 a，结合单侧检验或双侧检验，查z_a 或$Z_{\frac{a}{2}}$ 的临界值。

步骤四：最后决策。

如果$|Z|$ < 临界值，接受原假设；如果$|Z| \geqslant$ 临界值，拒绝原假设。

④ 情形 4：小样本，方差σ^2 未知，采用 t 检验统计量

均值假设检验步骤：

步骤一：提出原假设和备择假设。

$$H_0:\ u = \mu_0 \quad H_1:\ u \neq \mu_0$$

步骤二：构建并计算统计检验量。

用 s^2 代替方差σ^2，使用 t 检验统计量

$$t = \frac{\bar{x} - \mu_0}{\frac{s}{\sqrt{n}}} \sim t(n-1)$$

步骤三：给定置信度水平，根据置信水平和自由度 $df = n - 1$，查 T 的临界值，确定拒绝域。

步骤四：根据判定规则作出接受还是拒绝原假设的决策。

比较 t 值和 T 的临界值大小，做出接受还是拒绝原假设的决定。

双侧检验时，若统计量 t > 临界值 T，拒绝 H_0；左侧检验时若统计量 t < 临界值 T，拒绝 H_0；右侧检验时，若统计量 t > 临界值 T，拒绝 H_0。

【例】 小样本方差 σ^2 未知的单总体均值假设检验

已知某游客对 A 景区评价分数呈正态分布，现从游客中抽取 16 人，测得这些游客对 A 景区评价分数为 50、44、91、90、74、72、89、81、65、62、68、74、63、61、33、47。问当 α=0.05 时，是否可以认为全体游客对 A 景区平均评价是 70 分?

步骤一：建立原假设和备择假设。

$$H_0:\ \mu = 70,\ H_0:\ \mu \neq 70$$

步骤二：构建检验统计量，计算统计量 t 值。

使用 t 统计量，$\bar{x} = 66.5 \quad S = 16.507$；

$$t = \frac{\bar{x} - u_0}{\frac{s}{\sqrt{n}}} \sim t(n-1)$$

$$t = -0.821$$

步骤三：根据给定的置信水平和自由度 $df = n - 1$，查 t 值表。

根据给定的显著性水平 0.05、自由度为 $16 - 1 = 15$ 的双侧检验，查表得 t 值 $= \pm 2.131$

步骤四：作出统计决策。

由于 $-0.821 > -2.131$，接受原假设。即可以认为全体评价的平均得分为70。

（2）单个总体比例的假设检验

总体比例假设检验的假定条件为：有两类结果1或0，符合或具有某种属性记为1，不符合某种属性记为0，其中1出现的成数 p 介入0和1之间；当样本容量足够大，即 np 和 $(n-1)p$ 都大于5时，成数 p 的抽样分布近似服从正态分布，假设检验使用 Z 统计量。

假设检验步骤：

步骤一：建立原假设和备择假设。

$$H_0: p = p_0 \quad H_1: p \neq p_0$$

步骤二：构建并计算检验统计量。

$$Z = \frac{p - p_0}{\sqrt{\frac{p_0(1 - p_0)}{n}}} \sim N(0,\ 1)$$

其中：p 为样本比例；p_0 为总体比例的假设值；n 为样本规模。

步骤三：根据显著性水平查表得临界值。

步骤四：作出统计决策。

【例】 单个总体比例的假设检验

某研究者估计某地区有车家庭的国产轿车拥有率为30%，现随机抽取了200户家庭进行调查，发现68个家庭拥有国产轿车，试问研究者的估计是否可信？($a = 0.05$)

比例的假设检验步骤：

步骤一：建立原假设和备择假设。

$$H_0: p = 30\% \quad H_1: p \neq 30\%$$

步骤二：构建和计算检验统计量。

$$z = \frac{p - p_0}{\sqrt{\frac{p_0(1 - p_0)}{n}}} = \frac{0.34 - 0.3}{\sqrt{\frac{0.3 \times (1 - 0.3)}{200}}} = 1.234$$

步骤三：根据显著性水平，查临界值，确定拒绝域。

$a = 0.05$，查得临界值为1.96

步骤四：作出统计决策。

由于 $1.234 < 1.96$，在 $a = 0.05$ 的水平上无法拒绝 H_0，即说明研究者估计国产车拥有率为30%基本可信。

（3）单个总体方差的假设检验

方差反映数据的离散程度，如产品规格的方差反映产品的稳定性、收入的方差反映收入分配差异、收益率的方差反映投资风险大小。方差的假设检验采用卡方统计量。

单个总体方差假设检验步骤：

步骤一：提出原假设和备择假设。

$$H_0: \sigma^2 = {\sigma_0}^2 \quad H_1: \sigma^2 \neq {\sigma_0}^2$$

步骤二：构建和计算检验统计量。

使用χ^2统计量，$\chi^2=\frac{(n-1)s^2}{\sigma^2}\sim\chi^2(n-1)$

式中：s为样本方差，σ为总体方差，n为样本数。

步骤三：给定置信度水平，查临界值，确定拒绝域。

$$p\{\chi^2\leqslant\chi^2_{1-a/2}(n-1)\}=\frac{a}{2}$$

$$p\{\chi^2\geqslant\chi^2_{a/2}(n-1)\}=\frac{a}{2}$$

步骤四：做出统计决策。

若$\frac{(n-1)s^2}{{\sigma_0}^2}\leqslant\chi^2_{1-a/2}(n-1)$或$\frac{(n-1)s^2}{{\sigma_0}^2}\geqslant\chi^2_{a/2}(n-1)$，拒绝原假设，即方差不等于给定值。

【例】 单个总体方差的假设检验

根据长期资料可知，某企业生产的产品直径服从正态分布，其方差为0.002 5，现随机抽取20件产品进行调查，测得样本方差为0.004 2，判断本批次的产品直径方差是否在正常范围内？（a=0.05）

方差的假设检验步骤：

步骤一：提出原假设和备择假设。

$$H_0:\ \sigma^2=0.0025\quad H_1:\ \sigma^2\neq0.0025$$

步骤二：构建和计算检验统计量。

$$\chi^2=\frac{(n-1)s^2}{\sigma^2}\sim\chi^2(n-1)$$

$$\chi^2=\frac{(n-1)s^2}{\sigma^2}=\frac{(20-1)\times0.0042}{0.0025}=31.96$$

步骤三：给定置信度水平，查临界值，确定拒绝域。

根据给定的$a=0.05$　查χ^2分布表，拒绝域为[-∞，8.907]和[32.852，+∞]

步骤四：做出统计决策。

由于统计值31.96没有落在拒绝域内，无法拒绝原假设。即说明本批次的产品规格稳定。

三、单变量描述分析示例

（一）单选题的描述分析

单选题的描述分析步骤：

步骤一：制作频数。收集每个选项被选择的次数，并制作频数分布表。

步骤二：计算基本的描述统计指标众数、比例和累计百分比。众数反映了大多数人的选择。比例反映每个选项的受欢迎程度。累积百分比反映选择某个选项及其之前选项的人数比例。

步骤三：图形展示。使用条形图、饼图等展示每个选项被选择的情况。

步骤四：分析和解释。结合图表和统计指标分析产生这些结果的可能原因。

（二）多选题的描述分析

多选题的描述分析步骤：

步骤一：制作频数。基于选项，统计每个选项被选择的次数，并制作频数分布表。

步骤二：求出每个选项的众数、比例和异众比率。其中比例可以是普及率或响应率。计算普及率，即每个选项被选择的次数占总样本数的比例，以了解每个选项的受欢迎程度；计算响应率，即每个选项被选择的次数占总选择次数的比例，以了解各选项之间的相对重要性；异众比率表明众数的代表性。

步骤三：图形展示。使用条形图、饼图或帕累托图等图形展示选项的被选择情况，有助于直观地看出各选项之间的差异和趋势。

步骤四：分析和解释。分析与解释选项更受欢迎或较少被选择的可能原因。

【例】 下列哪些因素会影响您选择旅游目的地？（可多选）

1 距离　2 知名度　3 花费　4 景区类型　5 其他

表 8-9　旅游目的地影响因素统计录入表

ID	距离	知名度	花费	景区类型	其他
1	1	0	1	0	0
2	1	1	1	0	0
3	0	0	1	1	0
4	1	1	1	0	0
5	1	0	0	1	0
6	0	1	1	0	0
7	1	0	1	0	0
8	0	1	0	1	0
9	1	0	1	0	0
10	0	1	0	1	0
总计	6	5	7	4	0
普及率	6/10＝60%	5/10＝50%	7/10＝70%	4/10＝40%	0/10＝0%
响应率	6/22＝27. 27%	5/22＝22. 72%	7/22＝31. 82%	4/22＝18. 18%	1/22＝4. 54%

（三）排序题的描述分析

排序题的描述分析步骤：

步骤一：制作频数表。基于每个选项，统计每个选项排序及次数，并制作频数分布表。

步骤二：计算平均数、众数、中位数和异众比率、四分位差等值。

其中平均数计算方法：首先基于每个选项，统计排名序号及频数。然后赋予权重，在排序数字越小表示越靠前的情形下，对排序反向计分，如限排 4 项时，排第 1 计 4 分，排第 2 计 3 分，排第 3 计 2 分，排第 4 计 1 分；排五项则排第 1 计 5 分，排第 2 计 4 分，排第 3 计 3 分，排第 4 计 2 分，排第 5 计 1 分。接下来计算每个选项的总得分，用排序第 1 的权重×该选项排序第 1 的频数+排序第 2 的权重×该选项排序第 2 的频数+排序第 3 的权重×该选项被排序第 3 的频数+……排序最后 1 位的权重×该选项被排最后的频数之和；最后，计算每个选项的平均分，即用每个选项的总分除以样本数或参与排序的人数或被要求排序的人数，分数越高表示排名越靠前。对于排序在五项以上的排序题可计算四分位差，用以说明每个选项排名的离散程度。

众数是基于每个选项，观察频数最多的排序值，表示每个选项在大多数被调查者心中的排序。还可计算累积百分比，以了解每个选项在某个排序及其之前的人数比例。也可以计算异众比率，描述众数的代表性。

步骤三：图形展示。用条形图、柱状图来展示每个选项的平均分，以展示被调查者对每个选项的态度。

步骤四：分析与解释。通过对比各选项的平均值，分析可能的原因。

【例】请您对旅游影响因素的重要程度做排序，__________（限四项，数字越小表示排序越靠前）。

A. 距离（　）　B. 知名度（　）　C. 花费（　）　D. 景区类型（　）

E. 当地天气（　）　F. 交通（　）　G. 促销力度（　）　H. 美食（　）

描述分析步骤：

1. 数据导入。该题共有8个选项，只排前4项。表8-10中表示前五位被访者的排序情况，第一列ID代表样本编号，2~9列为排序题备选项。该题采用排序第一（ ）、第二（ ）、第三（ ）、第四重（ ）方法录入。如第一被调查者认为距离排第一位就录入为1、花费排第二就录入2，促销力度排第3就录入3，以此类推，没有排序计为0。

表8-10　前五位游排序录入表

ID	距离	知名度	花费	景区类型	当地天气	交通	促销力度	美食
1	1	0	2	0	0	0	3	4
2	0	0	3	0	0	1	2	4
3	1	0	4	0	2	3	0	0
4	4	0	2	3	0	1	0	0
5	0	3	0	0	1	2	4	0

2. 制作频数分布表。基于每个选项，统计每个选项被排为第1、第2、第3和第4的人数，统计结果见表8-11。

表8-11　各旅游影响因素频数表　　单位：人

特征值	排序第1	排序第2	排序第3	排序第4
距离	36	16	16	4
知名度	6	10	12	14
花费	12	14	22	10
景区类型	2	4	10	14
当地天气	4	24	6	12
交通	28	14	16	12
促销力度	8	8	14	22
美食	4	10	4	12

3. 基于选项计算平均得分、众数和异众比率。其中平均得分的计算方法，以“距离”为例，平均得分=36（排序为1的人数）×4（排序为1的权数）+16（排序为2的人数）×3（排序为2的权数）+16（排序为3的人数）×2（排序为3的权数）+4（排序为4的人数）×1（排序为4的权数）/100人（样本总数）=2.28分，依次计算其他选项的平均数，得到表8-12。平均值越大，该选项的排序越靠前，最后可按平均值进行重新排列，形成新的表格。

表8-12 各旅游影响因素的平均分统计表

因素	排序1的人数	排序2人数	排3人数	排序4人数	平均分
距离	36	16	16	4	2.28
知名度	6	10	12	14	0.92
花费	12	14	22	10	1.4
景区类型	2	4	10	14	0.54
当地天气	4	24	6	12	1.12
交通	28	14	16	12	1.91
促销力度	8	8	14	22	1.06
美食	4	10	4	12	0.66

求众数，在所有旅游影响因素中，距离排序最多为1、知名度排序4最多、花费排序最多为3、景区类型排序最多为4、当地天气排序最多为2、交通排序最多为1、促销力度排序下最多为1、美食排序最多为4，说明距离、交通、促销力度对游客的影响较大，其次是当地天气，再次是花费，最后是知名度、景区类型、美食。

求异众比率。距离、知名度、花费、景区类型、当地天气、交通、促销力度、美食的异众比率分别为0.50、0.33、0.38、0.47、0.52、0.40、0.42、0.4，说明知名度和花费排序比较集中，距离和当地天气排序较为分散。

4. 作图。根据每个选项的平均值来制作直方图。

5. 分析与解释。对比各个影响因素的排名，分析其排序所代表的意义及原因。

（四）编号题的描述分析

编号题的描述分析与排序题的描述分析相同。

【例】 请您按重要程度对下列旅游景区选择影响因素进行编号。（编号越大越重要，编号8表示最重要，7为其次重要，1为一点都不重要。）

（ ）A. 距离 （ ）B. 知名度 （ ）C. 花费 （ ）D. 景区类型

（ ）E. 当地天气 （ ）F. 交通 （ ）G. 促销力度 （ ）H. 美食

描述分析过程：

1. 数据导入。该题共有8个选项，表8-13表示前五位被访者的回答情况，其中ID代表样本编号，2~9列为编号题备选项。表中第一位游客认为距离第一重要（编号8）、花费第二重要（编号7），促销第三重要（编号6），美食第四重要（编号5），景区类型第五重要（编号4），知名度第六重要（编号3），当地天气第七重要（编号2），交通第8重要（编号1），选项没有编号计为0。

表 8-13 游客旅游因素编号录入表（前五位游客）

ID	距离	知名度	花费	景区类型	当地天气	交通	促销力度	美食
1	8	3	7	4	2	1	6	5
2	4	1	6	2	3	8	7	5
3	8	1	5	2	7	6	4	3
4	5	4	7	6	3	8	2	1
5	4	6	3	2	8	7	5	1

2. 制作频数表。基于每个答案选项，统计其被编号为 1、2、3、4、5、6、7、8 的频次，并制作频数表 8-14。

表 8-14 各旅游影响因素编号频数表 单位：人

	编号 8	编号 7	编号 6	编号 5	编号 4	编号 3	编号 2	编号 1
距离	36	16	16	4	14	6	4	4
知名度	6	10	12	14	30	17	8	3
花费	12	14	22	10	36	2	3	1
景区类型	2	4	10	14	21	14	15	30
当地天气	4	24	6	12	9	12	16	17
交通	28	14	16	12	11	9	8	2
促销力度	8	8	14	22	12	18	3	15
美食	4	10	4	12	20	24	6	20

3. 赋予权重。由于本题编号越大表示越重要，与预期一致，采用正向赋分，编号就是权重。

4. 计算每个选项的平均得分。依次计算每个选项的平均得分，比如“距离”的平均分=36（编号为 8 的人数）×8+16（编号为 7 的人数）×7+16（编号为 6 的人数）×6+4（编号为 5 的人数）×5+14（编号为 4 的人数）×4+6（编号为 3 的人数）×3+4（编号为 2 的人数）×2+4（编号为 1 的人数）×1/100=6.02 分。分数越大，表示该选项排名越靠前，对游客影响越大。最后将其他所有选项的平均分求出，如表 8-15 所示。

表 8-15 游客目的地选择的关注因素平均得分

	编号 8	编号 7	编号 6	编号 5	编号 4	编号 3	编号 2	编号 1	平均分
距离	36	16	16	4	14	6	4	4	6.02
知名度	6	10	12	14	30	17	8	3	4.50
花费	12	14	22	10	36	2	3	1	5.33
景区类型	2	4	10	14	21	14	15	30	3.60
当地天气	4	24	6	12	9	12	16	17	4.17
交通	28	14	16	12	11	9	8	2	5.67
促销力度	8	8	14	22	12	18	3	15	4.37
美食	4	10	4	12	20	24	6	20	3.70

4. 计算中位数、众数和方差等。基于每个选项求众数、中位数，以分别说明每个选项最多的编号值、一半的被调查者的编号值。基于每个选项计算其四分位差、方差来说明每个选项编号的分散程度。

5. 制作统计图。根据每个选项的平均分绘制柱状图或折线图，以展示每个选项的重要性；根据每个选项的编号数及其频数绘制环形图或堆叠条形图，以展示每个选项内部的组成情况；根据每个选项的平均分绘制雷达图，用于比较多个选项在某个维度（如重要性、满意度等）上的表现。

6. 分析。对各选项的编号值的统计结果进行对比，分析其编号值大小所代表的含义及原因。

（五）李克特量表的描述分析

李克特量表题的描述分析与排序、编号题的分析类似，但要注意量表中每个陈述的方向是否一致，如果包含反向表述的陈述，需要检查录入时是否已经转正，录入时还没有转正则在分析时需要反向编码，即将高分改为低分，低分改为高分。

【例】表 8-16 是描述世外桃源目的地的认知形象的陈述，请在符合您认知的表格中打“√”。

表 8-16　对世外桃源目的地的认知表格

目的地陈述	非常不同意	不同意	一般	同意	非常同意
多样的旅游活动					
良好的社会治安					
肮脏的旅游景区					
热情好客的居民					
宜人的气候					

描述分析过程：

1. 数据导入。该题共有 5 个陈述项，表 8-17 是前五位游客回答情况，表中 ID 代表样本编号，2~9 列为五个陈述项目。将“非常同意”编码为 5，“同意”编码为 4，以此类推，没有选择计为 0。表中第一位游客认为：对多样旅游活动的陈述非常不同意（计 1 分）、对社会治安好的描述不同意（计 2 分），对肮脏卫生的陈述非常不同意（计 1 分），对居民热情好客的陈述非常同意（计 5 分），对气候宜人的陈述非常同意（计 5 分），没有选中的选项计为 0 分。

表 8-17　前五位游客对某旅游地的评价录入表（导正前）

ID	活动多样	社会治安好	卫生干净	居民热情好客	气候宜人
1	1	2	1	5	5
2	3	3	1	4	4
3	2	4	2	3	4
4	3	4	2	4	4
5	2	5	1	4	4

2. 数据导正。该李克特量表中的第三个陈述与其他陈述不一致，需要将第三项的评价导正，即将高分改为低分，低分改为高分，导正后见表 8-18。

表 8-18　前五位游客对某旅游地的评价录入表（导正后）

ID	活动多样	社会治安好	卫生干净	居民热情好客	气候宜人
1	1	2	5	5	5
2	3	3	5	4	4
3	2	4	4	3	4
4	3	4	4	4	4
5	2	5	5	4	4

3. 频数分布表。统计所有游客对每个陈述项目的同意程度及相应频数，制作频数表，见表 8-19。

表 8-19　游客对旅游目的地的认知频数表　　单位：人

目的地陈述	完全不符 1分	不符合 2分	一般 3分	比较符合 4分	完全符合 5分
多样的旅游活动	30	25	20	15	10
良好的社会治安	20	16	18	21	25
肮脏的旅游景区	8	10	21	25	36
热情好客的居民	6	12	16	36	30
宜人的气候	2	4	9	39	46

4. 计算每个陈述的平均值。计算每个陈述项目的平均得分，以了解受测者对该陈述的平均态度。平均值的计算方法，用受测者对每个选项同意程度的赋分乘以对应的选择人数后除以参与回答的人数。如“多样旅游活动”的平均分=30 人×1（非常不同意的赋分）+25 人×2（不同意的赋分）+20 人×3（一般的赋分）+15 人×4（同意的赋分）+10 人×5（非常同意的赋分）/100=2. 28 分。每个陈述的平均得分见表 8-20，平均值越高，表示受测者对该陈述的认同程度越高。

表 8-20　游客对旅游地的认知平均值统计表　　单位：人

目的地陈述	1分	2分	3分	4分	5分	平均分
多样的旅游活动	30	25	20	15	10	2. 50
良好的社会治安	20	16	18	21	25	2. 79
卫生的旅游景区	8	10	21	25	36	4. 61
热情好客的居民	6	12	16	36	30	4. 46
宜人的气候	2	4	9	39	46	4. 23

5. 计算中位数和方差等描述指标。当数据呈现正态分布时计算每个陈述项目的平均数，当数据呈现偏态分布时，计算每个陈述项目的中位数，以了解大多数受测者的态度。计算每个陈述项的标准差，以说明每个选项平均分的离散程度，标准差越大，表示受测者态度之间的差异越大。

6. 制作统计图。根据每个陈述项的平均值绘制直方图，以了解不同陈述项的被认可程度，也可根据平均分绘制雷达图，用于比较多个选项的认知态度差异。

7. 分析和解释。通过每个陈述项目的被认可程度对比，分析其原因和改进方向。

（六）语意差异量表的描述分析

语意差异量表的描述分析与李克特量表分析步骤类似。

第一步赋值，以积极的形容词为起点，从有利态度向不利态度依次赋予递减的值以表示被测者的态度倾向，如五个等级的语义差异量表赋值5、4、3、2、1，七个等级的语义差异量表赋值7、6、5、4、3、2、1。第二步，统计选择情况并计算平均数。统计每个评价维度在各个等级上的选择情况，并计算其平均得分，以得出受测者对每个维度的认同程度。第三步，计算总平均分，即将所有受测者对于全部概念或对象评价得分加总后除以参与评价的人数，以了解受测者对评价对象的整体态度和看法；第四步，将第三步的统计结果绘制在经过改造的语意差别量表图上；第五步，由于语意差异量表可用来了解不同群体对特定事物的态度差异、或同一群体在不同时间点对特定事物的态度变化、或同一群体对不同事物的态度，因此分析中的解释不同。

【例】请您对某景区五个方面进行评价？（在符合您情况的横线上打"√"）

景色漂亮的____ ____ ____ ____ ____ ____ ____丑陋的

交通方便的____ ____ ____ ____ ____ ____ ____不便的

票价便宜的____ ____ ____ ____ ____ ____ ____昂贵的

卫生脏乱的____ ____ ____ ____ ____ ____ ____干净的

活动多样的____ ____ ____ ____ ____ ____ ____单一的

描述分析步骤：

1. 数据导入。该题共有5个陈述项，采用7个等级进行评价。表8-21是前五位游客的回答情况，表中ID代表样本编号，2~6列为五个景区评价方面，从有利态度向不利态度依次赋值7、6、5、4、3、2、1分，未评价计为0。表8-21的第一位游客认为景色漂亮（分数为1）、交通方便（分数为2）、门票便宜（分数为6）、卫生肮脏（分数为1）、旅游活动多样没有评价（分数为0）。

表8-21　五位游客对旅游地的评价录入（导正前）

ID	景色漂亮的	交通方便的	门票便宜的	卫生脏乱的	活动多样的
1	1	2	6	1	0
2	7	3	6	2	4
3	6	4	4	3	5
4	4	4	4	2	4
5	3	7	7	2	4

2. 数据导正。语意差异量表包含了反向描述卫生是肮脏的，因此分析时需要将消极形容词的数据导正，即高分变低分，低分变高分，导正后见表8-22。

表8-22　五位游客对旅游地的评价录入（导正后）

ID	景色漂亮的	交通方便的	门票便宜的	卫生干净的	活动多样的
1	1	2	6	7	0
2	7	3	6	6	4
3	6	4	4	5	5
4	4	4	4	6	4
5	3	7	7	6	4

3. 制作频数表。基于每个景区评价方面，统计所有游客的不同评价及相应频数，统计结果见表 8-23。

表 8-23　景区游客评价词语差异统计总表

评价语	评价								评价语
	7	6	5	4	3	2	1	0	
景色漂亮的	35	65	89	42	15	54	19	5	丑陋的
交通方便的	43	60	63	54	42	30	29	3	不便的
门票便宜的	37	41	49	72	48	45	32	0	昂贵的
卫生干净的	116	69	73	26	20	12	8	0	脏乱的
活动多样的	25	36	49	58	92	34	21	9	单一的

4. 基于每个评价维度计算其平均值、标准差和总平均值。

首先计算每个评价维度的平均分，以了解受测者对每个评价维度的平均态度。以"景色漂亮的"为例，平均得分 $\bar{x}$ = (7×35+6×65+5×89+4×42+3×15+2×54+1×19+0×5) / (324-5) = 4.45 分。依次计算其他评价维度的平均得分，得到每个评价维度的平均分为：景区漂亮（4.45 分）、交通方便（4.38 分）、门票便宜（4.02 分）、卫生干净（5.52 分）、活动多样（3.90 分）。

然后计算每个维度的标准差，以描述受测者在各个维度平均分的离散程度。以"景色漂亮的"为例，S^2 = [$(7-4.45)^2$×35+ $(6-4.45)^2$×65+ $(5-4.45)^2$×89+ $(4-4.45)^2$×42 + $(3-4.45)^2$×15 + $(2-4.45)^2$×54 + $(1-4.45)^2$×19] / (324-5) = 1000.99，即S=31.64，依次计算其他评价维度的标准差。

最后计算评价对象的总平均得分，将景区各维度的平均分加总后再平均，以描述受测者对景区的整体印象。具体的计算过程：$\bar{x}$ = [4.45（景区漂亮）+4.38（交通方便）+4.02（门票便宜）+5.52（卫生干净）+3.90（活动多样）] /5=3.85 分。

如有必要，可做因子分析，以提取出潜在的态度维度因子，还可做方差分析以评估性别、年龄等等不同组别在各评价维度或因子上的得分是否存在显著差异，还可以做相关分析，以探讨不同评价维度之间或不同因子之间的相关性，了以解受测者在不同维度态度的关联程度。

5. 绘制图。将每个评价维度的平均值绘制在经过改造的语意差别量表图（见图 8-3）上，并连成线，可以直观展示受测者在各维度上的态度。

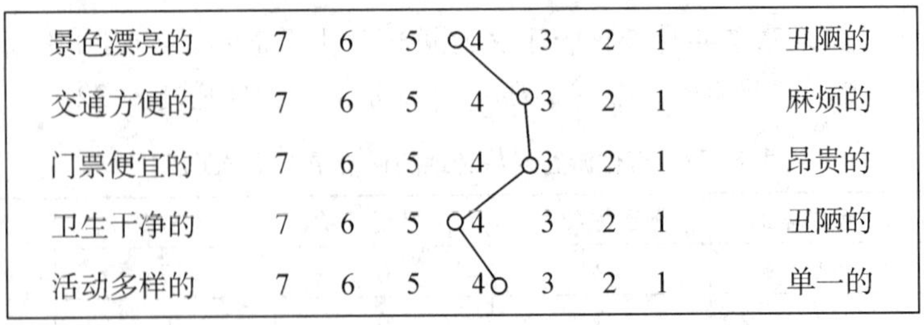

景色漂亮的	7	6	5	○4	3	2	1	丑陋的
交通方便的	7	6	5	4	○3	2	1	麻烦的
门票便宜的	7	6	5	4	○3	2	1	昂贵的
卫生干净的	7	6	5	○4	3	2	1	丑陋的
活动多样的	7	6	5	4○	3	2	1	单一的

图 8-3　某景区游客目的地形象语义差异量表图

6. 分析。结合语义差异量表图和具体的统计指标值深入分析：跨群体态度对比时，识别出哪些因素导致了态度上的分歧；时间维度上的态度变化追踪时，观察到群体态度随时间的推移而发生的变化，评估发展具有的意义；多维度态度剖析时，对同一对象多维度态度进行全面剖析，找出问题。

（七）配对量表的描述分析

配对量表的描述分析时，先将配对量表中被测者的回答转换为偏好矩阵，并根据偏好矩阵得到被测者对每个评价对象的排序，然后按照排序题的描述分析方法进行分析。配对量表分析的难点在于将每一位受测者填写的配对量表转换成一个最终的评价排序表。转换方法过程：首先制作 $n \times n$ 转换空白表，表中行栏和纵栏是参与评价的测量对象，按照相同排序排列，然后将配对量表中的信息填入转换表中，填写规则是“被测者更喜欢这一列的评价对象就填数字 1，更喜欢这一行的评价对象就填数字 0，被评价对象与自身比较时填入\”；再统计每列 1 的个数总和；最后根据每列数字大小得到受测者对于不同评价对象的排序情况。

【例】在下列两两比较的四川景区中，选择您更想去的景区？（在符合您情况（　）中划“√”）

峨眉山（　）九寨沟（　）　　峨眉山（　）青城山（　）
峨眉山（　）乐山大佛（　）　　峨眉山（　）稻城亚丁（　）
九寨沟（　）青城山（　）　　九寨沟（　）乐山大佛（　）
九寨沟（　）稻城亚丁（　）　　青城山（　）乐山大佛（　）
青城山（　）稻城亚丁（　）　　乐山大佛（　）稻城亚丁（　）

描述分析过程：

1. 数据转换。以第一位被访者为例，实际回答见表 8-24。然后将答案转换为景区配对评价量表，如表 8-25 所示，表中数字 1 表示受测者对象更喜欢这一列的景区，数字 0 表示更喜欢这一行的景区。

表 8-24　该位游客实际回答情况

峨眉山（√）九寨沟（　）	峨眉山（√）青城山（　）
峨眉山（　）乐山大佛（√）	峨眉山（√）稻城亚丁（　）
九寨沟（√）青城山（　）	九寨沟（√）乐山大佛（　）
九寨沟（√）稻城亚丁（　）	青城山（　）乐山大佛（√）
青城山（　）稻城亚丁（√）	乐山大佛（√）稻城亚丁（　）

表 8-25　根据配对评价量表得到的偏好矩阵

景区	峨眉山	九寨沟	青城山	乐山大佛	稻城亚丁
峨眉山	\	0	0	1	0
九寨沟	1	\	0	1	0
青城山	1	1	\	1	1
乐山大佛	0	0	0	\	0
稻城亚丁	1	1	0	1	\
合计	3	2	0	4	1

通过转换，得到第 1 位被访者的景区排序：排序 1、2、3、4、5 分别为乐山大佛（4 分）、峨眉山（3 分）、九寨沟（2 分）、稻城亚丁（1 分）、青城山（0 分）。

2. 制作频数表。统计每位被访者的排序，并制作频数表 8-26。

表 8-26　100 位游客对各景区排序频数表　　单位：人

景区	排第一	排第二	排第三	排第四	排第五
峨眉山	20	35	23	17	5
九寨沟	35	20	27	15	3
青城山	13	28	22	21	16
乐山大佛	27	22	18	23	10
稻城亚丁	19	18	23	25	15

3. 计算每个景区的平均分。基于每个景区，计算其平均得分，以测得受测者对每个景区的喜好程度。以“峨眉山”为例，景区平均分 $\bar{x}$ = 20 人×5+35 人×4+23 人×3+17 人×2+5 人×1/100 人 = 3. 48 分。依次计算其他各景区的平均分，得到表 8-27。

表 8-27　100 位被访者对各景区的得分表

景区	5 分	4 分	3 分	2 分	1 分	平均分	方差	标准差
峨眉山	20	35	23	17	5	3. 48	124. 54	11. 16
九寨沟	35	20	27	15	3	3. 69	374. 85	19. 36
青城山	13	28	22	21	16	3. 01	164. 99	12. 85
乐山大佛	27	22	18	23	10	3. 43	183. 11	11. 53
稻城亚丁	19	18	23	25	15	3. 01	193. 89	13. 92

4. 计算众数、中位数和四分位差、方差。基于每个选项，求出众数、中位数以说明每个选项的代表性排序，用四分位差、方差来说明每个选项排序的分散程度。以“峨眉山”为例，方差 s^2 = 20 人× $(5-3.48)^2$ +35 人× $(2-3.48)^2$ +23 人× $(3-3.48)^2$ + 17 人× $(2-3.48)^2$ +5 人× $(1-3.48)^2$/100 = 124. 54，依次计算其他景区的方差，得到每个景区的方差，见表 8-27。

5. 制作统计图。根据每个选项的平均值绘制直方图。

6. 分析与解释。对比每个景区的平均分，分析偏好程度差异以及可能的原因。

（八）固定总数量表的描述分析

固定总数量表的描述分析步骤：第一步，将收集到的数据进行整理，确保每个受测者的分配总分等于设定的总数值。第二步，计算每个评价因素的平均分和方差。基于每个评价对象，计算所有受测者分配的平均分数，以反映受测者对每个评价对象的总体态度。然后计算其方差，以了解测试者对每个对象评价的离散程度。第三步，绘制图。用分组箱线图或柱状图等展示各个评价对象的集中趋势和离散程度。第四步，分析和解释。解释受测者对各个对象的偏好情况，以及这些偏好背后的可能原因。

【例】 请您根据个人偏好，将 100 分分配给下列影响旅游目的地选择的各项因素。（分数越高表示越重视）

门票价格____　　景区知名度____　　交通____　　天气____　　景区类型____

（九）填空题的描述分析

数字型填空题和文字型填空题的描述分析方法不同。数字型填空题的描述分析步骤与固定总数量表相同：首选统计所有受测者的回答情况，然后计算众数、中位数、平均数和四分位差、方差等，必要时可计算偏度系数和峰度系数，再制作统计图，最后对统计结果进行分析和解释。分文字型填空题的描述分析步骤：首先进行事后编码，即把意思相近的答案归为一类并提取出关键词，旨在把原来零散的答案转变为不同类别的数据，方便后续分析。然后基于每个类别统计其被选择的次数，并做频数分布表。最后根据统计结果制作词云图或饼图。

■任务实施

Step1：每个人课后完成下列单变量分析任务。

任务1：某景区400位被调查游客停留时间调查结果：1小时以下（20人）、1-2小时（80人）、2-3小时（100人）、4-5小时（60人）、5-12小时（30人）、12-24小时（90人）、24小时以上（10人），无回答（10人）。根据上述调查结果制作频数分布表。

任务2：某景区100位被调查游客性别统计结果：男（60人）、女（36人）、无回答（4人）。根据上述调查结果制作统计图。

任务3：完成下列单变量的描述分析。

调查1：某景区50位被调查游客的旅游方式：跟随旅游团6人、自助游15人、自驾游25人、其他方式4人，问旅游方式的众数？

调查2：某景区100位被调查游客的正餐人均消费调查金额见表8-28，问游客正餐人均消费的众数？

表8-28　游客正餐人均消费金统计表

消费金额/元	人数/人	频率/%	向上累计频数/%
50元以下	18	18	18
51-60	20	20	38
61-70	30	30	68
71-80	20	20	88
81以上	12	12	100
合计	100	100	—

调查3：某景区100位被调查游客的正餐人均消费金额见表8-29，问游客正餐人均消费的众数？

表8-29　游客正餐人均消费金统计表

消费金额/元	人数/人	频率/%	向上累计频数/%
50元以下	15	15	15
51-60	20	20	35
61-70	30	30	65

表8-29(续)

消费金额/元	人数/人	频率/%	向上累计频数/%
71-80 以上	25	25	90
81 以上	10	10	100
合计	100	100	—

调查 4：9 位被调查游客对 X 景区排序结果见表 8-30，问 X 景区在游客中的地位究竟如何？

表 8-30　9 位游客对 X 景区的排序统计表

受访者编号	1	2	3	4	5	6	7	8	9
X 景区排序	2	3	7	5	3	6	4	3	5

调查 5：对景区喜爱程度排序，9 位被调查者对 X 景区的排序结果见表 8-31。问 X 景区在游客中的地位究竟如何？

表 8-31　8 位游客对 X 景区的排序统计表

受访者编号	1	2	3	4	5	6	7	8
X 景区排序	2	3	7	5	3	6	4	3

调查 6：某房产公司有 35 位销售人员，每月房屋销售情况：18 套（7 人）、19 套（14 人）、20 套（11 人）、21 套（3 人）。问该房产公司的销售人员每月销售的中位数？

调查 7：某房产公司有 35 位销售人员，每月销售房屋套数为：11~20 套（2 人）、21~30 套（4 人）、31~40 套（12 人）、41~50 套（14 人）、51~60 套（3 人）。问该房产公司销售人员每月销售数量的中位数？

调查 8：某景区 20 位被调查游客的年龄为 22、58、24、50、29、52、57、31、30、41、44、40、46、29、31、37、32、44、49、29，问该景区游客的平均年龄、中位数、众数及全距、四分位差和方差？

调查 9：某景区 100 位被调查游客的年龄：19 岁的 15 人、20 岁的 20 人、21 岁的 5 人、22 岁的 20 人、43 岁的 30 人、54 岁的 10 人，问该景区游客的平均年龄、中位数、众数、全距和方差？

调查 10：某景区 100 位被调查游客年龄见表 8-32，问该景区游客的平均年龄、中位数、众数、全距和方差？

表 8-32　游客年龄频数表

年龄/岁	人数/人
19~29	15
30~39	20
40~49	30
50~59	25
60~69	12
合计	100

调查11：100位被调查游客来某景区次数：第1次（70人）、第2次（20人）、3次及以上（10人），请问该景区的游客重游率如何？

调查12：两景区针对本地人和外地人进行喜爱度调查，调查结果见表8-33，问A、B景区哪个更受本地人的喜爱？

表8-33　两景区针对本地人和外地人的喜爱度调查结果

支持者	A景区	B景区
本地人	200人	200人
外地人	100人	150人
合计	300人	350人

调查13：景区随机调查5位男性和5位女性游客，男性游客对x景区的评分为76、78、81、82、83，女性游客对x景区的评分为62、74、80、86、98，问男性还是女性游客对景区的评价更一致？

调查14：某景区游客的正餐人均消费与游客个人税后月收入见表8-34，问游客的正餐人均消费与游客税后月收入哪个的差异要大些？

表8-34　某景区游客的正餐人均消费与个人税后月收入情况

项目	每餐餐饮消费/元	个人税后月收入/元
均值	90	5 000
标准差	29	290

调查15：9位被调查游客对X、Y景区的喜爱程度排序见表8-35，如果两个景区喜欢的中位数相同，问X、Y景区中哪个景区的排序更有代表性？

表8-35　9位游客对X、Y景区的喜爱程度排序

受访者编号	1	2	3	4	5	6	7	8	9
X景区排序	2	3	7	5	3	6	4	3	5
Y景区排序	3	4	6	7	1	2	3	5	7

任务4：下列调查中的总体均值进行区间估计。

调查1：总分100分，9位被访游客对某景区的评分为76、78、81、82、83、87、75、90、85，在95%的把握度下，求该景区评价得分的置信区间。

调查2：某校17 000名学生，重复抽样下按照随机原则抽取了900名学生进行月餐饮消费水平调查，得到抽样大学生月餐饮消费金额是450元，标准差是30元，要求在95%的置信度下求出全校学生月消费水平的置信区间。

调查3：某校17 000名学生，重复抽样下按照随机原则抽取了900名学生进行月餐饮消费水平调查，得到抽样大学生月餐饮消费金额是450元，标准差是30元，要求在99%的置信度下求出全校学生月消费水平的置信区间。

任务5：对下列调查进行假设检验分析。

调查1：某汽车经销商随机抽取100名顾客进行深度访问，获取样本顾客平均年收入为14.6万元，标准差为1.5万元。请问该汽车经销商认为顾客的平均年收入在15万元以上可信吗？

调查2：某公司为了调查某种促销方式是否有效，采用促销1、促销2、促销3，每种促销历时1个月，得到顾客数量数据如表8-36所示，请问三种促销是否有差异。

表8-36　3种促销方式下月购买顾客人数

促销方式	月份	顾客数量/人
促销1	4月	11 700
促销2	5月	12 100
促销3	6月	11 780
合计	-	35 580

Step2：每个学生将单变量分析结果交给老师。

Step3：老师对学生单变量分析中存在的问题进行总结并讲解。

Step4：每个人结合所做的调查问卷中的题型进行单变量分析，课外完成。

Step5：遇到问题进行课外自学。

Step6：自学无法解决的问题请教老师。

Step7：老师针对普遍问题进行讲述。

【任务模块3】双变量分析

■知识准备

一、双变量分析概述

双变量分析指对两个变量同时分析，目的在于发现两个变量之间的关系。双变量分析方法有相关分析、回归分析和假设检验：其中相关分析是评估两变量之间的相关性强弱；回归分析是在相关分析的基础上通过构建回归模型估计自变量对因变量的影响程序；假设检验是对两个独立样本或配对样本进行假设检验，判断样本均值、百分比和方差是否存在显著差异。

二、相关分析

相关分析首先通过双变量交叉列联表或散点图、直方图等初步判断两个变量是否存在关联。接着根据初步分析结果确定变量间相关关系的表现形式，然后对于确定存在相关关系的变量，计算相关系数，以量化它们之间的关联强度和方向。最后对于能用数学模型表示的变量，构建一元回归方程以深入探索它们之间的具体关系。

（一）交叉列联表分析

1. 交叉列联表概念

交叉列联表也叫交叉列表、交互表，指同时将两个具有有限类目数和确定值的变量，按照一定顺序对应排列在一张表中，从中分析两变量之间的相关关系，得出科学结论的技术。交叉列联表不仅能深入描述样本资料的分布状况和内在结构，还能对变量之间的关系进行分析和解释，从而更好地认识复杂的事物和现象。交叉列联表具有操作简单，容易被理解和结果表达清晰的优点，在两变量分析中使用普遍。交叉列联表主要用于定类与定类变量、定序与定序变量、定类与定序变量的分析，较少用于定类和定比变量、定比与定比变量间的分析。

【例】 景区熟悉与年龄双变量交叉列联表分析

表 8-37 中同时使用了两种分类标准：对 A 景区的熟悉程度和被访者的年龄。266 位被访问游客中，对 A 景区熟悉的有 132 位、不熟悉 A 景区的有 134 位；266 位被访问游客中，30 岁以下有 97 位、30~50 岁有 87 位和 50 岁以上的有 82 位。从交叉列联表交互可以看出：133 位熟悉 A 景区的游客中，30 岁以下有 52 位、30~50 岁有 53 位和 50 岁以上的有 27 位；144 位不熟悉 A 景区的游客中，30 岁以下有 45 位、30~50 岁有 34 位和 50 岁以上的有 55 位。

表 8-37　对 A 景区熟悉与年龄交叉列联表　　单位：人

熟悉与否	年龄			行总计
	30 岁以下	30~50 岁	50 岁以上	
不熟悉	45	34	55	134
熟悉	52	53	27	132

2. 交叉列联表分析步骤

（1）交叉列联表中变量的选择与确定

在交叉列联表分析中，分析人员可根据调查项目特点和分析目的来选择分析变量。基础性的调查项目，应尽可能把所有与问题相关的因素作为分析的变量；应用型的调查项目，分析人员可灵活自由选择变量；简单的事实性调查项目，委托单位已经明确列出需要分析的变量。

（2）选择和确定双变量交叉列联表的行变量和列变量

双变量交叉列联表中的行、列变量的选择和确定对双变量分析结果的正确有重要影响。一般把自变量或用来作解释的变量作为列变量，即纵栏标题，把因变量或被解释的变量作为行变量，即横行栏标题。在表 8-38 中，年龄作为解释变量，对景区的熟悉与否作为被解释变量。

（3）统计交互观测值的频数

根据两个变量的取值交互情况，分别统计每个单元格的频次，并放入到交互列表，具体见表 8-38。

（4）按列计算百分比

将交叉列联表中的各项绝对数转化为百分数，能更加清晰显示变量的相关关系。由于不同自变量人数并不是完全相等，不具有可比性，因此按自变量所在列的方向来计算百分比，如表 8-38 所示。

表 8-38　景区熟悉与年龄交叉列联表　　单位:%

熟悉与否	年龄		
	30 岁以下/%	31~50 岁/%	50 岁以上/%
不熟悉	45/（45+52）=46.4	34/（34+53）=39.1	55/（55+27）=67.1
熟悉	52/（45+52）=53.6	53/（34+53）=60.9	27/（55+27）=32.9
总结	100.0	100.0	100.0

(5) 在表的最下端用括号标出每一纵栏所对应的频数

在交叉列联表的下端用括号标注每一纵栏所对应的频数，如表 8-39 所示。读者可以直观看到每一栏对应的具体频数，还能通过总频数与各单元格百分比计算出任何单元格的交互数。

表 8-39　景区熟悉与年龄交叉列联表　　单位:%

熟悉与否	年龄		
	30 岁以下	30~50 岁	50 岁及以上
不熟悉	46.4	39.0	67.1
熟悉	53.6	61.0	33.9
(n)	(97)	(87)	(82)

(6) 当变量类别过多时要合并减少变量类别数量

交叉列联表中的行变量与列变量都不能有太多观测值，否则无法清晰发现变量之间的关系。当行变量或列变量中的观测值太多时，可采用合并方式减少观测值的数量，然后再进行交叉列联表分析。如表 8-40 中的行变量中的观测值太多，可将行变量中的观测值由 10 行合并成 5 行，详见表 8-41。

表 8-40　教育水平与收入交叉列联表

工资水平/元	教育水平/%		
	高	中	低
1 000 以下	0.0	0.0	4.0
1 001~1 500	0.0	10.0	12.0
1 501~2 000	6.0	12.0	13.0
2 001~2 500	7.0	18.0	8.0
2 501~3 000	12.0	14.0	14.0
3 001~3 500	15.0	17.0	16.0
3 501~4 000	18.0	21.0	19.0
4 001~4 500	26.0	9.0	8.0
4 501~5 000	18.0	9.0	7.0
5 000 以上	11.0	1.0	2.0
(n)	(113)	(111)	(103)

表 8-41　教育水平与收入交叉列联表

工资水平/元	教育水平		
	高/%	中/%	低/%
1 500 以下	0.0	10.0	16.0
1 501~2 500	13.0	30.0	21.0
2 501~3 500	27.0	31.0	30
3 501~4 500	44.0	30.0	27.0
4 501 以上	29.0	10.0	9.0
(n)	(113)	(111)	(103)

（二）统计图分析

统计图可直观显示两个变量之间的关系，分析人员应根据变量类型选择合适的图：反映两个定性变量之间的关系可用堆积柱形图；反映一个定性变量和一个定量变量的关系用分组箱线图；反映两个定量变量之间的关系用散点图和气泡图。

（三）相关系数分析

交叉列联表和统计图可以发现两个变量之间是否存在关系，但无法确定这种关系是强关系还是弱关系，因此需要进一步测量变量间的关系强度。

1. 相关系数分析的概念

计算相关系数可以测定变量相关关系的强度。相关系数包括 φ 系数、C 系数、G 系数、E 系数、Pearson 相关系数和 Spearman 相关系数等，具体见表 8-42。相关系数取值范围在-1～+1 之间，相关系数值越大说明越相关。当相关系数<0.3 表示相关程度较弱，在 0.3～0.5 之间表示中等程度相关，在 0.5～0.8 之间表示显著相关，≥0.8 表示高度相关。相关系数为 0 只能说明 *XY* 之间不存在线性相关，而不能说明两者不相关。相关系数只是用来表示变量间相关程度量的指标，而不是相关量的等单位度量，即不能说相关系数 0.5 是相关系数 0.25 的两倍。为了保证根本样本数据得出的相关系数能推断总体变量间的相关关系，必须进行假设检验。

表 8-42　相关系数分析一览表

两变量层次	相关系数	推断分析
定类与定类　定类与定序（2×2 表）	φ 系数	卡方检验
定类与定类　定类与定序（非 2×2 表）	C 系数	卡方检验
定序与定序	G 系数	Z 检验
定类（定序）与定距（定比）	E 系数（Eta 系数）	F 检验
定距与定距	Spearman 系数（r_s）	
定比与定比	Pearson 系数（r 系数）	F 检验

2. 常见相关系数的计算与检验

在双变量相关系数分析中，不同层次的变量需要使用不同的相关系数来准确度量它们之间的相关性。为了能根据样本数据得出的相关系数去推断总体变量间的相关关系，还必须进行假设检验，以确保这种推断具有统计上的显著性。以下是各类相关系数的计算与检验。

（1）φ 系数计算与检验

①φ 系数计算

当两个变量均被分成两个类别，形成 2×2 的交叉列联表时，两个变量的相关系数称为 φ 系数（phi coefficient），如表 8-43 所示。

表 8-43 ϕ 系数交叉列联表

	B_1	B_2
A_1	a	b
A_2	c	d

ϕ 系数的计算公式为：$\Phi = \dfrac{ad - bc}{\sqrt{(a+b)(c+d)(a+c)(b+d)}}$。

其中：a、b、c、d 分别所代表变量两种分类的四个交互频数。

②ϕ 系数的假设检验

要保证从样本得出的结果具有统计意义，需要假设检验。由于交叉列联表的相关系数是非参数，应采用卡方（χ^2）检验，卡方检验步骤：

步骤一：提出原假设和备择假设。

H_0：自变量与因变量不相关　H_1：自变量与因变量相关

步骤二：计算统计检验量χ^2。

$$\chi^2 = \sum (f_0 - f_e)^2 / f_e$$

其中：f_0 表示交叉列联表中每一格的频数；f_e 为交叉列联表中 f_0 所对应的期望频数；f_e 计算方法是用每一格 f_0 所在行总数乘以它所在的列总数再除以全部个案数。

步骤三：给定置信度水平，查临界值，确定拒绝域。

根据给定的置信度和自由度 $df = (r-1)(c-1)$，查χ^2 分布表，得到临界值。

步骤四：作出统计决策。

根据临界值与χ^2 的大小，做出接受还是拒绝原假设的决定。

若χ^2 值大于或等于临界值，则差异显著，拒绝原假设，即两变量间有关系；若χ^2 小于临界值，则差异不显著，接受原假设，即两变量间无关系。

【例】ϕ 系数的计算与检验

有研究想要了解性别与出游意愿的关系，随机抽取了 353 名被调查者进行调查，得到调查表 8-44。请问性别与出游意愿是否有关？($\alpha = 0.05$)

表 8-44 性别与出游意愿交叉列联表　　单位：人

出游意愿	男性	女性	行总和
高	38	82	120
低	12	68	80
列总和	50	150	200

① ϕ 系数的计算

$$\phi = \frac{38 \times 68 - 82 \times 12}{\sqrt{(38+82)(12+68)(38+12)(82+68)}} = 0.19$$

即性别与出游意愿存在微弱相关，相关系数为 0.19。

②ϕ 系数的检验

因为是 2 × 2 交叉列联表，使用卡方交叉列联表检验，检验步骤：

步骤一：提出原假设和备择假设。

H_0：年龄与出游意愿不相关　　H_1：年龄与出游意愿相关

步骤二：计算每一格的 f_e 和 χ^2

$f_{11} = 120 \times 50/200 = 30$　　$f_{12} = 120 \times 150/200 = 90$

$f_{21} = 80 \times 50/200 = 20$　　$f_{22} = 80 \times 150/200 = 60$

计算结果见表 8-45 中的括号数字，将计算结果代入公式得到：

表 8-45　性别与出游意愿交叉列表

单位：人

出游意愿	男性	女性	行总和
高	38（30）	82（90）	120
低	12（20）	68（60）	80
列总和	50	150	200

$$\chi^2 = \sum (f_0 - f_e)^2/f_e = \frac{(38-30)^2}{30} + \frac{(82-90)^2}{90} + \frac{(12-20)^2}{20} + \frac{(68-60)^2}{60} = 7.11$$

步骤三：给定显著性水平，查临界值，确定拒绝域。

$$\chi^2_{0.05}(1) = 3.841$$

步骤四：作出结论。

$\chi^2_{0.05}(1) = 3.841 < 7.11$，拒绝原假设，即认为出游意愿与性别有关。

（2）C 系数的计算与检验

①C 系数的计算

C 系数也称列联相关系数。当两个变量均被分成两个以上类别，或其中一个变量被分成两个以上类别，两个变量之间的相关程度可以用 C 系数来测量。

C 系数的计算公式：$C = \sqrt{\frac{\chi^2}{\chi^2 + n}}$，其中 n 为样本规模。

C 系数的计算步骤：

步骤一：计算 χ^2。

$\chi^2 = \sum (f_0 - f_e)^2/f_e$。

其中：f_0 表示交叉列联表中每一格的频数；f_e 为交叉列联表中 f_0 所对应的期望频数；f_e 计算方法是用每一格 f_0 所在行总数乘以它所在的列总数再除以全部个案数。

步骤二：计算 C 系数。

根据 C 系数的计算公式 $C = \sqrt{\frac{\chi^2}{\chi^2 + n}}$ 可计算出 C 系数。

步骤三：修正 C 系数。

计算出的 C 系数需要进一步修正，得到修正后的 C 系数。修正后的 C 系数的计算方法是用原 C 系数除以对应规模表格的 c 值上限。不同规模表格的 c 值上限见表 8-46。

表 8-46　C 系数修正表

表规模	c 值上限	表规模	c 值上限	表规模	c 值上限
2×2	0.707	3×5	0.810	5×7	0.915
2×3	0.685	3×6	0.824	6×6	0.912
2×4	0.730	3×7	0.833	6×7	0.930

表8-46(续)

表规模	c 值上限	表规模	c 值上限	表规模	c 值上限
2×5	0.753	4×4	0.866	7×7	0.926
2×6	0.765	4×5	0.863	7×8	0.947
2×7	0.774	4×6	0.877	8×8	0.935
2×8	0.779	4×7	0.888	8×9	0.957
3×3	0.816	5×5	0.894	9×9	0.943
3×4	0.786	5×6	0.904	10×10	0.949

②C 系数的假设检验

C 系数的假设检验采用交叉列联表卡方检验，检验步骤如下：

步骤一：提出原假设和备择假设。

H_0：自变量与因变量不相关　H_1：自变量与因变量相关

步骤二：计算统计检验量χ^2。

步骤三：给定显著性水平，查临界值，确定拒绝域。

根据给定的显著性水平和自由度 $df=(r-1)(c-1)$，查χ^2分布表，得到临界值。

步骤四：作出统计决策。

根据临界值与χ^2的大小，做出接受还是拒绝原假设的决策。

若χ^2值大于或等于临界值，则差异显著，拒绝原假设，即两变量间有关系；若χ^2小于临界值，则差异不显著，接受原假设，即两变量间无关系。

【例】C 系数的计算与检验

某景区希望了解游客收入与出游意愿的关系，随机抽取 2 531 名游客进行调查，得到调查表 8-47，问收入与出游意愿的相关系数。($a=0.05$)

表 8-47　收入与出游意愿关系表

出游意愿	高收入	中等收入	低收入
高	446	212	319
中	273	193	324
低	262	325	177
合计	981	730	820

①C 系数的计算步骤：

步骤一：计算χ^2。

$$\chi^2=\sum(f_0-f_e)2/f_e=130.2$$

步骤二：计算 C 系数。

$$C=\sqrt{\frac{\chi^2}{\chi^2+n}}=\sqrt{\frac{130.2^2}{130.2^2+2\ 531}}=0.221$$

步骤三：求修正后的 C 系数。

查 C 系数修正表可知 3×3 交叉列联表的 c 值上限为 0.816，修正后的 C 系数 $=\frac{0.221}{0.816}=0.27$

即收入与出游意愿存在微弱相关，相关系数为 0.27。

②C 系数的检验步骤：

解：已知相关系数为 0.27，因为是 3×3 交叉列联表，使用卡方交叉列联表检验。

步骤一：提出原假设和备择假设。

H_0：收入与出游意愿不相关　H_1：收入与出游意愿相关

步骤二：建构检验统计量 χ^2。

$\chi^2 = 130.2$

步骤三：给定显著性水平，查临界值，确定拒绝域。

查 χ^2 的临界值，$\chi^2_{0.05}(3-1)(3-1) = \chi^2_{0.05}(4) = 12.277$

步骤四：作出统计决策。

由于 $\chi^2_{0.05}(4) = 12.277 < 130.02$，因此拒绝原假设，说明调查收入与出游意愿之间具有相关性，相关系数为 0.27。

（3）G 系数的计算与检验

①G 系数（Gamma）的计算

当两个变量都是定序变量时，则采用 G 系数。

G 系数的计算公式为：$G = \dfrac{N_S - N_d}{N_s + N_d}$

式中：N_s 表示同序对数目，N_d 表示异序对数目；序对表明高低位次的两两配对，同序对指变量大小与顺序相同的两个样本点，即变量 X 的等级高低顺序与变量 Y 上的等级高低顺序相同；否则叫异序对。

②G 系数的假设检验

将样本中的两个定序变量间关系推论到总体，需要进行 Z 检验。G 系数的假设检验步骤：

步骤一：提出原假设和备择假设。

H_0：自变量与因变量不相关　H_1：自变量与因变量相关

步骤二：计算 G 系数。

步骤三：建构检验统计量 Z。

Z 检验公式：$Z = G\sqrt{\dfrac{N_s + N_d}{n(1 - G^2)}}$

式中：N_s 表示同序对数目，N_d 表示异序对数目，n 代表样本规模。

步骤四：给定显著性水平，查临界值，确定拒绝域。

根据给定的显著性水平 0.05，查表得到 Z 的临界值。

步骤五：作出统计决策。

若 $|Z| < Z_{\alpha/2}$，则接受 H_0，表示总体中两变量之间是相互独立的，即不存在相关关系。

若 $|Z| \geq Z_{\alpha/2}$，则拒绝 H_0，表示总体中两变量存在相关关系。

【例】G 系数的计算与检验

某景区希望了解收入与旅游支出水平的关系，随机抽取 3 名不同游客调查，结果见表 8-48，求收入与旅游支出水平的相关系数。（$\alpha = 0.05$）

表 8-48　收入与旅游支出水平交叉列联表

收入 X	旅游支出水平 Y		
	高	中	低
高收入		甲	
中收入	乙		
低收入			丙

①G 系数的计算步骤：

解：由表可知支出水平 Y：甲 < 乙，甲 > 丙，乙 > 丙；

收入水平 X：甲 > 乙，乙 > 丙；

步骤一：计算交叉列联表中的同序对数目 N_s 和异序对数目 N_d。

同序对是：甲丙，乙丙，即 $N_s = 2$；异序对是：甲乙，$N_d = 1$。

步骤二：根据公式计算 G 系数。

$$G = \frac{N_S - N_d}{N_s + N_d} = \frac{2-1}{2+1} = 0.33$$

即收入与旅游支出水平的相关系数为 0.33。

②G 系数的假设检验步骤：

G=0.33，G 系数使用 Z 检验量。

步骤一：提出原假设和备择假设。

H_0：收入与旅游支出水平不相关　H_1：收入与旅游支出水平相关

步骤二：计算 G 系数。

$$G = \frac{N_S - N_d}{N_s + N_d} = 0.33$$

步骤三：建构检验统计量 Z。

$$Z = G\sqrt{\frac{N_s + N_d}{n(1-G^2)}}$$

$$Z = 0.33\sqrt{\frac{2+1}{3(1-0.33^2)}} = 0.349$$

步骤四：给定显著性水平，查临界值，确定拒绝域。

根据给定的显著性水平 0.05，查 95% 把握度下 Z 的临界值 $Z_{0.025} = 1.96$

步骤五：作出统计决策。

由于 $0.349 < Z_{0.025} = 1.96$ 因此接受原假设，旅游支出水平与收入之间不相关。

(4) E 系数的计算与检验

①E 系数的计算

当两个变量中一个是定类变量（或定序变量），另一个为定距变量（或定比变量）时，采用 E（eta）系数来测量两变量之间的相关程度。

E 系数的计算公式为：$E^2 = \dfrac{\sum n_i {y_i}^2 - n y^2}{\sum y^2 - n y^2}$

其中：E 代表定类(定序) 与定距(定比) 变量之间的相关系数；y_i 为自变量 x 的每

个取值 x_i 上因变量的均值；n_i 为 x 变量每一取值 x_i 的频数合计值。

②E 系数假设检验

E 系数的检验采用 F 检验量，E 系数的假设检验步骤如下：

步骤一：提出原假设和备择假设。

H_0：自变量与因变量不相关　H_1：自变量与因变量相关

步骤二：建构检验统计量。

$$F = (\frac{E^2}{1 - E^2})(\frac{n - K}{K - 1})$$

式中：k 为分组数目；n 为样本规模；$df_1 = K - 1$，$df_2 = n - k$。

步骤三：给定显著性水平，查临界值，确定拒绝域。

根据给定的显著性水平和自由度为 $df_1 = k - 1$，$df_2 = n - k$，查 F 检验表得到临界值 F_a。

步骤四：作出统计决策。

比较统计量 F 值与临界值 F_a，然后决定接受还是拒绝原假设。若统计量 F 值 $<$ 临界值，则接受原假设，认为总体两变量不相关。若统计量 F 值 $\geq$ 临界值，则拒绝原假设，认为总体两变量存在相关关系。

【例】 E 系数的计算与检验

某次职业与收入水平调查得到表 8-49，试问职业与收入水平之间的相关程度，并在 95%把握度下判断职业与收入是否存在相关关系。(α=0. 05)

表 8-49　职业与收入水平水平交叉列联表

	职业			合计
	教师	医生	公务员	
收入/元	2 500	3 400	3 800	
	2 800	2 800	3 400	
	3 000	3 200	3 600	
	2 200	3 800	4 000	
	3 200	2 600	3 400	
	3 800	3 400	3 100	
	3 500	3 200	3 200	
	3 200	2 700	3 500	
	2 900	3 700	3 400	
	3 100		3 600	
	2 800			
频数 (n_i)	11	9	10	30
均值 (y_i)	3 000	3 200	3 500	3 226. 7

①E 系数的计算步骤：

步骤一：分别求出 n_i、n、$\bar{y}_i$、$\bar{y}$、$\sum y^2$。

$n_1 = 11$、$n_2 = 9$、$n_3 = 10$、$n = 30$、$\bar{y}_1 = 3\,000$、$\bar{y}_2 = 3\,200$、$\bar{y}_3 = 3\,500$、$\bar{y} = 3\,226.7$

$$\sum y^2 = 2\,500^2 + 2\,800^2 + 3\,000^2 + 3\,400^2 + \cdots + 3\,400^2 + 3\,600^2 = 317\,720\,000$$

步骤二：求 E 系数。

根据公式 $E^2 = \dfrac{\sum n_i y_i^2 - n\bar{y}^2}{\sum y^2 - n\bar{y}^2}$

$= \dfrac{11 \times 3\,000^2 + 9 \times 3\,200^2 + 10 \times 3\,500^2 - 30 \times 3\,226.7^2}{317\,720\,000 - 30 \times 3\,226.7^2}$

$= 0.224$

$E = 0.49$

②E 系数的假设检验步骤：

步骤一：提出原假设和备择假设。

H_0：职业与收入不相关；H_1：职业与收入相关

步骤二：计算出 E 系数。

$E = 0.49 \quad E^2 = 0.224$

步骤三：建构检验统计量。

$$F = \left(\frac{E^2}{1 - E^2}\right)\left(\frac{n - K}{K - 1}\right) = \left(\frac{0.224}{1 - 0.224}\right)\left(\frac{30 - 3}{3 - 1}\right) = 4.58$$

步骤四：给定显著性水平，查临界值，确定拒绝域。

根据给定的显著性水平为 0.05，$df_1 = 3 - 1 = 2 \quad df_2 = 30 - 3 = 27$，查 F 检验表知临界值为 3.33。

步骤五：作出统计决策。

由于 $F = 4.58 > 3.33$，因此拒绝原有假设，认为职业与收入相关，相关系数为 0.49。

（5）斯皮尔曼等级相关系数 r_s 的计算与检验

两个变量都为定序变量或原始变量不是正态分布时，采用斯皮尔曼（Spearman）等级相关系数。

①斯皮尔曼等级相关系数的计算

计算斯皮尔曼等级相关系数的计算方法：先将 X、Y 两组数据按大小排序，并编制样本秩，然后计算等级差，最后计算出相关系数。样本秩指将它所在的一列数据按照从大到小或从小到大排序，这个数所在的位置就称为秩。如样本数据 -0.8，-3.1，1.1，-5.2，4.2，数据排序后为 -5.2，-3.1，-0.8，1.1，4.2，而它们的秩分别为 3，2，4，1，5。当变量数列中有两个或多个数据相同时，计算这几个数据顺序的平均数，然后平均数作为最终的等级或秩，具体见表 8-47。

斯皮尔曼等级相关系数公式为 $R_s = 1 - \dfrac{6\sum_{i=1}^{n} D_i^2}{n(n^2 - 1)}$。

其中：n 为样本容量；D_i 为第 i 个样本（X_i、Y_i）两个分量的等级差，$D_i = R_i - S_i$，$i = 1, 2, \cdots, n$；R_i、S_i 分别为两个变量 X_i、Y_i 按大小（或优劣）排位的等级。

②斯皮尔曼等级相关系数的检验

斯皮尔曼等级相关系数的检验步骤如下：

步骤一：提出假设。

H_0：自变量与因变量不相关　　H_1：自变量与因变量相关

步骤二：建构检验统计量。

当样本量 $n \leqslant 10$，用 $|r_s|$ 作为检验量。当样本数 $n > 10$ 时，则用 t 检验量，$t = r_s\sqrt{\frac{n-2}{1-r^2}}$。

步骤三：给定显著性水平，查临界值，确定拒绝域。

当样本量 $n \leqslant 10$，根据给定的显著性水平和单双侧检验，查 Spearman 等级相关系数检验临界值表，确定临界值；当样本数 $n > 10$ 时，根据给定的显著性水平和单双侧检验，查 t 检验表中 $t_{\alpha/2}(n-2)$ 的临界值。

步骤四：作出统计决策。

当样本 $n \leqslant 10$ 时，$|r_s| \geqslant$ “Spearman 等级相关系数检验临界值表”中显著性水平 α 的临界值，拒绝原假设，Spearman 等级相关系数显著；否则，接受原假设，Spearman 等级相关系数不显著。

$n > 10$ 时，则根据 r_s 计算统计量 t 的值，在显著性水平为 α 时，统计量的值落在否定域即 $|t| \geqslant t_{\alpha/2}(n-2)$ 中，拒绝原假设，Spearman 等级相关系数显著；否则接受原假设，表明 Spearman 等级相关系数不显著。

【例】 斯皮尔曼等级相关系数 r_s 的计算与检验

某调查公司共调查了 10 名游客，获得游客对某目的地中的 A、B 两景区评价，评价分数见表 8-50，现计算两景区游客评价之间的等级相关性，并对相关系数进行检验。(α=0.05)

表 8-50　A、B 景区游客评价统计表

A 景区得分	100	95	94	94	94	90	85	80	74	60
B 景区得分	95	88	86	86	90	84	75	85	60	54

解：

①斯皮尔曼等级相关系数 r_s 的计算

步骤一：将 A 和 B 景区评分从大到小排序，形成等级序列 R 和 S。详见表 8-51。

步骤二：计算等级差 D 和等级差平方和 D^2。具体计算结果见表 8-51。

表 8-51　A、B 景区游客评价等级差表

A 景区得分		B 景区得分		等级差	
分数	等级 R_j	分数	等级 S_i	$D = R_i - s_i$	D^2
100	1	95	1	0	0
95	2	88	3	-1	1
94	4	86	4.5	-0.5	0.25
94	4	86	4.5	-0.5	0.25
94	4	90	2	-2	4
90	6	84	7	-1	1
85	7	75	8	-1	1
80	8	85	6	2	4
74	9	60	9	0	0
60	10	54	10	0	0
合计					11.5

步骤三：按公式计算斯皮尔曼等级相关系数。

$$r_s = 1 - \frac{6\sum_{i=1}^{n} D_i^2}{n(n^2-1)} = 1 - \frac{6\times 11.5}{10\times 99} = 0.93$$

表明该目的地 A 和 B 景区的得分之间存在高度相关关系，相关系数为 0.93。

②斯皮尔曼等级相关系数 r_s 的检验

步骤一：提出原假设和备择假设。

H_0：$r_s = 0$　H_1：$r_s \neq 0$

步骤二：建构检验统计量。

由于样本 $n \leqslant 10$，用 $|r_s|$ 作为检验量，$r_s = 0.93$。

步骤三：给定显著性水平，查临界值，确定拒绝域。

根据给定的显著性水平 0.05，双侧检验，查 Spearman 秩相关系数检验临界值为 0.648。

步骤四：作出统计决策。

由于 0.93>0.648，故拒绝原假设。A 景区与 B 景区评分相关，且相关系数为 0.93，有较强的正相关。

（6）皮尔逊相关系数分析

当两个变量为定距或定比变量时，用皮尔逊相关系数（Pearson）测量两变量之间的相关关系。

①皮尔逊相关系数的计算

根据总体全部数据计算的相关称为总体相关系数，计为 ρ，根据样本计算的相关系数称为样本相关系数，记做 r。

总相关系数公式为：$\rho = \dfrac{COV(X, Y)}{\sqrt{Var(X)Var(Y)}}$

样本相关系数公式为：

$$r = \frac{\sum(x-\bar{x})(y-\bar{y})}{\sqrt{\sum(x-\bar{x})^2}\sqrt{\sum(y-\bar{y})^2}} = \frac{n\sum xy - \sum x\sum y}{\sqrt{n\sum x^2 - (\sum x)^2}\sqrt{n\sum y^2 - (\sum y)^2}}$$

式中：x、y 分别表示相应变量的值；$\bar{x}$、$\bar{y}$ 分别表示相应变量的平均值。

②皮尔逊相关系数的显著性检验

根据随机样本数据计算出的样本相关系数，是否能代表总体相关系数，需要进一步检验，皮尔逊相关系数的显著性检验步骤如下：

步骤一：提出假设。

H_0：$\rho = 0$　H_1：$\rho \neq 0$

步骤二：构造计算检验统计量。

无论大小样本，均采用 t 检验量，$t = \dfrac{r\sqrt{n-2}}{\sqrt{1-r^2}} \sim t(n-2)$

步骤三：给定显著性水平，查临界值 $t_{\alpha/2}$，确定拒绝域。

步骤四：作出决策。

若 $|t| < t_{\alpha/2}(n-2)$，则接受 H_0，表示总体两变量间线性相关不显著

若 $|t| \geqslant t_{\alpha/2}(n-2)$，则拒绝 H_0，表示总体两变量间线性相关显著。

【例】皮尔逊相关系数的计算与检验

某市的人均可支配收入与人均消费支出数据见表 8-52，求相关系数，并对相关系数进行显著性检验。($\alpha=0.05$)

表 8-52　2006—2021 年人均可支配收入与人均消费支出统计表

年份	人均可支配收入/元	人均消费支出/元
2006	9 668	7 790
2007	10 896	8 986
2008	11 778	9 215
2009	12 898	9 950
2010	14 565	11 213
2011	16 601	13 438
2012	19 027	14 472
2013	21 689	14 896
2014	24 104	16 719
2015	26 864	18 595
2016	30 035	20 219
2017	34 065	22 642
2018	37 511	22 800
2019	39 310	24 833
2020	44 632	32 165
2021	48 316	33 818

①皮尔逊相关系数的计算步骤：

步骤一：计算相关系数的中间变量。先求 $\bar{x}$、$\bar{y}$、x^2、y^2、xy 等，具体见表 8-53。

表 8-53　2006—2021 年人均可支配收入与人均消费支出计算表

年份	人均可支配收入 x	人均消费支出 y	x^2	y^2	xy
2006	9 668	7 790	93 470 224	60 684 100	75 313 720
2007	10 896	8 986	118 722 816	80 425 024	97 715 328
2008	11 778	9 215	138 721 284	84 916 225	108 534 270
2009	12 898	9 950	166 358 404	84 916 225	128 332 004
2010	14 565	11 213	212 139 225	125 726 435	163 314 141
2011	16 601	13 438	275 593 201	180 579 844	223 084 238
2012	19 027	14 472	362 021 401	209 431 259	275 351 771
2013	21 689	14 896	470 428 337	221 883 368	323 079 284
2014	24 104	16 719	580 982 569	279 528 305	402 990 164
2015	26 864	18 595	721 670 735	345 764 728	499 528 062
2016	30 035	20 219	902 101 225	408 807 961	607 277 665
2017	34 065	22 642	1 160 424 225	512 660 164	771 299 730

表8-53(续)

年份	人均可支配收入 x	人均消费支出 y	x^2	y^2	xy
2018	37 511	22 800	1 407 075 121	519 840 000	855 250 800
2019	39 310	24 833	1 545 276 100	616 677 889	976 185 230
2020	44 632	32 165	1 992 015 424	1 034 587 225	1 435 588 280
2021	48 316	33 818	2 334 435 856	1 143 657 124	1 633 950 488
合计	401959	281 732	12 481 436 148	5 924 167 374	8 576 795 176

步骤二：计算相关系数。

$$r=\frac{\sum(x-\bar{x})(y-\bar{y})}{\sqrt{\sum(x-\bar{x})^2}\sqrt{\sum(y-\bar{y})^2}}=\frac{16\times 8\ 576\ 795\ 176-401\ 959\times 281\ 732}{\sqrt{38\ 132\ 157\ 737}\sqrt{15\ 413\ 825\ 783}}=0.989$$

②皮尔逊相关系数的假设步骤：

步骤一：提出假设。

H_0: $\rho=0$；H_1: $\rho\neq 0$

步骤二：构造计算检验统计量：$t=\dfrac{r\sqrt{n-2}}{\sqrt{1-r^2}}=\dfrac{0.989\times\sqrt{16-2}}{\sqrt{1-0.989^2}}=25.108$

步骤三：给定显著性水平，查临界值，确定拒绝域。

根据显著性水平 $\alpha=0.05$，双侧检验，查表确定临界值 $t_{0.025}(14)=2.145$。

步骤四：作出决策。

由于 $|t|>t_{\alpha/2}(n-2)$，则拒绝 H_0，表明人均可支配收入与人均消费支出相关系数显著。

三、一元线性回归分析

相关分析可以了解两个变量之间的关系强度，回归分析能近似地表达变量间的平均变化关系。

（一）一元线性回归分析的概念

1. 回归分析的概念

回归分析指对具有线性关系的变量，研究其相关关系，并根据变量关系形态找出一个合适的数学模型，即建立回归方程近似地表达变量间的平均变化关系，进而用来估计和预测因变量的趋势。只有当变量之间存在高度相关才能进行回归分析，并寻求具体相关的形式。如果在没有对变量之间是否相关和相关程度做出正确判断之前进行回归分析，容易造成虚假回归。回归分析必需区分自变量和因变量，两个变量不是对等的，自变量是确定可控的，因变量是随机的，互为因果的两个变量可能存在多个回归方程。

2. 一元线性回归分析概念

在线性回归分析中，只包括一个自变量和一个因变量，且二者的关系可用一条直线近似表示，这种回归分析称为一元线性回归分析。

一元线性回归分析的理论模型为：$Y_i=a+bx_i$。

式中：x_i 为自变量的值；y_i 为因变量的值；a 为截距；b 为斜率即回归系数，经济含义是自变量变动一个单位，因变量平均变动 b 个单位。

拟合一元线性回归运用最小二乘法使得实际值 y 与估计值 $\widehat{y_i}$ 的离差平方和最小，即 $\sum_{i=1}^{n}(y_i - \widehat{y_i})^2 = \sum_{i=1}^{n} e_i^{\ 2} = 0$，通过整理得，得到一元线性回归方程的参数 a 和 b。

用公式表示：

$$b = \frac{n\sum x_i y_i - \sum x_i \sum y_i}{n\sum x_i^{\ 2} - (\sum x_i)^2}$$

$$a = \bar{y} - b\bar{x}$$

（二）一元线性回归分析的步骤

回归分析的步骤是首先采用散点图进行初步分析，并确定自变量和因变量；然后找出适当的回归方程描述变量间的关系，接着求出回归方程的参数，得出样本回归方程；由于涉及的变量具有不确定性，还要对回归方程模型进行各种检验，只有对回归方程的拟合程度、回归方程和回归方程系数检验全部通过后，才可以用回归方程进行预测。

步骤一：选取一元线性回归模型的变量。

步骤二：绘制计算表和散点图。

$$Y_i = a + bx_i$$

步骤三：计算参数。

$$b = \frac{n\sum x_i y_i - \sum x_i \sum y_i}{n\sum x_i^{\ 2} - (\sum x_i)^2}$$

$$a = \bar{y} - b\bar{x}$$

步骤四：得出一元线性回归方程 $\widehat{y} = a + bx$。

（三）一元线性回归方程的评价

一元回归方程建立后，要分别对回归方程的拟合优度、回归线性关系和回归系数进行检验，以反映回归方程拟合效果是否良好。

1. 回归方程拟合优度（goodness of fit）

拟合优度指回归直线对观测值的拟合程度，即回归方程中各预测值与实际观测值接近的程度。度量拟合优度常用的指标有样本判定系数和样本估计标准误差。

（1）样本判定系数 r^2

判定系数又称决定系数、可决系数，样本判定系数 R^2 是回归平方和（SSR）与总离差平方和（SST）的比值，也可以表示为 1 减去残差平方和（SSE）与总离差平方和的比值，即：$R^2 = r^2 = \frac{SSR}{SST} = 1 - \frac{SSE}{SST} = \frac{\sum_{i}^{n}(\widehat{y_i} - \bar{y})^2}{\sum_{i=1}^{n}(y_i - \bar{y})^2} = 1 - \frac{\sum_{i=1}^{n}(y_i - \widehat{y})^2}{\sum_{i=1}^{n}(y_i - \bar{y})^2}$

其中：SSR 回归平方和，表示通过回归方程解释的因变量变异量；SST 总离差平方和，表示因变量实际值与平均值的总差异；SSE 残差平方和，表示因变量实际值与回归方程预测值之间的差异；y_i 表示因变量的实际值；$\widehat{y}$ 表示因变量的预测值；$\bar{y}$ 表示因变量的平均值。

判定系数 r^2 的取值在[0，+1]之间，r^2 越接近1，说明用 x 的变化解释 y 值离差的那部分越多，回归方程拟合优度越高；r^2 越接近0，说明回归变差等于0，x 无法解释 y 的变动，回归方程拟合程度越差。由于判定系数等于相关系数的平方，有时用相关系数可直接计算出样本判断系数，同时，相关系数也从另一个角度说明回归方程的拟合优度。

（2）估计标准误差

估计标准误（standard error of estimate）是实际观测值与回归估计值离差平方和的均方根，反映了各实际观测数据在回归直线周围的分散程度，用公式表示为

$$S_{yx} = \sqrt{\frac{\sum (y_i - \widehat{y_i})^2}{n-2}} = \sqrt{\frac{SSE}{n-2}} = \sqrt{MSE}$$

简捷计算公式为：$S_{yx} = \dfrac{\sqrt{\sum y^2 - a\sum y - b\sum xy}}{\sqrt{n-2}}$。

式中：y_i 为实际观测值；$\widehat{y_i}$ 为预测值；n 为样本规模。

一般来说，S_{yx} 的数值越小，说明估值的代表性越大，观测点越靠近回归线，离散程度越小。反之，S_{yx} 的数值越大，说明观测点的离散程度越大，直线方程的代表性越差，回归估计越不精确。当 $S_{yx}=0$，表明实际值与估计值完全一致，各实际观测点都落在回归线上。

（四）一元线性回归系数的显著性检验

除了对回归方程整体进行检验之外，还可单独对回归系数进行检验。回归系数的显著性检验指检验回归系数与0是否有显著性差异，以此来判断 x 和 y 是否有显著的线性关系。回归系数的显著性检验采用 t 检验，检验步骤如下所示。

步骤一：提出假设。

H_0：$\beta = 0$　　H_1：$\beta \neq 0$

步骤二：确定显著性水平 a。

步骤三：计算检验统计量 t。

$$t = \frac{b}{s_{yx}\sqrt{\dfrac{1}{\sum (x-\bar{x})^2}}} = \frac{b}{s_b} \sim t(n-2)$$

式中：b 是回归系数；s_{yx} 标准误差；$s_b = s_e / \sqrt{\sum x_i^{\ 2} - \frac{1}{n}(\sum x_i)^2}$；$s_e = \sqrt{\dfrac{\sum (y_i - \widehat{y_i})^2}{n-1}} = \sqrt{MSE}$

步骤四：确定临界值。由于是双侧检验，依据显著性水平 a 和自由度 d_t 查 t 分布表确定临界值 $t_{a/2}(n-2)$。

步骤五：做出判断。根据临界值做出判断：若 $|t| \geqslant t_{a/2}(n-2)$，拒绝原假设 H_0，表明回归系数对方程的影响是显著的；若 $|t| < t_{a/2}(n-2)$，不拒绝原假设 H_0，表明回归系数对方程的影响是不显著的。根据 P 值做出判断：根据检验统计量 t 查对应的 P

值，然后比较 P 与 a 的大小，若 $P \geqslant a$，拒绝原假设 H_0，表明回归系数对方程的影响是显著的；若 $P < a$，不拒绝原假设 H_0，表明回归系数对方程的影响是不显著的。

（五）一元线性回归方程的显著性检验

对于构建的一元线性回归方程，需要对一元回归方程进行检验，判断自变量与因变量之间的线性关系是否显著。一元线性回归方程整体的显著性检验又称为 F 检验，它是将回归均方 MSR 同残差均方 MSE 加以比较得到 F 统计量的值，其中回归平方和除以相应的自由度 1 得到回归均方，残差平方和除以相应的自由度 $n-2$ 得到残差均方，然后用 F 检验来分析两者之间的差别是否显著。

一元线性回归系数的显著性检验步骤如下所示。

步骤一：提出原假设和备择假设。

H_0：$\beta = 0$　　H_1：$\beta \neq 0$

步骤二：建立并计算检验统计量的值。

$$F = \frac{SSR/1}{SSE/(n-2)} \sim F(1,\ n-2)$$

式中：n 为样本数。

步骤三：根据给定的显著性水平 a 和第一自由度、第二自由度查 F 表，确定临界值 F_a。

步骤四：做出决策。

若 $F \geqslant F_a$，则拒绝 H_0，表示回归方程之间的线性关系是显著的；若 $F < F_a$，不拒绝 H_0，表示回归方程之间的线性关系是不显著的。

【例】 一元线性回归方程的建立与检验

某城市近十六年来城市居民收入与消费支出的数据如表 8-54 所示，需要建立一元回归模型说明两者之间的关系。(a=0.05)

(1) 一元线性回归方程的建立步骤

步骤一：绘制散点图（见图 8-4）。

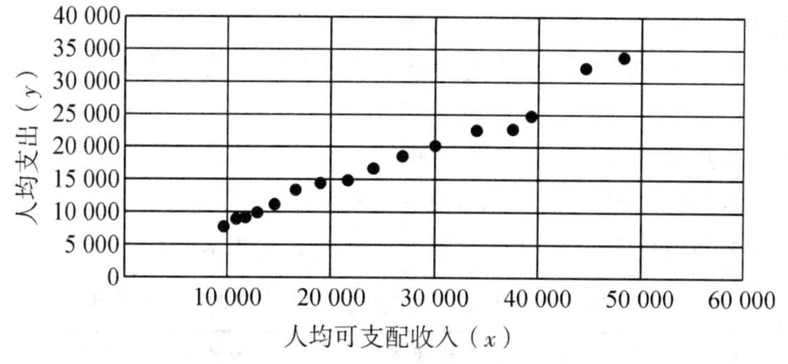

图 8-4　人均可支配收入—支出散点图

散点图表明人均消费支出随可支配收入变化而变化，且呈现一条直线。其中人均可支配收入为 x，人均消费支出是因变量 y，建立一元线性回归模型：$\hat{y} = a + bx$。

步骤二：计算中间变量数值。中间数值计算结果详见表 8-54。

表 8-54 近十六年人均可支配收入与人均消费支出计算表

年份	人均可支配收入 x	人均消费支出 y	x^2	y^2	xy
2006	9 668	7 790	93 470 224	60 684 100	75 313 720
2007	10 896	8 986	118 722 816	80 425 024	97 715 328
2008	11 778	9 215	138 721 284	84 916 225	108 534 270
2009	12 898	9 950	166 358 404	84 916 225	128 332 004
2010	14 565	11 213	212 139 225	125 726 435	163 314 141
2011	16 601	13 438	275 593 201	180 579 844	223 084 238
2012	19 027	14 472	362 021 401	209 431 259	275 351 771
2013	21 689	14 896	470 428 337	221 883 368	323 079 284
2014	24 104	16 719	580 982 569	279 528 305	402 990 164
2015	26 864	18 595	721 670 735	345 764 728	499 528 062
2016	30 035	20 219	902 101 225	408 807 961	607 277 665
2017	34 065	22 642	1 160 424 225	512 660 164	771 299 730
2018	37 511	22 800	1 407 075 121	519 840 000	855 250 800
2019	39 310	24 833	1 545 276 100	616 677 889	976 185 230
2020	44 632	32 165	1 992 015 424	1 034 587 225	1 435 588 280
2021	48 316	33 818	2 334 435 856	1 143 657 124	1 633 950 488
合计	401 959	281 732	12 481 436 148	5 924 167 374	8 576 795 176

步骤三：求出参数 b 和 a。

$$b = \frac{16 \times 8\ 576\ 795\ 176 - 401\ 959 \times 281\ 732)}{16 \times 1\ 248\ 136\ 148 \times 401\ 959} = 0.629$$

$a = \bar{y} - b\bar{x} = 1\ 806.9$

步骤四：建立一元线性回归模型。

一元线性回归方程：$\hat{y} = 1\ 806.9 + 0.629x$

回归方程表明城镇居民人均可支配收入每增加一元，人均消费支出平均增加 0.629 元。

(2) 一元线性回归方程拟合优度的检验

已知一元线性回归方程：$\hat{y} = 1\ 806.9 + 0.629x$，检验步骤：

步骤一：根据回归模型计算出预测值。计算结果见表 8-55。

表 8-55 近十六年人均可支配收入与人均消费支出计算表 单位：元

年份	x 人均收入	y 人均消费	$\hat{y}$= 预测值	$(y-\hat{y})^2$
2006	9 668	7 790	7 888.1	9 618.12
2007	10 896	8 986	8 660.5	94 566.09
2008	11 778	9 215	9 215.3	0.068 644
2009	12 898	9 950	9 919.7	901.080 32
2010	14 565	11 213	10 968.3	59 777.805

表8-55(续)

年份	x 人均收入	y 人均消费	$\hat{y}$= 预测值	$(y-\hat{y})^2$
2011	16 601	13 438	12 248.9	1 413 889.8
2012	19 027	14 472	13 774.8	485 732.42
2013	21 689	14 896	15 449.5	306 647.3
2014	24 104	16 719	16 968.1	61 977.009
2015	26 864	18 595	18 704.3	12 003.825
2016	30 035	20 219	20 698.9	230 318.41
2017	34 065	22 642	23 233.8	350 209.49
2018	37 511	22 800	25 401.3	6 768 860.5
2019	39 310	24 833	26 532.9	2 889 626
2020	44 632	32 165	29 880.4	5 219 269.2
2021	48 316	33 818	32 197.7	2 625 488.8
合计	401 959	281 732	281 742	20 526 886

步骤二：利用样本数据中的预测值与实际值，计算判定系数。

$$r^2 = \frac{SSR}{SST} = 1 - \frac{\sum (y - \hat{y})^2}{\sum (y - \bar{y})^2} = 0.979$$

步骤三：利用样本数据中的预测值与实际值，计算样本估计标准误。

$$S_{yx} = \sqrt{\frac{\sum (y - \hat{y})^2}{n - 2}} = \sqrt{\frac{\sum y^2 - a\sum y - b\sum xy}{n - 2}} = \sqrt{\frac{20\ 526\ 886}{14}} = 1\ 210.87$$

(3) 一元线性回归方程显著性检验

检验步骤：

步骤一：提出原假设和备择假设。

H_0: $\beta = 0$　　H_1: $\beta \neq 0$

步骤二：计算检验统计量 F。

$$F = \frac{SSR/1}{SSE/(n-2)} = \frac{SSR/1}{SSE/(n-2)} = 643.05$$

步骤三：根据给定的显著性水平 α，确定临界值。

显著性水平 $a = 0.05$ 时，双侧检验，查表得 F 的临界值 $F_a(1, n-2) = 4.6$

步骤四：作出决策。

由于 $F > F_a(1, n-2)$，拒绝原假设。即表明拟合回归方程整体是显著的。

(4) 一元线性回归系数的显著性检验

检验步骤：

步骤一：提出假设。

H_0: $\beta = 0$　　H_1: $\beta \neq 0$

步骤二：确定显著性水平 a。

$a = 0.05$ 时，双侧检验

步骤三：计算检验统计量 t。

$$t=\frac{b_1}{s_{yx}\sqrt{\frac{1}{\sum(x-\bar{x})^2}}}=25.36$$

步骤四：根据给定的显著性水平 α，查临界值。

在显著性水平 $a=0.05$ 时，t 分布的临界值 $t_{a/2}(n-2)=2.145$

步骤五：作出决策。

$|t|\geqslant t_{a/2}(n-2)$，拒绝原假设 H_0，说明回归系数对方程的影响是显著的。

四、两样本的假设检验分析

当从总体中抽取两个子样本，对这些子样本的均值、比例和方差进行假设检验，目的是推断这些样本统计量（均值、比例、方差）与总体参数（期望的均值、比例、方差）之间的差异是否具有统计学意义，即这种差异是否可能仅仅是由于偶然因素造成的。

（一）两个总体均值的假设检验

在进行两个总体均值的假设检验时，面临两种主要情况：独立样本假设检验与配对样本假设检验。由于样本规模和样本方差是否已知不同，两个总体均值假设检验步骤不完全相同，具体见图 8-5。

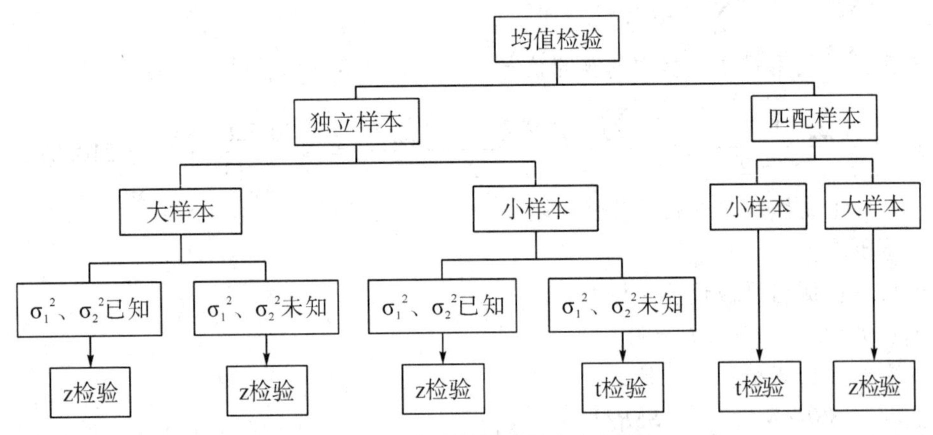

图 8-5　两个样本均值假设检验示意图

1. 两独立样本均值的假设检验

独立样本均值检验旨在通过比较来自两个独立子总体的样本数据，推断这两个子总体的均值是否存在统计学上的显著性差异。这一方法广泛应用于评估不同群体间的特征差异，或检验实验设计中随机组与控制组在干预效果上的区别。独立样本均值检验对两样本的样本数量不要求相等，但需满足的两大前提：各子总体的数据需服从或近似服从正态分布；两个样本必须是相互独立的，即一个样本的抽取对另一个样本的抽取不产生任何影响。

（1）两样本均为大样本，使用 Z 检验

在大样本情况下，当两个样本相互独立随机，无论两总体分布服从什么分布，总体方差是否已知都采用 Z 检验，检验步骤如下：

步骤一，提出原假设和备择假设。

$$H_0: \mu_1 \geqslant \mu_2 \quad H_1: \mu_1 < \mu_2$$

步骤二，构造检验统计量并计算检验统计量的值。

$$Z = \frac{(\overline{X_1} - \overline{X_2}) - (\mu_1 - \mu_2)}{\sqrt{\sigma_1{}^2/n_1 + \sigma_2{}^2/n_2}} \sim N(0,\ 1)$$

式中，$\overline{X_1}$、$\overline{X_2}$ 为两样本的均值，n_1、n_2 为两样本的容量，$\sigma_1{}^2$、$\sigma_2{}^2$ 为两总体的方差，为两总体的均值。

若两个总体方差未知，具体应用时，可用样本方差 s^2 代替子总体方差 σ^2。

步骤三，根据置信水平查表确定拒绝域。

根据单侧检验还是双侧检验选择显著性水平 α 或 $\alpha/2$，查表确定临界值。

步骤四，做出决策。

若 $|z| >$ 临界值，则拒绝 H_0；若 $|z| \leqslant$ 临界值，则接受 H_0

【例】 某公司为了促进销售而推出广告，广告前获取了 50 个消费者购买该产品的数据，人均购买 1.23 元，标准差 0.55 元；广告播出后人随机调查了其他 50 为位消费者，人均消费金额 1.37 元，标准差 0.21 元。试问该广告是否有效？($a = 0.05$)

大样本情况下均值差的左侧检验问题，解题步骤如下：

$\overline{x_1} = 1.23$ 元，$s_1 = 0.55$，$n_1 = 50$；$\overline{x_2} = 1.37$ 元，$s_2 = 0.21$，$n_2 = 50$

步骤一，提出原假设和备择假设。

$$H_0: \mu_1 \geqslant \mu_2 \qquad H_1: \mu_1 < \mu_2$$

步骤二，构造检验统计量。

$$\begin{aligned} z &= \frac{(\overline{X_1} - \overline{X_2}) - (\mu_1 - \mu_2)}{\sqrt{\sigma_1{}^2/n_1 + \sigma_2{}^2/n_2}} \sim N(0,\ 1) \\ &= (\overline{X_1} - \overline{X_2}) - 0/\sqrt{\frac{s_1{}^2}{n_1} + \frac{s_2{}^2}{n_2}} \\ &= (1.23 - 1.37)/\sqrt{0.55^2/50 + 0.21^2/50} \\ &= -1.6815 \end{aligned}$$

步骤三，根据显著性水平，确定拒绝域。

$a = 0.05$，$z_{0.025} = 1.645$，拒绝域：$(-\infty,\ -1.645)$

步骤四，做出决策。

由于 $-1.6815 < -1.645$，落入拒绝域，故在 $a = 0.05$ 的显著性水平上，有证据表明这种广告有显著效果。

(2) 两样本不全为大样本的均值假设检验

① 情况 1：方差已知，使用 Z 检验统计量。

假定两样本都是独立随机样本，且方差已知，使用 Z 检验统计量。检验步骤如下：

步骤一，提出原假设和备择假设。

$$H_0: \mu_1 - \mu_2 = 0 \qquad H_1: \mu_1 - \mu_2 \neq 0$$

步骤二，构造检验统计量。

$$Z = \frac{(\overline{X_1} - \overline{X_2}) - (\mu_1 - \mu_2)}{\sqrt{\sigma_1{}^2 / n_1 + \sigma_2{}^2 / n_2}} \sim N(0, 1)$$

式中，n_1、$\overline{x_1}$、分别为样本 1 的样本规模、样本均值和样本均方差；n_2、u_1、σ_2 分别为样本 2 的样本规模、样本均值和样本均方差；U_1、U_2 分别为样本 1、样本 2 来自总体的均值；σ_1、σ_2 分别为样本 1、样本 2 来自总体的方差。

步骤三，根据显著性水平查表确定拒绝域。

根据单侧检验还是双侧检验选择显著性水平 α 或 $\alpha/2$，查表确定临界值。

步骤四，做出决策。

若 $|Z| >$ 临界值，则拒绝 H_0；若 $|Z| \leqslant$ 临界值，则接受 H_0。

【例】 某公司采用两种渠道销售同一产品。假设它们销售量均服从正态分布，且标准差分别为 8 和 10。从第一种销售渠道中抽取 15 家商店，测得平均销量 50 件；从第二种渠道中抽取 20 家商店，测得平均销量 46 件。问在 0.01 的显著性水平下，这两种销售渠道的销量有无显著差异?

解：已知 $s_1 = 8$　$s_2 = 10$，$\overline{X_1} = 50$，$\overline{X_2} = 46$，$a = 0.01$，$n_1 = 15$，$n_2 = 20$

步骤一，提出原假设和备择假设。

$$H_0: \mu_1 = \mu_2 \quad H_1: \mu_1 \neq \mu_2$$

步骤二，构造检验统计量。

$$z = \frac{(\overline{X_1} - \overline{X_2}) - (\mu_1 - \mu_2)}{\sqrt{\sigma_1{}^2 / n_1 + \sigma_2{}^2 / n_2}} \sim N(0, 1)$$

$$z = \frac{(\overline{X_1} - \overline{X_2}) - (\mu_1 - \mu_2)}{\sqrt{\sigma_1{}^2 / n_1 + \sigma_2{}^2 / n_2}} \sim N(0, 1)$$

$$= (50 - 46) - 0/ \sqrt{\frac{64}{15} + \frac{100}{20}} = 4/ \sqrt{9.266\,74} = 1.314$$

步骤三，根据显著性水平查表确定拒绝域。

$a = 0.01$，$z_{0.005} = 2.58$，拒绝域：$(-\infty, -2.58) \cup (2.58, +\infty)$。

步骤四，做出决策。

$z = 1.314 < 2.58$，未落入拒绝域，接受原假设，即在 0.01 的显著性水平上，无证据表明这两种渠道销售的产品数量有显著差异。

② 情况 2：方差未知但相等，使用 t 检验量。

在两个样本全为大样本，方差未知但相等时，使用 t 检验统计量，检验步骤：

步骤一，提出原假设和备择假设。

$$H_0: \mu_1 - \mu_2 = 0 \qquad H_1: \mu_1 - \mu_2 \neq 0$$

步骤二，构造检验统计量。

$$t = \frac{(\overline{X_1} - \overline{X_2}) - (\mu_1 - \mu_2)}{s_p \sqrt{\frac{1}{n_1} + \frac{1}{n_2}}} \sim t(n_1 + n_2 - 2)$$

其中，$s^2{}_p = \dfrac{(n_1 - 1)\, s_1{}^2 + (n_2 - 1)\, s_2{}^2}{n_1 + n_2 - 2}$

步骤三，根据显著性水平查表确定拒绝域。

步骤四，做出决策。

若 $|t| > t_{\alpha/2}$，则拒绝 H_0；若 $|t| \leq t_{\alpha/2}$，则接受 H_0。

【例】 某公司正做广告诉求效果研究，从所销售城市中随机抽取两个城市，一个为实验城市，一个为对照城市。实验时分别从两个城市中随机抽取样本，测试其幽默诉求对销售影响，结果分别为：实验城市 $n_1 = 17$，$\overline{X_1} = 6.77$ 元，$s_1 = 0.30$ 元，对照城市：$n_2 = 19$，$\overline{X_2} = 6.90$ 元，$s_2 = 0.29$ 元。若广告对销量的影响服从正态分布，且两城市销量的方差相等。问实验城市与对照城市广告的是否存在显著差异？（$a = 0.05$ ）

由题意，为双侧检验问题，解题步骤如下：

步骤一，建立原假设与备择假设。

$$H_0: \mu_1 = \mu_2 \quad H_1: \mu_1 \neq \mu_2$$

步骤二，选取并计算检验统计量的值。

$$t = \frac{(\overline{X_1} - \overline{X_2}) - (\mu_1 - \mu_2)}{s_p\sqrt{\frac{1}{n_1} + \frac{1}{n_2}}} \sim t(n_1 + n_2 - 2)$$

其中，$s^2{}_p = \dfrac{(n_1 - 1)\, s_1{}^2 + (n_2 - 1)\, s_2{}^2}{n_1 + n_2 - 2}$

$$|t| = |6.77 - 6.90 - 0| / \sqrt{\frac{(17 - 1)\, 0.3^2 + (19 - 1)\, 0.29^2}{17 + 19 - 2}}\sqrt{\frac{1}{17} + \frac{1}{19}} = 1.322$$

步骤三，根据显著性水平确定拒绝域。

$a = 0.05$，$n_1 + n_2 - 2 = 17 + 19 - 2 = 34$，$t_{0.025}(34) = 2.032$，

拒绝域 $(-\infty, -2.032) \cup (2.032, +\infty)$。

步骤四，做出决策。

$|t| = 1.322 < 2.032$，落入接受域内，即在 0.05 的显著性水平上，没有证据表明实验城市与对照城市的消费者购买量有显著性差异。

③ 情况 3：方差未知且不等，使用自由度为 V 的 t 检验统计量。

使用近似服从自由度为 V 的 t 检验统计量，检验过程如下：

步骤一，提出原假设和备择假设。

$$\mathrm{H}_0: \mu_1 - \mu_2 = 0; \ \mathrm{H}_1: \mu_1 - \mu_2 \neq 0$$

步骤二，构造检验统计量。

$$t = \frac{(\overline{X_1} - \overline{X_2}) - (\mu_1 - \mu_2)}{\sqrt{\sigma_1{}^2 / n_1 + \sigma_2{}^2 / n_2}} \sim t(df')$$

自由度 V 的计算公式：$df' = \dfrac{\left(\dfrac{s_1{}^2}{n_1} + \dfrac{s_2{}^2}{n_2}\right)^2}{\dfrac{s_1{}^2 / n_1{}^2}{n_1 - 1} + \dfrac{s_2{}^2 / n_2{}^2}{n_2 - 1}}$

式中，$\overline{X_1}$ 为样本 1 均值，s_1 为样本 1 均方差，n_1 为样本 1 的抽样数，μ_1 为总体 1 的均值；$\overline{X_2}$ 为样本 2 均值，s_2 为样本 2 均方差，n_2 为样本 2 的抽样数，U_2 为总体 2 的

均值。

步骤三，根据显著性水平查表确定拒绝域。

步骤四，做出决策。

若 $|t| > t_{\alpha/2}$，则拒绝 H_0；若 $|t| \leqslant t_{\alpha/2}$，则接受 H_0。

【例】方差未知且不等的两独立不全大样本均值假设检验

在关于甲乙两座城市居民月工资随机调查中，甲城市居民月工资调查情况为：$n_1 = 12$，$\overline{X_1} = 12\ 473$ 元/月，$s_1 = 3\ 300$ 元/月，乙城市居民月工资调查情况为：$s_2 = 3\ 600$，$n_2 = 8$，$\overline{X_2} = 8\ 945$。假设两总体近似服从正态分布，方差未知但不相等。试问两总体均值有没有显著差异。($a = 0.05$)

解：已知小样本、方差未知且不相等，双侧检验，假设检验步骤如下：

步骤一，建立原假设和备择假设。

$$H_0: \mu_1 = \mu_2 \quad H_1: \mu_1 \neq \mu_2$$

步骤二，选取检验统计量，并计算检验统计量的值。

$$t = \frac{(\overline{X_1} - \overline{X_2}) - (\mu_1 - \mu_2)}{\sqrt{{\sigma_1}^2/n_1 + {\sigma_2}^2/n_2}} \sim t(df')$$

$$t = 12\ 473 - 8\ 945 - 0/\sqrt{\frac{3\ 300^2}{12} + \frac{3\ 600}{8}} = 3\ 528/\sqrt{725} = 131.03$$

步骤三，根据显著性水平查表确定拒绝域。

自由度 V：

$$df' = \frac{\left(\frac{{s_1}^2}{n_1} + \frac{{s_2}^2}{n_2}\right)^2}{\frac{({s_1}^2/n_1)^2}{n_1 - 1} + \frac{({s_2}^2/n_2)^2}{n_2 - 1}} = \left(\frac{3\ 300^2}{12} + \frac{3\ 600^2}{8}\right)^2 / \frac{(3\ 300^2/12)^2}{12 - 1} + \frac{(3\ 600^2/8)^2}{8 - 1}$$

$$= 14.68 \approx 15$$

根据给定的置信水平 $a = 0.05$，$t_{0.05}(15) = 2.131\ 5$，拒绝域为 $(-\infty, -2.131\ 5) \cup (2.131\ 5, +\infty)$。

步骤四，做出决策。

由于 $|t| = 131.03 > 2.131\ 5$，拒绝拒绝域。即在 0.05 的显著性水平上，有证据表明甲乙两城市居民的实际月收入有显著性差异。

2. 两个配对样本均值的假设检验

配对样本的假设检验聚焦存在明确配对关系的两个样本集。这种配对关系可以细分为三种情况：异体配对，即两个具有相似特征但接受不同处理的独立受试对象，如两组消费者分别对产品 A 和产品 B 的价格接受度进行评价；自身平行配对，即同一受试对象在不同条件下接受两次不同的处理，比如同一个人观看并评价两个不同版本的广告；自身前后配对，则是同一对象在处理前后的结果对比，用于评估处理效果，如评估某广告播放前后消费者购买意愿的变化。配对样本检验的目的是利用来自两个总体的配对样本，推断两个配对总体均值是否存在显著差异。配对样本均值检验的关键在于把两个样本“合并”为一个样本，具体见表 8-56，多采用 t 检验统计量进行假设检验。

表 8-56　配对样本分析表

观察序号	样本 1	样本 2	差值
1	X_{11}	X_{21}	$d_1=X_{11}-X_{21}$
2	X_{12}	X_{22}	$d_2=X_{12}-X_{22}$
3	X_{13}	X_{23}	$d_2=X_{13}-X_{23}$
…	…	…	…
i	X_{1i}	X_{2i}	$d_i=X_{1i}-X_{2i}$
…	…	…	
n	X_{1n}		$d_n=X_{1n}-X_{2n}$

$$\bar{d}=\frac{\sum_{i=1}^{n} d_i}{n}$$

$$S_d=\sqrt{\frac{1}{n-1}\times\sum_{i=1}^{n}(d_i-\bar{d})^2}$$

式中：n 为配对样本规模；d_i 为两配对样本差值；$\bar{d}$ 为两配对样本差值的平均值。

配对样本检验步骤如下：

步骤一，建立原假设和备择假设。

$$H_0: \mu_1=\mu_2 \qquad H_1: \mu_1\neq\mu_2$$

步骤二，构建统计检验量，并计算统计检验量的值。

$$t=\frac{\bar{x}}{s/\sqrt{n}}\sim t(n-1)$$

步骤三，根据置信水平查表，确定拒绝域。

根据单侧检验还是双侧检验，确定显著性水平，查表得到临界值。

步骤四，做出决策。

若 $|t|>t_{\alpha/2}$，则拒绝 H_0；若 $|t|\leq t_{\alpha/2}$，则接受 H_0。

【例】 两配对样本均值的假设检验

随机选取了 16 家商店实验一种促销方案，促销前后的销售额如表 8-57 所示，在 5%的显著性水平下能否认为促销方案是有效的？($a=0.05$)

表 8-57　16 家商店促销前后销量数据

序号	1	2	3	4	5	6	7	8	9	10	11	12	13	14	15	16
促销前	43	48	50	47	50	47	59	46	45	55	54	48	50	47	59	46
促销后	45	55	54	48	56	53	62	49	45	55	54	48	56	53	62	49

解：根据题意知该题为双侧检验，$a=0.05$，假设检验步骤如下：

步骤一，建立原假设和备择假设。

$$\mathrm{H}_0: \mu_1=\mu_2 \qquad \mathrm{H}_1: \mu_1\neq\mu_2$$

步骤二，构建统计检验量，并计算统计检验量的值。

计算促销前后销售额差 D_i，具体见表 8-58。

表 8-58　16 家商店促销前后销量差距表

序号	1	2	3	4	5	6	7	8	9	10	11	12	13	14	15	16
促销前	43	48	50	47	50	47	59	46	45	55	54	48	50	47	59	46
促销后	45	55	54	48	56	53	60	49	45	55	54	48	56	52	62	49
差值 d_i	2	7	4	1	6	6	2	3	0	0	0	0	6	5	3	3

计算 $\bar{d} = \frac{\sum_{i=1}^{n} d_i}{n} = \frac{2+7+4+1+6+6+2+3+6+5+3+3}{16} = 3$

$$S_d = \sqrt{\frac{1}{n-1} \times \sum_{i=1}^{n} (d_i - \bar{d})^2} = \sqrt{\frac{39}{15}} = 1.61$$

$$t = \frac{\bar{x}}{s/\sqrt{n}} \sim t(n-1)$$

$$t = \frac{\bar{x}}{s/\sqrt{n}} = \frac{3}{\frac{1.61}{\sqrt{16}}} = 7.5$$

步骤三，根据显著性水平查表确定拒绝域。

双侧检验，查 $a = 0.025$，自由度 $16-1=15$ 的临界值 2.13。

步骤四，做出决策。

由于 $7.5 > 2.13$，拒绝 H_0，即促销前后差距显著。

（二）总体比例的假设检验

1. 两个独立总体比例的假设检验

两个独立总体比例的假设检验的前提条件为两个总体是独立的，而且都服从二项分布，可用正态分布来近似。当两个总体的比例相等和不等时所采用的检验统计公式不同。

（1）两个总体的比例相等时，使用 Z 检验量

若两个总体的比例相等，即 $\pi_1 = \pi_2$ 时，假设检验步骤如下：

步骤一，建立原假设和备择假设。

$$H_0: p_1 = p_2 \qquad H_1: p_1 \neq p_2$$

步骤二，选择并计算检验统计量。

$$\pi_1 = \pi_2 \text{ 时，} p = \frac{n_1 p_1 + n_2 p_2}{n_1 + n_2}$$

$$Z = \frac{p_1 - p_2}{\sqrt{p(1-p)(1/n_1 + 1/n_2)}} \sim N(0, 1)$$

式中，p_1、p_2 为两个样本具有某种属性的比例。

步骤三，做出判断。

若 $|Z| > Z_{a/2}$，则拒绝 H_0，否则不拒绝 H_0。

【例】在喜欢本地旅游还是外地旅游抽样调查时发现，男生 100 人中有 76 人选择本地旅游，而女生 100 人中有 69 人选择本地旅游。请问男生和女生在对本地旅游的偏好上是否存在显著性差异？($a = 0.05$)

解：设男生对本地旅游的偏好为 p_1，女生对本地的偏好为 p_2，假设检验步骤如下：

步骤一，建立原假设和备择假设。

$$H_0: p_1 = p_2 \qquad H_1: p_1 \neq p_2$$

步骤二，选择检验统计量。

将两个样本合并后得到的比例为 $p = \dfrac{n_1p_1 + n_2p_2}{n_1 + n_2} = \dfrac{76 + 69}{100 + 100} = 0.725$

$$z = \frac{p_1 - p_2}{\sqrt{p(1-p)(1/n_1 + 1/n_2)}} = \frac{0.76 - 0.69}{\sqrt{0.725(1-0.725)(1/100 + 1/100)}} = 1.11$$

步骤三，根据显著性水平确定拒绝域。

$p\{|z| \geq 1.96\} = 0.05$，查得临界值为 1.96，拒绝域为 $(-\infty, -1.96) \cup (1.96, +\infty)$。

步骤四，做出统计决策。

由于 $z = 1.11 < 1.96$，未落入拒绝域内，因此在 $a = 0.05$ 的显著性水平上接受原假设 H_0，即说明男生和女生对本地游的偏爱程度并无显著性差异。

（2）两个总体比例不相等，使用 Z 检验量

若两个总体的比例不相等，即 $\pi_1 \neq \pi_2$ 时，检验统计量的形式为 $Z = \dfrac{p_1 - p_2 - d_0}{\sqrt{\dfrac{p_1(1-p_1)}{n_1} + \dfrac{p_2(1-p_2)}{n_2}}}$，假设检验步骤如下：

步骤一，建立原假设和备择假设。

$$H_0: p_1 = p_2 \qquad H_1: p_1 \neq p_2$$

步骤二，选择并计算检验统计量。

$\pi_1 - \pi_2 = d_0$ 时

$$Z = \frac{p_1 - p_2 - d_0}{\sqrt{\dfrac{p_1(1-p_1)}{n_1} + \dfrac{p_2(1-p_2)}{n_2}}} \sim N(0, 1)$$

式中：p_1、p_2 为两个样本具有某种属性的比例。

步骤三，根据显著性水平确定拒绝域。

根据给定的显著性水平查表得到临界值，确定拒绝域。

步骤四，做出判断。

根据统计量的值是否落入拒绝域，做出是否接受还是拒绝原假设的判断。若 $|Z| >$ 临界值，则拒绝 H_0，否则不拒绝 H_0。

【例】两总体不等比例的假设检验

在某综合性大学里，有位老师说男生中健身每月不少于 1 次的比例至少高于女生 10 个百分点。为了解实际情况，采用简单随机抽样，从男生中随机抽取了 600 人进行调

查，得知有240人每月去健身一次；从女生中随机抽取了400人进行调查，得知有128人每月去健身一次。试判断该调查数据是否支持该老师的说法。($a=0.05$)

解：由题意知是左侧检验问题，假设检验步骤如下：

步骤一，建立假设。

$$H_0: \pi_1 - \pi_2 \geqslant d_0 = 0.1 \qquad H_1: \pi_1 - \pi_2 < d_0$$

步骤二，选择检验统计量。

$$z = p_1 - p_2 - 0.1 / \sqrt{\frac{p_1(1-p_1)}{n_1} + \frac{p_2(1-p_2)}{n_2}}$$

$$= 0.4 - 0.32 - 0.1 / \sqrt{\frac{0.4 \times 0.6}{600} + \frac{0.32 \times 0.68}{400}} = -0.6509$$

步骤三，根据置信水平，确定拒绝域。

$a = 0.05$，$z_{0.05} = 1.645$，拒绝域为$(-\infty, -1.645) \cup (1.645, +\infty)$

步骤四，做出统计决策。

由于$z=-0.6509>-1.645$，未落入拒绝域，接受原假设，即在$a=0.005$的显著性水平上，男女生参与比例不一致，调查数据支持该老师的说法。

（三）两总体方差的假设检验

两个总体方差的假设检验实质是判断两总体方差是否相等。两个总体方差的假设检验的前提：两个总体为正态分布且相互独立；从两个正态总体$x \sim N(u_1 \sigma_1^2)$和$Y \sim N(u_2 \sigma_2^2)$中随机抽取容量为n_1，n_2的样本，s_1^2和s_2^2为这两个样本的方差。两个总体方差的假设检验使用F统计量，检验步骤如下：

步骤一，建立原假设和备择假设。

H_0：$\delta_1^2 = \delta_2^2$ $\quad H_1$：$\delta_1^2 \neq \delta_2^2$。

步骤二，选择检验统计量，并计算检验统计量的值。

$$F = \frac{s_1^2 / \sigma_1^2}{s_2^2 / \sigma_2^2}$$

由于$\frac{(n_1-1)s_1^2}{\delta_1^2} \sim x^2(n_1-1)$，$\frac{(n_2-1)s_2^2}{\delta_2^2} \sim x^2(n_2-1)$

又因为δ_1^2和δ_2^2独立，所以H_0为真时，即$\delta_1^2=\delta_2^2$时，由F分布的定义有：$\frac{s_1^2}{s_2^2} = \frac{s_1^2/\sigma_1^2}{s_2^2/\sigma_2^2} \sim F(n_1-1, n_2-1)$

故取检验统计量$F = \frac{s_1^2}{s_2^2}$

步骤三，给定置信水平，查表确定拒绝域。

步骤四，做出统计决策。

若$\frac{s_1^2}{s_2^2} \leqslant F_{1-a/2}(n_1-1, n_2-1)$或$\frac{s_1^2}{s_2^2} \geqslant F_{a/2}(n_1-1, n_2-1)$，拒绝原假设，即两个总体的方差有显著差异。反之，则接受原假设，认为两个总体的方差没有显著差异。

【例】某公司用两台机床加工同一种零件，现分别抽取各机床加工的零件构成样本，$n_1 = 6$，$n_2 = 9$，测得直径数据为 $\sum_{i=1}^{6} x_{1i} = 204.6$，$\sum_{i=1}^{6} x_{1i}^2 = 6\ 978.93$；$\sum_{i=1}^{9} x_{2i} = 370.82$，$\sum_{j=1}^{9} x_{2i}^2 = 15\ 280.2$。假定零件直径服从正态分布，设 $a = 0.05$，问是否可认为这两台机床加工零件直径的方差无显著差异？

解：由题意知这是双侧检验问题，假设检验步骤如下：

步骤一，建立原假设和备择假设。

H_0：$\sigma_1^2 = \sigma_2^2$　H_1：$\sigma_1^2 \neq \sigma_1^2$

步骤二，计算检验统计量的值。

由已知数据得 $F = s_1^2/s_2^2 = 0.414/0.405 = 1.022$

步骤三，选取检验统计量，确定拒绝域。

$$F = \frac{s_1^2/\sigma_1^2}{s_2^2/\sigma_2^2} = \frac{s_1^2}{s_2^2} \sim F(n_1 - 1,\ n_2 - 1)$$

$s_1^2 = 0.414$，$s_2^2 = 0.405$，查表得：$a = 0.05$，$F_{0.025}(5,\ 8) = 4.82$，$F_{0.975}(5,\ 8) = 0.147\ 9$，拒绝域：$(0,\ 0.147\ 9) \cup (4.82,\ +\infty)$

步骤四，做出决策。

由于 $F = 1.022$，未落入拒绝域，接受原假设，即在0.05的显著性水平上，没有证据表明这两台机床加工零件直径的方差有显著差异。

■任务实施

step1：按照每6个人一组的原则将全班分成几个小组。

step2：观看调查答辩现场的视频，并思考如何进行小组调查项目的双变量分析，时间30分钟。

Step3：每个人完成下列双变量的描述分析任务，课后完成。

任务1：随机抽取了三个不同细分市场对A景区进行满意度调查，细分市场1的评分为76、78、81、82、83；细分市场2的评分为62、74、80、86、98；细分市场3的评分为32、78、91、99、100。请用集中趋势和离散趋势把三个细分市场的分布特征表达出来，并说出哪个细分市场的评价更加一致。

任务2：在某商场知名度调查中，随机抽取133位本地市民进行调查。调查结果：有67市民对A商场熟悉，有66市民对A商场不熟悉，其中67位熟悉A商场的市民中30岁以下、30~50岁和51岁及以上的分别为26位、27位和14位，66位不熟悉A商场的市民中30岁以下、30~50岁和51岁及以上的分别有22位、16位和28位。请做一个双变量交叉列联表，分析对A商场熟悉程度和年龄的关系。

任务3：根据任务2的调查结果制作统计图。

任务4：某景区游客态度与年龄的关系如表8-59所示，求年龄与喜欢程度的相关系数，并对相关系数进行检验。

表 8-59　年龄与景区喜欢程度交叉列联表

态度	年龄		合计
	40 岁以下	40 岁及以上	
喜欢	80	60	140
一般	130	14	144
不喜欢	10	6	16
合计	220	80	300

任务 5：某汽车经销商对 A、B 两个地区居民家庭进行家庭汽车拥有率的抽样调查。从 A 区随机抽取了 120 户家庭，拥有汽车的家庭为 16 户；从 B 区随机抽取了 160 户家庭，拥有汽车的家庭为 20 户。问两个地区的家庭汽车拥有率是否相同？($a=0.05$)

任务 6：调查 10 位游客，获得游客对某城市的 A、B 景区评价如表 8-60 所示，请用斯皮尔曼相关系数计算游客对两景区喜欢程度的相关系数？

表 8-60　游客对 A、B 景区评价　　单位：分

A 景区	100	95	94	94	94	90	85	80	74	60
B 景区	95	88	86	86	90	84	75	85	60	54

任务 7：调查获得某城市近十年来的居民收入与消费支出的相关数据，如表 8-61 所示，请用皮尔逊相关系数计算居民收入与消费支出间的相关系数？

表 8-61　某城市居民收入与消费支出　　单位：万元

序号	1	2	3	4	5	6	7	8	9	10
收入	9 668	10 896	11 778	12 898	14 565	16 601	19 027	21 689	24 104	26 864
支出	7 790	8 986	9 215	9 950	11 213	13 438	14 472	14 896	16 719	18 595

任务 8：请根据表 8-62 中景区旅游收入与广告费的调查数据，建立一元线性回归预测模型，并预测广告支出为 2 万元时，旅游收入可达到多少万元？

表 8-62　景区旅游收入与广告费的关系　　单位：万元

序号	1	2	3	4	5	6	7	8	9	10	11	12
收入	46	21	82	105	24	17	55	65	80	43	80	43
广告支出	1.2	0.5	1.8	2.5	0.7	0.4	1.2	1.5	1.6	1.0	0.8	1.5

Step4：老师对学生任务完成情况进行点评。

Step5：每个小组成员结合小组调查项目完成双变量分析。

Step6：教师对学生双变量分析存在的问题进行讲解。

【任务模块4】多变量分析

■知识准备

一、多变量分析

多变量分析指同时分析两个以上变量，以探索多个变量之间的关系。多变量分析方法多种多样，普遍使用相关分析、多元回归分析和方差分析，此外还可使用主成分分析、因子分析和聚类分析。

二、相关分析

（一）三交叉列联表分析

1. 三变量交叉列联表概念

三变量交叉列联表指同时将三个变量按照一定顺序对应排列在一张表中，展示这些变量之间的交叉分类频数分布，并可以分析变量之间的相关关系。交叉列联表可分析三个及更多具有有限类目数和确定值的变量之间关系。三变量及其以上的交叉列联表称为高维列表。

2. 三变量交叉列联表作用

三变量交叉列联表能够展示更为复杂的数据关系。由于加入第三个变量，原有的双变量交叉列表分析的结果可能会出现四种情况：更加精确地反映原有两变量的之间关系、说明原有二变量之间是不相关的、显示原二变量之间没有反映出的某些相关关系或原来两变量之间的关系没有改变。

3. 三变量交叉列联表分析步骤

三变量交叉列联表分析步骤：首先收集包含三个或更多变量的样本数据，然后生成双变量交叉列表，并把第三个自变量放入到纵栏中，最后根据列联表中的数据分析变量之间的相关性。

【例】三变量交叉列联表分析，以表8-63为例。

表8-63　婚姻状况、性别与旅游支出水平列联表

旅游支出水平	性别			
	男		女	
	已婚	未婚	已婚	未婚
高	35%	40%	25%	60%
低	65%	60%	75%	40%
合计	100%	100%	100%	100%
(n)	400	120	300	180

（二）统计图分析

多变量分析中，通过统计图可视化来探索和理解多个变量之间的关系和模式。在多变量分析中常用的图：散点图矩阵、相关图、堆叠柱状图、雷达图和热力图。散点图矩阵是将多个变量两两组合绘制散点图的方式，观察多个连续变量之间的相关性，它适用于探索性数据分析，可快速识别变量之间的线性关系、非线性关系或聚类模式。相关图通过热力图的形式展示变量之间的相关系数，颜色深浅表示相关性的强弱，通常用于量化连续变量之间的线性相关程度，它帮助识别哪些变量之间存在强相关或弱相关，有助于特征选择和数据降维。气泡图在散点图的基础上增加了第三个维度，即气泡的大小，用于表示第三个变量的值，它适用于三个变量均为连续变量的情况。雷达图又称蜘蛛网图，展示多个变量相对于中心点（通常是某个标准或平均值）的径向距离的图形，它适用于比较不同观察值在多个变量上的表现，可直观地看出哪些观察值在某些变量上表现突出或落后。热力图可用于展示其他类型的数据矩阵，如分类变量的交叉频数分布，它适用于展示多个分类变量之间的交叉关系，通过颜色的深浅来表示频数的高低。在多变量分析中，根据具体的数据类型和分析目的选择合适的图形进行分析。

三、多元线性回归分析

（一）多元线性回归分析概述

多元回归分析不仅仅局限于线性关系，但最常见和最基本的形式是多元线性回归。多元线性回归指通过构建数学模型来研究两个或两个以上自变量与一个因变量之间的线性关系。

（二）多元线性回归模型的构建

多元回归模型理论模型为：

$$\hat{y} = \beta_0 + \beta_1 x_1 + \beta_2 x_2 + \beta_3 x_3 \cdots + \beta_m x_m + \varepsilon$$

式中：β_0、$\beta_1 \cdots \beta_m$ 等为模型参数；m 为 m 个自变量；ε 为随机误差。

多元线性回归模型构建过程：

步骤一：建立总体的多元线性回归方程。

$$E(y) = \beta_0 + \beta_1 x_i + \beta_2 x_2 + \beta_3 x_3 \cdots + \beta_m x_m$$

步骤二：样本估计模型。

$$\hat{y} = b_0 + b_1 x_1 + b_2 x_2 + b_3 x_3 \cdots + b_m x_m$$

其中，b_0 为截距，b_1、b_2、$b_3 \cdots b_m$ 称为偏回归系数；B_i 经济含义是其他自变量不变的情况下，该自变量每变动一个单位，因变量平均变动 b_i 个单位。

写成矩阵形式为：

$y_1 = b_0 + b_1 x_{11} + b_2 x_{12} + b_3 x_{13} \cdots + b_m x_{1m}$

$y_2 = b_0 + b_1 x_{21} + b_2 x_{22} + b_3 x_{23} \cdots + b_m x_{2m}$

……

$y_n = b_0 + b_1 x_{n1} + b_2 x_{n2} + b_3 x_{n3} \cdots + b_m x_{nm}$

步骤三：用最小二乘法矩阵求解：$\sum_{i=1}^{n} e_i^{\,2} = \min$，得 β_0、$\beta_1 \cdots \beta_m$。

估计方程为$\hat{y} = \beta_0 + \beta_1 x_i + \beta_2 x_2 + \beta_3 x_3 \cdots + \beta_m x_m$。

（三）多元回归分析步骤

多元回归分析的步骤：先明确研究目的，确定自变量和因变量，然后收集数据并确保数据的质量和完整性，接着对自变量和因变量进行描述性统计分析，以了解数据的分布情况，再进行假设检验，检查数据是否满足多元回归分析的假设条件，最后构建多元回归模型并进行假设检验。

【例】多元线性回归方程的建立

表 8-64 是搜集多个家庭某种商品消费支出与该商品单价和消费者家庭月收入的相关信息，求建立该种商品需求的二元回归模型。(a=0.05)

表 8-64　10 户家庭商品需求与价格、月收入统计表　　单位：元

家庭号	对某商品消费需求支出 y	该商品单价 x_1	家庭月收入 x_2
1	591.9	23.56	7 620
2	654.5	24.45	9 120
3	623.6	32.07	10 670
4	647.0	32.46	11 160
5	674.0	31.15	11 900
6	644.4	34.14	12 900
7	680.0	35.30	14 340
8	724.0	38.70	15 960
9	757.1	39.63	18 000
10	706.8	46.68	19 300

解：自变量分别为商品单价、家庭月收入，因变量为某商品需求支出水平。

步骤一，设立二元回归模型。

$\hat{y} = b_0 + b_1x_1 + b_2x_2$

步骤二，利用方程求二元线性回归模型参数。

$\hat{y} = 626.51 - 9.79x_1 + 0.03x_2$

偏斜率 $b_1 = 9.79$ 表示其他因素不变是，该种商品的单价每增加1元，其消费支出平均减少9.79元；偏斜率 $b_2 = 0.03$，表示当其他因素不变时，消费者家庭月收入每增加1元，其消费需求支出平均增加0.03元。

（四）多元线性回归模型的检验

多元线性回归模型构建后需要测定线性方程拟合优度、并对回归方程和回归系数检验后方能应用回归方程进行预测。

1. 多元线性回归方程拟合优度的测定

度量多元线性回归方程拟合优度的指标是多重样本判定系数。多重样本判定系数是回归平方和占总离差平方和的比例，用公式表示为：

$$r^2 = \frac{SSR}{SST} = 1 - \frac{SSE}{SST} = \frac{\sum_{i}^{n} (\hat{y_i} - \bar{y})^2}{\sum_{i=1}^{n} (y_i - \bar{y})^2} = 1 - \frac{\sum_{i=1}^{n} (y_i - \hat{y})^2}{\sum_{i=1}^{n} (y_i - \bar{y})^2}。$$

由于自变量越多 r^2 越大，因此在回归模型中，要对判定系数进行调整，调整后的

判断系数公式为：$r^2_{修} = 1 - \frac{SSE/(n-k-1)}{SSTn-1)} = 1-(1-r^2)\frac{n-1}{n-k-1}$，式中 n 表示观察值的数目；k 表示自变量个数。判定系数 r^2 的取值在 $[0,\ +1]$ 之间，r^2 越接近 1，说明回归方程拟合优度越高；r^2 越接近 0，说明回归方程拟合程度越差。

2. 多元线性回归方程的显著性检验

多元线性回归系数的显著性检验步骤如下：

步骤一，提出原假设和备择假设。

$$H_0: \beta_1 = \beta_2 = \beta_3 \cdots = \beta_m = 0$$

$$H_1: \beta_1、\beta_2、\beta_3\cdots、\beta_m \text{ 至少有一个不等于 } 0$$

步骤二，建立并计算检验统计量的值。

$$F = \frac{SSR/1}{SSE/(n-k-1)} = \frac{\sum_{i=1}^{n}(\hat{y_i} - \bar{y})^2/k}{\sum_{i=1}^{n}(y_i - \hat{y})^2)/(n-k-1)} \sim F(1,\ n-k-1)$$

步骤三，根据显著性水平 a 和第一自由度、第二自由度查 F 表，确定临界值 F_a。

步骤四，做出决策。

若 $F \geqslant F_a$，则拒绝 H_0，表示回归方程之间的线性关系是显著的；若 $F < F_a$，不拒绝 H_0，表示回归方程之间的线性关系是不显著的。

3. 多元线性回归方程系数的显著性检验

多元线性回归系数的显著性检验采用 t 检验，检验步骤如下：

步骤一，提出假设。

$$H_0: \beta = 0 \qquad H_1: \beta \neq 0$$

步骤二，确定显著性水平 a。

步骤三，计算检验统计量 t。

$$t = \frac{b}{s_{yx}\sqrt{\frac{1}{\sum (x-\bar{x})^2}}} = \frac{b}{s_b} \sim t(n-2)$$

式中，b 是回归系数；s_{yx} 标准误差。

$$s_b = s_e / \sqrt{\sum \chi_i^2 - \frac{1}{n}(\sum \chi_i)^2};$$

$$s_e = \sqrt{\frac{\sum (y_i - \hat{y_i})^2}{n-1}} = \sqrt{MSE}。$$

步骤四，确定临界值。

由于是双侧检验，依据显著性水平 a 和自由度 d_t 查 t 分布表确定临界值 $t_{a/2}$。

步骤五，做出判断。

根据临界值做出判断：若 $|t| \geqslant t_{a/2}(n-k-1)$，拒绝原假设 H_0，表明回归系数对方程的影响是显著的；若 $|t| < t_{a/2}(n-n-k-1)$，不拒绝原假设 H_0，表明回归系数对方程的影响是不显著的。

根据 P 值做出判断：根据检验统计量 t 查对应的 P 值，然后比较 P 与 a 的大小，若

$P \geq a$，拒绝原假设 H_0，表明回归系数对方程的影响是显著的；若 $P < a$，不拒绝原假设 H_0，表明回归系数对方程的影响是不显著的。

对于多元线性回归模型，总体回归线性关系的显著性，并不意味着每个变量对因变量的影响都是显著的，因此有必要对每个变量进行显著性进行检验，以建立更为简单合理的多元线性回归模型。

四、方差分析

（一）方差分析概述

1. 方差分析的概念

方差分析（Analysis of Variance，简称 ANOVA），又称“变异数分析”或“F 检验”，是用于分析定类数据与定量数据之间关系的统计分析方法，它能够有效地比较两组或多组数据的差异。

2. 方差分析的类型

方差分析根据分析变量多少分为单因素方差分析、双因素方差分析和多因素方差分析。单因素方差分析仅研究一个自变量（如产品）对观测变量的影响；双因素方差分析研究两个自变量（如产品和包装）对观测变量的影响；多因素方差分析同时研究三个或三个以上因素（如产品、包装和价格）对观测变量的影响。

方差分析根据数据表现分为一元方差分析和多元方差分析。一元方差分析用于比较多组变量的均值是否存在显著差异。多元方差分析用于比较多组矩阵的均值是否存在显著差异。

3. 方差分析的作用

制作统计图只能初步看出不同自变量水平下的因变量有差异，说明自变量对因变量有影响，但不能提供充分证据，因此需要用方差分析检验因变量变化是由于自变量而不是由随机偶然性因素带来的。

方差分析主要研究一个控制变量的不同水平对观测值产生了显著性影响。如产品销量可能受产品的品牌、款式、材料、价格等因素的影响，也可能由于调查随机性误差引起的。方差分析不仅可以得出因变量的差异主要是随机因素还是自变量造成的，而且在有多种影响因素时，方差分析还可从统计上回答多种因素的影响是简单叠加还是存在交互作用。如价格和包装都会对销量产生影响，但价格和包装之间也可能存在相互影响。

【小案例】某公司欲推出饮料新产品，设想采用纸质、塑料盒、铝皮 3 种不同材质的包装，为了调查包装对产品销售是否有影响，在条件匹配的 8 个不同商店进行实验调查，所有商店的客源、陈列方式、促销手段都基本一致的，销售一个月后，获得实验数据表 8-65。

表 8-65　8 家商店不同包装类型产品销售数量统计表

包装类型	实验商店							
	1	2	3	4	5	6	7	8
纸质	152	188	238	192	180	115	125	100
塑料	208	256	300	800	270	210	185	165
铝皮	182	198	268	220	200	128	110	105

在该案例中，饮料销量是试验指标或因变量，包装形式为自变量或因素 A，三种包装形式被视为 A 因素的 3 种不同状态及水平，记为 A_i，8 个商店为 8 个独立样本，每个样本有一个观测值（销售量）。为了验证偶然因素还是包装形式是影响饮料销量差异的主要原因，需要进行方差分析。实际上在假设 3 种不同包装形式的销售数据来自于 3 个正态分布的总体的前提下，判断 3 个总体是否具有相同的分布，即 3 个总体的均值是否相等。

4. 方差分析的基本思想与假设

方差分析的基本思想是认为数据总的离差平方和可分解为由因素水平引起的离差平方和（组间方差）与随机性误差平方和（组内方差），通过组间方差和组内方差的大小比较，可以说明是因素还是试验随机误差才是导致因变量产生差异的主要原因。

方差分析中通常要做以下假设：首先各总体是独立且有相同方差的正态分布，且总体均值和方差是未知的；其次在各总体下，样本也服从独立的正态分布，即所有观察值都是从正态总体中抽取的；最后各水平下的总体具有相同的方差。

5. 方差分析的步骤

方差分析步骤是在明确观测变量和控制变量后，将观测变量总的离差平方和分解为组间离差平方和及组内离差平方和，然后比较组间离差平方和及组内离差平方和的大小，最后根据组间离差平方和及组内离差平方和的大小方做出结论。方差分析的具体步骤如下：

（1）方差分解

利用离差平方和反映样本数据的波动，将观测变量的总离差平方和分解为组间方差与组内方差两部分，用数学公式表示为 SST=SSA+SSE。组间方差 SSA 反映不同因子对样本波动的影响，包括系统性误差和随机性误差，而组内方差 SSE 是不考虑组间方差的随机性影响。

（2）方差比较

要观察随机因素还是因变量对观测值的影响更显著，要看组间方差和组内方差的大小，组间方差比组内方差大说明因素对观测值的影响更大，反之说明随机性误差对观测值的影响更大。

（3）F 检验

方差比较时要考虑独立变量个数（自由度）对方差大小的影响，独立变量个数越多，方差就可能越大，独立变量个数越少，方差就可能越小。为了消除独立变量个数对方差大小的影响，用方差除以独立变量的个数，得到均方误差。因此用组间的均方误差除以组内的均方误差可以构造 F 统计量，根据 F 统计量的观测值和相应的概率 p 值就可以判断因素的影响是否显著。

在 F 统计量的观测值下：若 $F \geqslant F_a$ 拒绝原假设，表明均值之间的差异是显著的，即所检验的因素对观察值有显著影响；若 $F < F_a$ 则不能拒绝原假设，即无证据表明均值之间的差异是显著的。

在相应的概率 p 值下：若 $P < a$，则拒绝原假设，表明均值之间的差异是显著的，因素对观察值有显著影响；若 $P \geqslant a$，接受原假设，表明均值之间的差异是不显著的。

（二）单因素方差分析

1. 单因素方差分析概念

只考虑一种因素对观察（试验）指标影响的方差分析，称为单因素方差分析。观测值来自 n 个独立样本，因素 A 有 r 个水平，便可以得到 $n\times r$ 个观测值，具体见表8-66。

表 8-66　$n\times r$ 个观测值的单向分组数据表

自变量	观测值								算数平均数	方差
A_1	A_{11}	A_{12}	A_{13}	A_{14}	A_{15}	A_{16}	A_{17}	A_{1n}	$\overline{x_1}$	${s_1}^2$
A_2	A_{21}	A_{22}	A_{23}	A_{24}	A_{25}	A_{26}	A_{27}	A_{2n}	$\overline{x_2}$	${s_2}^2$
A_3	A_{31}	A_{32}	A_{33}	A_{34}	A_{35}	A_{36}	A_{37}	A_{3n}	$\overline{x_3}$	${s_3}^2$
…	…	…	…	…	…	…	…	…	…	…
…	…	…	…	…	…	…	…	…	…	…
A_r	A_{r1}	A_{r2}	A_{r3}	A_{r4}	A_{r5}	A_{r6}	A_{r7}	A_{rn}	$\overline{x_r}$	${s_r}^2$

2. 单因素方差分析步骤

（1）建立检验假设。

在某实验中，因素 A 有 r 个水平，分别为 A_1、$A_2 \cdots A_r$，在水平 A_i 的实验结果 X_i 服从 $N(\mu_i,\ \sigma^2)$，$i=1$，…，r，X_1、$X_2 \cdots X_r$ 相互独立，在水平 A_i 下做了 n 次实验得到 n_i 个观测结果 X_{ij}，$j=1$，…，n，即被看做一个容量为 n 的样本，因此 $X_{ij}\sim N(\mu_i,\ \sigma^2)$，可得模型：$X_{ij}=\bar{X}+a_i+e_{ij}$

式中，a_i 效应为零，$\sum_{i=1}^{r} n_i a_i=0$；e_{ij} 相互独立，都服从 $N(0,\ \sigma^2)$ 分布。

每个数据的离差可以表示为 $X_{ij}-\bar{X}=a_i+e_{ij}$，在假设成立时，需要检验假设的形式是：

$$\text{形式一}\begin{cases}H_0:\ \overline{X_1}=\overline{X_2}=\overline{X_3}=\cdots=\overline{X_r}\\ H_1:\ \overline{X_1},\ \overline{X_2},\ \overline{X_3},\ \cdots,\ \overline{X_r}\ \text{不全相等}\end{cases}$$

$$\text{形式二}\begin{cases}H_0:\ \alpha_1=\alpha_2=\alpha_2,\ \cdots,\ \alpha_r=0\\ H_1:\ \alpha_1,\ \alpha_2,\ \alpha_3,\ \cdots,\ \alpha_r\ \text{不全为}\ 0\end{cases}$$

（2）构造检验统计量。

步骤一：求水平的平均值和全部观察值的总均值。

步骤二：因变量的总离差平方和进行分解。

由于各样本的独立性，使得变差具有可分解性。根据样本数据将因变量的总离差平方和 SS_T 分解为水平离差平方和 SS_A 和误差项离差平方和 SS_E，用数学公式表示为 $SS_T=SS_A+SS_E$。总离差平方 SS_T 反映了全部观察值的离散状况，是全部观察值与总平均值的离差平方和，计算公式为 $\sum_{i=1}^{r}\sum_{j=1}^{n_i}(X_{ij}-\bar{X})^2$；水平离差平方和 SS_A 又称组间离差平方和，是各组平均值与总平均值的离差平方和，计算公式为 $\sum_{i=1}^{r} n_i(X_{i.}-\bar{X})^2$；误差项离差平方和 SS_E 又称组内离差平方和，是每个观测值与其组内平均值的离差平方和，反映了水平内观察值的离散情况，即随机误差因素产生的影响，计算公式为 $\sum_{i=1}^{r}\sum_{j=1}^{n_i}(X_{ij}-\bar{X}_i)^2$。

步骤三：求均方和。

各离差平方和的大小与观察值多少有关，为了消除观察值多少对离差平方和大小的影响，需要将其平均，得到均方和。均方和的计算方法是用离差平方和除以相应的自由度，具体见表 8-67。

表 8-67　方差分析表

方差来源	离差平方和	自由度 df	均方和 Ms	F
组间	SSA	$r-1$	MSA = SSA/$(r-1)$	MSA/MSE
组内	SSE	$n-r$	MSE = SSE/$(n-r)$	
总方差	SST	$n-1$		

步骤四，构造检验统计量 F。

由于已知 SS_A、SS_E 都服从卡方分布，而两个卡方分布分别除以各自的自由度之后得到的比值仍服从 F 分布，用 SS_A、SS_E 的均方和相除得到 F 检验统计量。

$$F=\frac{SS_A/(r-1)}{SS_E/(n-r)}=\frac{\overline{S_A^{\ 2}}}{\overline{S_E^{\ 2}}}\sim F(r-1,\ n-r)$$

（3）判断与结论。

在假设条件成立时，F 统计量服从第一自由度为 $r-1$、第二自由度为 $n-r$ 的 F 分布。查 F 分布表可得到 F 统计量的值和对应的 p 值，最后将给定的显著性水平 a 的临界值与 F_a 进行比较，即可以做出判断与结论。

若 $F\geqslant F_a$，拒绝原假设，表明均值之间的差异是显著的；若 $F<F_a$，则不能拒绝原假设，无证据表明均值之间的差异是显著的。或若 $P<a$，拒绝原假设，表明均值之间的差异是显著的；若 $P\geqslant a$，接受原假设，表明均值之间的差异是不显著的。

在实际分析时，即使方差分析结果表明不同的实验处理之间存在显著差异，但也不能说明哪组总体均值存在差异。如果需要说明哪组总体均值有显著性差异还需要进行多重比较分析。

【例】 单因素方差分析

某水果公司为脐橙同时推出纸质简装、塑料简装和竹子简装等 3 种不同的包装，为了调查哪种包装更受消费者欢迎。该公司在本地 8 个水果超市试销 3 个月，收集到表 8-68 中的数据。

表 8-68　8 家商店不同包装的产品三个月的销量　　单位：件

包装类型	试销商店							
	1	2	3	4	5	6	7	8
纸质简装	152	188	238	192	180	115	125	100
塑料简装	208	256	300	280	270	210	185	165
竹子简装	182	198	268	220	200	128	110	105

单因素方差分析步骤如下：

步骤一，提出原假设与备择假设。

$$H_0: \overline{X_1} = \overline{X_2} = \overline{X_3}$$

$$H_1: \overline{X_1}, \overline{X_2}, \overline{X_3} \text{ 不全相等}$$

步骤二，计算总平均值、各水平均值等有关中间结果。

$r = 3 \quad n = 24 \quad \bar{X} = 190.625 \quad \overline{X_1} = 161.25 \quad \overline{X_2} = 234.25 \quad \overline{X_3} = 176.375$

$\sum_{i=1}^{3} n_i x_i^2 = 895\ 862.125 \qquad \sum_{i=1}^{r}\sum_{j=1}^{n_i} x_{ij}^2 = 950\ 917$

步骤三，计算组间值、组内值和总离差平方和，见表 8-69。

$$SS_A = \sum_{i=1}^{r} n_i(X_i - \bar{X})^2 = 23\ 752.75$$

$$SS_E = \sum_{i=1}^{r}\sum_{j=1}^{n_i}(X_{ij} - \bar{X}_i)^2 = 55\ 054.875$$

$$SS_T = SS_A + SS_E = 78\ 807.625$$

表 8-69　方差分析表

方差来源	自由度	离差平方和	均方差	F 值	P 值
因素 A	2	23 752.75	11 876.375	4.530	0.023
随机误差 E	21	55 054.875	2 621.661		
总和	23	78 807.625			

步骤四，计算均方差误差和统计量。

$$F = \frac{SS_A/(r-1)}{SS_E/(n-r)} = \frac{23\ 752.75/(3-1)}{55\ 054.875/(24-3)} = 4.53 \quad P \text{ 值} = 0.023$$

步骤五，根据显著性水平查临界值。

根据显著性水平 0.05 查 F 分布表，$F_{0.95}(2, 21) = 3.505$

步骤六，判断与结论。

判断：由于 $F = 4.53 > F_{0.95}(2, 21) = 3.505$，因此拒绝 H_0，即认为包装形式对脐橙销售量的影响显著。或由于 $P = 0.023 < 0.05$，拒绝 H_0，即认为包装形式对脐橙销售量的影响显著。

结论：包装对销量是有影响的，但不能说明具体哪组的总体均值存在显著性差异。

（三）双因素方差分析

1. 双因素方差分析的概念

（1）双因素方差分析概念

观测指标受多个因素影响，需要对因素进行两两分析。双因素方差分析是研究两种因素对观测变量产生显著影响，即究竟是哪个因素更起作用或两个因素都起作用或两者都不起作用。

（2）双因素方差分析类型

双因素方差分析不仅要分析两个自变量对因变量的影响，还要分析两个变量之间是否存在交互影响，因此双因素分析分为无交互作用的双因素方差分析和无交互作用的双因素方差分析。无交互作用的双因素方差分析，即假定因素 A 和因素 B 的效应是相互独立的，不存在相互关系。有交互作用的双因素方差分析，即因素 A 和因素 B 的效应不是独立的，而是存在交互作用。

(3) 双因素方差分析作用

在实际生活中，观测指标可能同时受两种因素的影响。方差分析不仅能分析多个因素对观测变量的独立影响，还能分析多个控制变量的交互作用是否对观测变量分布产生显著性影响，进而找到对观测变量最有利的组合。

2. 无交互作用双因素方差分析

在数据分析中已知两种因素之间不存在交互作用或交互作用对试验指标的影响很小时，则可以不考虑交互作用，只做无交互作用的双因素方差分析。

(1) 无交互作用双因素方差分析的数据结构

在无交互作用情况下，只对因素 A 和因素 B 只做一次试验，就能对因素 A 和因素 B 的效应进行分析。表 8-70 中，因素 A 有 r 个水平，因素 B 有 s 个水平，每个搭配只有一个观测数据，于是有 $r×s$ 个观测值。

表 8-70　无交互作用双因素方差的数据结构表

		因素 B				A 因素各水平值之下的均值
		B_1	B_2	…	B_s	$\bar{X}_{1.}$
因素 A	A_1	B_{11}	B_{12}	…	B_{1s}	$\bar{X}_{2.}$
	A_2	B_{21}	B_{22}	…	B_{2s}	$\bar{X}_{3.}$
	…	…	…	…		
	A_r	B_{r1}	…	…	B_{rs}	$\bar{X}_{r.}$
B 因素各水平值之下的均值		$\bar{X}_{.1}$	$\bar{X}_{.2}$		$\bar{X}_{.s}$	$\bar{X}$

(2) 无交互作用双因素方差分析模型

假设因素水平(A_i, B_j)的实验结果 X_{ij} 服从 $N(\mu_{ij}, \sigma^2)$，$i=1, \cdots, r$，$j=1, \cdots, s$，且实验结果相互独立，则无交互作用的双因素方差模型为：

$$\begin{cases} X_{ij}=\bar{X}+\alpha_i+\beta_j+e_{ij} \quad i=1, 2, 3, 4, 5, \cdots, r; j=1, 2, 3, \cdots, s \\ \sum_{j=1}^{r}\alpha_i=0, \ \sum_{j=1}^{s}\beta_j=0 \\ e_{ij}\sim N(0, \sigma^2) \end{cases}$$

式中，a_i 等于$\bar{X_i}-\bar{X}$，为水平 A_i 的效应；β_j 等于$\bar{X_j}-\bar{X}$，为水平 B_j 的效应。

对双因素方差模型进行检验的假设有两个：

对因素 A 的检验 $\begin{cases} H_{01}: \alpha_1=\alpha_2=\alpha_3\cdots=\alpha_r=0 \\ H_{11}: \alpha_1, \alpha_1, \alpha_1, \cdots, \alpha_r \text{不全为} 0 \end{cases}$

A 效应 $\alpha_i=\bar{X}_{i.}-\bar{X}$

对因素 B 的检验 $\begin{cases} H_{02}: \beta_1=\beta_2=\beta_3\cdots\beta_r=0 \\ H_{12}: \beta_1, \beta_2, \beta_3, \cdots, \beta_s \text{不全为} 0 \end{cases}$

B 的效应 $\beta_i=\bar{X}._j-\bar{X}$

对因素 A 的检验就是检验因素 A 各水平的效应α_1 到α_r 是否全部为零，对因素 B 的检验就是检验因素 B 各水平的效应β_1 到β_s 是否全部为零。

（3）无交互作用双因素方差分析步骤

无交互作用因素方差分析思路：首先是计算中间量，然后将偏差平方和分解，再构造统计量，最后作出结论。具体分析步骤如下：

步骤一：计算中间量。

根据样本数据计算总平均值、因素 A 水平 i 下的均值以及因素 B 水平 j 下的均值。

$$\bar{X} = \frac{1}{rs}\sum_{i=1}^{r}\sum_{j=1}^{s}X_{ij} \qquad \bar{X}_{i.} = \frac{1}{s}\sum_{j=1}^{s}X_{ij} \quad \bar{X}._{j} = \frac{1}{r}\sum_{i=1}^{r}X_{ij}$$

步骤二，离差平方和分解。

双因素分析对总离差平方和 SS_T 进行分解，将 SS_T 分解为 SS_A、SS_B 和 SS_E，分别反映因素 A 的组间差异、因素 B 的组间差异和随机误差（组内差异）的离散状况。SS_A、SS_B 和 SS_E 的计算公式：

$$SS_T = \sum_{i=1}^{r}\sum_{j=1}^{n}(X_{ij} - \bar{X})^2$$

$$SS_A = s\sum_{i=1}^{r}\sum_{j=1}^{s}(\bar{X}i. - \bar{X})^2$$

$$SS_B = \sum_{i=1}^{r}\sum_{j=1}^{s}(\bar{X}.j - \bar{X})^2$$

$$SS_E = \sum_{i=1}^{r}\sum_{j=1}^{s}(X_{ij} + \bar{X} - \bar{X}_i - \bar{X}.j)^2 = SS_T - SS_A - SS_B$$

步骤三，构造统计量。

分别用因素 A 和因素 B 的离差平方和除以相应的自由度计算出均方和，从而计算统计量 F_A、F_B 的检验值（见表 8-71）。

表 8-71　无交互作用的双因素方差分析表

方差来源	离差平方和	自由度 df	均方和 Ms	F
因素 A	SSA	$r-1$	$MSA = SSA/(r-1)$	$F_A = MSA/MSE$
因素 B	SSB	$s-1$	$MSB = SSB/(s-1)$	$F_B = MSB/MSE$
随机性误差	SSE	$(r-1)(s-1)$	$MSE = SSE/(r-1)(s-1)$	
总方差	SST	$rs-1$		

为了检验影响因素 A 的影响是否显著，采用 F_A 统计量：

$$F_A = \frac{\overline{S_A^{\,2}}}{S_E^{\,2}} = \frac{MSA}{MSE} \sim F(r-1,\ (r-1)(s-1))$$

为了检验影响因素 B 的影响是否显著，采用统计量：

$$F_B = \frac{\overline{S_B^{\,2}}}{S_E^{\,2}} = \frac{MSB}{MSE} \sim F(s-1,\ (r-1)(s-1))$$

步骤四，统计决策。

根据给定的显著性水平 α 查 $F_{\alpha(r-1,\ (r-1)(s-1))}$ 和 $F_{b(s-1,\ (r-1)(s-1))}$ 的检验临界值。

若 $F_A \geqslant F_\alpha(r-1,(r-1)(s-1))$，则拒绝原假设，表明因素 A 各水平之间存在显著性差异，否则接受原假设。

若 $F_B \geqslant F_b(s-1,(r-1)(s-1))$，则拒绝原假设，表明因素 B 各水平之间存在显著性差异，否则接受原假设。

【例】无交互作用双因素方差分析

某奶茶店为了发现销量与时间段、周几是否有关，随机选择几家店铺调查，收集到奶茶店一周不同时间段的销售量（表 8-72）。假设周几与一天三个时间段不存在交互关系，需要分析周几平均销量是否存在差异，一天之内三个不同时段平均销量之间是否存在显著性差异。

表 8-72 某奶茶店一周内不同时段的平均销售额 单位：元

		因素 B							平均
		周一	周二	周三	周四	周五	周六	周日	
因素 A	上午	4 152	4 852	3 546	5 456	3 426	6 124	5 846	4 771.71
	下午	6 852	5 112	5 786	6 105	3 998	10 124	9 789	6 823.71
	晚上	9 852	8 912	9 978	9 105	15 918	16 124	10 100	11 427.0
	平均	6 952	6 292	6 436.67	6 888.67	7 780.67	10 790.7	8 578.33	7 674.14

步骤一，计算均方误差、均值。

两种因素分别为天内营业时段因素 A 和周内营业时段因素 B，在中间量的基础上分别计算因素 A 和因素 B 以及误差项的均方误差，并用因素 A 和因素 B 的均方误差分别除以误差项的均方误差，得到检验统计量 F_A 和 F_B 的值。

$\overline{S_A}^2 = SS_A/(r-1) = 80\ 584\ 204$

$\overline{S_B}^2 = SS_B/(s-1) = 7\ 560\ 880$

$\overline{S_E}^2 = SS_E/(rs-s-r+1) = 4\ 643\ 544$

步骤二，离差平方和的分解。具体分解结果见表 8-73。

表 8-73 方差分析表

影响因素	离差平方和	自由度	均方差	F 值	0.05 临界值
因素 A	161 168 407.12	2	80 584 203.56	17.354	3.89
因素 B	4 536 282.16	6	7 560 880	1.628 3	3.00
误差	55 722 525.29	12	4 643 544		
总和	262 256 214.57	20	13 112 811		

步骤三：分析结论。

查 F 表得 0.05 显著水平下 A 的临界值为 3.89、B 的临界值为 3.00。

计算 $F_A = 17.354$、$F_B = 1.628\ 3$

由于 $F_A = 17.354 > 3.89$，而 $F_B = 1.628\ 3 < 3.00$，即在显著性水平 0.05 时，因素 A 是显著的而因素 B 并不显著的。

结论：一天内不同时间段奶茶消费量有显著差异，但一周不同天无明显差异。

3. 有交互作用双因素方差分析

当因素 A 与因素 B 之间存在交互效应时要进行有交互作用的双因素方差分析。交互作用是指两因素对试验指标的影响不是简单叠加，而是存在交互作用。有交互作用的双因素方差分析不仅要研究因素 A 与因素 B 对观察指标的影响大小，而且还要考察因素 A 与因素 B 的交互作用对观察指标的影响大小。

（1）有交互作用双因素方差分析的数据结构

假设两个因素分别是 A 和 B，因素 A 有 r 个水平，因素 B 有 s 个水平，在水平组合 (A_i, B_j) 下的实验结果 X_{ij} 服从 $N(\mu_{ij}, \sigma^2)$，$i=1, \cdots, r, j=1, \cdots, s$，且实验结果相互独立。为了对两个因素的交互作用分析，每个水平组合至少进行两次实验，假设在每个水平 (A_i, B_j) 下重复 t 次实验，每次实验的观测值用 X_{ijk}，$k==1, \cdots, t$ 表示，那么有交互作用的双因素方差分析的数据结构如表 8-74 所示。

表 8-74　有交互作用双因素方差的数据结构表

i \ j		因素 B			
		B_1	…	B_s	均值
因素 A	A_1	$B_{111}, B_{112}, \cdots, B_{11t}$	…	$B_{1s1}, B_{1s2}, \cdots, B_{1st}$	$\bar{X}_{1.}$
	A_2	$B_{211}, B_{212}, \cdots, B_{21t}$	…	$B_{2s1}, B_{2s2}, \cdots, B_{2st}$	$\bar{X}_{2.}$
	⋮	⋮	⋮	⋮	⋮
	A_r	$B_{r11}, B_{r12}, \cdots, B_{r1t}$	…	$B_{rs1}, B_{rs2}, \cdots, B_{rst}$	$\bar{X}_{r.}$
均值		$\bar{X}_{.1}$	…	$\bar{X}_{.s}$	

（2）有交互作用双因素方差分析的模型与假设

与无交互作用双因素方差分析模型一样，有交互作用的双因素方差模型：

$$\begin{cases} X_{ijk} = \bar{X} + \alpha_i + \beta_j + \gamma_{ij} + e_{ijk} \quad i=1,2,3,4,5,\cdots,r,\ j=1,2,3,\cdots,s,\ k=1,2,3,\cdots,t \\ \sum\limits_{j=1}^{r} \alpha_i = 0,\ \sum\limits_{j=1}^{s} \beta_j = 0 \\ \sum\limits_{i=1}^{r} \gamma_{ij} = 0,\ \sum\limits_{j=1}^{s} \gamma_{ij} = 0 \end{cases}$$

式中，e_{ijk} 相互独立，且服从 $N(0, \sigma^2)$ 分布。

对这个模型进行检验的假设有两个：

对 A 因素，H_{01}：$\alpha_1 = \alpha_2 = \alpha_3, \cdots, \alpha_r = 0$；$H_{11}$：$\alpha_1, \alpha_2, \alpha_3, \cdots, \alpha_r$ 不全为零

对 B 因素，H_{02}：$\beta_1 = \beta_2 = \beta_3, \cdots, \beta_r = 0$；$H_{12}$：$\beta_1, \beta_2, \beta_3, \cdots, \beta_r$ 不全为零

对因素 A 和 B 的交互效应，H_{03}：对一切 i, j 有 $\gamma_{ij} = 0$；H_{13}：对一切 i, j 有 γ_{ij} 不全为零。

（3）有交互作用双因素方差分析步骤

步骤一：计算水平的均值和总均值。

步骤二：离差平方和分解。

将总离差平方和 SS_T 进行分解为 SS_A、SS_B、SS_{AB} 和 SS_E 四部分，SS_A、SS_B、SS_{AB} 和 SS_E 分别反映因素 A 的组间差异、因素 B 的组间差异、因素 AB 的交互效应和随机误差（组内差异）的离散状况。SS_A、SS_B、SS_{AB} 和 SS_E 的计算公式为

$$SS_T = \sum_{i=1}^{r}\sum_{j=1}^{n}\sum_{k=1}^{t}(X_{ijk} - \bar{X})^2$$

$$SS_A = st\sum_{i=1}^{r}\sum_{j=1}^{s}(\overline{X_{i..}} - \bar{X})^2$$

$$SS_B = rt\sum_{i=1}^{r}\sum_{j=1}^{s}(\bar{X}_{.j.} - \bar{X})^2$$

$$SS_{AB} = \sum_{i=1}^{r}\sum_{j=1}^{n}t(\bar{X}_{ij.} - \bar{X}_{i..} - \bar{X}_{.j.} + \bar{X})^2$$

$$SS_E = \sum_{i=1}^{r}\sum_{j=1}^{n}\sum_{k=1}^{t}(X_{ijk} - \bar{X}_{ij.})^2 = SS_T - SS_A - SS_B - SS_{AB}$$

步骤三，构造统计检验量。

由离差平方和与自由度可以计算出均方和，从而计算出 F 检验值，具体见表 8-75。

表 8-75 有交互作用的双因素方差分析表

方差来源	离差平方和	自由度 df	均方和 Ms	F
因素 A	SSA	$r-1$	$MSA = SSA/(r-1)$	$F_A = MSA/MSE$
因素 B	SSB	$s-1$	$MSB = SSB/(s-1)$	$F_B = MSB/MSE$
因素 $A \times B$	SS_{AB}	$(r-1)(s-1)$	$MSAB = SSAB/(r-1)(s-1)$	$F_{AB} = MSAB/MSE$
随机性误差	SSE	$rs(t-1)$	$MSE = SSE/rs(t-1)$	
总方差	SST	$rst-1$		

为了检验因素 A 的影响是否显著，采用 F_A 统计量：

$$F_A = \frac{\overline{S_A^{\ 2}}}{\overline{S_E^{\ 2}}} = \frac{MSA}{MSE} \sim F[r-1,\ rs(t-1)]$$

为了检验影响因素 B 的影响是否显著，采用统计量：

$$F_B = \frac{\overline{S_B^{\ 2}}}{\overline{S_E^{\ 2}}} = \frac{MSB}{MSE} \sim F[s-1,\ rs(t-1)]$$

为了检验影响因素 A、B 交互效应的影响是否显著，采用统计量：

$$F_{AB} = \frac{\overline{S_{AB}^{\ 2}}}{\overline{S_E^{\ 2}}} = \frac{MSAB}{MSE} \sim F[(r-1)(s-1),\ rs(t-1)]$$

步骤四，判断与结论。

根据给定的显著性水平 a 查 F 分布表得临界值 F_a，将统计量 F 与 F_a 进行比较，从而作出拒绝或不能拒绝原假设的决策。

若 $F_A > F_a(r-1,\ rst-rs)$，则拒绝原假设 H_{01}，表明因素 A 对观测值有显著影响，否则不能拒绝原假设 H_{01}；

若 $F_B > F_b(s-1,\ rst-rs)$，则拒绝原假设 H_{02}，表明因素 B 对观测值有显著影响，否则不能拒绝原假设 H_{02}；

若 $F_{AB} > F_{ab}((r-1)(S-1),\ (rst-rs)$，则拒绝原假设 H_{03}，表明因素 AB 对观测值有显著影响，否则不能拒绝原假设 H_{03}。

【小案例】　　　　　　有交互作用双因素方差分析案例

某奶茶店为了发现销量与周几、一天时间段是否有关，随机选择几家店铺调查，收集了七天奶茶店销售量数据见表 8-76。假设周几与一天三个时间段存在交互关系，做有交互作用的双因素相关分析。

表 8-76　有交互作用双因素结构表　　　　单位：元

周次		日期						
		周一	周二	周三	周四	周五	周六	周日
上午	1	4 151	4 852	3 546	5 456	3 426	6 124	5 846
	…	…	…	…	…	…	…	…
	8	3 968	4 568	5 541	4 879	3 895	6 123	5 680
下午	1	6 852	5 112	5 786	6 105	3 998	10 124	9 789
	…	…	…	…	…	…	…	…
	8	7 581	6 124	7 001	5 261	5 097	14 121	14 589
晚上	1	9 852	8 912	9 978	9 105	15 918	16 124	10 100
	…	…	…	…	…	…	…	…
	8	12 781	11 029	9 989	9 123	16 444	16 879	11 589

有交互作用的双因素方差分析步骤如下：

步骤一，计算相应的类平均和总平均值。

计算天平均、时段平均和总平均值，具体见表 8-77。

表 8-77　有交互作用的方差分析表　　　　单位：元

		因素 B							时段总平均
		周一	周二	周三	周四	周五	周六	周日	
因素A	上午	4 876. 25	5 306. 88	4 079. 38	4 636. 75	5 297. 50	7 911. 25	7 265. 75	5 624. 82
	下午	6 309. 38	6 785. 88	4 626. 38	6 031. 50	6 180. 00	12 734. 88	12 741. 75	7 915. 68
	晚上	10 365. 50	9 975. 38	15 490. 88	10 262. 1	9 454. 50	15 570. 50	10 941. 13	11 722. 9
平均值		7 183. 71	7 356. 04	8 065. 54	6 976. 79	6 977. 33	12 072. 71	10 316. 21	8 421. 12

步骤二，计算均方误差、均值。

均方误差、均值计算结果见表 8-78。

表 8-78　有交互作用的方差分析表

方差来源	偏差平方和	自由度	均方差	F 值	0. 05 临界值
因素 A	1 062 668 594. 333	2	531 334 297. 167	503. 787	$F_{0.05}$（2，147）= 19. 5
因素 B	573 226 212. 536	6	95 537 702. 089	90. 585	$F_{0.05}$（6，147）= 3. 67
交互效应 A×B	399 549 054. 500	12	33 295 754. 542	31. 570	$F_{0.05}$（12，147）= 2. 3
误差	155 037 898. 250	147	1 054 679. 580		
总和	2 190 481 759. 619	167			

步骤三，得出结论。

从方差分析表发现因素A、因素B和交互效应A×B的F统计量均大于各自的临界值。经检验因素A、因素B及两者的交互作用A×B对试验指标都有显著影响，即一天之内的不同时段的奶茶销量存在显著差异，周一至周日各天的消费量也存在显著差异，且一周七天不同时段奶茶消费量差异的规律也不完全相同。

■任务实施

Step1：每个人完成下列多变量分析任务。

任务1：某超市门店销量与车流量、居民数量和家庭收入的数据如表8-79所示，根据下列数据构建超市门店销量的多元线性回归方程。

表8-79　某公司销售方式及销售地点相应的销量

编号	年销售额/万元	周围车流量/辆	商圈居民数/人	月均家庭收入/元
1	112.1	6 166	17 880	28 991
2	76.6	3 524	12 742	14 731
3	59.6	3 540	19 741	8 114
4	82.4	7 086	17 632	11 285
5	96.7	5 281	17 254	14 824
6	88.5	3 647	18 523	13 817
7	91.4	4 588	16 245	14 053
8	99.7	5 484	18 096	22 659
9	84.4	3 292	16 458	12 660
10	88.3	2 194	16 609	11 618

任务2：某公司希望了解本公司的销量与销售方式是否相关，特随机抽取5家商店进行调查，获取表8-80的资料，调查表明销量与销售地点无关，以0.05的显著性水平对销售方式与销量是否有关进行检验。

表8-80　某公司销售方式及销售地点相应的销量　　单位：件

销售方式	地点一	地点二	地点三	地点四	地点五
方式一	77	86	81	88	83
方式二	95	92	78	96	89
方式三	71	76	68	81	74
方式四	80	84	79	70	82

任务3：某公司希望了解销量与销售方式及销售地点是否相关，特随机抽取5家商店进行调查，获取表8-81的资料，调查表明销量与销售地点有关，以0.05的显著性水平对销售方式、销售地点与销量是否有关进行检验。

表 8-81　某公司销售方式及销售地点相应的销量　　单位：件

方差来源	地点一	地点二	地点三	地点四	地点五
方式一	77	86	81	88	83
方式二	95	92	78	96	89
方式三	71	76	68	81	74
方式四	80	84	79	70	82

Step2：抽取一部分学生批阅任务完成结果，并针对问题进行讲解。

Step3：每个小组试着完成调查问卷中的多变量描述统计分析，课后完成。

Step4：老师进行点评。

模块检测

一、单项选择题

1. 两组数据的均值不等，但标准差相同，则（　　）。

A. 两组数据的差异程度相同　　B. 均值小的差异程度大

C. 均值大的差异程度大　　D. 无法判断

2. 下列可以反映定类数据的集中趋势的是（　　）。

A. 算术平均数　　B. 调和平均数　　C. 众数　　D. 几何平均数

3. 在右偏态分布条件下算术平均数、中位数和众数的关系表现为（　　）。

A. $\bar{X}$ =ME=MO　　B. $\bar{X}$ >ME>MO　　C. $\bar{X}$ <ME<MO　　D. ME< $\bar{X}$ <MO

4. 下列图形中，更适用于比较研究两个或多个样本或总体的结构的是（　　）。

A. 环形图　　B. 饼图　　C. 直方图　　D. 茎叶图

5. 在离散程度的测度中，不容易受极端值影响的是（　　）。

A. 四分位差　　B. 平均差　　C. 标准差　　D. 离散系数

6. 已知某工厂甲产品产量和生产成本有直线关系，在这条直线上，当产量为 1 000 时，其生产成本为 32 000 元，其中不随产量变化的成本为 8 000 元，则成本总额对产量的回归方程是（　　）。

A. $\hat{y} = 8\ 000 + 24x$　　B. $\hat{y} = 6 + 0.24x$

C. $\hat{y} = 24\ 000 + 6x$　　D. $\hat{y} = 24 + 6\ 000x$

7. 在回归直线方程 $y = a + bx$ 中，b 称为回归系数，其含义不包括以下哪一项（　　）。

A. 确定两变量之间因果的数量关系

B. 确定两变量的相关方向

C. 确定因变量的实际值与估计值的变异程度

D. 确定当自变量增加一个单位时，因变量的平均增加量

8. 如果 y 关于 x 的回归方程为 $\hat{y}=3-2x$，$R^2=0.81$，则 x 与 y 之间的相关系数是（　　）。

A. 0.9　　B. −0.9　　C. 0.8　　D. −0.8

9. 当 $|\varphi|=1$ 时，2×2 列联表中的两个变量（　　）。

A. 完全相关　　B. 相互独立

C. 存在正相关关系　　D. 存在负相关关系

10. 在假设检验中，不拒绝零假设意味着（　　）。

A. 零假设肯定是正确的　　B. 零假设肯定是错误的

C. 没有证据证明零假设是错误的　　D. 没有证据证明零假设是正确的

11. 常用的测度变量之间相关关系的直观方法有（　　）。

A. 直方图法　　B. 散点图法　　C. 折线图法　　D. 饼状图法

12. 如果两个变量都是定序变量，计算相关系数应该采用（　　）系数。

A. G　　B. E　　C. C　　D. φ

13. 下列度量尺度中，被调查者评定分数可以用作乘除运算的是（　　）。

A. 类别尺度　　B. 顺序尺度　　C. 等比尺度　　D. 等距尺度

14. 对于名义尺度数据，不适合采用下列哪个统计指标进行分析？（　　）

A. 众数　　B. 平均数　　C. 频数　　D. 百分数

15. 下列指标适用于分类变量的统计描述的是（　　）。

A. 平均值　　B. 标准差　　C. 方差　　D. 众数

16. 定性调查数据分析方法不包括（　　）。

A. 完全接近法　　B. 例说明法　　C. 流程图法　　D. 比较分析法

17. 某研究员通过最小二乘法估计销售收入 y 与广告投入费用 x 的线性回归关系，其线性回归模型为：$y_i=\beta_0+\beta_1x_i+\varepsilon_i$，并进行显著性检验，则下列符合误差项 ε_i 假定的是（　　）。

A. $E(\varepsilon_i)=0$

B. $E(\varepsilon_i)=1$

C. 对于不同的 x 值，ε_i 的方差相同

D. 对于不同的 x 值，ε_i 的分布不同

E. 对于不同的 x 值，ε_i 之间相互独立

18. 设 Y 为被解释变量，X 为解释变量，用最小二乘法拟合回归方程时，其基本原理是使（ ）。

A. $\sum(Y_i-\bar{Y})^2$ 最小

B. $\sum(X_i-\bar{X})^2$ 最小

C. $\sum(Y_i-\hat{Y})^2$ 最小

D. $\sum(Y_i-\hat{X})^2$ 最小

E. 各观测值到回归直线的纵向距离平方和最小

19. 广告投放前后调查同一组消费者的产品购买意向，如果将两次调查的平均购买意愿进行比较，可以采用的统计方法是（　　）。

A. 配对样本 T 检验　　B. 描述分析

C. 独立样本 T 检验 D. 列联表卡方检验

20. 控制品牌的影响后，分析消费者购买频率与价格之间的相互关系，所运用的统计分析方法是（ ）。

A. 简单相关关系 B. 简单回归分析

C. 偏相关分析 D. 列联表分析

二、多选择题

1. 定性调查数据分析方法包括（ ）。

A. 完全接近法 B. 举例说明法 C. 流程图法 D. 比较分析法

2. 定性调查数据比较分析法包括（ ）。

A. 类别比较法和叙述比较法 B. 连续比较法和阶段比较法

C. 一致比较法和差异比较法 D. 分类比较法和分段比较法

3. 在假设检验中，显著性水平 α 是表示（ ）。

A. 原假设为真时被拒绝的概率 B. 原假设为真时被接受的概率

C. 原假设为假时被接受的概率 D. 是根据样本数据计算出的概率

4. 离散系数的主要作用是（ ）。

A. 说明数据的集中趋势

B. 比较不同计量单位数据的离散程度

C. 说明数据的偏态程度

D. 比较不同变量值水平数据的离散程度

5. 进行两均值差异的 T 检验需要具备以下几个前提，它们分别是（ ）。

A. 样本间相互独立 B. 总体服从正态分布

C. 两个样本的样本量相等 D. 两个总体的方差相等

6. 以下关于相关分析的描述，正确的是（ ）。

A. 相关系数 R 值越大，说明变量的相关强度越大

B. 两个变量的相关系数 R 值如果为 0，说明两者不相关

C. 进行相关分析时，两个变量可以是类别变量或顺序变量

D. 皮尔逊简单相关系数可以用来描述两个变量之间的相关系数

7. 反映数据对集中趋势偏离程度的指标有（ ）。

A. 四分位差 B. 几何平均数 C. 异众比率 D. 标准差

8. 如果要分析“消费者收入与 A 产品的月均消费金额之间的关系”时，可以用到的统计分析方法包括（ ）。

A. 列联表 B. 回归分析 C. 相关分析 D. 假设检验

9. 对于方差分析法，叙述正确的有（ ）。

A. 是用于多个总体是否相互独立的检验

B. 是用于多个总体的均值是否相等的检验

C. 是区分观测值变化主要受因素水平还是随机性影响的检验

D. 是用于多个总体的方差是否相等的检验

10. 为了研究包装和价格对产品销量的影响，将包装分为三类、价格分为四个水平，对这种方差分析叙述正确的是（ ）。

A. 未知方差齐性　　B. 单因素方差分析

C. 双因素方差分法　　D. 三因素方差分析

三、判断题

1. 用来描述总体特征的概括性数字度量，称为统计量。

A. 对　　B. 错

2. 若列联表的行数为3，列数为2，则χ^2检验的自由度为6。

A. 对　　B. 错

3. 一般来说统计分析方法的选择会受到度量尺度类型的影响。

A. 对　　B. 错

4. 定性调查数据的收集、整理和分析是同步进行的，所以在数据收集的过程中，就要及时进行整理和分析。

A. 对　　B. 错

5. 定性调查数据的整理与分析过程通常分为数据的审查、阅读审核的原始资料、编码、建档和撰写分析型备忘录等五个环节，这五个环节界线清晰，依次进行。

A. 对　　B. 错

6. 均值适用于等距变量、定比变量，而且不容易受极端值的影响。

A. 对　　B. 错

7. 列联表的卡方统计量可以用检验列联表中观察到的关联性的统计显著性。

A. 对　　B. 错

8. 配对样本检验时，配对样本必须是从不同的总体中随机选取的样本。

A. 对　　B. 错

9. 回归分析的第一步是借助散点图确立回归分析模型。

A. 对　　B. 错

10. 当变量的分布非常分散时，任何一个集中趋势指标都不能很好地反映变量的中心。

A. 对　　B. 错

实训项目九 市场预测实训

凡事预则立，不预则废。

——《礼记·中庸》

■实训目的与要求

1. 了解市场预测的概念；
2. 理解市场预测与市场调查的关系；
3. 掌握定性预测的方法；
4. 掌握定量预测的方法；
5. 学会理论联系实际。

■实训学时

本项目实训建议时长：3 学时

■导入案例

范蠡的经商之道

范蠡生于公元前 536 年，是一代巨贾，他每次交易数额巨大，且资金从不闲置，商品从未积压，更关键的是他商品的价格比别人的要低很多，因此他的产品具有更大的竞争力优势。总结成功经营方略时，范蠡说要顺应自然环境与趋势，预测事物发展规律，而后借其力驱其势。他比较出名的理论有“水则资车，旱则资舟”，即水灾时船舶稀缺，价格上涨，而没有用武之地的车辆则大量积压，价格便宜，此时趁便宜大量购入车辆，待水灾过去，车辆必然稀缺，价格必然会上涨；又“贱取如珠玉，贵出如粪土”，即像重视珠玉那样对待降价的物品，低价时尽量买进，等到商品价格上涨之后，像抛弃粪土一样将其全部卖掉，因为价格的涨跌是往复的。

思考问题：

1. 市场预测有什么作用？
2. 市场调查与市场预测的联系与区别是什么？

■项目内容

在教师指导下，根据设定的训练项目，完成定性预测和定量预测方法的实训，以达成教学目标和要求。

【实训模块1】市场预测认知

■知识准备

一、市场预测概念

预测指人类根据客观事物发展变化的内在联系及规律推测未来不确定事物的认识活动。

市场预测是在市场调查的基础上，运用预测理论与方法，对决策者关心的变量的变化趋势和未来可能水平做出估计和测算，从而为决策提供依据的活动。市场预测目的是为决策提供信息服务，在预测过程中要遵循科学原则，依据一定的预测程序和方法，以系统观点为指导思想。

二、市场预测作用

市场预测为决策服务，能提高管理的科学水平，减少决策的盲目性。

（一）提高市场适应能力

通过对企业外部环境的发展趋势、发展动向的预测，可以让决策者提前采取应对措施，时间上早安排、空间上早部署、行动上早调度，从而增强企业的应变能力，提高企业竞争力。

（二）减少决策的盲目性

通过对产品销售、客户需求和竞争对手变化的预测，提前认知市场，可减少经营决策中的主观性、盲目性和随意性，并掌握市场的主动权，改善产品滞销、脱销等不良状态。

三、市场预测原理

（一）系统性原理

系统性原理指预测必须坚持以系统的观点为指导，分析系统的内部结构和外部环境的联系与相互作用，从而提高预测的准确性。

（二）延续性原理

延续性或连贯性原理指事物的发展具有符合规律的连续性。预测者依据研究对象的过去和现在的惯性去预测其未来状态。如新产品上市之前，通过产品过去的销售情况推测未来的需求趋势。

（三）类推性原理

类推原理指通过寻找并分析类似事物相似的规律，根据已知的某事物的发展变化特征，推断具有近似特性的预测对象的未来状态。事物之间存在稳定的结构或者结构惯性，可以类比现在预测未来。预测可以类推的方向有：一是根据事件的相关关系进行推断，如时间上的先行、后行和平行关系；二是根据事件的类推关系进行推断，如相似产品之间的类推、地区之间的类推。

（四）相关性原理

相关原理指研究预测对象与其相关事物间的相关性，利用事物相关的特性推断预测对象的未来状况。在预测过程中，通过研究事物间相互关系的规律，并分析相关影响因素的变化情况，从而把握预测变量的趋势。

【小案例】　家具、家电与房地产的相关关系

房地产业对国家或地区经济发展功不可没，不仅直接拉动 GDP，而且通过带动产业链为 GDP 带来间接贡献。分行业看，房地产通过投资、消费既直接带动与住房有关的建材、家具、批发等制造业部门，也明显带动金融、商务服务等第三产业发展。学者们对房地产与不同行业的相关关系做过很多研究，得出很成熟的结论。因此要准确预测建材、家具、批发等制造业行业的发展，可先获取某地房地产发展情况，然后利用家电、家具行业与房地产的相关系数，就可预测家电、家具行业的发展趋势。

（五）动态性原理

动态性原理指任何现象总是处于不断运动、变化与发展过程中，事物发展总是从有序状态变为无序，又由无序变为新的有序的过程。预测者应注意经济现象发展出现转折和突变的可能，即破坏原有的规律性，进而产生新的发展规律。

四、市场预测种类

（一）按预测主体分

按预测主体将市场预测分为宏观预测和微观预测。

宏观预测指从国民经济全局出发，对商品的生产和流通总体的发展方向做出的综合性预测。微观预测指企业从生产经营环境出发，对生产和经营的商品及市场占有率等方面进行的预测。

（二）按预测期限长短分

按预测时间长短将市场预测分为近期预测、短期预测、中期预测和长期预测。

近期预测指以日、周、旬、月为单位的预测。短期预测指时间在 1 年以下的预测。1~4 年的预测为中期预测。长期预测指 5 年以上的预测。

（三）按预测空间层次分

按预测空间层次将市场预测分为国内预测和国际预测。

国内预测是对所在国家的市场发展变化及趋势进行的预测，并且国内市场预测可进一步分为全国市场预测、地区预测、行业预测和企业预测。国际预测指对国外市场进行预测，国际市场预测可进一步分为欧美市场预测、亚洲市场预测等多种类型。

（四）按预测要求分

根据预测要求的质与量的侧重点不同，将市场预测分为定性预测和定量预测。

定性预测指对研究变量运动的内在机理进行质的分析，以此为基础判断未来变量质的变化情况，并辅之以量的表述。定量预测指运用严密的预测理论和模型，对关心的变量量的变化规律进行描述，并以此为基础预测未来量的变化程度。

五、市场预测内容

（一）宏观环境预测

宏观环境预测指对国内外的政治、经济、社会文化、人口和科技等方面的变动及其影响进行预测。

（二）市场需求预测

市场需求预测指对一定时期一定市场范围内的消费者对某种商品有货币支付能力的需求及其变化趋势进行预测。市场需求预测包括质和量的预测，质的预测指预测“需求什么”的问题，量的预测指预测“需求多少”的问题。

（三）市场供应预测

市场供应预测指对进入市场的商品资源总量和具体商品可供量的变化趋势进行预测。预测市场供应时，先收集历史资料，了解有关产品历年的产值、产量和销售情况，然后了解同类产品现有生产企业的数量、生产能力、原材料供应、生产设备、生产技术、产品质量的现状、生产企业设备更新技术的情况，最合结合市场需求的变化，准确预测市场供应趋势。

（四）产品生命周期预测

商品生命周期是从进入市场直至退出市场的全过程，主要包括投入期、成长期、成熟期和衰退期。产品生命周期预测指根据销售、利润增长情况判断某个产品处于生命周期的哪一个阶段以及未来生命周期会如何变化。

（五）科学技术发展预测

科学技术预测指分析当前科学技术发展的特点，预测科学技术发展给企业经营带来的影响。预测者应特别分析与企业产品、生产材料、生产工艺、生产设备有关且有较大发展的科技，重点分析和预测科技的发展水平、发展方向和发展速度。

（六）企业经营能力预测

企业经营能力预测指对企业的研究能力、运营能力和销售能力进行预测。在企业经营能力预测中，市场占有率是一个重要的指标，通过对市场占有率的变化，可以帮助企业了解本企业的经营状况。市场占有率的测量指标有企业相对发展速度、企业相对销售增长率等，其中企业相对发展速度指本企业发展速度与本行业发展速度的比值；企业相对销售增长率指本企业销售增长率与本行业销售增长率的比值。

（七）企业财务预测

企业财务预测指对企业经营活动的收益与成本进行预测。财务预测指标：商品销售额、劳动生产率、资金周转率、流通费用及流通费用率、利润及利润率、设备利用率等。

六、市场预测程序

市场预测是一个系统而复杂的过程，需要综合运用经济学、统计学、数学等多学科的知识和方法，需要遵循科学的预测程序。

（一）明确预测目标

市场预测首先要确定预测目标，预测目标不同，预测的内容、所需资料及运用方法也会有所不同。预测目标包括确定预测对象、预测时间、预测范围、预测所要达到的要求。有明确的预测目标后可以制定预测计划和确定参与预测工作的人员，为开展预测做好组织上和行动上的准备。

（二）收集整理资料

根据预测目标的具体要求，广泛收集市场预测所需的各种历史与现实资料。这些历史与现实资料应涵盖影响预测对象的各个方面，而且尽量真实可靠。对收集的资料进行加工和整理，并判别资料的真实与可靠，剔除随机事件造成的资料不实，避免因资料本身对预测结果带来的误差，同时按照预测目标和要求，使收集到的资料条理化、系统化。

（三）选择预测方法

预测方法会直接影响到预测的精确性和可靠性，因此需要根据预测目标、占有资料情况、准确度要求、预测费用等因素，选定合适的预测方法。必要时可以采用不同的预测方法进行比较和验证，以提高预测的准确性。

（四）进行预测

运用选定的预测方法，建立描述、概括研究对象特征和变化规律的模型，并进行计算或处理，得出初步预测结果。在取得初步预测结果后，召集有关人员对计算分析中所提出的初步设想进行判断和评价。还要对初步预测结果进行误差分析，找出误差原因，并根据误差分析的结果对预测结果进行修正，以提高预测的准确性和可靠性。

（五）撰写预测报告

在得出预测结果后撰写预测报告，报告内容应包括预测目标、预测方法、预测结果、误差分析、预测结论及建议等。预测报告应清晰、准确地反映市场未来的发展趋势，同时应制定不同的决策方案，并说明每种决策方案的依据和利弊得失，供决策者进行比较和选择。

■任务实施

Step1：按照每6个人一组的原则将全班分成几个小组。

Step2：小组每个成员找一个市场预测的小案例，说明市场预测的作用。

Step3：每个小组派代表展示案例，时间5分钟。

Step4：小组讨论创业需要预测哪些内容，时间5分钟。

Step5：每个小组派代表阐述讨论结果，时间5分钟。

Step6：老师进行点评。

【实训模块2】定性预测

■知识准备

一、定性预测的概念

定性预测指主要依靠预测者个人的专门知识、经验和直观材料，对市场做出分析判断来确定未来市场发展的趋势。

二、定性预测的适用场景

在实际生活中，当缺乏历史资料或准确的调查数据，或者趋势面临转折的事件，或者预测目标受外界错综复杂因素的影响，无法用定量指标来表示时，可选择定性预测。如国家经济形式的发展、经济政策演变、市场形式变化、科技发展与应用、新产品开发、企业未来的发展方向、经营环境分析和战略决策等。

三、定性预测的优缺点

定性预测法简便易行、费用低，有利于发挥人的主观能动性和洞察力，使用范围广。但定性预测对人的智慧依赖较大，对预测者和资料的要求都比较高，同时受预测者的心理和情绪较大，容易产生主观片面性。

四、定性预测的方法

经常采用的定性预测方法有经验估计法、头脑风暴法和德尔菲法等。

（一）经验估计法

经验估计法指根据预测者个人的知识与经验，对关心的变量做出预测。根据参加预测的人数将经验估计法分为个人判断法和集体判断法。

1. 个人判断法

个人判断指预测者根据所收集的资料，凭借个人的知识和经验对预测目标做出估计与判断。个人判断法的推断依据有：事件的相关关系和事件的类推关系。

（1）根据事件的相关关系进行推断

根据事件的相关关系进行推断指从事件的因果关系出发，即根据已知事件的发展趋势来推测相关事件的未来变化趋势。一般说来，相关关系有两种：一是根据时间上的先行、后行或平行关系进行推断，有些事件发生变化之后，经过若干时间后才引起其他相关事件的发生，这种相关关系被称为事件上的先行、后行关系。如原材料涨价在先相应产品涨价在后，购房会带动装修、家电、家具的销售；二是根据事件相关关系的变动方向进行推断。市场上各类事件的相关关系分为正向变动关系、反向变动关系。正向关系指两个事件的发展变化表现出同增同减，如打印机会带动打印纸的销售。反向关系指两个事件的发展变化会出现此消彼长的变动关系。

（2）根据事件的类推关系进行推断

所谓的事件类推关系指根据市场及事件发展的类似性，如根据一个市场的发展变化情况推断另一个市场的变化趋势。事件的类推关系有产品之间的类推和地区之间的类推：产品之间的类推指有些产品在功能、结构、材质等方面具有较大的相似性，它们在市场发展可能出现某种相似；地区之间的类推指由于地区差异，同类产品在不同地区的市场发展存在时差，在不同地区的市场发展也具有时间上的先后顺序，因此预测者可以根据领先地区的市场情况推断滞后地区的市场情况。

（3）三点估计法

三点估计法指将预测结果分为三种可能值来估计，即最高值、最低值和最可能值，将三个值的平均值作为预测结果，预测公式为

$$E=\frac{a+4b+c}{6}$$

式中，a 表示最低估计值；b 表示最可能估计值；c 表示最高估计值；E 表示估计值。其中 $a<b<c$。

【例】某企业销售预测

某企业总经理对本企业下一年度的销售额做出估计，最低销售额为 1 500 万元，最高销售额为 2 100 万元，最可能销售额为 1 800 万元，使用三点估计法预测下一年销售额为

$$E=\frac{a+4b+c}{6}=\frac{1\ 500+4\times 1\ 800+2\ 200}{6}=1\ 816.7\text{（万元）}$$

个人判断带有浓厚的个人主观色彩、预测结果与预测者个人的知识、经验、分析能力、推理能力等关联。面临纷繁复杂的市场，企业需要及时调整企业自身的经营决策以适应市场变化时，可以使用定性预测，当机立断。

2. 集体判断法

集体判断法指由多个相关人员依据所收集的市场情报、资料和数据，运用科学的思想方法和数学运算手段对预测目标进行分析、讨论，判断市场未来发展趋势的方法。集体判断法能够集思广益、相互启发，避免个人判断的局限，进行数学处理，能提高预测的精度。一般集体判断对预测结果的数学处理有以下两种形式。

（1）相对重要度法

相对重要度法指根据参加预测人员的经验水平确定各自的重要性，并以此为依据对不同预测者的结果予以平均的一种方法，其计算公式为

$$E=\frac{\sum W_i X_i}{\sum W_i}\ (i=1,\ 2,\ 3,\ \cdots,\ n)$$

式中，W_i 表示第 i 位预测人员的重要性；X_i 表示第 i 位预测人员对预测目标的估值；E 表示估计值。

【例】相对重要性法预测公司销售额

某企业的总经理、市场经理、财务经理和销售经理等四位领导对本企业销售额做出估计，总经理估计为 1 300 万元、市场经理估计为 1 400 万元、财务经理估计为 1 600 万元、销售经理估计为 1 800 万。总经理、市场经理、财务经理和销售经理的相对重要

度为 0.2、0.3、0.1、0.4，则明年企业的销售额估计为

$$E=\frac{\sum W_i X_i}{\sum W_i}$$

$$=\frac{0.2\times 1\,300+0.3\times 1\,400+0.1\times 1\,600+0.4\times 1\,800}{0.2+0.3+0.1+0.4}=1\,540\text{（万元）}$$

（2）主观概率法

主观概率法指预测人员对预测事件发生的概率做出主观估计，然后计算它的平均值作为预测结果。主观概率是人们凭经验或知识对某种现象出现可能大小的估计，通常有主观概率加权和累及概率中位数法。

①主观概率加权平均法。

主观概率加权平均法指以主观概率为权数，对各种预测意见进行加权平均，求得综合性预测结果的方法。

【例】主观概率加权平均法预测公司销量

某企业聘请甲、乙、丙三位专家对本企业销售额做出估计，三位专家对企业销售的最高、最可能和最低销售额预测结果见表 9-1。请用主观概率加权平均法预测下一年的销售额。

步骤一，计算每一位专家的期望值。

以主观概率为权数，计算每人预测的最高销售额、最低销售额和最可能销售额的加权算术平均数，作为个人期望值。甲、乙、丙三位专家预测的期望值详见表 9-1。

表 9-1　专家主观概率综合表

专家编号	各种状态	销售额/万元	主观概率/%
专家甲	最高销售量	1 000	0.3
	最可能售量	800	0.5
	最低售量	600	0.2
	期望值	820	
专家乙	最高销售量	1 200	0.2
	最可能售量	1 000	0.6
	最低售量	800	0.2
	期望值	1 000	
专家丙	最高销售量	900	0.2
	最可能售量	700	0.5
	最低售量	500	0.3
	期望值	680	

步骤二，分配专家权数，并计算综合预测值。

已知每一位专家的主观概率分别为 1/3、1/3、1/3，则该企业下一年销售额为 820×1/3+1 000×1/3+680×1/3= 833.33 万元。详细见表 9-2。

表 9-2　主观概率汇总表

专家	期望销售/万元	主观概率
甲	820	1/3
乙	1 000	1/3
丙	680	1/3
综合预测值	833. 33	

步骤三，计算评价偏差程度，校正预测结果。

②累积概率中位数法。

累计概率中位数法指根据预测对象未来各种结果的概率及累计概率的主观估计，确定不同预测意见的中位数，对预测值进行点估计和区间估计的方法。表 9-3 是累计概率中位数所使用的主观概率征询表。

表 9-3　主观概率预测表

专家编号	累计概率								
	0. 01	0. 125	0. 250	0. 375	0. 500	0. 625	0. 750	0. 875	0. 990
专家 1									

累积概率中位数法实施步骤。

步骤一，确定主观概率及其累计概率的估计值。

步骤二，整理汇总征询表，进行点估计。

步骤三，确定置信区间。

步骤四，查找置信区间的上下限值所发生的概率，并求概率差值。

步骤五，做出最终预测。

【例】累计概率中位数法

某地产公司打算预测某个地区下季度的房产需求，选取了 10 为专家征询意见，获得数据如表 9-4 所示，要求利用累计概率中位数进行预测，并且预测误差不超±76 套。

表 9-4　房屋销售主观概率汇总表

专家编号	累计概率								
	0. 01	0. 125	0. 250	0. 375	0. 500	0. 625	0. 750	0. 875	0. 990
1	2 111	2 145	2 158	2 188	2 200	2 234	2 276	2 288	2 315
2	1 978	2 106	2 122	2 158	2 200	2 210	2 267	2 279	2 500
3	2 044	2 112	2 133	2 146	2 234	2 247	2 272	2 280	2 344
4	2 156	2 186	2 190	2 215	2 226	2 230	2 238	2 244	2 256
5	2 200	2 210	2 233	2 244	2 259	2 262	2 270	2 291	2 310
6	1 878	1 980	1 995	2 000	2 045	2 111	2 133	2 158	2 179
7	2 134	2 166	2 202	2 218	2 222	2 278	2 288	2 311	2 456
8	2 100	2 104	2 124	2 136	2 140	2 148	2 154	2 160	2 178
9	2 088	2 100	2 116	2 124	2 130	2 133	2 138	2 149	2 165
10	2 200	2 230	2 248	2 264	2 278	2 284	2 290	2 301	2 364

预测步骤如下：

步骤一，确定主观概率及其累积概率的估值。

所使用的主观概率及其累积概率的估值见表 9-4。

步骤二，整理汇总征询表，使用平均法计算出每个概率下的平均值，并将平均值作为点估计值，如表 9-5 所示。下季度房产需求的点预测值 2 195，累积概率 50%。

表 9-5　房屋销售主观概率预测表

专家编号	累计概率								
	0.01	0.125	0.250	0.375	0.500	0.625	0.750	0.875	0.990
平均数	2 081	2 134	2 152	2 169	2 195	2 213	2 233	2 246	2 307

步骤三，确定预测的置信区间。

由表可知：该房地产公司对下季度需求量预测最低可得到 2 081 套，小于这个数值的可能性只有 1%；最高需求可得到 2 307 套，大于这个数值的可能性也只有 1%。

取预测误差为 76，则置信区间为（2 195−76）∪（2 195+76），即房产需求的预测区间在（2 119，2 271）套，在第 2 列 12.5%至第 10 列 99%的范围之内，其发生的概率相当于 0.99−0.125＝0.865，即需求量在 2 119~2 271 套之间的可能性为 86.5%。

（二）头脑风暴法

1. 头脑风暴法的概念

脑风暴法也称专家会议法，指根据规定的原则选择一定数量的专家，按照一定的方式组织专家会议，发挥专家的集体智慧，对预测对象未来的发展趋势及状况做出判断的方法。头脑风暴中的专家选择很重要，一般选择丰富经验，对市场情况相当熟悉并有一定专长的人员，如管理人员、销售人员、相关专家或从业人员。头脑风暴有直接头脑风暴和质疑头脑风暴法。直接头脑风暴指组织专家对要解决的问题开会讨论，各抒己见、集思广益、尽可能激发创造性，产生尽可能多的预测结果。质疑头脑风暴法指组织专家会议，对直接头脑风暴提出的预测结果进行评估、质疑和修改，去掉不合理或不科学的预测值，补充不具体或不全面的部分，使预测方法更加完善，预测值更加准确。

2. 头脑风暴法的实施步骤

无论是哪种头脑风暴法，可依照下列步骤进行预测。

步骤一，准备要讨论的问题。

预先对预测主题进行定性研究，明确头脑风暴的预测目标。同时根据决策需要将预测目标进一步分解，分解为更细化、更明确的预测子问题。

步骤二，准备阶段。

根据预测主题组建头脑风暴小组，确定主持人、专家和记录人员。主持人要提前了解预测背景和预测目标，熟悉头脑风暴法的会议流程。专家一般以 5~15 人为宜，专业尽量一致，对预测问题理解比较深，彼此最好不认识。确定与会专家后，提前告知专家预测要解决的问题和目标、会议时间和地点等，同时提供参考资料。

步骤三，实施会议。

主持人介绍会议背景，并宣布预测主题，引导参会人员根据预测主题集思广益，畅所欲言，并安排人员记录所提出的想法和观点。

步骤四，整理记录，形成预测结论。

会议快结束时，主持人向与会者了解大家会后的新想法和新思路，以此补充会议记录并将专家预测结果整理成若干观点。

步骤五，评价预测结果。

对头脑风暴所提出的预测结果进行评价，筛选出比较准确的预测结果。

3. 头脑风暴法的优缺点

头脑风暴法的优点在于可以思维共振，激发创造力，提供较为全面的预测结果，并且预测时间短，速度快。头脑风暴法的缺点是结果容易受专家的权威性、个人表达能力和个人自尊心的影响，甚至会出现随大流的情况。

（三）德尔菲法

1. 德尔菲法的概念

德尔菲法又称为专家预测法，指通过匿名形式向多位专家反复征询、归纳和修改，最后汇总成基本一致的看法，并将最终一致的看法作为预测结果的预测时方法。德尔菲法具有反馈性、匿名性和统计性的特点，是一种常用的定性预测方法。

2. 德尔菲法的实施步骤

德尔菲法指通过匿名函的方式向专家们征求第一轮预测的意见，然后将第一轮预测意见加以综合、整理和归纳，并反馈给各个专家供他们新一轮的预测参考，如此反复，直到预测意见逐步趋于一致，最后由预测机构主持人统计处理后，给出预测结果。具体步骤如下：

步骤一，明确预测目标，收集资料。

根据企业面临的决策问题，明确预测目标，并选择预测指标，然后根据预测目标要求收集比较完备和系统的历史资料。

步骤二，选择专家，提供相关资料。

选定专家，成立预测小组，制作好预测表，并将预测表和相关资料发放给专家，并提出反馈时间要求。

步骤三，函询专家给出的预测值。

通过电话、邮寄等方式征询专家的第一轮预测结果。

步骤四，归纳、整理预测结果。

预测机构对各专家的第一轮反馈的预测结果进行汇总和归纳，做出预测结果汇总表。

步骤五，将汇总结果反馈给专家。

将第一轮预测汇总意见发送给专家，并提出第二轮预测要求。然后征询第二轮专家预测意见，汇总后将第二轮专家汇总表反馈给专家，进行第三轮的专家预测。

步骤六，得到一致结果，给出预测结果。

在第三轮专家意见预测完毕，对专家给出的三轮预测结果进行统计归纳，取中位数和平均数作为最终的预测值。

3. 德尔菲法的优缺点

（1）德尔菲法的优点

德尔菲法简单快速、节约费用；可以获得不同的观点和意见，克服了面对面开会产生的权威效应和随大流的问题；多次反馈，专家可得到启发，纠正自己的主观看法，可以不受地区、部门的限制，广泛征取意见；不需要很多的历史资料。

（2）德尔菲法的缺点

德尔菲法的缺点在于选择多个专家，责任分散，可能会对预测不认真；由于过分依赖智慧和经验，也受心理因素的影响，专家的意见有时可能不完整或不切合实际；由于专家跨地区，专家对部分地区的市场情况不熟悉，导致预测结果不可靠。

【例】某公司使用德尔菲法预测公司的销量

德尔菲法预测步骤如下：

步骤一，专家进行三轮预测，预测结果见表9-6。

表9-6　销量的专家意见反馈表　　单位：万元

专家编号	第一次预测	第二次预测	第三次预测
1	750	750	750
2	450	500	500
3	600	700	700
4	900	750	600
5	200	400	500
6	500	500	600
7	300	400	500
8	300	400	450
9	500	550	570

步骤二，以专家的第三次预测为准，具体见表9-6中第三轮预测结果。

步骤三，选择中位数或平均数作为预测值。

选择中位数作为预测值：将第三次预测按预测值由高到低进行排列为450、500、500、500、570、600、600、700、750，然后计算中位数 $X_{\frac{9+1}{2}}=X_5$，即中位数为第五项数570万元。

选择平均数作为预测值：计算平均数 $\frac{750+500+700+600+500+600+500+450+570}{9}=$ 574.4万元。

■任务实施

Step1：按照每6个人一组的原则将全班分成几个小组。

Step2：对下列问题进行预测。时间30分钟。

问题1：中国五年内的房价走势。

问题2：中国五年内的人口出生率。

问题3：中国五年内的养老院需求趋势。

问题4：某企业邀请专家对下一年销售额进行预测，结果见表9-7，同时每一位专家给予同样的权重，请使用主观概率加权平均法预测下年的销售额。时间10分钟。

表 9-7　销售额预测结果

预测者	权数	最大值	概率	最可能值	概率	最小值	概率
甲	2.5	8 600	0.3	8 200	0.5	8 000	0.2
乙	2.0	7 200	0.4	6 600	0.5	6 200	0.1
丙	1.5	8 000	0.2	7 500	0.6	7 200	0.2
丁	1.0	9 500	0.3	9 200	0.2	8 800	0.5

问题 5：某企业邀请 10 位专家使用德尔菲法对下一年的销售额进行预测，结果见表 9-8，使用平均数作为预测值，请问下一年的销售额为多少？

表 9-8　销售额预测结果

征询轮	专家									
	1	2	3	4	5	6	7	8	9	10
第一轮	60	70	65	42	65	35	40	50	44	53
第二轮	60	65	63	45	55	37	44	55	50	53
第三轮	60	63	60	52	62	45	48	50	53	55

Step3：每个小组派代表阐述预测结果，并说明理由，时间 30 分钟。

Step4：老师进行点评。

【实训模块 3】定量预测

■知识准备

一、定量预测

定量预测也称统计预测，它指根据比较完备的历史和现实统计资料，运用数学方法对资料进行科学分析、处理，找出预测目标与其他因素的规律性联系，从而推算出未来的发展变化情况。常用的定量预测方法有两类：时间序列分析法和因果关系分析法。时间序列预测法包括简单平均法、移动平均法、指数平滑法、趋势外推法和季节变动预测法。因果预测法包括一元回归法、多元回归法和投入产出法等。不同的定量预测方法适合不同的预测情景，具体见表 9-9。本节主要介绍时间序列分析法。

较定性预测，定量预测需要积累和掌握较多的历史统计数据，做出变化程度数量上的准确描述，多运用数学方法，受主观因素的影响较少，缺点是比较机械，不容易灵活掌握，对信息资料的质量要求较高。

表 9-9　不同定量预测方法的适用情况

方法	时间范围	适用情况
平均法（简单平均法）	短期	变化比较平稳的时间序列
平均法（移动平均法）	短期	不带有季节变动的时间序列

表9-9(续)

方法	时间范围	适用情况
指数平均法	短期	不具有季节变动的反复预测
趋势外推法	中、长期	非线性回归的时间序列
季节变动预测法	短期	一次性的短期预测或使用其他预测方法消除季节变动因素后的时间序列
一元线性回归预测法	短、中期	自变量与因变量之间存在线性关系
多元线性回归预测法	短、中期	因变量与两个或多个变量之间存在线性关系
非线性回归预测法	短、中期	因变量与一个或多个变量之间存在非线性关系

二、时间序列法的概念

（一）时间序列的概念

时间序列指某一指标数值按照时间先后顺序排列形成的统计序列。一般用 t_1，t_2，t_3，…，t_n 表示时间，用 a_1，a_2，a_3，…，a_n 表示指标数值。如某公司 2016—2022 年的销售额如表 9-10 所示。

表 9-10　2016—2022 年销售额　　单位：万元

年份	2016	2017	2018	2019	2020	2021	2022
销售额	39.87	41.43	48.48	53.91	59.04	64.48	68.26

时间序列分析法指将过去的历史资料和数据，按时间顺序排列起来形成一组数字序列，分析其变化规律，然后根据过去的规律推测出未来的变化趋势。如根据 2022 年及以前的销售数据预测该公司未来一年或几年的销售额。时间序列分析法的特点是假定影响未来市场需求和销售量的各种因素与过去的影响因素大体相似，且产品的需求形态有一定的规律。时间序列法简单易行，应用较为普遍，但如果时间序列的数据随时间的变化波动很大或市场环境变化很大时，预测效果大打折扣。

（二）时间数列变动形式

通常时间序列的变动可以分解为四种，分别为长期趋势变动、循环变动、季节性变动和不规则变动。

1. 长期趋势变动

长期趋势变动指在较长的时期内，时间序列沿着一个方向变化，呈逐渐上升或逐渐下降或保持不变的总变动趋势。

2. 循环变动

循环变动也称周期变动，指时间序列以数年为周期的上升或下降、不变的变动趋势。

3. 季节性变动

季节性变动指由于季节更换的固定规律作用而发生的周期性变动，如气候条件、风俗习惯、节假日。季节变动通常以一年为周期，季节变动也是可以预见的。

4. 不规则变动

不规则变动指时间序列除了上述变动之外，还有因临时的、偶尔性因素引起的非周期性、非趋势的随机变动。不规则变动是随机的，且无规律可循。

（三）时间序列预测模型

通常时间序列是四个因素综合作用的结果，因此时间序列预测有两种模型：加法模型 Y=T+S+C+I；乘法模型 Y=T×S×C×I。

（四）时间序列法的预测步骤

时间序列分析法一般按照下列步骤进行：首先收集历史资料，编制时间序列，然后绘制统计图，再进一步分解时间序列，最后对关心的变量进行预测。

三、时间序列法的种类

经常使用的时间序列法有简单平均法、移动平均法、指数平滑法、趋势外推法和季节指数预测法等。

（一）简单平均法

简单平均法指对一定观察期内的时间序列求平均数，并将平均数作为下一期预测值的一种预测方法。简单平均法简单易行，不需要复杂的模型和数学运算，常用的简单平均法有简单算术平均法、加权算术平均法和几何平均法。

1. 算术平均法

算数平均法指将一定观察期内预测目标时间序列值的算术平均数作为下一期预测值的预测方法。用公式表示：

$$\bar{a}=\frac{a_1+a_2+a_3+\cdots+a_n}{n}=\sum_{i=1}^{n}a_i$$

式中，$\bar{a}$ 表示观察期内预测目标值的算术平均数，即下期预测值；a_i 表示预测目标在观察期内的实际值；n 表示数据期数。

算术平均法适合趋势比较稳定的时间序列的短期预测，且对预测值的精度要求不高。

【例】 某公司 2013—2022 年的销售额如表 9-11 所示，使用简单平均法预测 2023 年销售额。

表 9-11　某公司 2013—2022 年的销售额　　单位：万元

年份	2013	2014	2015	2016	2017	2018	2019	2020	2021	2022
销售额	1 400	1 500	1 800	1 850	1 900	2 400	2 600	3 200	4 300	5 900

该公司近 2023 年销售额预测值

$$\hat{Y}=\bar{a}=\frac{1\,400+1\,500+1\,800+1\,850+1\,900+2\,400+2\,600+3\,200+4\,300+5\,900}{10}$$

$=2\,685$（万元）

预计 2023 年该公司销售额为 2 685 万元。

2. 加权算术平均法

加权算术平均法指将一定观察期内预测目标时间序列值的加权算术平均数作为下一期预测值的预测方法。为了体现观察期各期数据的重要性不同，分别给观察期内的每一期数据一个权数，用公式表示：

$$\hat{Y}=\bar{X}=\frac{\sum_{i=1}^{n}w_i x_i}{\sum_{i=1}^{n}w_i}$$

式中，$\bar{X}$ 表示观察期内预测目标值的加权平均数，即下期预测值；x_i 表示预测目标在观察期内的实际值；w_i 表示与 x_i 相对应的权数；n 表示数据期数。

权数大小的确定主要靠经验：一般距离预测期越近权数越大，反之越小；当时间序列变动幅度较大时，可以由远及近选取等比数列作为权数；当时间序列变化幅度较小时，可以由远及近选取等差数列作为权数。

【例】 某公司 2018—2022 年销售额及权数如表 9-12 所示，使用加权算术平均法预测 2023 年销售额。

表 9-12　2018—2022 年销售额

年份	2018	2019	2020	2021	2022
销售额/万元	2 400	2 600	3 200	4 300	5 900
权数	0. 05	0. 15	0. 2	0. 25	0. 35

2023 年销售额预测值：

$$\hat{Y} = \bar{X} = \frac{\sum_{i=1}^{n} w_i x_i}{\sum_{i=1}^{n} w_i}$$

$$= \frac{2\,400 \times 0.05 + 2\,600 \times 0.15 + 3\,200 \times 0.2 + 4\,300 \times 0.25 + 5\,900 \times 0.35}{0.05 + 0.15 + 0.2 + 0.25 + 0.35}$$

$= 3\,650$（万元）

3. 几何平均法

几何平均法指将一定观察期内时间序列的发展速度或逐期增长率为依据预测下一期预测值的方法。几何平均法的预测步骤如下：

步骤一，设时间序列各期发展水平为 a_1，a_2，a_3，…，a_n，观察期各期的环比发展速度为

$$G_t = \frac{a_n}{a_{n-1}} \times 100\%$$

式中，a_1，a_2，a_3，…，a_n 表示观察期内的各期发展水平；$\frac{a_2}{a_1}$，$\frac{a_3}{a_2}$，…，$\frac{a_n}{a_{n-1}}$ 表示环比发展速度。

步骤二，观察期各期环比发展速度的平均数 $\overline{G_n}$。

$$\overline{G_n} = \sqrt[n-1]{G_1 G_2 G_3 \cdots G_n} = \sqrt[n-1]{\frac{a_t}{a_1}}$$

步骤三，运用预测模型进行预测。

预测模型为 $\hat{Y_n} = a_n \overline{G_n}$

式中，$\hat{Y}$ 表示几何平均数，即发展速度的预测值；$\overline{G_n}$ 表示观察期内各期环比发展速度或逐期增长率；a_n 表示观察期内的最近一期的发展水平。

【例】 某公司 2012—2021 年每年的销售额如表 9-13 所示，用几何平均法预测 2022 年的销售额。

表 9-13　2012—2021 年销售额　　单位：万元

年份	2012	2013	2014	2015	2016	2017	2018	2019	2020	2021
销售额	1 400	1 500	1 800	1 850	1 900	2 400	2 600	3 200	4 300	5 900

预测步骤如下：

步骤一，求出 2012—2021 年各期环比发展速度，详见表 9-14。

表 9-14　2012—2021 年发展速度　　单位:%

年份	2012	2013	2014	2015	2016	2017	2018	2019	2020	2021
环比发展速度	—	1.07	1.20	1.03	1.03	1.26	1.08	1.23	1.34	1.37

步骤二，利用几何平均数求出 2012—2021 年的平均发展速度。

$$\overline{G_n} = \sqrt[10-1]{107\% \times 120\% \times 103\% \times 103\% \times 126\% \times 108\% \times 123\% \times 134\% \times 137\%}$$

$$= 117\%$$

步骤三，求出预测销售额。

2022 年的销售额：5 900×117%＝6 903（万元）

（二）移动平均法

移动平均法指将观察期内的数据由远及近按照一定跨期进行平均，随观察期的“逐期推移”，观察期内的数据也随之向前移动，每向前移动一期，去掉最前面一期数据，而新增原观察期后的一期数据，以保证跨期不变，然后逐个求出其算术平均数，并将离预测期最近的移动平均值作为预测值。常用的移动平均法有一次移动平均法、二次移动平均法。

移动平均法可对具有水平变动倾向的经济现象进行预测，且只能预测下一期的数值。与简单平均法相比，移动平均法消除了时间序列历史数据随时间变化引起的不规则变动的影响，修匀了时间序列，揭示出预测目标随时间的变化而表现出的长期变动规律。

1. 一次移动平均法

根据计算平均数的方法将一次移动平均法分为简单移动平均、加权移动平均等。

（1）简单一次移动平均法

①简单一次移动平均法的概念

简单一次移动平均法指使用算术平均法计算观测期内一定数量连续数据点的移动平均值，并将移动平均值作为下一期预测值的方法。用公式表示为

$$\hat{y}_{t+1} = M_t = \frac{a_t + a_{t-1} + \cdots + a_{t-n+1}}{n} = \frac{1}{n}\sum_{i=t-n+1}^{t} a_i$$

式中，M_t 表示时间为 t 的移动平均数，作为下期 X_{t+1} 的预测值；a_i 表示观察期内的各期数据，即预测目标在观察内的实际值；n 表示移动时段的长度。

简单一次移动平均法中 n 的选择：n 一般在 3～200 之间，视序列长度和预测目标情况而定。当时间序列观察值越多，且时间序列具有明显的长期变动趋势，应当选用较长的移动平均期数；如果时间序列各个观察值具有周期性波动，则可将时间序列的循环周期作为移动平均期数来剔除循环变动；也可以采用不同的 n 进行预测，然后计算离

差平方和，最后采用方差最小的那个 n。

【例】简单一次移动平均

某奶茶店 2022 年各月奶茶的销售额如表 9-15 所示，试用简单一次移动平均法预测 2023 年 1 月奶茶的销售量。

表 9-15　2022 年 1—12 月奶茶店的销售额　　单位：万元

月份	销售额	三期移动平均 $n=3$	五期移动平均 $n=5$
1	800		
2	840		
3	680	$(a_1+a_2+a_3)/3=800+840+680/3=773.3$	
4	760	$(a_2+a_3+a_4)/3=840+680+760/3=760.0$	
5	920	$(a_3+a_4+a_5)/3=680+760+920/3=786.7$	$(a_1+a_2+a_3+a_4+a_5)/5=800$
6	720	$(a_4+a_5+a_6)/3=680+760+920/3=800.0$	$(a_2+a_3+a_4+a_5+a_6)/5=784$
7	640	$(a_5+a_6+a_7)/3=920+720+640/3=760.0$	$(a_3+a_4+a_5+a_6+a_7)/5=744$
8	820	$(a_6+a_7+a_8)/3=720+640+820/3=726.7$	$(a_4+a_5+a_6+a_7+a_8)/5=772$
9	720	$(a_7+a_8+a_9)/3=640+820+880/3=726.7$	$(a_5+a_6+a_7+a_8+a_9)/5=764$
10	880	$(a_8+a_9+a_{10})/3=820+720+880/3=806.7$	$(a_6+a_7+a_8+a_9+a_{10})/5=756$
11	800	$(a_9+a_{10}+a_{11})/3=720+880+800/3=800.0$	$(a_7+a_8+a_9+a_{10}+a_{11})/5=772$
12	600	$(a_{10}+a_{11}+a_{12})/3=880+800+600/3=760.0$	$(a_8+a_9+a_{10}+a_{11}+a_{12})/5=764$
13		760.0	764

预测步骤如下：

步骤一，决定采用三期移动平均，$n=3$。

步骤二，计算移动平均值，具体见表 9-15。

$$M_t=\frac{a_t+a_{t-1}+\cdots+a_{t-n+1}}{n}$$

$M_3=(800+840+680)/3=773.3$　$M_4=(840+680+760)/3=760.0$

$M_5=(680+760+920)/3=786.7$　$M_6=(760+920+720)/3=800.0$

$M_7=(920+720+640)/3=760.0$　$M_8=(720+640+820)/3=726.7$

$M_9=(640+820+880)/3=726.7$　$M_{10}=(820+720+880)/3=806.7$

$M_{11}=(720+880+800)/3=800.0$　$M_{12}=(880+800+600)/3=760.0$

步骤三，进行预测。

时间序列变动比较平稳，可以用移动平均值作为预测值，即最后一期移动平均值 M_{12} 作为预测值，2023 年 1 月的销售额为 760 万元。

如果采用 5 期的移动平均则是 764 万元，具体见表 9-15。

②变动趋势法

当时间序列变动比较平稳，可将简单一次移动平均值直接作为下一期预测值。但是当时间序列各数据之间差别较大且有明显的趋势变动时要计算趋势变动值，并将其作为确定预测值的依据。

变动趋势法的预测步骤：

步骤一，选择跨期，一般选择奇数。

步骤二，运用简单一次移动平均法计算各期移动平均值 M_t。

将 M_t 放在平均项目的中间位置。

步骤三，计算各期的变动趋势值。

用本期移动平均值减上期移动平均值，就得到各期的变动趋势值，将变动趋势值放在本期位置。

步骤四，计算变动趋势值的平均趋势，变动趋势值仍按相同的跨期进行移动平均，将平均值放在中间位置。

步骤五，按照变动趋势法的预测公式计算预测值。

预测值=最后一项的移动平均值+最后一次移动平均趋势值×距离预测期的间隔数。用数学公式表示为

$$\hat{y}_t = M_{n-(\frac{N-1}{2})} + \Delta bT$$

式中，M_t 是一次移动平均；N 代表数据期数，n 代表跨期的长度；Δb 末项平均移动趋势值(变动趋势值)；t 代表预测期的排序；T 代表预测期时序与观察期序数$[n-(\frac{N-1}{2})]$的相差数，即 $t-[n-(\frac{N-1}{2})]$。

【例】 某奶茶店 2022 年各月奶茶的销售量如表 9-16 所示，由于时间序列变化较大，试用简单移动平均法中的变动趋势法预测 2023 年 1 月奶茶的销售量。

表 9-16　2022 年奶茶店各月的销售额　　单位：万元

月份	销售额	移动平均值 $n=3$	趋势变动值	移动平均趋势变动值
1	800	—	—	
2	840	800+840+680/3=773.3	—	
3	680	840+680+760/3=760.0	-13.3	
4	760	680+760+920/3=786.7	26.7	8.9
5	920	680+760+920/3=800.0	13.3	0.0
6	720	920+720+640/3=760.0	-40.0	-6.67
7	640	720+640+820/3=726.7	-23.3	-21.1
8	820	640+820+880/3=726.7	0.0	18.9
9	720	820+720+880/3=806.7	80.0	24.4
10	880	720+880+800/3=800.0	-6.7	11.1
11	800	880+800+600/3=760.0	-40.0	
12	600			

变动趋势法预测步骤如下：

步骤一，决定采用三期移动平均，即 $n=3$。

步骤二，计算一次移动平均值，见表 9-16 中的第三列数据。

步骤三，计算各期的变动趋势值。

本期移动平均值减上期移动平均值，其差放在本期位置，见表 9-16 中的第四列数据。然后使用移动平均法计算趋势变动值，跨期为 3，见表 9-16 中的第五列数据。

步骤四，运用变动趋势预测模型预测。

预测模型为 $\hat{y}_t = M_{n-(\frac{N-1}{2})} + \Delta bT = 760 + 11.1T$

其中，$T = 13 - [12 - (\frac{3-1}{2})] = 2$

预测值为 $\hat{y}_t = 760 + 11.1 \times 2 = 782.2$（万元）

2023 年 1 月销售额的预测值为 782.2 万元。

（2）加权一次移动平均法

加权一次移动平均法指对固定跨越期内的每个变量值以不相等的权重，然后使用移动平均法计算观测期内数据点的移动平均数，并将最近一期的平均值作为预测值。加权一次移动平均法中各权数之和为 1，权重的选择可以使用经验法和试算法。一般而言，越近期的数据越能预示未来的情况，因而权重应大些。加权一次移动平均法用公式表示为

$$\hat{y}_{t+1} = M_t = \frac{w_1 a_t + w_2 a_{t-1} + \cdots + w_n a_{t-n+1}}{w_1 + w_2 + \cdots w_n}$$

式中，M_t 表示时间为 t 的移动平均数，作为 $\hat{y}_{t+1}$ 的预测值；a_i 表示观察期内的各个数据，即预测目标在观察内的实际值；w_i 表示固定跨越期内的每个变量值的权重；n 表示所使用的历史数据的数目，即移动时段的长度。

【例】 某奶茶店 2022 年各月奶茶销售量如表 9-17 所示，试用加权移动平均法预测 2023 年 1 月奶茶的销售量。设 $n = 3$，$W_1 = 0.2$，$W_2 = 0.3$，$W_3 = 0.5$。

表 9-17　2022 年 1—12 月奶茶的销售量　　单位：万元

月份	销售额	移动平均（$N = 3$）
1	80	
2	84	
3	68	$(a_1w_1 + a_2w_2 + a_3w_3)/3 = (80 \times 0.2 + 84 \times 0.3 + 68 \times 0.5)/3 = 75.2$
4	76	$(a_2w_1 + a_3w_2 + a_4w_3)/3 = (84 \times 0.2 + 68 \times 0.3 + 76 \times 0.5)/3 = 75.2$
5	92	$(a_3w_1 + a_4w_2 + a_5w_3)/3 = (68 \times 0.2 + 76 \times 0.3 + 92 \times 0.5)/3 = 82.4$
6	72	$(a_4w_1 + a_5w_2 + a_6w_3)/3 = (76 \times 0.2 + 92 \times 0.3 + 72 \times 0.5)/3 = 78.8$
7	64	$(a_5w_1 + a_6w_2 + a_7w_3)/3 = (92 \times 0.2 + 72 \times 0.3 + 64 \times 0.5)/3 = 72.0$
8	82	$(a_6w_1 + a_7w_2 + a_8w_3)/3 = (72 \times 0.2 + 64 \times 0.3 + 82 \times 0.5)/3 = 74.6$
9	72	$(a_7w_1 + a_8w_2 + a_9w_3)/3 = (64 \times 0.2 + 82 \times 0.3 + 72 \times 0.5)/3 = 73.4$
10	88	$(a_8w_1 + a_9w_2 + a_{10}w_3)/3 = (82 \times 0.2 + 72 \times 0.3 + 88 \times 0.5)/3 = 82.0$
11	80	$(a_9w_1 + a_{10}w_2 + a_{11}w_3)/3 = (72 \times 0.2 + 88 \times 0.3 + 80 \times 0.5)/3 = 86.8$
12	60	$(a_{10}w_1 + a_{11}w_2 + a_{12}w_3)/3 = (88 \times 0.2 + 80 \times 0.3 + 60 \times 0.5)/3 = 71.6$

直接用移动平均值作为下期预测值，2023 年 1 月的销售额预测值为 71.6 万元。

2. 二次移动平均法

二次移动平均法指对时间序列的一次移动平均值再进行第二次移动平均，并在一次移动和二次移动平均的基础上建立数学模型，用来确定预测值。二次移动平均法适用呈线性趋势变化的时间序列数据的预测。

二次移动平均法的预测步骤如下：

步骤一，判断时间序列资料是否存在线性趋势特征。

步骤二，存在呈线性趋势，则对观察值做一次移动平均，形成 $M_t^{(1)}$ 序列。

步骤三，对一次移动平均后的新序列 M_t，再作一次移动平均，形成二次移动平均数 $M_t^{(2)}$。二次移动平均数 $M_t^{(2)}$ 的计算公式为

$$M_t^{(2)} = \frac{M_t^{(1)} + M_{t-1}^{(1)} + \cdots + M_{t-n+1}^{(1)}}{n}。$$

式中，$M_t^{(1)}$ 表示第 t 期的一次移动平均数；$M_t^{(2)}$ 表示第 t 期的一次移动平均后的新序列$M_t^{(1)}$ 再作一次移动平均；n 表示移动跨期的长度。

步骤四，求二次移动平均法预测模型中的参数。

预测模型为

$$\hat{y}_{t+T} = a_t + b_t \times T$$

$$a_t = 2M_t^{(1)} - M_t^{(2)}$$

$$b_t = \frac{2}{n-1}(M_t^{(1)} - M_t^{(2)})$$

式中，a_t 为当前数据水平量，即线性截距；b_t 为单位周期变化量，即线性趋势斜率；$M_t^{(1)}$ 表示第 t 期的一次移动平均数；$M_t^{(2)}$ 表示第 t 期的二次移动平均数；T 为预测期时序与观测期时序的相差数。

步骤五，代入变量 T，求解预测值。

【例】 某奶茶店 2022 年各月奶茶销售量如表 9-18 所示，试用简单二次移动平均法预测 2023 年 1 月奶茶的销售量。

表 9-18　2022 年个月奶茶的销售额　　单位：万元

月份	销售额	一次移动平均 $n = 3$	二次移动平均 $n = 3$
1	800		
2	840		
3	680	800 + 840 + 680/3 = 773.3	
4	760	840 + 680 + 760/3 = 760.0	
5	920	680 + 760 + 920/3 = 786.7	773.3 + 760.0 + 786.7/3 = 773.3
6	720	680 + 760 + 920/3 = 800.0	760.0 + 786.7 + 800/3 = 782.2
7	640	920 + 720 + 640/3 = 760.0	786.7 + 800 + 760.0/3 = 782.2
8	820	720 + 640 + 820/3 = 726.7	800 + 760.0 + 726.7/3 = 762.3
9	720	640 + 820 + 880/3 = 726.7	760.0 + 726.7 + 726.7/3 = 737.8
10	880	820 + 720 + 880/3 = 806.7	726.7 + 726.7 + 806.7/3 = 753.4
11	800	720 + 880 + 800/3 = 800.0	726.7 + 806.7 + 800.0/3 = 777.8
12	600	880 + 800 + 600/3 = 760.0	806.7 + 800.0 + 760.0/3 = 788.9

步骤一，时间序列资料存在线性趋势特征。

步骤二，对观察值做一次移动平均。

$M_t^{(1)}$ 见表 9 - 18 中第三列数据。

步骤三，对新序列 M_t 再作一次移动平均。

$M_t^{(2)}$ 见表9－18中第四列数据。

步骤四，求解简单线性方程参数。

$a_{12} = 2M_{12}^{(1)} - M_{12}^{(2)} = 2 \times 760 - 788.9 = 731.1$

$b_t = \frac{2}{n-1}(M_t^{(1)} - M_t^{(2)}) = \frac{2}{3-1}(760 - 788.9) = -28.9 \times 1$

即 $\hat{y}_{t+T} = 731.1 - 28.9 \times T$

步骤五，求预测值。

$\hat{y}_{12+1} = 731.1 - 28.9 \times 1 = 702.2$（万元）

2023年1月奶茶销售额预测值为702.2万元。

（三）指数平滑法

指数平滑法指借助平滑系数消除时间序列中高低突变的数值，得到趋势数列，并据此对未来发展趋势的可能水平做出估计的预测技术。常用的指数平滑法有一次指数平滑法和二次指数平滑法。指数平滑法是加权移动平均法的一种特殊形式，一般用于观察值具有长期趋势变动和季节变动数据的预测。

1. 一次指数平滑法

一次指数平滑法指以预测目标的本期实际值和本期预测值为基数，分别给两者以不同的权数，求出平滑值。一次指数平滑法的适用场景为时间序列波动无明显增加或减少的长期趋势。一次指数平滑法中 $t+1$ 的预测值是 t 的实际值和预测值的加权平均数，用公式表示为

$$\hat{y}_{t+1} = S_{t+1} = aX_t + (1-a)S_t$$

式中，$\hat{y}_{t+1}$ 表示 $t+1$ 期预测目标时间序列的预测值；X_t 表示 t 期预测目标的实际值；S_t 表示 t 期预测目标的预测值，也即 $t-1$ 期的平滑值；a 表示平滑系数（$0 \leqslant a \leqslant 1$）。

一次指数平滑法预测步骤如下：

步骤一，确定初始值 S_0。

确定初始值是指数平滑法的重要一步。根据公式知道要计算 S_{t+1} 就需要知道 S_t，计算 S_t 就要知道 S_{t-1}，以此类推需要知道 S_0。S_0 是无法知道的，只能估算。一般情况下，时间序列的数据越多，初始值离预测期就越远，权数就越小，对预测值的影响也越小，当时间序列期数在20个以上时，初始值可用实际值来替代，即 $S_0 = X_1$；当时间序列期数在20个以下时，可用前几期观察值的平均值作为 S_0。

步骤二，选择平滑系数。

平滑系数体现了对时间序列各数据修匀能力，平滑系数 a 根据时间序列的波动情况来选择：如果时间序列有较大的随机波动或大幅的升降时，应选择较小的平滑系数，a 可在0.05～0.3取值；如果时间序列变动有较小的随机变动或数据以固定比率上升、下降时，应该选择较大的平滑系数，a 可在0.5～0.8取值；如果时间序列呈现水平趋势，预测值与 a 的取值关系不大，可以选择居中的平滑系数，a 在0.1～0.2取值；如果数据变化比较复杂时，需要花费大量时间和精力反复计算和比较，从中选择一个比较合适的平滑系数 a；如果对预测精度要求较高，可取不同平滑系数预测，并计算其对应的方差，选择误差最小的平滑值 a。

步骤三，使用预测模型进行预测。

$$\hat{y}_{t+1} = S_{t+1} = aX_t + (1-a)S_t。$$

【例】某奶茶店2022年各月奶茶的销售量如表9-19所示，试用一次指数平滑法预测2023年1月奶茶的销售量，平滑系数 $a=0.1$。

表9-19　2022年各月奶茶的销售量　　单位：万元

月份	销售额	预测期	平滑系数 $a=0.1$
—	—	—	$s_0=(80+83+68)/3=77$
1	80	S_1	$S_1=ax_1+(1-a)s_0=0.1\times80+0.9\times77=77.3$
2	83	S_2	$S_2=ax_2+(1-a)s_1=0.1\times83+0.9\times77.3=77.87$
3	68	S_3	$S_3=ax_3+(1-a)s_2=0.1\times68+0.9\times77.87=76.89$
4	76	S_4	$S_4=ax_4+(1-a)s_3=0.1\times76+0.9\times76.89=76.80$
5	92	S_5	$S_5=ax_5+(1-a)s_4=0.1\times92+0.9\times76.80=78.32$
6	72	S_6	$S_6=ax_6+(1-a)s_5=0.1\times72+0.9\times78.32=77.69$
7	64	S_7	$S_7=ax_7+(1-a)s_6=0.1\times64+0.9\times77.69=76.32$
8	82	S_8	$S_8=ax_8+(1-a)s_7=0.1\times82+0.9\times76.32=76.89$
9	72	S_9	$S_9=ax_9+(1-a)s_8=0.1\times72+0.9\times76.89=76.40$
10	88	S_{10}	$S_{10}=ax_{10}+(1-a)s_9=0.1\times88+0.9\times76.40=77.56$
11	80	S_{11}	$S_{12}=ax_{11}+(1-a)s_{10}=0.1\times80+0.9\times77.56=77.80$
12	60	S_{12}	$S_{12}=ax_{12}+(1-a)s_{11}=0.1\times60+0.9\times77.80=76.02$

一次指数平滑法预测步骤如下：

步骤一，确定初始值 S_0。

本例用 $S_0=\frac{x_1+x_2+x_3}{3}=\frac{80+83+68}{3}=77$。

步骤二，选择平滑系数 a。

$a=0.1$。

步骤三，使用预测公式进行预测。

$\hat{y}_{t+1}=S_{t+1}=aX_t+(1-a)S_t$，计算结果见表9-19。

步骤四，预测值。

用第12期的平滑值76.02万元作为第13期的预测值，即2023年1月奶茶的销售量为76.02万元。

2. 二次指数平滑法

二次指数平滑法指对一次指数平滑值进行再一次指数平滑，并在一次指数和二次指数平滑的基础上建立数学模型，用来确定预测值。二次指数平滑法适用于时间序列有随机波动，特别是时间序列有明显上升或下降趋势。二次指数平滑用公式表示为

$$\hat{y}_{t+T}=a_t+b_t\times T$$

参数确定为

$$a_t=2S_t^{(1)}-S_t^{(2)}$$

$$b_t=\frac{a}{1-a}(S_t^{(1)}-S_t^{(2)})$$

$$S_t^{(1)}=aX_t+(1-a)S_{t-1}$$

$$S_t^{(2)}=aS_t+(1-a)S_{t-1}^{(2)}$$

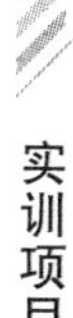

$$S_0^{(1)} = S_1^{(2)} = \frac{x_1 + x_2 + x_3}{3}$$

式中，a 表示平滑系数（$0 \leqslant a \leqslant 1$）；$S_t^{(1)}$ 表示一次指数平滑；$S_t^{(2)}$ 表示对一次指数平滑后的新序列再作一次平滑。

【例】 某奶茶店 2022 年各月奶茶的销售量如表 9-20 所示，试用二次指数平滑法预测 2023 年 1 月奶茶的销售量，平滑系数 $a = 0.1$。

表 9-20　2022 年各月奶茶的销售量　　单位：万元

月份	销售额	预测期	$S_t^{(1)}$	$S_t^{(2)}$
—	—	—	$S_0 = 289$	$S_1 = 289$
1	260	S_1	286.1	0.1 × 286.1 + 0.9 × 289 = 288.71
2	283	S_2	285.8	0.1 × 285.8 + 0.9 × 286.1 = 286.07
3	324	S_3	289.6	0.1 × 289.6 + 0.9 × 285.8 = 261.88
4	347	S_4	295.3	0.1 × 295.3 + 0.9 × 289.6 = 290.17
5	356	S_5	301.4	0.1 × 301.4 + 0.9 × 295.3 = 295.91
6	372	S_6	308.5	0.1 × 308.5 + 0.9 × 301.4 = 302.11
7	391	S_7	316.7	0.1 × 316.7 + 0.9 × 308.5 = 309.12
8	412	S_8	326.5	0.1 × 326.5 + 0.9 × 316.7 = 350.25
9	452	S_9	338.8	0.1 × 338.8 + 0.9 × 326.5 = 327.65
10	487	S_{10}	353.6	0.1 × 353.6 + 0.9 × 338.8 = 341.28
11	529	S_{11}	371.2	0.1 × 371.2 + 0.9 × 353.6 = 355.36
12	548	S_{12}	388.9	0.1 × 388.9 + 0.9 × 371.2 = 372.97

二次指数平滑法预测步骤如下：

步骤一，计算一次指数平滑值。

$S_0 = 260 + 283 + 324/3 = 289$，一次指数平滑值详见表 9-20 中第四列数据。

步骤二，计算二次指数平滑值。

二次指数平滑值详见表 9-20 中第五列数据。

步骤三，计算预测模型参数值。

预测模型为 $\hat{y}_{t+T} = a_t + b_t \times T$

参数确定为 $a_t = 2S_t^{(1)} - S_t^{(2)} = a_{12}$

$$= 2S_{12}^{(1)} - S_{12}^{(2)} = 2 \times 388.9 - 372.97 = 404.83$$

$$b_t = \frac{a}{1-a}(S_t^{(1)} - S_t^{(2)})$$

$$= \frac{0.1}{1-0.1}(388.9 - 372.97) = 1.77$$

步骤四：求预测值。

$\hat{y}_{t+T} = 404.83 + 1.77 \times T$

$\hat{y}_{12+1} = 404.83 + 1.77 \times 1 = 406.6$（万元）

2023 年 1 月奶茶销售量为 406.6 万元。

（四）趋势外推法

趋势外推法又称为趋势延伸法，指根据预测变量的历史时间序列揭示出的变动趋势外推将来，以确定预测值的一种预测方法。对拥有长期趋势变动的时间数列，趋势外推法将预测目标随时间变化的规律用函数的形式加以量化，通过函数的对应关系实现预测目的。按照时间数列呈现的不同趋势形态，将趋势外推法分为直线趋势外推法和曲线趋势外推法。

1. 直线趋势外推法

直线趋势外推法指假定预测目标随时间变化的规律近似为一条直线，通过拟合直线方程描述直线的上升或下降趋势来确定预测值。

直线趋势外推法的思路是利用 $\sum(y_t-\hat{y}_t)=0$ 时，$\sum(y_t-\hat{y}_t)^2=$ 最小值。

预测模型为 $\hat{y}_t=a+bt$，其中，$b=\dfrac{n\sum ty-\sum t\sum y}{n\sum t^2-(\sum t)^2}$，$a=\bar{y}-b\bar{t}$。

式中，$\hat{y}_t$ 表示预测值；t 为时间序列编号；a、b 为常数。

直线趋势外推法的预测步骤如下：

步骤一，做散点图。

步骤二，判断趋势类型。

当观察时间序列呈直线变动趋势时可以采用直线趋势法。

步骤三，计算预测模型中的待定参数。

设直线方程为 $\hat{y}_t=a+bt$，根据计算结果求出参数 a、b，得到预测模型。计算时，为了 $\sum t_i=0$，通常给不同的资料设置不同的时间编号。其中 t 的处理技巧：当 n 为奇数时，确定中央一期为0，与中央一期对称的其他各期之和也为0，即时间序列的时间间隔为1，令 $t=\cdots-3,-2,-1,0,1,2,3\cdots$；当 n 为偶数时，确定中央两期为 -1、1，与中央一期对称的其他各期之和也应为0，即时间序列的时间间隔为2，令 $t=\cdots-5,-3,-1,1,3,5\cdots$。

步骤四，最后利用预测模型进行预测。

【例】 已知某企业2009—2021年总资产如表9-21所示，运用直线趋势外推法预测2022年的水平。

表9-21　某企业2009—2021年总资产　　单位：万元

年份	2009	2010	2011	2012	2013	2014	2015
总资产	7 610.6	8 491.3	9 448.0	9 832.2	10 209.1	11 147.7	12 735.1

年份	2016	2017	2018	2019	2020	2021
总资产	14 452.9	16 283.1	17 993.7	19 718.4	21 454.7	23 129.0

直线趋势外推法预测步骤如下：

对时间序列中的时间间隔按处理和不处理两种方式进行处理。

(1) 不处理时间 t 的计算步骤

步骤一，设 t 为 1、2、3、4、5、6、7、8、9、10、12、13，预测时序为 14。

步骤二，分别求出 t、y、ty、t^2，具体见表 9-22。

表 9-22　某企业 2009—2021 年总资产　　单位：万元

年份	t	y	ty	t^2
2009	1	7 610.6	7 610.6	1
2010	2	8 491.3	16 982.6	4
2011	3	9 448.0	28 344.0	9
2012	4	9 832.2	39 328.8	16
2013	5	10 209.1	51 045.5	25
2014	6	11 147.7	66 886.2	36
2015	7	12 735.1	89 145.7	49
2016	8	14 452.9	115 623.2	64
2017	9	16 283.1	146 547.9	81
2018	10	17 993.7	179 937.0	100
2019	11	19 718.4	216 902.4	121
2020	12	21 454.7	257 456.4	144
2021	13	23 129.0	300 677.0	169
合计			1 516 487.3	819

步骤三，计算待定参数。

$$b = \frac{n\sum ty - \sum t \sum y}{n\sum t^2 - (\sum t)^2} = \frac{13 \times 1\ 516\ 487.3 - 91 \times 182\ 505.8}{13 \times 819 - (91)^2} = 1\ 312.89$$

$$a = \bar{y} - b\bar{t} = \frac{182\ 505.8}{13} - 1\ 312.89 \times \frac{91}{13} = 4\ 848.68$$

$\hat{y}_{2022} = 4\ 848.68 + 1\ 312.89t$

步骤四，利用预测公式求预测值。

$\hat{y}_{2022} = 4\ 848.68 + 1\ 312.89 \times 14 = 23\ 229.14$（万元）

(2) 处理时间 t 的计算步骤

步骤一，为了简化计算，对时间 t 处理，将 t 处理成-6、-5、-4、-3、-2、-1、0、1、2、3、4、5、6，预测时序为 7。

步骤二，分别计算 t、y、ty、t^2。具体见表 9-23。

表 9-23　某企业 2009—2021 年总资产计算表　　单位：万元

年份	t	y	ty	t^2
2009	-6	7 610.6	-45 663.6	36
2010	-5	8 491.3	-42 456.5	25
2011	-4	9 448.0	-37 792.0	16
2012	-3	9 832.2	-29 496.6	9

表9-23(续)

年份	t	y	ty	t^2
2013	-2	10 209.1	-20 418.2	4
2014	-1	11 147.7	-11 147.7	1
2015	0	12 735.1	0	0
2016	1	14 452.9	14 452.9	1
2017	2	16 283.1	32 566.2	4
2018	3	17 993.7	53 981.1	9
2019	4	19 718.4	78 873.6	16
2020	5	21 454.7	107 273.5	25
2021	6	23 129.0	138 774.0	36
合计		182 505.8	238 946.7	182

步骤三，计算待定参数。

$$b = \frac{\sum ty}{\sum t^2} = \frac{238\ 946.7}{182} = 1\ 312.89 \quad a = \frac{\sum y}{n} = \bar{y} = \frac{182\ 505.8}{13} = 14\ 038.91$$

$\hat{y}_t = 14\ 038.91 + 1\ 312.89t$

步骤四，利用预测公式求预测值。

$\hat{y} = 14\ 038.91 + 1\ 312.89 \times 7 = 23\ 229.14$（万元）

2. 曲线趋势外推法

在市场中，许多经济现象随时间变化的规律不是直线性的，而是呈现不同形式的曲线变动趋势。曲线趋势外推法指根据时间序列随时间变化的曲线规律确定曲线方程，利用曲线的性质确定预测值。常见的曲线趋势外推法有二次曲线趋势外推法和指数外推法。

（1）二次曲线趋势外推法

二次曲线趋势外推法适用于时间序列各数据的分布呈抛物线的情况。二次曲线趋势外推法预测模型为

$$\hat{y}_t = a + bt + ct^2$$

式中，$\hat{y}_t$ 表示预测值；t_i 为时间序列编号；a、b、c 为常数。

利用最小二乘法，其中 $\sum t = 0$，$\sum t^3 = 0$ 得到方程组：

$$\begin{cases} \sum y = an + b\sum t + c\sum t^2 \\ \sum ty = a\sum t + b\sum t^2 + c\sum t^3 \\ \sum t^2 y = a\sum t^2 + b\sum t^3 + c\sum t^4 \end{cases}$$

$$a = \frac{\sum y_i \sum t_i^4 - \sum y_i^2 t_i \sum t_i^2}{n\sum t_i^4 - (\sum t_i^2)^2}$$

$$b = \frac{\sum y_i t_i}{\sum t_i^2}$$

$$c=\frac{\sum y_i t_i^2-\sum y_i \sum t_i^2}{n\sum t_i^4-(\sum t_i^2)^2}$$

解方程可得参数 a、b、c

【例】 某奶茶店 2022 年各月奶茶销售量如表 9-24 所示，试用二次曲线趋势外推法预测 2023 年 1 月奶茶的销售量。

表 9-24　某奶茶店 2022 年每月销售额　　　单位：万元

月份	销售额(y_i)	t_i	t_i^2	t_i^4	y_it_i	$y_it_i^2$
1	80	-11	121	14 641	-880	9 680
2	84	-9	81	6 561	-756	6 804
3	68	-7	49	2 401	-476	3 332
4	76	-5	25	625	-380	1 900
5	92	-3	9	81	-276	828
6	72	-1	1	1	-72	72
7	64	1	1	1	64	64
8	82	3	9	81	246	738
9	72	5	25	625	360	1 800
10	88	7	49	2 401	616	4 312
11	80	9	81	6 561	720	6 480
12	60	11	121	14 641	660	7 260
合计	918	0	572	48 620	-174	43 270

二次曲线趋势外推法预测步骤如下：

步骤一，计算 t_i、t_i^2、t_i^4、y_it_i、$y_it_i^2$。具体见表 9-24。

步骤二，计算 a、b、c 为常数。

$$a=\frac{\sum y_i \sum t_i^4-\sum y_i^2 t_i \sum t_i^2}{n\sum t_i^4-(\sum t_i^2)^2}$$

$$b=\frac{\sum y_i t_i}{\sum t_i^2}$$

$$c=\frac{\sum y_i t_i^2-\sum y_i \sum t_i^2}{n\sum t_i^4-(\sum t_i^2)^2}$$

解方程可得参数 a、b、c。

$$\begin{cases}918=12a+572c\\-174=572b\\43\ 270=572a+48\ 620c\end{cases}$$

解得 $a=77.59$　$b=-0.304$　$c=-0.022\ 85$

步骤三，建立二次曲线方程：$\hat{y}_t=77.59-0.304t-0.022\ 85t^2$

步骤四，利用预测公式求预测值。

当 $t = 13$ 时，预测值 $\hat{y}_t = 77.59 - 0.304t - 0.022\ 85t^2 = 69.77$（万元）

2023 年 1 月奶茶销量预测值为 69.77 万元。

（2）指数趋势外推法

指数趋势外推法指用指数函数曲线拟合预测对象的历史统计数据，从而建立能描述其发展过程的预测模型，然后以模型外推进行预测的方法。指数趋势外推法适用于时间序列各数据呈指数变化，即时间序列各数据按相等的比例增长或下降。预测的数学模型为

$$\hat{y}_t = a + bt$$

式中，$\hat{y}_t$ 表示预测值；t 为时间序列编号；a、b 为常数。

为了计算简单，将指数方程两边取对数，则 $\lg y_t = \lg a + t\lg b$。若设 $y = \lg y_t$，$A = \lg a$，$B = \lg b$，则原方程就转变为直线趋势外推的形式。

【例】 某手机公司 2016—2022 销售量如表 9-25 所示，用指数趋势外推法预测 2023 年的手机销售量。

表 9-25　某公司 2016—2022 年手机销售量　　单位：万部

年份	2016	2017	2018	2019	2020	2021	2022
销售量	12	60	260	500	850	1 020	2 005

指数趋势外推法预测步骤如下：

步骤一，将历史销售数据绘制散点图。

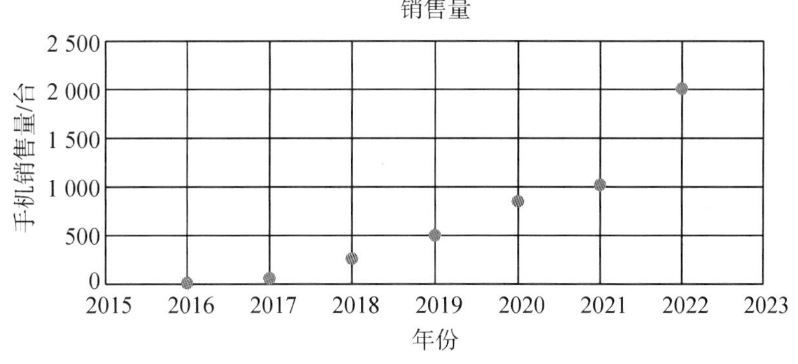

步骤二，根据图形的变化趋势，建立指数趋势预测模型 $\hat{y}_t = a + b^t$。

步骤三，计算 a、b，确定参数模型。

计算结果见表 9-26。

表 9-26　某公司 2016—2022 年手机销售量　　单位：部

年份	销售量	t_i	t_i^2	$\lg y_i$	$t_i\lg y_i$
2016	12	−3	9	1.08	−3.24
2017	60	−2	4	1.78	−3.56
2018	260	−1	1	2.41	−2.415
2019	500	0	0	2.69	0
2020	850	1	1	2.93	2.93

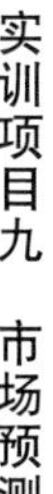

表9-26(续)

年份	销售量	t_i	t_i^2	$\lg y_i$	$t_i\lg y_i$
2021	1 020	2	4	3.01	6.02
2022	2 005	3	9	3.30	9.91
总计	4 707	0	28	17.21	9.64

利用公式 $\lg a = \dfrac{\sum \lg_{y_i}}{n} = 2.46$

$$\lg b = \frac{\sum t_i \lg_{y_i}}{\sum t_i^2} = 0.34$$

则预测方程：$\lg y_i = 2.46 + 4 \times 0.34 = 3.8$

步骤四，进行预测。

查反对数表，求 $y = 6\ 039.6$，即2023年的预测值为6 309.6万部。

（五）季节指数预测法

在市场经济活动中有些商品受季节影响而呈现季节性的变动规律。季节指数法指描述时间序列的季节性变动规律，并以此为依据预测未来商品的供应量、需求量以及价格变动趋势。季节指数预测法要求必须有3~5年以上的分月（季）资料，同时时间序列呈现出季节性的变动规律。常用的季节指数预测法有按月（季）平均法和连环比率平均法。

1. 按月（季）平均法

按月（季）平均法指以历年各月（季）平均数占全年总平均数的比率求得季节指数，然后用季节指数与最近一年各月（季）的实际值相乘来作为下月（季）的预测值。按月（季）平均法适用于不存在长期趋势的时间序列。

按月（季）平均法预测步骤如下：

步骤一，求历年同期（月或季）算术平均数 $\overline{y_i}$，其中 $i = 1、2、3、4\cdots L$，一般 $L = 12$(月)或4(季度)

步骤二，求出全年月(季)数据的总平均数 $\bar{y}$

步骤三，计算各月(季)的季节指数 $= \dfrac{\text{历年同月(季)平均数}}{\text{全年月(季)总平均数}} \times 100\%$

即 $\hat{s}_i = \overline{y_i}/\bar{y}$

步骤四，调整各月（季）的季节指数。

理论上，各月（季）的季节指数之和应该为1 200%（月）或400%（季），但是由于计算中出现的各种误差（四舍五入）会使季节指数之和小于或大于1 200，此时需要调整各季节指数，各月（季）季节指数的调整公式 $= \dfrac{\text{理论季节指数之和}}{\text{实际季节指数之和}} \times$ 各月（季）实际季节指数，即调整系数 $= \dfrac{1\ 200\%\text{（或}400\%\text{）}}{\text{实际季节指数之和}} \times$ 各月（季）实际季节指数。

步骤五，计算预测值。

某月（季）预测值 = 上月（季）实际数 $\times \dfrac{\text{预测月（季）的季节指数}}{\text{实际月（季）的季节指数}}$。

月（季）均数可按照趋势计算，也可以采用年预测值除以月份数或季节数据得到平均各月（季）数。

【例】 某空调店近三年的销售数量如表 9-27 所示，试预测 2022 年各月的销售量。

表 9-27　某空调店 2019—2021 年的销售数量　　　单位：台

年份	1	2	3	4	5	6	7	8	9	10	11	12	月均
2019	5	5	11	23	40	110	96	85	62	20	5	6	38. 4
2020	4	3	10	22	51	108	94	80	57	15	4	4	38. 3
2021	3	4	6	18	32	100	92	81	58	13	3	2	34. 3
月均	4	4	9	21	41	106	94	82	59	16	4	4	37
季节指数/%	10. 8	10. 8	24. 3	56. 8	110. 8	285. 5	250. 1	221. 6	159. 5	43. 2	10. 8	10. 8	

解题步骤如下：

步骤一，计算历年同月的算数平均数。

1 月份的平均数$=\dfrac{5+4+3}{3}=4$

2 月份的平均数$=\dfrac{5+3+4}{3}=4$

3 月份的平均数$=\dfrac{11+10+6}{3}=9$

1—12 月份的平均数见表 9-27 第四行数据。

步骤二，计算全年月的总平均数。

$$\bar{y}=\frac{4+4+9+\cdots\cdots+4+4}{12}=37$$

步骤三，计算各月的季节指数。

$$各季节指数=\frac{各年同月（季）平均数}{全年月（季）总平均数}\times100\%,$$

1 月份的季节指数$=\dfrac{4}{37}\times100\% =10.8\%$；

2 月份的季节指数$=\dfrac{4}{37}\times100\% =10.8\%$；

3 月份的季节指数$=\dfrac{9}{37}\times100\% =24.3\%$；

……

1—12 月份的季节指数见表 9-27 第五行数据。

步骤四，调整各月（季）的季节指数。

1—12 月的季节指数之和为 1 199. 5，由于实际季节指数之和小于 1 200 就需要进行调整，调整各月（季）系数$=\dfrac{理论季节指数之和}{实际季节指数之和}\times$各月实季节指数。

1 月份调整后的季节指数$=\dfrac{1\,200}{1\,195}\times10.8\% =10.8\%$；

2 月份调整后的季节指数$=\frac{1\ 200}{1\ 195}\times 10.8\% = 10.8\%$；

3 月份调整后的季节指数$=\frac{1\ 200}{1\ 195}\times 24.3\% = 24.3\%$；

……

1—12 月份调整后的季节指数分别为 10.8%、10.8%、24.3%、56.8%、110.8%、285.5%、250.1%、221.6%、159.5%、43.2%、10.8%、10.8%。

步骤五，计算预测值。

2021 年月均销售额为 37 台。

$$某月（季）的预测值=上月（季）实际数\times\frac{预测月（季）的季节指数}{实际月（季）的季节指数}$$

2022 年 1 月份的预测值$=2\times\frac{10.8}{10.8}=2$（台）

2022 年 2 月份的预测值$=3\times\frac{10.8}{10.8}=3$（台）

2022 年 3 月份的预测值$=3\times\frac{24.3}{10.8}=7$（台）

2. 连环比率平均法

连环比率平均法指将历年各月（各季）数值与全年月（季）平均数之间的比率予以平均求得季节指数，进行预测的方法。

连环比率平均法预测步骤如下：

步骤一，求历年各月（季）数值与全年各月（季）平均数之间的比率。

$$历年各月（季）的比率（\%）=\frac{各月（季）的数值}{该年各月（季）平均数}\times 100\%$$

步骤二，将各年同月（季）的比率加以平均，求得季节指数。

将各年同月（季）的比率加以平均，求得季节指数。

步骤三，调整季节指数。

季节指数之和应等于 1 200%（月）或 400%（季），若不满足，调整系数修正。

$$调整各月系数=\frac{理论季节指数之和}{实际季节指数之和}\times各月实际季节指数$$

步骤四，求预测值。

$$某月（季）预测值=上月（季）实际数\times\frac{预测月（季）的季节指数}{实际月（季）季节指数}$$

【例】 某家电公司 2017—2020 年销售空调数据如表 9-28 所示，已知 2022 年 1 月份销量为 3 台，使用连环比率平均法预测某家电公司 2022 年其余每个月的空调销售台数。

表 9-28　某电器公司 2019—2021 年空调销售量　　单位：台

年份	1	2	3	4	5	6	7	8	9	10	11	12	月均
2019	5	4	11	23	40	110	96	85	62	20	5	6	38.4
2020	4	5	10	22	51	108	94	80	57	15	4	4	38.3
2021	3	3	6	18	32	100	92	81	58	13	3	2	34.3
季节指数/%	10.7	10.7	24.1	56.6	110.2	286.7	254.6	222.2	159.8	43.1	10.7	10.6	

连环比率平均法预测步骤如下：

步骤一，计算历年各月（季）数值与全年各月（季）平均数之间的比率。

$$历年各月（季）的比率（\%）=\frac{各月（季）的数值}{该年各月（季）平均数}\times100\%$$

$$2019年1月份的比率=\frac{5}{38.4}\times100\%=13\%$$

$$2020年1月份的比率=\frac{4}{38.3}\times100\%=10.4\%$$

$$2021年1月份的比率=\frac{3}{34.3}\times100\%=8.7\%$$

以此类推，求出各年各月（季）的比率，具体数据见表 9-28。

步骤二，将各年同月（季）的比率加以平均，求得季节指数。

$1月季节指数=\frac{13+10.4+8.7}{3}\times100\%=10.7\%$，以此类推，求出 12 个月的季节指数。

步骤三，调整季节指数。

季节指数之和等于 1 200%（月）或 400%（季），不需要调整系数。

步骤四，求预测值。

$$某月（季）预测值=上月（季）实际数\times\frac{预测月（季）的季节指数}{实际月（季）季节指数}$$

$$2022年2月预测值=3\times\frac{10.7}{10.7}=3（台）$$

$$2022年3月预测值=3\times\frac{24.1}{10.7}=7（台）$$

$$2022年4月预测值=6\times\frac{56.5}{24.1}=14（台）$$

四、因果关系预测

在社会经济现象中，有些经济变量除了受时间变化的影响外，还可能受很多因素的影响，如广告投入量与产品销售量、价格与产品销售量、消费者收入与消费支出等，都是一个经济变量变化会带来另一种经济变量的变化，两种经济变量之间的相互影响，相互依存，构成因果关系。常用的因果关系主要是回归分析法，回归分析步骤详见定量调查数据分析中的回归分析阐述。

■任务实施

Step1：按照每 6 个人一组的原则将全班分成几个小组。

Step2：每个小组成员用定量预测方法完成下列预测，时间 60 分钟。

任务 1：某地区某种商品 2014—2022 年的销售额如表 9-29 所示，请用一次移动平均法预测该地区某商品 2023 年的销售量。

表 9-29　某地区某种商品 2014—2022 年的销售额　　单位：万元

观察期	2014	2015	2016	2017	2018	2019	2020	2021	2022
观察值	10.2	10.6	10.5	10.9	10.9	10.8	10.4	10.5	11.0

任务 2：某地区家用轿车 2014—2022 年的销售额如表 9-30 所示，请用二次移动平均法预测该地区某商品 2023 年前三个月的销售额。

表 9-30　某地区某种商品 2022 年全年销售额　　单位：万元

月份	1	2	3	4	5	6	7	8	9	10	11	12
销量	256	228	229	247	250	239	243	251	245	251	270	272

任务 3：某地区某种商品 2022 年全年的销售额如表 9-31 所示，请试用指数平滑法预测 2023 年该地区轿车的销售量，$a=0.3$。

表 9-31　某地区的 2014—2022 年家用轿车历年销售量　　单位：台

年份	2014	2015	2016	2017	2018	2019	2020	2021	2022
销量	400	470	500	490	520	660	620	580	600

任务 4：某公司 2014—2022 年的销售额如表 9-32 所示，请试用趋势外推法预测该公司 2023 年的销售额。

表 9-32　某公司近 2014—2022 年销售收入　　单位：万元

年份	2014	2015	2016	2017	2018	2019	2020	2021	2022
销量	1 428	1 951	2 533	2 618	2 616	3 264	3 738	3 800	3 890

任务 5：某公司 2018—2022 年的销售额如表 9-33 所示，在公司整体销售额增加 10%的基础上，试用季节指数法预测 2023 年该公司各个季度空调的销售额。

表 9-33　某公司 2018—2022 年每个季度空调销售收入　　单位：万元

年份	1	2	3	4
2018	18	23	26	6
2019	21	24	27	20
2020	18	26	31	16
2021	20	22	30	18
2022	22	25	26	20

Step3：每个小组派代表阐述预测结果，时间 20 分钟。

Step4：老师进行点评。

模块检测

一、单项选择题

1. 定量预测具有以下特点（　　）。

A. 预测方法简单容易推广　　B. 预测结果不真实准确

C. 必须有完整的历史资料　　D. 不可以与定性预测结合使用

2. 定性预测的不足是（　　）。

A. 不适合内容较多、较复杂的情况　　B. 不适合远期预测

C. 不能控制预测结果的误差　　D. 不适合整体预测

3. 定性预测方法包括（　　）。

A. 专家预测　　B. 德尔菲法　　C. 头脑风暴法　　D. 三个都是

4. 德尔菲预测法的关键环节是（　　）。

A. 组织严密　　B. 选择合适的专家

C. 征询的次数多少　　D. 专家的独立性和保密性

5. 市场预测程序是（　　）。

A. 收集资料、明确目的、分析、预测

B. 明确目的、收集资料、预测、分析

C. 分析、明确目的、收集资料、预测

D. 明确目的、收集资料、分析、预测

6. 市场预测的研究对象是（　　）。

A. 宏观市场　　B. 决策变量未来变化趋势

C. 微观市场　　D. 经济现象的数值

7. 依据数字资料，运用统计分析和数学方法建立模型并做出预测值的方法称为（　　）。

A. 长期预测法　　B. 定性预测法　　C. 定量预测法　　D. 短期预测法

8. 下列市场预测方法中，哪类应用更加灵活方便？（　　）。

A. 指数平滑法　　B. 相关回归分析预测法

C. 定性预测法　　D. 时间序列预测法

9. 根据专家知识和经验对研究的问题进行判断、预测的方法是（　　）。

A. 弹性分析方法　B. 交叉影响法　　C. 回归预测法　　D. 德尔菲法

10. 指数平滑法中用来反映对时间序列资料的修匀程度的指标（　　）。

A. 平滑系数　　B. 季节指数　　C. 相关系数　　D. 移动跨距

二、多项选择题

1. 按预测的时间长短将市场预测分为（　　）。

A. 长期预测　　B. 中期预测　　C. 短期预测　　D. 近期预测

2. 市场预测的意义有（　　）。

A. 市场预测是企业从事生产经营活动的前提条件

B. 市场预测可以为消费者提供更好的商品

C. 市场预测有益于决策者趋利避害，减少决策中的不确定性

D. 市场预测为合理的企业决策提供信息

3. 市场预测具有以下（　　）特征。

A. 描述性　　B. 系统性　　C. 服务性　　D. 差异性

4. 定量预测法的特点是（　　）。

A. 量与质的分析相结合

B. 采用的工具是统计分析方法和模型

C. 预测的先决条件是数据资料齐全

D. 预测精确度高

5. 德尔菲法的优点有（　　）。

A. 匿名性　　B. 反馈性　　C. 客观性　　D. 量化性

6. 经济现象未发生质的变化时，其过去和现在发展变化的规律性可以延伸到未来，这没有体现预测的（　　）。

A. 全面分析原则　　B. 概率性原则　　C. 连贯性原则　　D. 因果性原则

7. 最小二乘法估计参数的基本思想是（　　）。

A. 预测值与实际值误差平方和最小　　B. 预测值与实际值差距最大

C. 最小化误差的平方和　　D. 预测值与实际值差距没关系

8. 时间序列法包括（　　）。

A. 移动平均法　　B. 指数平滑法　　C. 趋势外推法　　D. 季节指数法

9. 移动平均法可以分为（　　）。

A. 一次移动　　B. 二次移动　　C. 简单移动　　D. 复杂移动

10. 回归分析法的种类可以包括（　　）。

A. 一元回归　　B. 多元回归　　C. 高度相关　　D. 低度相关

三、判断题

1. 任何事物的发展在时间上都具有连续性。

A. 对　　B. 错

2. 任何事物都不可能孤立存在。

A. 对　　B. 错

3. 任何事情相互之间在结构、模式、性质和发展趋势等方面客观存在相似之处。

A. 对　　B. 错

4. 在加权移动平均法中，越是近期的数据权数越大。

A. 对　　B. 错

5. 德尔菲法是一种专家预测法。

A. 对　　B. 错

6. 选择专家时，要求必须是高级职称或高等学历、在社会上有名望的人。

A. 对　　B. 错

7. 只要预测准确，决策就会是正确的。

A. 对　　　　　B. 错

8. 市场预测与市场调查没有关系。

A. 对　　　　　B. 错

9. 一般来说，市场预测误差越小，说明市场预测的精度越高。

A. 对　　　　　B. 错

10. 地区性预测指对企业所在地（市、县）内的某种现象、事件或趋势进行预测。

A. 对　　　　　B. 错

实训项目十 市场调查报告撰写实训

要把调查研究作为基本功，坚持从实际出发谋划事业和工作，使想出来的点子、举措、方案符合实际情况。

——2015 年 1 月 12 日，习近平同中央党校县委书记研修班学员座谈时的重要讲话

■实训目的与要求

1. 了解书面调查报告的构成及作用；
2. 了解调查报告的撰写步骤；
3. 掌握书面调查报告的写作；
4. 掌握口头调查报告的写作；
5. 树立正确的社会主义核心价值观；
6. 发扬工匠精神。

■实训学时

本项目实训建议时长：6 学时

■导入案例

湖南农民运动考察报告

1925 年 2 月，经中共中央同意，毛泽东回韶山养病，于是他利用这一机会在韶山进行社会调查。经过同各类人士接触、交谈，了解了韶山附近农民的生产、生活情况、农民的阶级状况和各种社会情况。1926 年 5 月，毛泽东在主持农民运动讲习所时，曾主持拟定租率、田赋、地租来源、主佃关系、抗租减租、农村组织状况、农民观念、民歌等 36 个项目引导学生做调查，并要求学生把家乡的情况按调查项目填写。同年的 9 月 1 日，毛泽东为《农民问题丛刊》写序言时，深感研究农民问题的材料缺乏，希望在不久的时期内“从各地的实际工作实际考察中引出一个详细的具体的全国的调查来”

(《毛泽东年谱(1893—1949)》上卷,第167页)。因此,国共合作后,毛泽东十分重视农村调查,这些关于农村调查的具体实践、问题选择与行动倡导,为农民运动调查奠定了基础。

1927年1—2月,毛泽东历时32天,对湖南湘潭、湘乡、衡山、醴陵、长沙五县的农民运动进行考察。每到一地,"召集有经验的农民和农运工作同志开调查会,仔细听他们的报告,所得材料不少"(《毛泽东选集》第1卷,人民出版社1991年版,第12页)。1927年2月16日,毛泽东就考察湖南农民运动的情况写报告给中共中央。报告指出:"在各县乡下所见所闻与在汉口在长沙所见所闻几乎全不同,始发现从前我们对农运政策上处置上几个颇大的错误点。"党对农运的政策,应注意以"农运好得很"的事实,纠正政府、国民党、社会各界一致的"农运糟得很"的议论;以"贫农乃革命先锋"的事实,纠正各界一致的"痞子运动"的议论;以从来并没有什么联合战线存在的事实,纠正农协破坏了联合战线的议论(《毛泽东年谱(1893—1949)》上卷,第179页)。这些基本观点,构成了报告的主要内容。

在基于实地调查后,毛泽东对湖南农民运动有了自己的看法,澄清了关于农民运动的不实之词。1927年3月,毛泽东的经典著作《湖南农民运动考察报告》问世,引起社会广泛关注。这是无产阶级及其政党领导农民革命斗争的纲领性文献,在历史的紧要关头,为革命进一步指明了方向,推动了农村大革命运动的继续发展。

在《湖南农民运动考察报告》中,毛泽东依据自己的观察,断言"农民成就了多年未曾成就的革命事业,农民做了国民革命的重要工作",这是对农民运动革命性、正义性的总体肯定,彰显了农民在国民革命中的作用。

在《湖南农民运动考察》报告中,毛泽东对农民的革命态度进行了具体分析,将农民分为富农、中农、贫农三种。在他看来,富农的态度是消极的,中农的态度是"游移"的,贫农是农民协会的"中坚",是打倒封建势力的"先锋","乡村中一向苦战奋斗的主要力量是贫农"(《毛泽东选集》第1卷,第19页、第20页)。农民的力量来自农民的组织、农民的武装、农民的权力,来自针对农民的政治动员、文化教育。农民的力量主要体现在推翻农村社会的封建统治,建构新的社会基础、社会秩序。

在《湖南农民运动考察报告》中,毛泽东所关注的14件大事,既是农民革命的内容,也是农村建设的重点。比如,通过农会将农民组织起来,建立农民武装,建设廉洁政府,破除迷信与神权,普及政治宣传,严禁牌、赌、鸦片,办农民学校,建立消费、贩卖、信用三种合作社,修道路、修塘坝,实际上已涉及农村的政治建设、经济建设、文化建设和社会建设。毛泽东期待通过农民革命改造农村权力框架,实现农村制度变革,改良农村社会风气,提升农民文化素养,促进农村政治、经济、文化、社会的发展。

资料来源:中共中央文献研究室. 毛泽东年谱(1893—1949)(上卷)[M]. 北京:中央文献出版社,1993.

思考问题:

1. 市场调查报告的作用有哪些?
2. 市场调查报告有哪些内容?
3. 市场调查报告的调查结论、建议与调查结果的区别与联系是什么?

■项目内容

在教师的指导下,根据选定的调查项目,依次对书面调查报告撰写和口头调查报告汇报等项目进行实训,从而完成教学目标和要求。

【实训模块1】市场调查报告认知

■知识准备

一、市场调查报告的概念

市场调查报告是市场调查人员以书面或口头形式，反映市场调查内容及市场调查过程，并提供调查结论和建议。

二、市场调查报告的类型

市场调查报告可以从不同角度进行分类，主要的分类依据有按读者、调查报告性质、调查报告功能、调查内容和呈现方式等。

1. 按调查报告的读者分

按读者将市场调查报告分为应用性调查报告和学术性调查报告。应用性调查报告也称一般性调查报告，它的阅读者是对研究方法和统计技术兴趣很少的特定用户，如政府部门和企业的决策者、非技术人员和社会中的普通公众。应用性调查报告以描述现实情况、解决实际问题为目的，对调查方法、调查过程等介绍相对简单，侧重点是调查结果、调查结论和建议，其中调查结果多使用直观的图表和通俗的语言，建议部分的篇幅较长。应用性调查报告有多类读者时，可以使用综合性调查报告，即用通俗易懂的方式总结关键结果，将技术资料放在附录中，也可为不同读者分别量身定制专门的调查报告，以满足每类读者的需求。学术性调查报告主要为专业人员准备的，着重分析各种经济现象之间的相互关系，或对理论进行检验或建构。学术性调查报告对研究方法、样本选取、变量测量、数据收集过程、数据分析方法等专业知识做详细的介绍，使用较多的技术语言，强调数据来源的科学性和调查结论的可靠性。

【例】　某公司管理系统软件更换可行性调查报告

某调查研究人员接受一公司系统软件更换调查任务，并撰写了三种调查报告，每种报告的侧重点不同：为高级管理人员准备的调查报告，强调更换系统所需要的费用和可能带来的效益；为财务部门准备的调查报告，强调更换系统后财务报表可能发生的变化；为销售经理准备的调查报告，强调更换系统后销售领域可能发生的变化。

2. 按调查报告的性质分

根据调查报告的性质将市场调查报告分为定量调查报告和定性调查报告。定量调查报告格式比较规范，内容相对固定，各部分的界限分明，资料以理性化的数据形式表现出来，能精确地反映调查结果，且调查结果、调查结论和建议具有较强的逻辑。定性调查报告的篇幅比定量调查报告的篇幅要长一些，主观色彩更重一些，格式上不固定，也没有严格的规范，描述、分析和解释之间没有清晰的界线。

3. 按调查报告功能分

按调查报告功能将调查报告分为描述性调查报告和解释性调查报告。描述性调查报告着重对调查现象进行系统、全面的描述，主要目的是向读者展示某一现象的基本情况、发展过程和主要特点，报告强调内容的集中、深入，看重理论的解释性、数据分析的科学性和合理性。解释性调查报告的着眼点是说明现象的产生原因或者说明不同社会现象之间的相互关系，重点在于找到和判断现象的关系，尽管解释性报告中也有对现象的描述，但是描述不是特别全面和详细，且描述现象只是为理解现象之间的关系而做的背景介绍。

4. 按调查报告内容分

根据调查报告内容将调查报告分为综合性调查报告和专题性调查报告。综合性调查报告反映某一总体各方面的情况或某一现象各方面的内容，调查报告的内容全面，篇幅较长，偏描述性分析。专题性调查报告主要是针对某一种情况、某个事件或某个问题做的深入调查和分析，调查报告针对性强，篇幅较短，解释多一些。

5. 按调查报告呈现方式分

按照调查报告呈现形式将调查报告分为书面调查报告和口头调查报告。书面调查报告是对调查材料进行深入细致分析后，以书面形式反映调查过程和调查内容，并提供调查结论和建议。口头调查报告是在提供书面调查报告后，进一步向委托方有重点、有针对性陈述报告内容，以加深委托方对书面报告的理解，并回答委托方提出的疑问和补充委托方需要的内容。

三、市场调查报告的作用

（一）全面反映工作全貌

调查报告要反映市场调查活动的全过程，如调查目的是什么、采用什么样的调查方法、选择哪些人作为调查对象、问卷是如何拟定的、采用哪些测量方法和工具、使用哪些分析软件或分析方法等，让读者信服调查数据获取的科学和结论的可信。

（二）提供决策依据

市场调查报告在反映调查工作全貌的基础上，更强调对现象、事件或问题的分析，以及得到的调查结论，从而帮助委托方增加对现象、事件或问题的认识，为企业决策提供解决思路或参考依据。

（三）获得委托者的认可

调查报告是评判调查活动质量高低的重要依据。读者通过调查报告对调查设计质量、调查对象和调查方法选择的科学性、调查内容与主题的契合度、调查问卷设计的质量、数据分析的专业性、调查结论的认识性和报告表达的精确性等多个方面进行评价。为此调查报告撰写时要使用简洁的语言，反映调查研究的科学性，表达调查发现的精确性。

四、调查报告撰写的原则

（一）真实性

在调查报告撰写过程中，要尊重客观事实、用事实说话，不能杜撰数据，无中生有，要以收集到的数据为基础得出调查结论并提出建议。

（二）针对性

市场调查要以实际问题为导向，以解决问题为目的，报告内容必须紧密结合调查主题，与调查无关的内容不必出现在调查报告中。并要根据调查任务、调查内容和读者需求等来确定报告内容、报告风格和报告篇幅。

【小案例】　党的十九大报告中关于我国社会主要矛盾的论述

党的十九大报告关于我国社会主要矛盾变化的新表述，报告指出："我国稳定解决了十几亿人的温饱问题，总体上实现小康，不久将全面建成小康社会，人民美好生活需要日益广泛，不仅对物质文化生活提出了更高要求，而且在民主、法治、公平、正义、安全、环境等方面的要求日益增长。同时，我国社会生产力水平总体上显著提高，社会生产能力在很多方面进入世界前列，更加突出的问题是发展不平衡不充分，这已经成为满足人民日益增长的美好生活需要的主要制约因素。"这段精辟论述，深刻反映了我国社会生产和社会需求发生的新变化。原来关于"人民日益增长的物质文化需要同落后的社会生产之间的矛盾"的表述，已经不能准确反映这种变化了的客观实际，理所当然需要作出新的概括。

（三）直观性

市场调查报告的价值不是以篇幅来衡量的，而是更强调调查内容的质量和调查报告的易理解性。调查报告要客观、系统反映调查过程和调查结果，表达方式以描述为主，形式应简洁明了，保证阅读者易于理解，能迅速抓住重点。

（四）创新性

市场调查报告既要真实、客观、系统地反映调查整体情况，但不能只是单纯地描述，更要对调查现象和问题发表研究者的思考和见解。

■任务实施

Step1：老师在网络上找一份调查报告。

Step2：全班同学先阅读调查报告，然后说出调查报告的构成，时间 10 分钟。

Step3：随机抽取两个学生来说出他们的答案。

Step4：老师进行点评。

【实训模块 2】书面调查报告的撰写步骤

■知识准备

一、书面调查报告的撰写步骤

无论哪种类型的调查报告，其撰写步骤几乎都要遵循资料收集、确定调查主题、拟定调查提纲、选择材料、撰写初稿和修改等步骤。

（一）获取资料

调查报告撰写前要全面收集有关资料，掌握大量、真实、全面的数据，为写好调查报告打下基础。要收集的资料有一手资料和二手资料、原始资料和分析资料，还有报告阅读者、使用者以及他们的信息需求的资料。

（二）确立主题

调查报告的主题是调查报告所要表达的中心问题，也是调查报告的灵魂。明确适当的报告主题是报告撰写最关键的一步，报告撰写者要对调查目的认真分析，以决策问题为导向，确立报告的主题。

【小案例】　A汽车公司打算进入某二线城市的调查报告主题

1. 该城市的年度汽车消费总额和汽车竞争格局
2. 该城市近年来汽车客户的特征变化
3. 该城市近年来汽车产品结构变化；
4. 该城市近年来汽车年销售潜力；
5. 销售回报计划（产品销售比例与投资成本回收财务分析）；
6. 产品上市时机与上市策略。

一般调查主题就是调查报告主题，但是有时也会存在不一致的情况：如果前期的选题范围过大，调查报告难以容纳全部调查内容时，可从调查内容中选择部分内容作为调查报告的主题；如果由于某些调查原因，调查所得到的资料与最初的调查目标有差距，现有的资料无法说明事先的调查主题时，需要根据实际的调查资料重新确立报告主题；如果读者只对某部分主题感兴趣，也可根据需要重新确立报告主题。

（三）拟定提纲

调查报告内容多，篇幅较长，写作时可先对调查报告进行构思，搭建出大概的整体框架。主题是报告的灵魂，提纲就是报告的骨架。调查提纲可帮助撰写者理清写作思路、全面把握报告的整体结构、认真考虑整体与部分之间的关系。通常调查报告的导言、方法等部分的内容比较固定，因此主要对调查结果、调查结论和建议拟定提纲，并且调查结果的提纲要等到调查分析结束后才能进行，而结论部分的提纲要等到调查结果写作完成后再行拟定，建议部分的提纲要在结论部分完成后再行拟定。

拟定调查提纲的方法有两种：一种是标题法，即按层次意义列出总标题、大标题、小标题、子标题，这样列出的提纲主题突出、层次清楚、结构严密；另一种是句子法，用句子的形式把所要论述的中心内容概括表达出来，如中心论点、分论点、基本论点等，这样列出的提纲内容明确、表达完整。

调查报告的段落布局有三种结构可供选择：纵式结构是按事物发展变化的时间先后顺序进行安排，如事件的起因、发展经过、造成的结果、产生的影响，采取的对策或措施；横式结构从几个不同的角度对调查结果、调查结论和建议加以反映；纵横结构是同时使用纵式结构和横式结构。

（四）选择材料

市场调查会获取大量的数据、表格、事例和观点等材料，但不是所有调查资料都要放进调查报告中，需要根据调查主题和观点，精心筛选素材来说明观点。写作中尽量以提纲的范围和要求为依据选择与主题密切相关、典型的材料，确保所使用的材料有代表性和有说服力；尽量选择互为补充的多种材料，如既要选择各种数据、表格、事实材料等客观材料，又要使用一些观点、认识、建议等主观材料，使得调查报告有血有肉。

【小案例】　瑞幸咖啡市场规模说明材料选择

瑞幸咖啡为了获取融资，向投资者说明咖啡市场容量和潜力时，报告撰写者用连续多年人均消费量增加说明中国咖啡市场增势强劲，用中国人均消费杯数与国外人均咖啡消费杯数的差距说明中国咖啡市场提升空间巨大。

（五）撰写

拟定提纲后便可以开始撰写调查报告。报告撰写中除了按照提纲有序写作外，还要注意每部分的写作技巧。调查报告的写作一旦开始，尽量一气呵成，不要在一些小的细节上反复推敲修改，写作过程中若有灵感，可以添加注释记下灵感，等报告撰写完毕后再进行添补。这样能保证调查报告在整体思想、体系结构、内容形式、行文风格上前后一致，浑然一体。

报告最常见的三种写作方式：先叙后议，即先摆事实，着力叙述事物的前因后果，来龙去脉，使读者有一个感性认识，再扼要地归纳认识得出结论或观点；夹叙夹议，即一边叙述交待调查的情况事实，一边进行必要的议论，观点与材料渗透在一起；印证说明，即先提出观点和看法，再摆事实加以印证说明。报告撰写中不能简单罗列材料与堆砌数据，要善于处理材料，恰到好处地运用图、表、文字、模型等表现材料，增强调查报告的概括力和表现力。

（六）修改定稿

调查报告完成后要反复阅读，并对调查报告的主题、结构、材料、语言和格式进行反复多次审查。需要反复检查的有：调查报告主题是否适当、是否存在无关主题；结构逻辑是否合理、重点是否突出；材料与观点是否一致，使用的数据和资料是否准确；语言是否表述规范、有没有语法或拼写错误；格式排版是否美观、行距是否一致、字体字号大小是否合适。发现调查报告中存在问题可采取增、删、调、改等方式进行修改：如增加不足部分、删掉累赘部分、调整结构和材料的顺序，改换不恰当的资料和语言，改正错别字和不符合要求的标点符号、记数单位等。撰写者本人修改后，还要征求其他各方的意见，只有没有任何问题的调查报告才能定稿。

二、书面调查报告撰写步骤示例

以《世外桃源旅游目的地形象调查报告》为例，撰写中应按照市场调查写作步骤分别完成对应工作。

（一）获取材料

撰写调查报告之前收集世外桃源旅游目的地形象相关材料，如旅游目的地形象的相关文献、其他成功传播旅游目的地形象的案例、世外桃源市政府对旅游尤其是旅游目的地形象传播的相关政策、调查问卷、调查问卷分析数据，其中调查问卷的主要内容见表 10-1。

表 10-1　旅游目的地形象调查问卷表

编号	题项内容
Q1	是否是游客
Q2	性别
Q3	年龄
Q4	来自省份（或地区）
Q5	婚姻状况

表10-1(续)

编号	题项内容
Q6	家庭人口数
Q7	受教育程度
Q8	职业
Q9	家庭税前月收入
Q10	旅游的动机
Q11	旅游目的地景点知晓率
Q12	目的地的认知形象（量表题）
Q13	目的地的情感形象（量表题）
Q14	总体评价
Q15	印象最深的代表人、代表物、代表口号
Q16	推荐愿意
Q17	重游意愿
Q18	觉得能够代表目的地旅游形象的事物/人物/景物
Q19	最认同的某地旅游宣传口号
Q20	认为值得一去的地方
Q21	印象描述

（二）确立主题

通过对调查材料的分析，发现调查没有偏离最初的调查主题，因此调查报告的主题为调查主题，即目标游客特征、旅游动机、游客对旅游目的地认知、情感、行为评价和旅游目的地形象改进。

（三）拟定提纲

调查报告主题确立后，将调查主题进一步进行细化，并拟定调查提纲，具体见表10-2。

表10-2 旅游目的地形象调查报告提纲（标题法）

1. 序言
1.1 调查背景
1.2 调查目的
1.3 调查内容
  1.3.1 目标游客特征
  1.3.2 游客动机
  1.3.3 游客对目的形象认知评价
  1.3.4 游客对目的地的情感评价
  1.3.5 游客目的地的行为倾向
2. 研究方法
2.1 调查性质
2.2 调查对象
2.3 调查方法
2.4 调查方式
2.5 分析方法

表10-2(续)

3. 调查结果 3.1 样本分析 3.2 游客动机分析 3.3 旅游目的地属性认知 3.3.1 游客旅游目的地属性总体认知评价 3.3.2 游客特征与旅游目的地属性认知交叉评价 3.3.3 游客动机与旅游目的地属性认知交叉评价 3.4 目的地情感认知 3.4.1 游客旅游目的地情感总体认知评价 3.4.2 游客特征与旅游目的地情感认知交叉评价 3.4.3 游客动机与旅游目的地情感认知交叉评价 3.5 目的地行为倾向 3.5.1 重游率和推荐意愿总体情况 3.5.2 游客特征与旅游目的地倾向交叉评价 3.5.3 游客动机与旅游目的地倾向交叉评价 4. 调查结论 4.1 目标游客 4.2 游客旅游动机结论 4.3 游客对目的地认知评价结论 4.4 旅游目的地的情感评价结论 4.5 旅游目的地行为倾向结论 5. 调查建议

(四) 选择材料

根据调查提纲，选择一些能说明调查结果、论证调查结论的一手和二手资料。

(五) 写作

按照拟定好的提纲，分别完成调查报告的引言、调查研究方法、调查结果、调查结论、调查建议、限制、附录和摘要部分的写作，形成初稿，调查报告初稿目录见表10-3。

表10-3 世外桃源旅游目的地形象调查目录

目录

表10-3(续)

（六）定稿

对初稿进行修改，进一步检查调查报告的主题、结构、材料、语言表达和格式是否存在问题，发现问题及时修改。将修改后调查报告提交给相关人员审阅，并根据反馈意见对报告进行再一次的修改和润色，确保报告内容全面、准确、清晰和有条理，直到调查报告定稿。

■任务实施

step1：每个小组整理收集的调查资料。

Step2：确立调查报告的主题。

Step3：拟定调查报告的提纲。

Step4：选择调查材料。

Step5：撰写调查报告初稿。

Step6：将调查报告初稿提交给老师。

Step7：老师与调查小组就调查报告中的问题进行沟通。

Step8：修改调查报告并定稿。

【实训模块3】书面调查报告的撰写技巧

■知识准备

一、定量调查报告的撰写技巧

定量调查报告格式固定，主要由标题、目录、摘要、引言、研究方法、调查结果、调查结论、建议和附录组成，各部分之间的界线分明，详见表10-4。定量调查报告篇幅普遍较短，综合型的调查报告字数一般为20 000~30 000字，专题性的调查报告8 000字左右。

调查报告写作通常会按照“沙漏形式”来安排整个调查报告的框架。往往从比较宽的调查研究内容入手，然后会过渡到比较窄的调查结果部分，在调查结果的陈述中强调窄而深，篇幅较多，对具体调查内容分析比较透彻。在得出调查结论后，将调查主题置于一个更广阔的范畴视野中进行讨论并给出建议，建议部分会再次拓展到更广泛的领域。

表10-4　定量调查报告的结构

标 题
一、摘要
二、引言
（一）调查背景
（二）调查目的
（三）调查内容
三、研究方法
（一）调查类型
（二）调查方法
（三）调查方式
（四）资料分析方法
四、调查分析结果
五、调查结论
六、建议
七、限制
八、附录
附录1　调查问卷、访谈提纲、访谈记录
附录2　统计结果
附录3　参考文献

（一）调查报告标题的撰写

调查报告封面包括报告题目、报告的服务对象、报告的撰写者及委托和完成单位、报告的发布日期等内容。其中调查报告的标题是点睛之笔，好的调查题目要求能揭示调查主题能增加报告的吸引力和感染力。调查报告的标题有下列六种写法：

1. 陈述式

陈述式标题指使用调查对象和核心概念作为报告题目。如《华为笔记本电脑市场占有率调查》《中国通讯市场竞争调查》等。该种标题特点是简明扼要、客观、内容一目了然，但略嫌呆板。

2. 结论式

结论式标题指用调查者的观点、看法或对事物的判断、评价作为调查报告的标题。如“高档羊绒大衣在北京市场畅销”“必须提高销售人员素质——A 公司销售人员情况调查”等。该种标题的特点是能直接表明观点和结论、有针对性和理论意义，又有一定的吸引力，但缺点是通常要加副标题才能将调查对象和内容表达清楚，也不够活泼。

3. 问题式

问题式标题指用以一个问题作为报告的标题，吸引受众的注意力。如《购物节观察:“剁手”十数载，今年你有何不同？——京东618专题研究》《你微博了吗——大学生微博使用调查报告》《B 公司的促销活动为什么没有达到预期的效果?》。

4. 正副标题式

正副标题指报告题目由主标题和副标题共同构成，主标题以提问、结论形式表达，而副标题则对主标题做限定或补充说明，副标题一般会加研究视角、研究所基于的理论、研究所基于的案例或它特定的调查对象和范围，如《大学生就业情况调查——以某某学校为例》。

5. 关键词式

关键词式标题指标题由几个关键词构成，没有严谨的语言逻辑表达，目的在于增加调查报告被检索的机率。如“大学生、就业”。

6. 正规式

正规式标题指由调查对象、调查内容和文种等组成。如《2021 年大学生就业调查报告》《新能源汽车消费者购买动机焦点座谈会调查报告》。该种标题简洁、规范，但过于严肃不活泼。

（二）目录的撰写

目录是调查报告的检索部分，帮助读者了解报告的结构，并迅速找到感兴趣的章节，在调查报告完成后再生成。目录一般包含报告所分章节及其相应的起始页码，通常只编写两个层次的目录，较短的报告可只编写一个层次的目录。较长的调查报告如果有很多图表、附件和资料时，可分别对调查内容、图表、附件和资料编制目录，如表10-3。目录应该简洁尽量，篇幅不能太长，尽量压缩在一页；目录应层次分明，方便读者快速找到需要阅读的部分；目录中的文字不应太长，且不能带有标点符号。

（三）摘要的撰写

摘要是将整个调查报告内容提炼后形成的文字小结，放在调查报告主体之前。调查告摘是调查报告的灵魂，能对调查报告起到画龙点睛的作用，部门管理者和决策者有时候只阅读调查摘要。

调查报告摘要一般在调查报告主体完成后再撰写。字数因调查报告类型的不同有所差异，学术性调查报告的摘要字数在 300 字以内，应用性调查报告的摘要字数在 600 字左右，政府或部门调查报告的摘要字数在 1 000~3 000 字左右。摘要的内容包括调查目的、调查方法、主要调查结果、主要调查结论和建议。具体写作格式为：为了……

（研究目的），采用……方法（或以……为例），调查（或分析）……，结果表明（或分析认为）……，应该（或建议）……”。摘要中还要有 3–5 个的关键词，关键词可以是调查对象、调查研究的细分领域、调查内容、调查企业、调查品牌或调查方法等。

摘要的撰写要求有：独立性和自明性，即读者只读摘要就可以了解整个调查报告的内容；人称上使用第三人称，而非第一人称；内容重点是新观点、新发现，而不是对报告中已经表达的内容的简单重复、也不只是论文提纲的堆砌；结构要严谨，语义确切，不做模棱两可的结论或没有事实为依据的空论；规范化的表述，不使用图表、公式模型以及读者难以理解的缩略语、简称或代号；对于众所周知的国家、机构等专用属语尽可能使用简称或缩写，提高信息的简洁性和可读性。

（四）序言的撰写

序言也称前言、引言和绪论，它是调查报告正文的起始部分，包括调查背景、调查目的和调查内容。序言主要对为什么开展调查、开展调查的意义、关键概念的界定做出解释，目的在于强调调查目的和意义，并帮助读者理解后续的报告内容。序言一般有以下四种写法：

1. 直述调查主旨法

直述调查主旨法指序言中着重说明调查目的和意义，然后介绍调查的范围和调查的内容等。这种开头形式简明扼要。

【小案例】　　研究生淘汰制问卷调查报告序言

研究生淘汰制问卷调查

随着国内研究生教育改革的推进，人们对研究生培养质量问题日益关注，淘汰制渐成研究生教育界的热门话题，有关专家呼吁在研究生培养中建立与完善淘汰机制。尽管我国高校研究生教育中存在一些淘汰个例，但相对于西方发达国家研究生教育较完善的淘汰机制，及其一般研究生院10%～15%、著名大学30%～40%的较高淘汰率，我国研究生培养则素有“零淘汰”之称。完善的淘汰机制和一定的淘汰率有利于人才培养，加强对淘汰制的研究有着十分重要的意义。指导教师对研究生培养有最直接的认识，是淘汰制的直接相关者，他们对淘汰制的看法具有重要的参考价值。基于这一考虑，调查组在研究生导师中进行了研究生教育淘汰制的问卷调查。

2. 结论先行法

结论先行法指在序言中提出问题的同时，将调查结论也写出来，在报告主体中用调查资料对这些结论进行论证。这种开头形式观点明确，调查内容一目了然。

【小案例】　　教育乱收费情况的调查报告序言

喜不尽兴忧犹在

——对教育乱收费情况的调查

为了解各地治理教育乱收费情况，在中小学春季开学之际，本团队在河北、黑龙江、江苏、安徽、山东、湖北、河南、重庆、贵州、陕西等省市进行了教育收费情况调查。结果显示：通过开展集中治理、专项教育、监督检查、严厉查处等活动，中小学教育收费趋于规范，乱收费现象初步得以遏制，但隐蔽的、变相的违规收费问题在一些地方依然严重。

3. 交待调查情况法

交代调查情况法指序言中逐层说明调查的目的、时间、地点、对象、方法以及调查工作的过程等基本情况，使读者对调查有一个感性认识。

【小案例】　　英语课教学效果调查报告序言

> **英语课问卷调查**
>
> 由于扩招，越来越多的教师感到课难上，学生难教，总是责备学生不用功。反过来，学生又总是抱怨：没有学到什么东西。作为经历了扩招前后的教师，有上述的感受和责备，也耳闻学生的抱怨。本文想通过"英语课问卷调查"，了解学生，调整教学，缩短师生差距。（此调查对象为2001级汽车高职高专班和2001级计算机辅助设计高职高专班，共80人，接受调查69人，有效问卷67份。）

4. 设置悬念法

设置悬念法指序言中先描述某一社会现象，然后对这一现象产生的原因或这现象的影响、作用、意义等提出若干问题，设下悬念，增强调查报告的吸引力，在主体部分再展开详细说明。

【小案例】　　英籍教师ESL课堂教学原则与方法调查报告序言

> **英籍教师ESL课堂教学原则与方法**
>
> ——来自对学生的问卷调查
>
> 近年来，来自世界各地的外籍教师加入到我国大学英语的教学中来。作为母语是英语的外籍教师，他们在中国教授英语（ESL—English as a Second Language）的过程中是以什么样的教学原则引导、帮助中国学生提高英语水平，培养他们的学习能力，帮助他们建立信心的？他们在课堂教学中采用了哪些方法和措施、发挥了什么样的作用使教学能达到让学生满意的效果呢？

（五）调查方法的撰写

调查方法部分主要介绍调查对象、资料收集方法、调查实施过程和资料分析方法，目的是帮助阅读者更好理解调查发现，并让阅读者确信调查的科学性和调查结果的可靠性。

【小案例】　　《环球企业家》读者调查报告的研究方法

> 研究性质：描述性调查
>
> 研究方法：定量面谈
>
> 研究时间：2017年3月20日—2017年4月9日
>
> 被访者要求：根据《环球企业家》提供的订阅数量、赠阅、退订、停增读者群，采用随机抽样的方法邀请符合条件的被访者参加焦点小组座谈访问。
>
> 调查城市：北京、上海
>
> 配额及样本量见下表。

表1　《环球企业家》读者调查的配额样本表　　单位：人

订阅者类型	总人数	北京	上海
目前订阅者	91	44	47
目前赠阅者	32	17	15
目前退订者	38	13	25
目前停增阅者	53	28	25
合计	214	102	112

1. 调查性质的介绍

说明所开展的调查属于探索性、描述性、因果性还是预测性调查，以及为什么适用于这一特定类型的调查。

2. 调查方法的介绍

介绍资料收集方法，使用的是二手资料还是一手资料或同时使用两种资料。如果是文案调查，则要介绍文献的选择依据、取得方式，内容摘录方式和编码原则。如果是实地调查要交代是观察法、实验法、访谈法中的哪一种；抽样调查要说明目标总体是如何界定、测量和判定的，抽样分为几个阶段，每个阶段分别采取用哪些抽取技术，抽样框是如何确定的，样本是如何抽取的、样本数目是如何确定的，理论的样本构成、实际的有效样本数目及构成，失效或无效的样本主要是什么情形，以此来说明样本的全面性或典型性，没有出现选择偏移情况。

3. 调查工具的介绍

介绍调查所采用的变量和测量指标具体是什么，因果性调查还要说明自变量、因变量和控制变量；调查所使用的工具是自制问卷还是现成的量表，调查内容以及调查工具的信度和效度如何。

4. 调查收集过程的介绍

介绍调查实施情况，如调查实施的时间和调查区域、参与调查的人员及数量、调查前的培训、调查是如何组织管理的。

5. 调查分析方法的介绍

资料的分析方法介绍要说明调查报告中的不同部分分别采用哪些分析方法。如果是描述分析则要说明所采用的统计量、统计模型及采用的原因、所设定的显著性水平。比较复杂和比较新的统计分析方法要交代其基本原理和计算过程，甚至还会介绍统计指标的处理过程。不同性质的调查报告对统计分析方法的介绍要求不同，应用性调查报告对资料分析方法可不做过多的介绍，学术性调查报告则要求详细介绍统计分析方法。

6. 调查限制的说明

受时间、经费等多种因素的影响，调查中难免存在一些局限和不足，调查报告撰写过程中，要对调查的研究方法、调查工具、样本、研究内容、分析方法的质量进行评估，并如实说明调查中存在的误差、缺陷和限制。这种说明能够避免误用调查结论或做不适当的推广，也有利于做进一步调查来弥补其不足。

（六）调查结果的撰写

调查结果是调查研究人员对数据分析后得出的，它只展示统计分析数据、样本回答情况，不需要表达研究者的观点和判断。如某品牌食品消费购买渠道调查结果为“线上渠道占30%、线下专卖店占55%、线下商超占10%，其他渠道占5%”。

调查结果是针对特定的调查问题深入展开和深入分析的，因此比较窄，但篇幅比较长。调查结果的呈现形式要有逻辑性，不能简单罗列问卷中每一道问题的分析结果，让调查结果没有整体感，陷入到细节的描述中，沦为统计数据的呈现。调查结果撰写总的原则先整体后局部，先见“森林”后见“树木”，即先给出总体的、一般性的调查结果，然后才是个别的、具体的调查结果。对结果的陈述，应该是先给出中心的结果，然后再给外围的结果；在对各部分的陈述中，也应该是先陈述基本的结果、再在必要的地方或细节上进行详细阐述或描述。调查结果的内容要有逻辑性，按照某种逻辑顺序提出紧扣调查目的的一系列调查发现：同一级标题之间呈现的是并列或是递进关系，不同级别的标题之间是上下级之间的包含关系；标题与旗下的文字有明确的对应关系，即标题能准确概括文字中的内容，文字能论证观点。不同的部分之间也要注意承上启下、主次分明，重要问题重点讨论，不重要的问题弱化处理。

调查分析结果具体呈现上以图、表和模型为主，文字叙述为辅。较好的表达方式是用图、表、模型展现较为直观的关键信息，用文字对图、表、模型中的关键信息做引导和进一步的说明与分析。各种表达形式是相互配合和相互补充的关系，不能只有文字或只有图表，也不能用不同的表达方式重复表达相同的信息。

（七）调查结论的撰写

调查结论不同于调查结果，它是调查结果的深化和升华。调查结论是调研人员对调查结果背后的规律和问题的发现、是根据调查数据提出的解释性观点、是对调查结果意义的解释。调查结论兼具有客观性和主观性：客观性体指调查结论要以调查结果为依据，不能得出没有依据的结论；主观性指结论是对数据的认识，面对同样的数据，不同的调研人员可能会得到截然相反的结论。调查结论要求文字简练，但站在更高的角度，可以根据一个调查结果得出几个结论，也可以根据几个调查结果得出一个调查结论，但是每个结论应该直接服务于研究目的，并且得出的结论是实质性而非常识性的。

为了有充分的证据，作调查结论必要的时候可引述少量的调查结果信息。如某品牌食品销售渠道调查结果为“线上渠道占30%、线下专卖店占55%、线下商超占10%，其他渠道占5%”，那么可得出“线下专卖店是该品牌食品主要销售渠道”的调查结论，并可以引用“线下专卖店销售数量占比超过55%”的调查数据。

【小案例】　　非洲鞋子市场调查

有一家中国制鞋企业由于市场饱和，决定开发海外市场，选择进入非洲市场。为了了解非洲市场特派一位业务员前去考察，该业务员回来向报告公司说，非洲市场没有开发意义，因为那里没有一个人穿鞋。公司觉得不可能，于是派了一位经理前去考察，经理考察回来后，说非洲是一个非常大的市场，尽管目前这里的人不穿鞋，但是很多人患脚病。公司很振奋，为此派了一位总经理去考察，总经理考察回来向公司报告说，非洲市场很有潜力，值得开发，并提出了具体的对策：由于酋长在当地很有权威，要进入必须先取得酋长的支持；因为帅哥美女在当地很受年轻人欢迎，要让当地人迅速接受穿鞋子，可先赠送鞋子给当地的帅哥美女，并请他们穿鞋外出；由于地处偏僻，当地盛产的香蕉卖不出去，有很多人可能无钱买鞋，公司可与当地进行贸易合作，通过香蕉交易提高当地人的收入水平。

（八）建议的撰写

有些调查报告只要求简单解释结果，有的则要求针对未来提出建议。建议指根据调查结论提议应采取的措施或行动，是问题的解决对策或解决问题的思路。如调查结论为“线下专卖店是该品牌食品的主要销售渠道”，那建议可为“如何开拓和发展线下专卖店渠道”。由于建议是委托者最关注、最希望得到的信息，应用性调查报告不仅有建议部分，而且建议部分占有较长的篇幅。建议要与结论前后呼应，提出的建议要具体、积极、可操作和实用，有时为了证明建议的有效性，可运用与建议有关的背景资料、案例辅助解释和论证，必要时可附上“成本效益评估建议书”。

【小案例】 传音手机——非洲手机之王

传音科技于2006年在香港成立，经过十余年的发展，产品已经进入了全球超过70个国家和地区，其中传音手机在非洲市场的占有率高达48.71%，排名第一，被称为“非洲手机之王”。

传音手机能够称霸非洲得益于2007年大胆进入非洲手机市场。2007年国内手机市场快速发展，但传统品牌已经占据了75%左右的市场份额，传音手机认为自身在资金、品牌、产业链等方面不具有优势。与之相反，非洲总人口高达12亿，手机普及率不到7%，市场发展潜力巨大，而且由于非洲的基础建设落后，居民消费力低，大牌手机品牌又不愿意针对该地区设计专门的产品，而且大牌手机价格也很高，留下市场空白。通过对非洲市场的调查分析，传音手机创始人竺兆江认为进入非洲市场是可行的，另外一个问题接踵而来，先从非洲哪里开始呢。在洞察了非洲几十个国家的基本市场数据之后，传音选择与中国关系融洽、经济交流频繁的尼日利亚作为第一个进入的非洲国家。

为了了解尼日利亚手机市场情况，传音派出了一位同济大学毕业的孟加拉籍的创始员工阿里夫·乔杜里去考察，阿里夫到尼日利亚走访了该国的二三线城市，仔细推敲他们对手机的细微需求，根据调查传音手机开发推出有针对的产品，不久传音手机不仅打败了三星、苹果等知名手机品牌，更是霸占了非洲手机市场的大半山河，成为非洲手机之王。

当时的非洲市场上通信运营商众多且跨运营的通话资费偏高，而市场上的手机大多只有单卡单待，很多人出门都要带好几部手机，传音抓住用户痛点，推出双卡双待手机，一年后推出“四卡四待”手机。同时非洲电力供应设备稳定性较差，电力只能优先保障医院等特殊机构供应，这就导致用户无法及时给手机充电，同时由于非洲用户习惯于将手机作为音响外放，围着手机唱歌跳，手机用电过快。针对这一现象，传音推出了超长待机续航的手机，待机时间可达一个月之久，手机一经面世便销售一空。另外，针对黑人拍照时会出现手机过度美化，使得手机肤色失真、无法识别人脸准确对焦和夜间拍照不清晰等痛点，传音手机通过大量手机黑人用户照片优化拍照算法对手机进行了优化，保证任何时候都能清晰地拍摄清晰真实的照片。最后针对非洲人都热爱音乐和舞蹈，传音手机推出低音炮手机，有8个扬声器，不仅音量非常大，还可以环绕式播放，音质也能有保障。

（九）附录的撰写

任何太详细、太复杂或技术性太强的材料都不适合放在报告正文中，而应该放在附录中。附录作为正文的补充，可以不影响读者阅读调查报告，又可以帮助读者更好地了解调查研究的细节。附录通常包括：访谈提纲、调查问卷和观察记录表、调查方案、测量表、较复杂的抽样技术说明等；被访问人或被访机构单位的名单、调查实施的时间表、集体访谈的签名表、作业记载等；实验性调查中的实验刺激的详细信息或者实验对象的知情同意书等；统计和测量指标及次关键数据的计算方法；某些测量工具、测量仪器、计算机软件；参考文献。附录材料较多时可分门别类写清楚，在每一类附录材料中按照一定顺序依次列出，并标注相应顺序。

二、定性调查报告的撰写技巧

（一）定性调查报告的结构

定性调查报告没有十分固定的格式，不同的定性调查报告其结构也不同，撰写上往往无规则可循。定性调查报告的篇幅较长，语言文字较多，对调查方法不需要详细说明，调查结果和调查结论相互融合，没有十分明显的界线。定性调查报告也可参照定量调查报告的结构，只在调查结果与调查结论部分有所区别。

【小案例】　　党的二十大报告起草过程具有科学性

作为举旗定向的政治宣言和引领复兴的行动纲领，党的二十大报告起草过程广开言路、集智聚力，汇聚48个调研组围绕23个重点课题开展的调研成果，收集人民群众在网络征求意见活动期间的各类意见建议留言超过854.2万条、2.9亿字……凝聚全党全国智慧、反映人民意愿，3万余字的报告本身就是经过连续数月大量深入调研取得的扎实成果、作出的科学决策。

（二）定性报告写作的材料处理

不管是实地调查还是文案调查都会得到大量的定性资料，有时是几万字甚至是几十万字的调查记录，在篇幅有限的定性调查报告中需要有效缩减调查资料。叙事和内容安排上比较强调故事性和描述的流畅性，通过对故事的讲述或对资料的描述来阐明和实证调查者对调查问题所做出的判断。在内容安排上，可按调查主题来组织和表达，也可按研究进程、事件发生过程来展开，也可按不同的对象来进行描述。

定性调查报告要求深入、细致、全方位和全程化展现现象的具体情况和发展变化，获得解释性理解。定性调查分析时要求论点与材料相互印证和配合，资料和分析论点有机连接。在具体表达上可以夹叙夹议，即将调查对象的原话与研究者对此所做的分析、议论和解释结合在一起；也可总叙总议，即先将多个调查对象的原话完整引用，或将所收集的例子作为独立部分进行描述，然后对这些叙述或例子进行分析、判断、理解或解释；也可将研究的分析、判断、理解和解释写出来，然后再举实例或引用调查对象的原话来说明。

（三）定性报告的语气

定性调查不同于定量调查报告，所使用的语气是比较主观的、非正式的。调查报告撰写者可用非常个人化的语气和方式来描述和表达调查内容，也可采用倒序或夹叙夹议的方式来表达，帮读者带入到特定的调查环境中。

三、撰写书面调查报告的注意事项

无论在定量调查报告还是定性调查报告，书面调查报告撰写中都要注意以下事项。

（一）态度中立

调查报告中要较为客观陈述问题，用事实说，采用简单平实的语言。首先不必加上研究者个人的感情因素，甚至用一些感情色彩的词语去渲染整个调查结果，即使是定性研究，也要从调查资料收集过程中的“融进去”转变到调查报告写作中的“跳出来”，相对客观地反映经济现象。其次态度力求客观、避免使用主观或感情色彩的语言，如使用形容词或反意疑问句。最后是人称上使用第三人称或非人称代词，如“作者发现、笔者认为、本调查发现、先前的研究、本研究、调查数据显示、40个学生被选为调查对象、调查假设是、调查发现”等，而不要使用第一人称，如“我和我们、我发现、我们挑选40位中学生作为调查对象、我们假设、我们的调查发现”等。

（二）写作格式规范

1. 数字表达的规范

调查报告中凡是公历世纪、年代、年、月、日、时刻、各种记数和计量均用阿拉伯数字；夏历和清代以前的历史纪年用汉字，并以圆括号加注公元纪年；邻近的两个数字并列连用以表示的概数采用汉字；年份则不能省略前两个字，星期几和不具有统计或数字的则用文字。

2. 图表格式的规范

调查报告中的图、图序及图题置于图的下方居中，表序及表题置于表的上方居中，图序和图题之间、表序和表题之间空两格。报告中的公式编号用圆括号括起来写在右边行末，其间不加虚线。如图1、表1、公式（1）。图表中的数字与文字论述中的数字保持一致、小数点后保留的位数保持一致。

3. 引用与注释的规范

调查报告中引用其他人的资料或数据，都要注明出处，既体现实事求是的科学的研究态度，也是尊重版权和他人的劳动成果的表现。引用别人的原话原文时，要用双引号引进来，只引用别人的观点和结论而用自己的语言重新表达时，可不加引号。文献来源的注释方式有夹注、脚注、尾注等三种：夹注是在索引使用材料后用括号将其来源加以说明，由于考虑到会打乱读者的思路，采用简单的仅标注作者名和文献出版或公开的时间，报告最后再标注参考文献的详细信息；脚注在长篇调查报告中比较常见，在引用文字所在页的最下面按序标注文献的来源；尾注在文章中用序号的形式显示出有文献的引用，在报告最后再对应标出文献的详细信息。如果引用的同一专著、论文集、期刊、报纸文章都一律只用一个序号，而且要把页码统一标注在文章中相应序号之后。

无论夹注、脚注、尾注其格式比较相同，通常会使用中国知网CNKI给出的参考文献规范，参考文献的不同类型用不同的大写字母标注，如专著［M］、论文集［C］、报纸文章［N］、期刊文章［J］、学位论文［D］、报告［R］、标准［S］、专刊［P］等，具体格式与示例如下：

①专著格式：主要责任者，题名［文献类型标识］. 出版地：出版者，出版年.

示例：［1］陈朝阳，王克忠. 组织行为学［M］. 上海：上海财经大学出版社，2001.

②论文集格式：作者. 题名［文献类型标识. 编者. 文集名. 出版地：出版者出版年.

示例：［2］关鸿，魏凭. 人生问题发端：斯年学术散论［C］. 北京：中国发展出版社，2001.

③期刊文章格式：主要责任者，题名［文献类型标识］，刊名，年，卷（期）.

示例：［3］吴文彦. 职工民主管理与创建和谐企业之思考［J］. 现代企业文化，2008，（17）.

④报纸文章格式：主要责任者. 题名［文献类型标识］. 报纸名，出版日期（版次）

示例：［4］丁士修. 建筑工程管理［N］建设日报，2007-08-24（08）.

⑤引用互联网站文章格式：作者. 文章题名. 网址，发布时间.

示例：[5] 王金营. 中国和印度人力资本投资在经济增长作用的比较 [EB/OL]. http://www.a mteam.org/docs/bpwebsiteasp. 2005-8-9.

四、书面调查报告的评价原则

书面调查报告是对整个调查工作的总结、决策问题的解决方案、向问题提出者阐述问题解决过程和结果的主要体现形式，因此对调查报告有特定要求。

（一）完整性

调查报告内容要全面、系统，为读者提供他们关心的所有信息。不仅介绍调查背景、调查目的和调查实施过程，还要对调查资料进行分析，表达出调查的发现、以及这些发现如何能够应用于商业决策，并提出对决策有价值的建议或行动方案。

（二）准确性

调查内容要以问题为导向，不要泛泛而谈，而要突出重点，调查结果、调查结论和建议都要准确。调查报告撰写中要实事求是，数据必须真实可靠，分析方法准确，不为迎合而对调查结果进行歪曲或偏差性解读。此外调查报告使用的概念、判断、推理必须科学、符合逻辑。调查报告语言中不能出现虚假、不准确的表述。

（三）明确性

调查报告中心明确，报告内容主要围绕决策者问题展开，对要研究的问题给出清晰、明确的答案，充分体现市场调查“解决问题“的角色。同时调查结论应精练明确，具有一定的专业性和现实意义。

（四）简洁性

调查报告不是越长越好，而应用最少的字表达最完整、最清楚的信息。调查报告要在结构的逻辑性上下功夫，令报告整体叙述清楚、重点突出；精选出最具典型性和代表性的材料，确保每一份材料都能以一当十；表达形式上充分运用图、表、模型，增加报告的视觉冲击力；语言表达形式简单明了，确保调查报告中的信息易于理解和接受。

■任务实施

Step1：按照每6个人一组的原则将全班分成几个小组。

Step2：根据调查项目完成序言的撰写，课后完成。

Step3：根据调查项目完成调查方法的撰写，课后完成。

Step4：根据调查项目完成调查结果的撰写，课后完成。

Step5：根据调查项目完成调查结论的撰写，课后完成。

Step6：根据调查项目完成建议的撰写，课后完成。

Step5：提炼报告摘要，课后完成。

Step6：生成调查报告目录，课后完成。

Step7：制作调查报告封面，课后完成。

Step8：将撰写好的调查报告提交给老师。

Step9：老师发现问题及时指出问题。

Step10：根据老师提出的意见进行修改。

【实训模块4】口头调查报告的撰写

■知识准备

一、口头调查报告的概念

口头报告指市场调查的主持人或报告撰写者以口头陈述的形式向委托方汇报调查过程、调查结果、调查结论和建议。口头报告形式可以简单到是报告撰写者与经理人员进行的一次简短会议，也可以正式到向董事会作的一次正式的报告。

二、口头调查报告的作用

相比书面报告，口头报告是一种直接沟通方式，调查撰写者可与企业委托者、使用者以及其他人员之间就市场调查活动进行口头的信息交流。

（一）快速了解调查报告内容

通过口头报告，委托方多人可同时在最短时间了解调查报告的核心内容，掌握调查过程和调查结果、调查结论和建议等信息，能有效节省决策者的时间与精力。

（二）帮助客户理解调查报告

调查者可以根据听众的不同，有重点和有针对性地讲解调查报告中的内容，能帮助客户更好地理解调查报告。同时讲解者生动而富有感染力的讲解，也会给听众留下深刻印象。

（三）解答疑问

口头汇报后便于双方的交流沟通，决策者可以当场提出疑问，调查者可以当面做出解答。

（四）提高调查质量

口头报告时，决策者和使用者会站在需求方角度发现调查报告中存在的不足。调查报告撰写者会根据反馈，有针对性采取措施解决调查报告中存在的问题，从而能有效提高书面调查报告的质量。

三、调查报告口头汇报技巧

口头调查报告的质量直接关系到对调查报告的理解和利用。调查报告汇报是双向沟通活动，报告者应多做准备，确保听众易于理解和接受。

（一）汇报前的准备

1. 材料准备

为了能帮助听众更好地理解调查报告，可准备汇报提要、书面调查报告等材料。

（1）汇报提要

为每位听众提供一份汇报提要或详细的汇报梗概，让听众提前了解汇报流程，对口头报告的内容有初步了解。汇报提要旁应留出足够的空白，以利于听众做临时记录或评述。

（2）书面报告文件

为听众准备书面调查报告，让读者事先能详细了解报告的内容、提前阅读感兴趣的环节、思考要提出的问题等。由于口头调查报告省略了许多细节，书面报告作为一种辅助材料，可帮助他们更详细地理解细节问题。

2. 内容准备

有效的口头陈述应以听众为中心，在口头报告之前要充分了解听众的身份、兴趣爱好、教育背景以及他们在项目中充当的角色和本身的影响力，根据他们的需求精心安排口头陈述的内容，并将书面报告转化为“展示型”PPT。口头报告的关键部分尽可能利用图表、图片、视频等可视化方式呈现，直观生动地向目标受众传达信息，帮助读者轻松地理解调查报告。

（二）汇报技巧

1. 视觉辅助

一图胜千言，讲解时要巧妙利用文字、视频与图片。可使用图片、网络视频和录像展示调查活动过程和调查结果；可利用幻灯片中的字体、字号、下划线等变化吸引读者的注意；可利用演示及切换幻灯片时插入声音表示调查报告的层次。

2. 语言语调

调查报告的讲解者语言要生动，并注意语调、语速、表情和肢体语言的使用。具体来说，在口头报告中要使用口语化和简明的词句；想交代清楚所讲问题的顺序时可不时提醒听众当前问题的顺序；对于重点内容可以放慢说话速度，甚至可以重复、在适当的时候可以插入简短或针对性强的典故、例子和格言；必要时可以运用肢体语言来提高口头表达的效果。

3. 多人合作

在讲解调查报告时，可从市场调查人员中抽选数人共同传达调查报告内容。每人轮流讲解调查报告不同的部分，以减少报告汇报形式的单调。

（三）汇报后交流

在汇报结束时，要留适当的时间让听众有机会提出问题。报告讲解者事前应对可能提出的问题进行准备，如汇报中涉及的关键数据、主要观点、支撑材料和背后的逻辑以及要点。在现场要积极回复听众的各种疑问，对于调查中的不足应虚心接受。

■任务实施

Step1：以小组为单位，在小组书面报告基础上准备口头调查报告，课后完成。

Step2：每个小组派出代表在班级上做调查报告的口头报告。

Step3：其他组员提出疑问。

Step4：小组成员回答其他组的疑问。

Step5：老师点评。

模块检测

一、单项选择题

1. 一般认为调查报告不包括（　　）。

A. 分析资料　B. 前言　C. 附录　D. 调查结果

2. 下列哪项不属于调查报告写作的原则（　　）。

A. 完整性　B. 准确性　C. 复杂性　D. 简洁性

3. 下列不属于口头报告的作用的是（　　）。

A. 口头报告传递调查结果的效率较低

B. 口头报告可以同时传递给多位人员，节省决策者的时间和精力

C. 对于决策者而言，口头报告可能是他们接触报告的唯一方式

D. 提供讨论机会

4. 在报告撰写的过程中，下列错误的事项是（　　）。

A. 要考虑读者的观点、阅历、尽量使报告适合于读者阅读

B. 对于引用的数据与统计资料不需要在附录中或文中注明出处

C. 充分利用图表说明和显示调查资料

D. 按照每一个问题的重要性来决定其篇幅的长短和强调的程度

5. 下列内容不包含在市场调查报告正文部分的是（　　）。

A. 参考书目与附录　B. 调查对象与调查方法

C. 调查结论和建议　D. 调查背景说明

6. 调查报告的附录中应包含的内容是（　　）。

A. 参考书目、调查问卷、数据表等

B. 只有调查问卷

C. 只有数据汇总表

D. 内容摘要、数据表等

7. 调查报告作为一种应用性文件，在行文方面要掌握的原则主要是（　　）。

A. 简单平实　B. 客观真实　C. 科学严谨　D. 以上三个都是

8. 关于定性调查报告，下列说法正确的是（　　）。

A. 定性调查报告多采用公式和图表等工具来展示其调查结果与发现

B. 定性调查报告以实地调查研究为基础

C. 定性调查报告主要通过对资料的统计分析展现调查结果与发现

D. 定性调查报告通常没有固定的格式，描述和解释没有明显的区分

9. 调查报告中，摘要主要针对的读者是（　　）。

A. 研究人员　B. 督导　C. 社会公众　D. 决策者

10.《决胜全面建成小康社会，夺取新时代中国特色社会主义伟大胜利》这种报告的标题形式为（　　）。

A. 陈述式　B. 结论式　C. 双标题式　D. 问题式

二、多项选择题

1. 市场调查报告是针对特定受众关于（　　）的书面和口头的演示。

A. 调查结果　　B. 调查结论和建议

C. 调查过程　　D. 调查作用

2. 调查报告的写作标准包括（　　）。

A. 简洁性　　B. 准确性　　C. 完整性　　D. 明确性

3. 常用的市场调查报告一般包括（　　）等几部分。

A. 标题　　B. 目录　　C. 摘要

D. 正文　　E. 结论和建议

4. 调查结果的演示方式有（　　）。

A. 幻灯片　　B. 悬挂式投影仪

C. 电脑生成的图形、图像　　D. 自制的图表或展示板

5. 按照调查报告的沟通方式，调查报告可分为（　　）。

A. 咨询报告　　B. 口头报告　　C. 书面报告　　D. 对策报告

6. 调查报告中引用别人的资料，一定要加以注释，注释的形式有（　　）。

A. 夹注　　B. 脚注　　C. 尾注　　D. 表注

7. 定性调查报告与定量调查报告的区别有（　　）。

A. 报告的结构　　B. 陈述的语气　　C. 材料处理　　D. 参考文献

8. 调查报告分类的依据有（　　）。

A. 呈现方式　　B. 阅读者　　C. 调查性质　　D. 调查内容

9. 一个良好的调查报告演示可运用的技巧有（　　）。

A. 借助可视化工具　　B. 准备必要的分发资料

C. 关注受众的关注点　　D. 进行预演

10. 关于调查结论部分，以下错误的是（　　）。

A. 调查结论必须包括相关的建议，否则是不完整的

B. 统计分析结果就是调查结论

C. 撰写调查结论和建议之前应该独立思考，不需要与客户进行讨论

D. 调查结论应该围绕调查项目开始之初想要解决的营销问题来撰写

三、判断题

1. 如果调查报告的读者是最高经理层，那调查报告应突出技术性内容。

A. 对　　B. 错

2. 当调查报告的读者有很多类、需求差异较大时，应为特定的读者准备单独的调查报告。

A. 对　　B. 错

3. 撰写调查报告通常从头到尾一气呵成，而不是经常在一些小的环节上停下来推敲修改。

A. 对　　B. 错

4. 撰写调查报告的逻辑形式应以遵循“沙漏”的形式，即常说的“宽—窄—宽”的形式。

A. 对　　　　　　B. 错

5. 调查报告应该易于理解。

A. 对　　　　　　B. 错

6. 调查报告应该关注所有阅读者的需要。

A. 对　　　　　　B. 错

7. 调查报告中应该用图片、图形来强化报告正文中的关键信息。

A. 对　　　　　　B. 错

8. 客户在详细阅读调查报告之后，可能会产生一些问题，因此调查还需要进行一些后续调查报告解读工作。

A. 对　　　　　　B. 错

9. 调查结果是调查报告中内容最多，也是最重要的部分。

A. 对　　　　　　B. 错

10. 调查报告应当反映整个调查活动的科学性和逻辑性，充分体现各个组成部分之间的逻辑关系。

A. 对　　　　　　B. 错

参考文献

陈惠源，2013. 市场调查与统计［M］. 北京：北京大学出版社.

陈慧慧，方小教，周阿红，等，2019. 社会调查方法［M］. 合肥：中国科学技术大学出版社.

陈静，2016. 市场调查与预测［M］. 北京：中国人民大学出版社.

陈玲，崔发强，闫玉梅，等，2010. 市场调查与预测［M］. 北京：化学工业出版社.

崔发强，刘柳，2008. 房地产市场调查与预测［M］. 北京：化学工业出版社.

崔发强，臧炜彤，2015. 房地产市场调查与预测［M］. 北京：化学工业出版社.

丁洪福，战颂，2016. 市场调查与预测［M］. 大连：东北财经大学出版社.

董海军，杨成胜，唐美玲，等，2012. 社会调查与统计［M］. 2 版. 武汉：武汉大学出版社.

范明明，2003. 市场营销与策划［M］. 北京：化学工业出版社.

风笑天，2001. 社会学研究方法［M］. 北京：中国人民大学出版社.

风笑天，2014. 社会研究方法：笔记和课后习题详解［M］. 4 版. 北京：中国石化出版社.

风笑天，2015. 现代社会调查方法［M］. 5 版. 武汉：华中科技大学出版社.

风笑天，2018. 社会研究方法［M］. 5 版. 北京：中国人民大学出版社.

冯宇，梁珍，王端，吴媛媛，等，2014. 市场调查与预测［M］. 长沙：湖南师范大学出版社.

侯贵生，罗玉婵，2010. 市场调查实务［M］. 武汉：华中科技大学出社.

华东师范大学. 统计学［OL］. https://www.icourse163.org/course/ECNU-1003540115，2019-05-15/2024-08-28.

黄慧化，陈学忠，何卫华，等，2017. 市场调查实务项目教程［M］. 2 版. 北京：电子工业出版社.

贾桂玲，胡慧敏，2014. 汽车市场调查与预测［M］. 上海：上海交通大学出版社.

景奉杰，曾伏娥，2010. 市场营销调研［M］. 北京：高等教育出版社.

雷江，李玲，2013. 市场调研实务［M］. 大连：大连理工大学出版社.

梁莹，2010. 公共管理研究方法［M］. 武汉：武汉大学出版社.
刘玉玲，2004. 市场调查与预测［M］. 北京：科学出版社.
卢小君，2011. 社会调查与统计应用［M］. 大连：大连理工大学出版社.
卢小君，2016. 社会调查研究方法［M］. 大连：大连理工大学出版社.
马连福，2016. 市场调查与预测［M］. 北京：机械工业出版社.
马连福，张慧敏，2010. 现代市场调查与预测［M］. 修订第3版. 北京：首都经济贸易大学出版社.
南京邮电大学. 市场调查与研究［OL］. https://www.icourse163.org/course/NJUPT-1002056008，2018-02-17/2024-08-28.
四川大学. 市场调查［OL］. https://www.icourse163.org/course /SCU-1206682842?From=searchPage，2020-10-20/2024-08-28.
孙宝祥，吴夕晖，2005. 市场调研与预测［M］. 长沙：湖南大学出版社.
汤杰，郭秀颖，刘威娜，2016. 市场调查与预测［M］. 3版. 哈尔滨：哈尔滨工业大学出版社.
唐丽娜，2016. 社会调查数据管理基于STATA 14管理CGSS数据［M］. 北京：人民邮电出版社.
王晶舒，赵洪艳，2014. 社会调查研究方法［M］. 长春：吉林大学出版社.
王若军，2006. 市场调查与预测［M］. 北京：北京交通大学出版社.
王晓燕，2020. 市场调查与分析［M］. 北京：人民邮电出版社.
王玉华，2010. 市场调查与预测［M］. 北京：机械工业出版社.
武汉大学. 市场营销调研［OL］. http://www.china-cssc.org/show-13-878-1.html，2021-11-08/2024-08-28.
夏学文，周惠娟，2019. 市场调查与分析［M］. 北京：高等教育出版社.
向书坚，张学毅，2016. 统计学［M］. 北京：中国统计出版社.
徐映梅，2018. 市场调查理论与方法［M］.. 北京：高等教育大学出版社.
阎毅，2003. 管理学原理［M］. 西安：西安交通大学出版社.
杨凤荣，2008. 市场调研实务操作［M］. 北京：北京交通大学出版社，清华大学出版社.
杨凤荣，王银珠，孙华，2007. 市场调查方法与实务［M］. 北京：科学出版社.
叶智美，叶媛秀，2007. 市场预测与决策［M］. 长春：吉林大学出版社.
赵伯庄，苏艳芳，吴玺玫，2010. 市场调研实务［M］. 北京：科学出版社.
赵轶，2012. 现代市场调查与预测［M］. 北京：高等教育出版社.
浙江财经大学. 统计学［OL］. https://www.dxzy163.com/view/ index1855.html，2022-12-24/2024-08-28.
郑新业，魏楚，虞义华，2017. 中国家庭能源消费研究报告2016［M］. 北京：科学出版社.
中国高等院校市场学研究会，中国教育技术协会实践教学委员会，2010. 市场调查与预测：理论、实务、案例、实训［M］. 北京：高等教育出版社.
周静，董凤丽，侯黎鹂，2014. 市场调查与预测［M］. 北京：科学出版社.